高等院校经济管理类专业应用型系列教材
新高教金课精品系列教材 ◆ 大信会计审计丛书

涉外商务会计

Foreign Business Accounting

夏庆利　叶陈刚　韩志娟　主编

中国财经出版传媒集团
经济科学出版社
Economic Science Press
·北京·

图书在版编目（CIP）数据

涉外商务会计/夏庆利，叶陈刚，韩志娟主编.——北京：经济科学出版社，2024.3
（大信会计审计丛书）
高等院校经济管理类专业应用型系列教材　新高教金课精品系列教材
ISBN 978-7-5218-3350-8

Ⅰ.①涉… Ⅱ.①夏… ②叶… ③韩… Ⅲ.①外贸企业会计-高等学校-教材 Ⅳ.①F740.45

中国版本图书馆 CIP 数据核字（2021）第 268236 号

责任编辑：杜　鹏　常家凤　武献杰
责任校对：隗立娜
责任印制：邱　天

涉外商务会计

SHEWAI SHANGWU KUAIJI

夏庆利　叶陈刚　韩志娟　主　编
经济科学出版社出版、发行　新华书店经销
社址：北京市海淀区阜成路甲 28 号　邮编：100142
编辑部电话：010-88191441　发行部电话：010-88191522
网址：www.esp.com.cn
电子邮箱：esp_bj@163.com
天猫网店：经济科学出版社旗舰店
网址：http://jjkxcbs.tmall.com
固安华明印业有限公司印装
787×1092　16 开　25.5 印张　600000 字
2024 年 3 月第 1 版　2024 年 3 月第 1 次印刷
ISBN 978-7-5218-3350-8　定价：59.00 元
（图书出现印装问题，本社负责调换。电话：010-88191545）
（版权所有　侵权必究　打击盗版　举报热线：010-88191661
QQ：2242791300　营销中心电话：010-88191537
电子邮箱：dbts@esp.com.cn）

高等院校经济管理类专业应用型系列教材
新高教金课精品系列教材　大信会计审计丛书

编 委 会

顾　问：丁平准　　吴益格　　方正生　　曲晓辉

主　任：王立彦　　张新民　　谢志华　　吴卫星　　李孝轩

主　编：叶陈刚　　谢泽敏　　叶康涛　　陈向军　　董必荣　　刘凤明

副主编（排名不分先后）：

靳庆鲁　　李青原　　方红星　　程新生　　胡咏华　　耿建新　　余怒涛
夏庆利　　陈小林　　张荣刚　　陈德球　　李　洪　　罗　勇　　张　岩

委　员（排名不分先后）：

干胜道　　唐国平　　崔学刚　　王竹泉　　王爱国　　李志强　　许汉友
吴秋生　　张敦力　　田高良　　李婉丽　　刘中华　　郑建明　　郑忠良
杨肃昌　　胡　伟　　杜国良　　彭　程　　舒　伟　　杨均华　　唐雪松
周冬华　　韩志娟　　沈发兵　　李春友　　陈宋生　　郑石桥　　陈文武
焦　点　　谢　青　　陈晓溪　　吴永民　　沈洪涛　　李　宾　　陈继元
孙　键　　张　敏　　张卫民　　刘国武　　郑国洪　　张少堂　　李笑雪
张劲松　　连远强　　余怒涛　　袁振兴　　郭强华　　杨忠海　　王艳丽
姚文韵　　马　忠　　张宏亮　　李志斌　　钟廷勇　　王艳艳　　刘汉成
赵志泉　　孙　健　　叶志锋　　朱友干　　程　平　　张良悦　　柯珍堂
赵立彬　　崔　婧　　杨玉珍　　李晓宁　　刘　珂　　史建军　　陶海东
戴文涛　　孙文刚　　孙　岩　　徐素波　　李海霞　　李海萍　　吴战勇
王文华　　王　辉　　张　健　　张高胜　　李百兴　　杜　勇　　杨　洁
徐荣华　　郭艳萍　　孟祥霞　　郑海东　　王　孜　　殷晓红　　杨存博
梁毕明　　石璋铭　　栾广斌　　晏　军　　李越冬　　谢柳芳　　谢赞春
张建军　　张国永　　齐明霞　　徐　伟　　张新成　　卢相君　　刘　毅
王　扬　　李　雷　　冯　华　　邱兆学　　黄晓平　　钟　音　　刘学兵
马德芳　　刘建中　　代　彬　　常法亮　　梁　星　　王海菲　　武剑锋

前 言

自 2001 年加入世界贸易组织后，我国就按照世界贸易组织的要求不断建设和完善原有的经济贸易法律法规体系，研究、发布和形成了新的《中华人民共和国对外贸易法》《中华人民共和国货物进出口管理条例》及配套的贸易部门规章等三级法律框架体系，使我国货物进出口管理实现了法律化和规范化；进一步降低了进口关税，坚持对各类经贸企业实行无差别的国民待遇原则等。我国涉外体制更加开放透明、更加符合市场经济规则，并且在此进程中不断完善。

我国涉外商贸历经改革开放 40 多年快速发展，已成为世界贸易大国之一。2021 年 1 月 18 日，国务院新闻办公室就 2020 年国民经济运行情况举行发布会。据介绍，2020 年，我国国内生产总值首次突破 100 万亿元。作为拉动经济增长的"三驾马车"之一，外贸出口表现可圈可点。2020 年我国货物贸易进出口总额达 32.16 万亿元，比 2019 年增长 1.9% 并创历史新高。其中，出口 17.93 万亿元，增长 4.0%；进口 14.2 万亿元，下降 0.7%；贸易顺差为 3.7 万亿元。2020 年我国进出口总额相当于 GDP 的 30% 以上，比重高于美日等经济大国。蓬勃发展的对外贸易商务活动，无疑给我国经济发展带来了新机遇与新挑战。

在中国特色社会主义市场经济发展过程中，会计工作已经成为促进我国商贸企业经济管理工作高质量发展的重要组成部分，40 多年来改革开放的经济发展实践已经充分证明：经济越发展，会计越重要。随着社会主义市场经济和中国对外贸易事业的迅猛发展，我国商务会计改革力度也在不断加大，尤其是 2006 年颁布了新的《企业会计准则——基本准则》和 38 项具体会计准则，标志着我国在会计国际趋同的进程中又迈出了一大步，对我国会计理论和会计实务都产生了巨大影响。

"涉外商务会计"是财经类会计学、财务管理学和贸易经济学等专业的核心课程之一，以讲授涉外会计学方面的基本理论、基本技术和基本核算方法为主要内容，可以为学生进一步学习其他贸易经济专业的相关管理课程奠定坚实的基础。本教材以突出涉外业务为基本特征，集中介绍各类涉及对外贸易的工商企业外币、外汇的交易，及其会计核算和财务处理方法，是专业财务会计中涉及外币业务会计处理过程的集中体现，更是对财务会计业务知识体系的专业化和特色化的补充。可以为充分阅读理解、运用涉外会计报表和从事商业会计核算工作打下良好的业务基础。据此，我们组织长期工作在教学一线的老师，精心编写了更加适合高等院校教学实际的《涉外商务会计》教材。本教材的主要特点体现在以下几个方面。

1. 注重介绍外贸会计核算的实用性内容与方法。坚持以必需、够用为标准，以掌握概念、强化应用为重点。本教材整体内容精练，理论深度把握适当，由浅入深，简明易懂，有利于学生学习兴趣、科学思维方式与创新能力的培养以及综合素质的提高。

2. 注重理论联系实际与实际操作能力的培养。本教材在注重吸收新外贸知识、采用新会计准则、强化会计基础的同时，结合会计实例，突出实际操作、实际应用能力的培养。

3. 注重本科会计教材体系安排的科学性要求。本教材内容完整，力求先易后难，循序渐进。为便于学生学习和吸收，每章开始都有学习目标，并附有思考题和练习题，强调了理论与实践的结合，便于老师授课以及学生复习、巩固和提高。

4. 注重体现会计政策的新颖性及涉外商务会计最新发展成果。本教材以最新会计准则及应用指南为基础，以会计核算为主线，重点阐明现代会计基本理论、基本方法和基本操作技能。会计核算均以现行会计准则为依据，以便和企业会计实务相衔接，增强教材的实用性。

本教材的主要内容安排是：依据涉外企业进出口贸易等商务活动和购销业务性质，以及会计学的常规知识层次予以适当归集和链接。第一章主要介绍涉外贸易企业会计的基本理论概述；第二章主要介绍外汇外币核算的方法与要求；第三章主要介绍新形势下，我国涉外贸易企业的进口贸易会计核算的方法与业务处理要求；第四章主要介绍我国涉外贸易企业出口贸易业务会计核算的方法与业务处理要求；第五章主要介绍我国涉外贸易企业海外加工贸易业务会计核算的方法与业务处理要求；第六章主要介绍我国涉外贸易企业商品贸易业务会计核算的方法与业务处理要求；第七章主要介绍我国涉外贸易企业服务贸易业务会计核算的方法与业务处理要求；第八章主要介绍我国涉外贸易企业的海外投资业务会计核算的方法与业务处理要求；第九章主要介绍我国涉外贸易企业的对外承包工程业务会计核算的方法与业务处理要求；第十章主要介绍我国涉外贸易企业的对外劳务合作业务会计核算和账务处理要求；第十一章主要介绍我国涉外贸易企业的对外援助的核算要求；第十二章主要介绍我国涉外贸易企业关税和出口退免税业务会计核算与账务处理要求；第十三章主要介绍涉外所得税相关业务的会计核算要求；第十四章主要是涉外企业会计报告的编制与分析。

本教材由夏庆利（黄冈师范学院副校长、教授，执笔第一章）、叶陈刚（对外经济贸易大学与西京学院会计学院教授、博士生导师、大信会计师事务所审计研究院副院长，执笔第二章）与韩志娟（大信会计师事务所副总裁、注册会计师与高级会计师、高级合伙人，执笔第三章）主编，副主编有钟音（《商业会计》杂志社编辑部，执笔第四章）、徐荣华（宁波大学会计系主任、副教授，执笔第五章）、常法亮（河南开封科技传媒学院商学院教授，执笔第六章）、杜勇（广东技术师范大学教授、博士生导师，执笔第七章）与马朝杰（中原工学院博士，执笔第八章），参加本书编写的还有首都师范大学副教授马德芳与四川外国语大学国际工商管理学院副教授刘猛执笔第九章，北京第二外国语学院副教授武剑锋与对外经济贸易大学刘怡然博士执笔第十章，北京联合大学副教授崔婧与吉林财经大学副教授王海菲执笔第十一章，山东财经大学于军博士与武汉商学院陈经纬执笔第十二章，黄冈师范学院商学院会计系主任、副教授殷晓红执笔第十三章，对外经济贸易大学孙歆惠博士与北京化工大学叶淑林执笔第十四章。

本书在编写过程中参阅与参考了国内同行的优秀论著与教材，并得到经济科学出版社编辑的大力支持和帮助，在此一并致以诚挚的谢意。由于撰稿、定稿时间、编者水平等因素的限制，书中难免有疏漏及不妥之处，恳请学者和同行专家指正，以便我们进一步修改完善。

编者

2024 年 3 月

目 录

第一章 绪论 ……………………………………………………………… 1

【章首导言】 ………………………………………………………………… 1
【学习目标】 ………………………………………………………………… 1
第一节 涉外业务的分类和特点 …………………………………………… 2
第二节 涉外业务的发展历程与现状 ……………………………………… 3
第三节 我国涉外会计的发展阶段与特点 ………………………………… 6
第四节 涉外商务会计的目标及其内容 …………………………………… 9
第五节 涉外企业会计科目 ………………………………………………… 12
第六节 涉外贸易术语 ……………………………………………………… 20
【本章重要概念】 …………………………………………………………… 22
【复习思考题】 ……………………………………………………………… 22
【练习题】 …………………………………………………………………… 22

第二章 外汇外币核算 …………………………………………………… 24

【章首导言】 ………………………………………………………………… 24
【学习目标】 ………………………………………………………………… 24
第一节 涉外贸易结算方式 ………………………………………………… 24
第二节 外汇交易业务处理 ………………………………………………… 31
第三节 外币交易业务处理 ………………………………………………… 37
第四节 汇兑损益业务处理 ………………………………………………… 43
【本章重要概念】 …………………………………………………………… 50
【复习思考题】 ……………………………………………………………… 50
【练习题】 …………………………………………………………………… 50

第三章 进口贸易核算 …………………………………………………… 54

【章首导言】 ………………………………………………………………… 54

【学习目标】 …… 54
第一节　进口贸易业务概述 …… 54
第二节　自营进口贸易业务处理 …… 60
第三节　代理进口贸易业务处理 …… 70
第四节　易货贸易业务处理 …… 74
第五节　招投标业务处理 …… 77
【本章重要概念】 …… 82
【复习思考题】 …… 82
【练习题】 …… 82

第四章　出口贸易核算 …… 84

【章首导言】 …… 84
【学习目标】 …… 84
第一节　出口贸易概述 …… 84
第二节　自营出口贸易业务处理 …… 90
第三节　代理出口贸易业务处理 …… 103
【本章重要概念】 …… 110
【复习思考题】 …… 110
【练习题】 …… 110

第五章　海外加工贸易核算 …… 112

【章首导言】 …… 112
【学习目标】 …… 112
第一节　加工贸易组成与分类 …… 112
第二节　来料加工业务处理 …… 115
第三节　进料加工业务处理 …… 122
第四节　境外加工业务处理 …… 129
第五节　补偿贸易业务处理 …… 134
【本章重要概念】 …… 136
【复习思考题】 …… 136
【练习题】 …… 136

第六章　商品贸易核算 …… 138

【章首导言】 …… 138
【学习目标】 …… 138
第一节　商品贸易概述 …… 139
第二节　批发企业业务处理 …… 142
第三节　零售企业业务处理 …… 152

【本章重要概念】 …………………………………………………………………… 158
　【复习思考题】 ……………………………………………………………………… 158
　【练习题】 …………………………………………………………………………… 159

第七章　服务贸易核算 …………………………………………………………………… 162

　【章首导言】 ………………………………………………………………………… 162
　【学习目标】 ………………………………………………………………………… 162
　第一节　服务贸易概述 ……………………………………………………………… 163
　第二节　服务外包业务处理 ………………………………………………………… 165
　第三节　远洋运输业务处理 ………………………………………………………… 174
　第四节　旅游贸易业务处理 ………………………………………………………… 181
　第五节　会展服务业务处理 ………………………………………………………… 191
　第六节　技术贸易业务处理 ………………………………………………………… 202
　【本章重要概念】 …………………………………………………………………… 209
　【复习思考题】 ……………………………………………………………………… 209
　【练习题】 …………………………………………………………………………… 209

第八章　海外投资核算 …………………………………………………………………… 211

　【章首导言】 ………………………………………………………………………… 211
　【学习目标】 ………………………………………………………………………… 211
　第一节　海外投资概述 ……………………………………………………………… 211
　第二节　海外投资初始计量 ………………………………………………………… 214
　第三节　海外投资后续计量 ………………………………………………………… 220
　第四节　外币报表折算 ……………………………………………………………… 226
　【本章重要概念】 …………………………………………………………………… 230
　【复习思考题】 ……………………………………………………………………… 231
　【练习题】 …………………………………………………………………………… 231

第九章　对外承包工程核算 ……………………………………………………………… 233

　【章首导言】 ………………………………………………………………………… 233
　【学习目标】 ………………………………………………………………………… 233
　第一节　对外承包工程概述 ………………………………………………………… 233
　第二节　对外承包工程收入与成本核算 …………………………………………… 236
　第三节　对外承包工程保函及其业务处理 ………………………………………… 251
　第四节　建造—交付等工程项目业务处理 ………………………………………… 256
　【本章重要概念】 …………………………………………………………………… 257
　【复习思考题】 ……………………………………………………………………… 258
　【练习题】 …………………………………………………………………………… 258

第十章 对外劳务合作核算 ... 260

【章首导言】 ... 260
【学习目标】 ... 260
第一节 对外劳务合作业务概述 ... 260
第二节 对外劳务合作业务收入处理 ... 262
第三节 对外劳务合作业务成本处理 ... 266
【本章重要概念】 ... 268
【复习思考题】 ... 268
【练习题】 ... 268

第十一章 对外援助核算 ... 270

【章首导言】 ... 270
【学习目标】 ... 270
第一节 对外援助概述 ... 270
第二节 一般物资援助业务处理 ... 272
第三节 成套援助项目业务处理 ... 276
第四节 培训援助项目业务处理 ... 282
第五节 经济技术合作援助项目业务处理 ... 285
【本章重要概念】 ... 290
【复习思考题】 ... 290
【练习题】 ... 290

第十二章 关税及出口退免税核算 ... 293

【章首导言】 ... 293
【学习目标】 ... 293
第一节 关税会计 ... 294
第二节 出口退免税的政策规定 ... 302
第三节 出口退免税业务处理 ... 306
【本章重要概念】 ... 324
【复习思考题】 ... 324
【练习题】 ... 324

第十三章 涉外所得税会计核算 ... 327

【章首导言】 ... 327
【学习目标】 ... 327
第一节 所得税会计概述 ... 327
第二节 资产、负债计税基础和暂时性差异 ... 329

第三节　所得税费用的会计处理 ································· 339
　　第四节　所得税科目设置及处理 ································· 342
　　第五节　特别纳税调整和征收管理 ······························· 345
　　第六节　国际税收及征收管理 ··································· 346
　　【本章重要概念】 ··· 354
　　【复习思考题】 ··· 354
　　【练习题】 ··· 355

第十四章　涉外商务会计报告编制 ································· 357

　　【章首导言】 ··· 357
　　【学习目标】 ··· 357
　　第一节　财务报告概述 ··· 357
　　第二节　资产负债表 ··· 359
　　第三节　利润表 ··· 366
　　第四节　现金流量表 ··· 369
　　第五节　所有者权益变动表 ····································· 383
　　第六节　报表附注 ··· 388
　　【本章重要概念】 ··· 390
　　【复习思考题】 ··· 390
　　【练习题】 ··· 390

主要参考文献 ··· 392

第一章 绪 论

【章首导言】

　　党的二十大报告强调：促进世界和平与发展，推动构建人类命运共同体。构建人类命运共同体是世界各国人民前途所在。万物并育而不相害，道并行而不相悖。只有各国行天下之大道，和睦相处、合作共赢，繁荣才能持久，安全才有保障。中国提出了全球发展倡议、全球安全倡议，愿同国际社会一道努力落实。中国坚持对话协商，推动建设一个持久和平的世界；坚持共建共享，推动建设一个普遍安全的世界；坚持合作共赢，推动建设一个共同繁荣的世界；坚持交流互鉴，推动建设一个开放包容的世界；坚持绿色低碳，推动建设一个清洁美丽的世界。

　　随着涉外贸易往来的不断深化，我国产业结构不断调整，涉外业务的内涵和范围也发生着显著的改变，以商品进出口贸易为主的传统涉外业务形式，被多元化的涉外业务形式所取代，逐渐演化成商品进出口贸易、加工贸易、服务贸易、投资贸易以及工程承包、劳务合作等多种形式。涉外业务涵盖了更为广阔的范围。

　　涉外会计伴随着涉外行业的发展也经历了翻天覆地的变化，从行业会计制度到企业会计准则，从不断进步的会计理论到日臻成熟的会计实务，从传统的手工记账到会计电算化，从账册报表的表现形式到辅助决策的管理数据。本章对涉外行业会计的变迁过程和日趋现代化的涉外行业会计管理体系做了概述，还就涉外会计特点与涉外会计目标、会计科目及相应的贸易术语做一概要介绍。

【学习目标】

1. 了解我国涉外业务的分类和特点；
2. 明确我国涉外业务的发展历程与现状；
3. 掌握涉外会计的特点与要求；
4. 理解涉外会计科目和术语。

第一节　涉外业务的分类和特点

一、我国涉外业务的分类

目前，国际上各种经济形式都在谋求全球化、多元化发展，涉外业务也不例外。正是由于涉外业务领域的不断扩展，涉外贸易形式的不断变化，买卖双方交易过程中不同商品、不同地区、不同对象、不同需求形成了形形色色的贸易形式。归纳起来，我国涉外业务可以划分为四大类：货物贸易、服务贸易、国际经济合作、投资贸易。

二、我国涉外业务的特点

由于所有涉外业务形式都要纳入涉外贸易体系，所以行业具有管理规范、业务流程标准、运作效率高等特点；正是因为行业规范，上述涉外行业分类又存在着相对细分的专业化贸易形式，每种贸易形式都具有个性化的特点，并成为实际业务操作中区分各种贸易形式的重要依据。下面对几种主要的经济贸易方式做简要介绍。

（一）货物贸易

货物贸易，是涉外业务发展时间最长、最为传统的涉外业务，最大的特征是所有贸易活动都围绕着对商品的购销进行，具体贸易形式包含自营贸易、代理贸易、加工贸易、易货贸易、转口贸易等。

1. 自营贸易。自营贸易在贸易实践中又分为自营出口贸易和自营进口贸易。出口商将自主生产或在本国采购的有实物形态的商品输出到外国市场销售以赚取购销差价为经营目标的贸易活动称为自营出口贸易；进口商以采购外国市场上有实物形态的商品输入本国市场销售，并以赚取购销差价为经营目标的贸易活动称为自营进口贸易。

2. 代理贸易。代理贸易在贸易实践中又分为代理出口贸易和代理进口贸易。涉外贸易中的代理，主要是指委托代理，由出口商或进口商与代理商达成出口或进口代理协议。由出口商或进口商作为委托人，授权代理人代表出口商或进口商对商品进行出口或进口的操作，签订出口或进口合同，由此而产生的权利和义务直接对委托人发生效力。代理人在委托人授权的范围内行事，不承担商品贸易的风险和费用，不必垫付资金，通常按达成交易的金额提取约定比例的佣金。

3. 加工贸易。加工贸易从加工原料进口的形式分为来料加工和进料加工两种形式。从一般意义上讲，对外加工贸易是指一国从国外进口主要原材料、零部件，在国内加工、装配后再出口的一种贸易方式。来料加工是国外委托方提供全部原辅材料和元器件，由承接方企业加工后，将成品交国外委托方，承接方按合同收取加工费。进料加工是企业自筹资金从国外购入料件进行加工，然后自行向国外市场销售，企业所获得的是出口成品的利润。两者相比，进料加工贸易的收益大于来料加工贸易，但风险也较大。

4. 易货贸易。易货贸易是指当事的双方既是商品生产国同时也是商品消费国，而易货严格意义上是贸易双方等值商品货物的互换，其特点是全部或大部分不涉及货币支付。

5. 转口贸易。转口贸易是指商品生产国与商品消费国通过第三国的贸易商进行买卖商品的行为，其中的生产国称为出口国，消费国称为进口国，而第三国则是转口贸易国，第三国贸易商所从事的就是转口贸易。本教材不涉及转口贸易会计处理。

（二）服务贸易

服务贸易是指一国以提供直接服务活动的形式满足另一国某种需要以取得报酬的活动，即国与国之间互相提供服务的经济交换活动。具体贸易形式包括旅游、物流、金融、保险、特许专利、服务外包、软件信息、技术引进以及对外文化贸易等。

（三）国际经济合作

国际经济合作是指不同国家、经济体以及国际经济组织为了共同的利益，在生产领域以生产要素的移动与重新配置为主要内容而进行较长期的经济协作活动。经济合作参与者之间是平等互利的合作关系。我国的国际经济合作主要涉及工程承包、对外援助、劳务合作三个领域。

（四）投资贸易

投资贸易是指国家以及经济体之间以直接投资、参股并购等形式开展的经济合作活动。投资贸易的核心是以资金、技术、管理的投入获取利润、市场、资源来体现的。我国的投资贸易包括利用外资和境外投资两部分。本教材仅涉及境外投资会计处理。

第二节　涉外业务的发展历程与现状

一、涉外业务发展历程

从新中国成立到改革开放之前，我国涉外行业是一种专营体制，进出口贸易业务只能由国有的十几个大公司（五矿、化工、机械、技术、粮油、纺织、丝绸、土畜、轻工等）经营，实行指令性计划和统负盈亏的高度集中的涉外体制。利用外资和经济合作也仅仅限于利用苏联提供的低息贷款，帮助中国建设的156个项目，以及通过中国银行在港、澳地区吸收存款，以贸易信贷方式从西方国家引进工业成套设备。1978年以后，国家开始对涉外体制进行改革，涉外体制改革的着力点主要是实行工贸结合，扩大生产企业涉外自主权；从政府直接管理向间接调控过渡，由指令性计划为主向市场调节为主转变，国家逐步开始运用价格、汇率、利率、出口退税、出口信贷等经济手段调控涉外业务。20世纪90年代后，将涉外体制改革与调整汇率和关税等配套进行，实行人民币在经常项目下的可兑换以及官方汇率与市场浮动汇率并轨机制。涉外宏观调控体系逐步完善，涉外协调服务体系不断健全。

在大力改革涉外宏观调控体系的同时，对高度集中的经营体制也实行了大刀阔斧的改革。主要是：对国有涉外企业实行承包经营责任制；核定地方和涉外总公司的出口收汇、上缴外汇和经济效益指标；各专业涉外进出口总公司与省市涉外专业分公司脱钩；取消对出口的财政补贴，推行涉外企业自负盈亏；实行以大类商品划分的全国统一外汇留成比例办法，为企业平等竞争创造条件；对国有涉外企业进行现代企业制度改造。

2001年加入世界贸易组织（WTO）后，我国清理原有法律法规，按世界贸易组织的规则建立了新的《中华人民共和国对外贸易法》《中华人民共和国货物进出口管理条例》及配套部门规章的三级法律框架体系，使货物进出口管理实现了法律化和规范化；降低了进口关税，对各类经贸企业实行国民待遇原则等。我国涉外体制在更加开放透明、更加符合市场经济规则的进程中不断完善。进入21世纪，我国已成为世界贸易大国之一。

二、涉外业务发展现状

（一）完成了与国际经济接轨的涉外体制

党的十一届三中全会以后，随着社会主义市场经济体制的逐步建立，中国融入经济全球化的进程不断深化，原有涉外体制发生了重大变化：采取措施打破过去高度集中的涉外管理体制，改变过去由涉外公司垄断经营的局面，促进涉外行业快速发展，并逐步建立了与国际经贸规则相适应的涉外体制框架。2003年商务部成立，标志国内经贸体制与国际经贸体制的全面接轨。

（二）建立了较为合理的涉外产业结构

在涉外规模迅速扩大的同时，我国涉外结构迅速优化，涉外贡献也显著提升。改革开放之初，我国出口商品中初级产品和原材料所占比重超过70%，基本上属于资源型出口。20世纪80年代中期以后，出口商品结构发生改变，劳动密集型产品出口达到最高峰，加工贸易在我国涉外中越来越占有重要地位。90年代国家积极发展涉外，通过鼓励具有比较优势的产品出口，鼓励新技术和相关关键设备、关键零部件的进口，促进产业结构的调整和优化。加入WTO后，进出口贸易结构不断优化，进出口市场多元化取得实质性进展。技术密集型产品出口比例迅速增长，多种所有制的涉外经营主体得到迅速发展。

目前，我国涉外对外经济增长贡献达20%，海关税收占全国税收的17%，就业接近1亿人次；涉外已经与消费、投资一起成为拉动经济增长的"三驾马车"。

我国对世界贸易的贡献不断提升，对世界贸易增长的贡献率从不到1%扩大到11%，并成为美国的第三、欧盟和日本的第二、东盟的第一大贸易伙伴。

（三）形成了从"引进来"到"走出去"的紧密结合

改革开放前，我国引进外资仅限于外国政府贷款，规模很小。改革开放后，我国敞开国门吸收外资，外商投资规模迅速扩大。20世纪80年代是我国吸收外资的突破阶段。1979年颁布了《中华人民共和国中外合资经营企业法》，先后对经济特区、沿海开放城市和沿海经济开发区内吸收外资实行一些特殊政策，扩大地方外商投资的审批权限，提高了各地利用外资的积极性。20世纪90年代是迅速发展阶段。中央明确了积极合理有效利用外资的方针，在扩大规模的同时，拓宽利用外资领域，采取更加灵活的方式，引导外资投向基础设施、工业、农业和部分服务业，我国吸收外资进入了高速发展的新时期。

跨入21世纪以来，我国进入吸收外资质的提升阶段，吸收外资的质量不断提高。加入WTO以来，我国开放服务贸易领域，商业、涉外、电信、金融、保险等服务业成为外商新一轮投资的热点。通过人才流动、合资研发、联合研发、委托开发、研发外包、技术转让、信息交流和研发资源共享等形式，外商投资企业的技术外溢效应不断增强。

改革开放之初，我国对外投资规模很小，投资目的地局限于少数国家和地区，而随着改革步伐的加快，企业对外投资步伐也明显加快。首先，规模迅速扩大。根据商务部统计，2002~2007年，我国对外直接投资（非金融类）从27亿美元增加到187亿美元，5年间增长了5.9倍。其次，投资方式从单一走向多元，对外投资由早期的建点开办"窗口"，发展到跨国购并、股权置换、境外上市、设立境外研发中心、创办境外工业园区、建立国际营销网络和战略合作等多种形式。

投资领域和地域不断拓宽。早期的对外投资主要是进出口贸易、餐饮等，逐步拓展到生产制造、资源开发、航运物流和农业合作等众多领域；投资区域拓展到亚太、非洲、拉丁美洲等160多个国家和地区。企业跨国经营实力不断增强。其中有的已初步建立全球生产和销售网络，具备了跨国公司雏形。

第三节 我国涉外会计的发展阶段与特点

一、涉外会计制度的发展阶段

涉外会计，就是应用于涉外行业的对外业务并涉及外币交易的专业会计。我国涉外财务及会计管理体制发展到今天，大体可以分为三个阶段。

第一阶段：1993年以前。这一阶段国家实行涉外进出口专营，对外汇进行管制，而后涉外财务管理逐步从中央财政过渡到地方财政。具体又可分两个阶段：1987年以前，涉外企业财务上实行统收统支、统负盈亏的体制，财务隶属关系基本上是自上而下的，涉外企业均隶属于中央财政；1987~1993年，涉外企业逐步实行承包经营责任制，并开始自负盈亏试点，除基地、包装、外运系统外，财务隶属关系实行总、分公司脱钩，财务开始与地方财政挂钩。在商贸企业普遍采用增减记账法的情况下，涉外企业坚持采用借贷记账法进行涉外业务会计核算，体现了与国际标准接轨的要求。

第二阶段：1993~2006年。随着我国市场经济从起步到逐步完善，国家取消对涉外出口的财政补贴，以"统一政策、平等竞争、自主经营、自负盈亏、工贸结合、推行代理制、联合统一对外"为目标，建立"自主经营、自负盈亏、自我发展、自我约束"机制。取消承包经营责任制，实行"赋税制"，同时实行以国有资产保值增值为主要内容的资产经营责任制，开启了涉外行业财务会计管理体制的第二个阶段。同时，我国财务会计制度体系发生了重大变革，废除了原来按行业、所有制等划分的旧的会计制度体系，实行了《企业会计准则》及与其相适应的新的一套行业会计制度。其中，涉外企业的会计工作也逐步转向执行带有行业特点的《商品流通企业会计制度》；财政部于2000年12月29日发布了统一的《企业会计制度》，规定在中华人民共和国境内设立的企业统一执行该制度。新制度打破了所有制和行业界限，建立了国家统一的会计核算制度。而涉外行业随着涉外贸易、国际投资与融资的迅速发展和全球经济一体化的趋势，也力求通过执行新的《企业会计制度》迅速适应国际竞争的需要。

第三阶段：2007年至今。自2007年1月1日起，随着新《企业会计准则》在上市公司实施，标志着我国会计工作进入了与国际会计趋同的新时期，同时也开始了涉外行业财务、会计管理体制的第三个阶段，而新准则的执行是中国会计国际化的必然趋势，也是涉外贸易和国际资本流动发展的必然要求。

二、涉外会计技术的发展过程

我国涉外企业会计技术与涉外会计核算要求相适应，经历了从手工操作到会计电算化再到会计网络化，最终实现会计信息化的发展过程。

（一）会计电算化

会计电算化是指在管理信息系统中，利用电子计算机技术对会计信息实施管理的人工和电子计算机结合的控制系统。它主要是应用电子计算机代替人工记账、算账、报账，以及代替部分由大脑完成的对会计信息的处理、分析和判断的过程。会计电算化已发展成为一门融电子计算机科学、管理科学、信息科学和会计科学为一体的新型科学和实用技术。

这一阶段我国涉外企业会计电算化实现了从局部单项数据处理，逐步扩展到建成完整的会计信息系统；从手工操作与计算机会计数据处理并行，发展到甩掉手工账本，完全依靠计算机完成记账、算账和报账任务；从主要用来处理企事业单位的会计数据，发展到用软盘或线路传输汇总上报会计报表。

（二）会计网络化

会计网络化是一种基于网络技术，以整合实现企业电子商务为目标，能够提供互联网环境下的会计核算、财务管理模式及其各种功能的财务管理软件系统。在网络环境下，会计从核算型过渡到管理型具备了先进的物质条件。网络、通信与数据库等先进技术被用于会计信息的获取、加工、处理、传输、储存、应用，同时也具有分析预测、规划、控制和责任评价等功能，形成了管理型的网络化会计信息系统。企业进行生产经营活动时，需要建立内部网进行财务与其他部门的协调工作和信息管理，并将各类信息储存于同一数据库。会计信息系统通过数据库随时可以获取有关记录，使会计信息及时地反映交易活动，及时提供与决策相关事项的信息，从而加强会计信息对经营管理决策的重要作用。

在这一阶段，我国涉外企业以财务管理为核心，逐步实现业务管理与财务管理一体化，利用网络化的会计信息系统，进行远程控制（如远程记账、远程报表、远程查账、远程审计、远程监控等）、事中动态会计核算与在线财务管理，处理电子单据和进行电子货币结算。

（三）会计信息化

会计信息化是指采用现代信息技术，对传统的会计模型进行重整，建立信息技术与会计学科高度融合的、充分开放的现代会计信息系统。这种会计信息系统将运用现代信息技术，通过网络系统，使业务处理高度自动化，信息高度共享，能够主动和实时报告会计信息。它不仅是信息技术运用于会计上的变革，它更代表的是一种与现代信息技术环境相适应的新的会计思想。

涉外企业会计信息化的目标，一是会计基础工作信息化，会计基础工作涉及企业管理全过程，只有基础工作信息化，才能为企业全面信息化奠定扎实的基础；二是会计准则制度有效实施信息化，通过将相关会计准则制度与信息系统实现有机结合，自动生成财务报告，进一步贯彻执行相关会计准则制度，确保会计信息等相关资料更加真实、完整；三是内部控制流程信息化，根据企业内部控制规范制度要求，将内部控制流程、关键控制点等固化在信息系统中，促进各企业内部控制规范制度的设计与运行更加有效，形成自我评价报告；四是财务报告与内部控制评价报告标准化，各企业在贯彻实施会计准则制度、内部控制规范制度并与全面信息化相结合的过程中，应当考虑 XBRL 分类标准等要求，以此为基础生成标准化财务报告和内部控制评价报告，满足不同信息使用者的需要。

在这一阶段，涉外企业将以风险控制为主线，对企业的控制流、物流、资金流、单证流、工作流、交易成本等进行管理，全面实现信息处理和分析专业化、智能化。

三、涉外会计特点

尽管涉外会计遵循的也是企业会计准则对会计要素的确认、计量和报告的规定，但涉外会计因其特殊的资金流转、货物流转、交易结算以及出口退税等环节，形成了有别于其他行业的会计特点，主要体现在以下六个方面。

（一）涉及大量的涉外贸易实务知识

涉外企业的性质决定了其主要从事涉外业务，而涉外在多年的运作过程中形成了具有自身特点的惯例和规则，包括贸易术语（如 FOB、CFR、CIF）、涉外贸易的支付工具和支付方式（如汇票、托收、汇付、信用证）、贸易方式（如一般贸易、加工贸易、易货贸易、补偿贸易）等。

（二）设置记录外汇业务的复币式账户

为反映企业在涉外贸易中的外币交易情况，在设置收入、支出、结算等会计账户时，其会计核算要设置记录外币收入、支出、结算等账户，如"应收外汇账款""预收外汇账款"等，这些账户要求是"复币式"结构，也就是要同时反映外币和人民币金额。

（三）进行汇兑损益的会计处理

由于涉外贸易通常使用外币结算，会计上收入、支出的确认入账时间和实际收、付时间不一致，在汇率变动的情况下便产生汇兑损益，所以要记录、核算汇率变动对企业损益的影响。

（四）涉及较多的税收知识

涉外企业在从事进出口交易的过程中，组织货物进出关境时要向海关缴纳必要的税款，包括关税、增值税、消费税等；货物出口时应进行出口退税，退还其在国内已缴纳的增值税和消费税。这些税种的计算和缴纳涉及相关的税收知识。

(五) 涉及常用的国际金融知识

涉外企业与国外客户进行交易时，通常使用外汇，涉及外汇的种类、外汇管理汇率制度、外汇报价等相关知识。

(六) 涉及相关的海关管制知识

涉外企业在组织货物通关过境时，必须遵守海关相关的管制制度，如加工贸易的保税制度和保证金台账制度、出口收汇核销制、进口付汇核销制等。

第四节 涉外商务会计的目标及其内容

涉外财务会计的目标是通过向企业外部会计信息使用者提供有用的信息，帮助使用者作出相关的决策。承担这一信息载体和功能的是企业编制的财务报告，它是财务会计确认和计量的最终结果，是沟通企业管理层与外部信息使用者之间的桥梁和纽带。因此，涉外财务报告的目标定位十分重要。涉外财务报告的目标定位决定着财务报告应当向谁提供有用的会计信息，应当保护谁的经济利益，这是编制涉外企业财务报告的出发点；涉外财务报告的目标定位决定着财务报告所要求会计信息的质量特征，决定着会计要素的确认和计量原则，是涉外财务会计系统的核心和灵魂。

通常认为财务报告目标有受托责任观和决策有用观两种，涉外会计的目标相应地也有这两种。在受托责任观下，会计信息更多地强调可靠性，会计计量主要采用历史成本；在决策有用观下，会计信息更多地强调相关性，如果采用其他计量属性能够提供更加相关信息的，会较多地采用除历史成本之外的其他计量属性。我国企业财务报告的目标是向财务报告使用者提供与企业财务状况、经营成果和现金流量等有关的会计信息，反映企业管理层受托责任履行情况，有助于财务报告使用者作出经济决策。因此，涉外财务会计的目标应该和我国会计准则所规定的目标是一致的。

一、受托责任观及其内容

受托责任是一种普遍的经济关系，也是一种普遍的、动态的社会关系。一个是委托人 (principal 或 the accountee)；另一个是受托人 (the accountor) 或代理人 (agent)。委托人将资财的经营管理权授予受托人，受托人接受托付后即应承担所托付的责任，这种责任就是受托责任。

受托责任观是从监督角度考虑，主要是为了监督受托者的受托责任。受托责任观的含义大致包括两方面：一是资源的受托方接受委托，管理委托方所交付的资源，受托方承担有效地管理与应用受托资源的责任；二是资源的受托方承担如实地向资源的委托方报告受托责任履行过程与结果的义务。

受托责任观可以追溯到会计产生之初，作为一种比较流行的学派则得益于公司制的产生和发展。从会计发展的历史看，随着工业革命的完成，以公司制为代表的企业形式开始出现并广泛流行，随之而来的便是企业所有权与经营权分离，委托代理关系也得到了进一步发展，从而形成了以受托责任为目标取向的受托责任观。

受托责任观的主要理论观点为：①会计目标在于反映受托责任履行情况，强调对委托方的忠实性；②受托责任实际上是一种产权责任，产权必须如实反映、不偏不倚并可以验证，以维护产权主体的权益，因而更加强调可靠性；③在计量属性和计量模式的选择上，主张采用历史成本；④为了客观、有效地反映受托责任，会计信息应尽可能精确。

受托责任观的特点是：在受托责任观下，信息的使用者主要是财产的委托人、投资者、债权人以及其他需要了解和评价受托责任履行情况的利害关系人，并且这些使用者是现存的，而不是潜在的。由于是对受托责任的履行结果的评价，使用者所需的信息侧重历史的、已发生的信息，因此要求提供尽可能客观可靠的会计信息。资产计价倾向于采用历史成本计量方式。企业采用受托责任观，有助于外部投资者和债权人评价企业的经营管理责任和资源使用的有效性。

受托责任观也具有局限性：

（1）受托责任学派强调真实地反映过去，主要关注企业的历史信息，而对于未来事项很难得以反映，例如，投资者的投资风险和报酬。

（2）在会计处理上，用现时收入与历史成本计量的费用进行配比，难以体现真实性的原则。

（3）在会计信息方面，受托责任学派很少会顾及委托者以外的信息需求，忽略潜在投资者的利益和要求，因而难以进一步提高会计信息的质量。

（4）适用环境方面，受托责任观产生的经济背景是企业所有权与经营权相分离，并且投资人与经营者之间有明确的委托与受托关系。而在现代社会中，两权不分离的个人独资企业、合伙企业普遍存在。而且，在现代社会中，委托方并不总是明确的。这时，受托责任观就受到了人们的质疑。

二、决策有用观及其内容

决策有用观指的是会计信息的生产和报告必须满足信息使用者决策的需要。决策有用观是在资本市场日渐发达的历史背景下形成的。在此条件下，投资者进行投资需要有大量可靠且相关的会计信息，从传统的关注历史信息转向对未来信息的关注；要求披露的信息量和范围也不断扩大，不仅要求披露财务信息、定量信息和确定信息，还要求更多地披露非财务信息、定性信息和不确定信息。而这些信息的提供总是要借助于会计系统，因此，会计信息的提供必须以服务于决策为目标取向。

决策有用观的主要理论观点为：①会计的目标在于提供决策有用信息，会计的着眼点在于会计报表本身的有用性；②只要符合成本效益原则，无论信息的主观程度如何，信息量是多多益善；③在计量属性和计量模式的选择上主张多种计量属性（历史成本、现行成本、现行市价、可变现净值、未来现金流量现值等）并存择优，还倡导物价变动会计模式；④不过分强调会计信息的精确性。

决策有用观的特点是：决策有用观认为会计信息必须对使用者的决策有用，因此，强调相关性甚于可靠性。在会计确认上不仅要确认实际发生的经济事项，还要确认那些虽未发生但对企业有重要影响的事项。

决策有用观具有很强的优越性：①坚持决策有用观有利于提高会计信息的质量。②在会计计量模式上采用多种计价方式并存，反映了配比原则。③坚持决策有用观有利于规范和发展资本市场，促进社会资本的流动性和社会资源的有效利用。

决策有用观是适应社会经济发展的产物，较受托责任观在现代经济环境下有一定的优势所在，但其使用过程中决策有用观也存在一些局限性：

（1）对"有用"的评价太主观，可操作性低。会计信息的使用者是多元的，不同的信息使用者对有用性的要求必然不同，即使是同一信息使用者，在不同的时期对会计信息也有不同要求。此外，从决策有用观的主要内容上来看，是各种观点的糅合，比较含糊而不明确，因此可操作性低。

（2）"决策有用"与审计目标的不协调。从审计产生的背景看，审计的产生在于受托责任，而不是决策有用，如果会计目标定位于"决策有用"，审计就可能达不到目的。

三、受托责任观与决策有用观的相容性

正确了解会计的受托责任观与决策有用观的相容性，对于涉外会计目标的学习和理解有很大帮助。在众多观点和看法中，我国会计研究者往往重视两个流派的对立性，而忽略了它们的相容性。事物之间是彼此联系和发展的，既有不一致的地方，又有相似的地方。要更好地认识事物并用以解决实际问题，就必须全面把握事物之间的联系。

（1）二者相容性在我国会计规范体系中的体现。会计信息应当符合国家宏观经济管理的要求，满足有关各方了解企业财务状况和经营成果的需要，满足企业加强内部经营管理的要求。企业应当保证所提供的中期财务报告包括了与理解企业中期期末财务状况和中期经营成果及其现金流量相关的信息。它们实际上都真实地反映了受托责任观和决策有用观。

（2）二者相容性在实际决策中的体现。决策有用观蕴含着投资者在实际决策中要密切注意企业未来现金流量的变化，并以此作为投资指标。但是事实上，投资者不仅重视未来现金流量，而且也重视企业的当期效绩。投资者对会计信息

需求的客观性，促使其要将受托责任观和决策有用观相结合。

（3）二者相容性在股票价格上的体现。决策有用观认为，未来现金流量决定股票市场上的股价。而事实上，股价却是反馈性与预测性的统一。所谓反馈性是指股价能够反映企业过去经营的情况，预测性是指股价能够反映企业未来的现金流量。在这个统一体中，企业当期的经营情况与未来的现金流量共同决定了股价，当企业当期经营情况比以往要差时，股价下降；当企业未来现金流量有很大可能上升时，股价就会部分抵消下降趋势。

第五节　涉外企业会计科目

为了规范会计工作，涉外企业可以在《企业会计准则——应用指南》规定的基础上，结合自身业务特点设计会计科目体系，如表1-1所示。

表1-1　　　　　　　　涉外企业会计科目表

顺序号	编号	会计科目名称
		一、资产类
1	1001	库存现金
2	1002	银行存款
3	1003	*外汇存款
4	1012	其他货币资金
	101201	外埠存款
	101202	银行本票
	101203	银行汇票
	101204	信用卡
	101205	信用证保证金
	101206	存出投资款
5	1101	交易性金融资产
	110101	成本
	110102	公允价值变动
6	1121	应收票据
7	1122	应收账款
8	1123	*应收外汇账款
9	1124	预付账款
10	1125	*预付外汇账款
11	1126	*应收出口退税
12	1131	应收股利

续表

顺序号	编号	会计科目名称
13	1132	应收利息
14	1221	其他应收款
15	1231	坏账准备
16	1303	委托贷款
	130301	本金
	130302	利息调整
	130303	已减值
17	1304	委托贷款损失准备
18	1321	受托代销商品
19	1401	材料采购
20	1402	*商品采购
	140201	*进口商品采购
	140202	*出口商品采购
	140203	*其他商品采购
22	1404	材料物资
23	1405	材料成本差异
24	1406	库存商品
	140601	*库存进口商品
	140602	*库存出口商品
	140603	*在途出口商品
	140604	*库存其他商品
	140605	*在途其他商品
25	1407	*商品成本差异
26	1408	发出商品
27	1409	商品进销差价
28	1410	委托代销商品
29	1411	委托加工物资
30	1412	包装物
	141201	库存包装物
	141202	出租包装物
	141203	出借包装物
	141204	包装物摊销
31	1413	包装物成本差异
32	1414	低值易耗品

续表

顺序号	编号	会计科目名称
	141401	库存低值易耗品
	141402	在用低值易耗品
	141403	低值易耗品摊销
33	1415	低值易耗品成本差异
34	1471	存货跌价准备
35	1501	持有至到期投资
	150101	成本
	150102	利息调整
	150103	应计利息
36	1502	持有至到期投资减值准备
37	1503	可供出售金融资产
	150301	成本
	150302	利息调整
	150303	应计利息
	150304	公允价值变动
38	1504	可供出售金融资产减值准备
39	1511	长期股权投资
	151101	投资成本
	151102	损益调整
	151103	其他权益变动
40	1512	长期股权投资减值准备
41	1521	投资性房地产
	152101	成本
	152102	公允价值变动
42	1522	投资性房地产累计折旧（摊销）
43	1523	投资性房地产减值准备
44	1531	长期应收款
45	1532	未实现融资收益
46	1601	固定资产
47	1602	累计折旧
48	1603	固定资产减值准备
49	1604	在建工程
	160401	建筑工程
	160402	安装工程

续表

顺序号	编号	会计科目名称
	160403	在安装设备
	160404	待摊支出
50	1605	在建工程减值准备
51	1606	工程物资
	160601	专用材料
	160602	专用设备
	160603	预付大型设备款
	160604	为生产准备的工具及器具
52	1607	工程物资减值准备
53	1608	固定资产清理
54	1701	无形资产
55	1702	累计摊销
56	1703	无形资产减值准备
57	1711	商誉
58	1712	商誉减值准备
59	1801	长期待摊费用
60	1811	递延所得税资产
61	1901	待处理财产损溢
	190101	待处理流动资产损溢
	190102	待处理固定资产损溢
		二、负债类
62	2001	短期借款
63	2002	*短期外汇借款
64	2101	交易性金融负债
65	2201	应付票据
66	2202	应付账款
67	2203	应付外汇账款
68	2204	预收账款
69	2205	预收外汇账款
70	2211	应付职工薪酬
	221101	工资
	221102	职工福利
	221103	社会保险费
	221104	住房公积金

续表

顺序号	编号	会计科目名称
	221105	工会经费
	221106	职工教育经费
	221107	非货币性福利
	221108	辞退福利
	221109	股份支付
71	2221	应交税费
	222101	应交增值税
	22210101	进项税额
	22210102	已交税金
	22210103	转出未交增值税
	22210104	减免税款
	22210105	销项税额
	22210106	出口退税
	22210107	进项税额转出
	22210108	出口抵减内销产品应纳税额
	22210109	转出多交增值税
	22210110	未交增值税
	222103	应交消费税
	222104	应交资源税
	222105	应交所得税
	222106	应交土地增值税
	222107	应交城市维护建设税
	222108	应交房产税
	222109	应交城镇土地使用税
	222110	应交车船税
	222111	应交矿产资源补偿费
	222112	应交个人所得税
	222113	应交教育费附加
	222114	*应交进口关税
	222115	*应交进口消费税
	222116	*应交出口关税
72	2231	应付利息
73	2232	应付股利
74	2241	其他应付款

续表

顺序号	编号	会计科目名称
75	2314	受托代销商品款
76	2401	递延收益
77	2501	长期借款
78	2502	*长期外汇借款
79	2503	应付债券
	250301	债券面值
	250302	利息调整
	250303	应计利息
80	2701	长期应付款
81	2702	未确认融资费用
82	2711	专项应付款
83	2801	预计负债
84	2901	递延所得税负债
		三、共同类
85	3101	衍生工具
86	3201	套期工具
87	3202	被套期项目
		四、所有者权益类
88	4001	实收资本（或股本）
89	4002	资本公积
	400201	资本溢价
	400202	股本溢价
90	4101	盈余公积
	410101	法定盈余公积
	410102	任意盈余公积
	410103	利润归还投资
91	4103	本年利润
92	4104	利润分配
	410401	提取法定盈余公积
	410402	提取任意盈余公积
	410403	应付现金股利或利润
	410404	转作股本（或资本）的股利（或利润）
	410405	盈余公积补亏

续表

顺序号	编号	会计科目名称
	410406	利润归还投资
93	410407	未分配利润
	4201	库存股
		五、成本类
94	5001	生产成本
	500101	基本生产成本
	500102	辅助生产成本
95	5101	制造费用
96	5201	劳务成本
97	5301	研发支出
	530101	费用化支出
	530102	资本化支出
98	5401	合同履约成本
	540101	合同成本
	540102	间接费用
	540103	合同毛利
99	5402	合同结算
100	5403	机械作业
		六、损益类
101	6001	主营业务收入
	600101	自营出口销售收入
	600102	自营进口销售收入
	600103	代理出口销售收入
	600104	代理进口销售收入
102	6051	其他业务收入
	605101	来料加工出口销售收入
	605102	进料加工出口销售收入
	605103	*补偿贸易出口销售收入
	605104	*易货贸易进口销售收入
	605105	国内商品销售收入
	605106	投资性房地产销售收入
	605107	其他销售收入
	605108	包装物出租收入

续表

顺序号	编号	会计科目名称
103	6052	*代购代销收入
	605201	*代理进口销售收入
	605202	代理进口销售成本
104	6061	汇兑损益
105	6101	公允价值变动损益
106	6111	投资收益
107	6301	营业外收入
108	6401	主营业务成本
	640101	自营出口销售成本
	640102	*自营进口销售成本
	640103	*代理出口销售成本
	640104	代理进口销售成本
109	6402	其他业务成本
	640201	*来料加工出口销售成本
	640202	进料加工出口销售成本
	640203	补偿贸易出口销售成本
	640207	其他销售成本
	640208	包装物摊销
	640209	包装物修理费
110	6403	税金及附加
111	6601	营业费用
112	6602	管理费用
113	6603	财务费用
114	6701	资产减值损失
115	6711	营业外支出
116	6801	所得税费用
	680101	当期所得税费用
	680102	递延所得税费用
	640207	其他销售成本
	640208	包装物摊销
	640209	包装物修理费

1. 科目编号及名称按《企业会计准则——应用指南》规定编排。
2. 科目前带"＊"号的，为根据涉外企业特点而增设的。

第六节 涉外贸易术语

一、涉外贸易术语的概念

贸易术语（trade terms），又称贸易条件、价格术语（price terms）、价格条件，用来说明价格的构成及买卖双方有关费用、风险和责任的划分，以确定买卖双方在交货和接货过程中应尽的义务。贸易术语是涉外企业收入和成本确认与计量的基础。

二、涉外贸易术语的权威性文献

目前，在国际上有较大影响的有关贸易术语的惯例有三种。

（一）《1932年华沙——牛津规则》

该规则是由国际法协会所制定的。该协会于1928年在华沙举行会议，制定了关于成本加保险费、运费（CIF）买卖合同的统一规则，共22条，称为《1928年华沙规则》。后又经过1930年纽约会议、1931年巴黎会议和1932年牛津会议修订为21条，定名为《1932年华沙——牛津规则》。

（二）《1941年美国对外贸易定义修正本》

1919年美国九大商业团体制定了《美国出口报价及其缩写条例》。此后，在1940年举行的美国第27届全国涉外会议上对该定义做了修订，并于1941年7月31日经美国商会、美国进口商协会和美国全国涉外协会所组成的联合委员会通过，称为《1941年美国对外贸易定义修正本》。该修正本对下列6种贸易术语做了解释：

1. EX（point of origin）：原产地交货
2. FOB（free on board）：装运港船上交货
3. FAS（free alongside ship）：船边交货
4. C&F（cost and freight）：成本加运费
5. CIF（cost, insurance and freight）：成本加保险费、运费
6. EX Dock（named port of importation）：进口港码头交货

《1941年美国对外贸易定义修正本》在美洲国家有较大影响。由于它对贸易术语的解释特别是对FOB的解释与其他国际惯例的解释有所不同，因此，我国涉外企业在与美洲国家进出口商进行交易时应予特别注意。

（三）《2000年涉外贸易术语解释通则》

国际商会自20世纪20年代初即开始对重要的贸易术语作统一解释的研究，

1936 年提出了一套解释贸易术语的具有国际性的统一规则，定名为 INCOTERMS（International Commercial Terms, 1936），即《1936 年国际贸易术语解释通则》。随后，国际商会为适应涉外贸易实践的不断发展，分别于 1953 年、1967 年、1976 年、1980 年和 1990 年对 INCOTERMS 做了 5 次修订和补充。1999 年 9 月，国际商会又公布对 INCOTERMS1990 做了修订的新版本《2000 年国际贸易术语解释通则》，简称 2000 年通则，成为国际商会第 560 号出版物（INCOTERMS2000 ICC Publication No. 560），并于 2000 年 1 月 1 日正式生效。2000 年通则对 13 种术语做了解释，并按其共同特性归纳为 E、F、C、D 四组，如表 1-2 所示。

表 1-2　　　　　　　　　　　贸易术语解释

E 组 启运	EXW（Ex Works）	工厂交货	适用于任何运输方式，包括多式运输
F 组 主运费未付	FCA（free carrier） FAS（free alongside ship） FOB（free on board）	货交承运人 装运港船边交货 装运港船上交货	适用于任何运输方式，包括多式运输 适用于海运及内河运输 适用于海运及内河运输
C 组 主运费已付	CFR（cos and freight） CIF（cost, insurance and freight） CPT（carriage paid to） CIP（camiage and insurance paid To）	成本加运费 成本加保险费、运费 运费付至 运费、保险费付至	适用于海运及内河运输 适用于任何运输方式，包括多式运输 适用于任何运输方式，包括多式运输
D 组 到达	DAF（delivered at frontier） DES（delivered ex ship） DEQ（delivered ex quay） DDU（delivered duty unpaid） DDP（delivered duty paid）	边境交货 目的港船上交货 目的港码头交货 未完税交货 完税后交货	适用于任何运输方式，包括多式运输 适用于海运、内河运输及多式运输 适用于海运、内河运输到达及多式运输 适用于任何运输方式，包括多式运输 适用于任何运输方式，包括多式运输

上述 13 种贸易术语中，FCA、FOB、CFR、CIF、CPT 和 CIP 是 6 种主要的贸易术语，在进出口贸易实务中使用最为广泛。

贸易术语用于明确规定买卖双方关于风险、责任、费用的义务。需要特别注意的是：

1. 交货点/风险点。在此点风险发生转移，即货物灭失或损坏的风险由卖方转移至买方。也即是说，卖方必须负担交货前的一切费用和风险，买方则负担交货后的一切费用和风险。

2. 费用点。费用点是买卖双方承担有关费用的分界点。F 组的风险点和费用点重合，即风险点在交货港（地），费用点也在交货港（地）；C 组风险点和费用点分离，即风险点在装运港（地），费用点在目的港（地）；D 组风险点和费用点也是重合的，即风险点在目的港（地），费用点也在目的港（地）。

3. 进出口清关。进口清关是指买方自负风险和费用取得进口许可证和其他核准书，办理货物进口手续。出口清关是指卖方自负风险和费用取得出口许可证或其他核准书，办理货物出口手续。

在涉外会计实务中，贸易术语直接关系到进出口业务收入和成本的确认计量，形成收入和成本确认和计量的基础。在现行涉外会计实务中，对出口销售收入的确认，是以 FOB 价为基础；对进口商品成本的确认，是以 CIF 价为基础。

【本章重要概念】

涉外会计、对外贸易、受托责任观、决策有用观、《2000 年涉外贸易术语解释通则》、交货点/风险点

【复习思考题】

1. 什么是涉外业务？
2. 简述"自营贸易"的含义。
3. 简述涉外行业发展的几个主要阶段及特征。
4. 简述涉外行业会计发展的几个主要阶段及特征。
5. 简述会计电算化给涉外会计工作带来的变化。

【练习题】

一、单项选择题

1. 我国涉外行业财务及会计管理体制发展到今天，大体可以分为（　　）个阶段。
A. 2　　　　　　B. 3　　　　　　C. 4　　　　　　D. 多

2. 涉外业务可以划分为四大类，即（　　）。
A. 货物贸易、服务贸易、经济合作、投资贸易
B. 自营贸易、代理贸易、转口贸易、易货贸易
C. 代理贸易、转口贸易、易货贸易、服务贸易
D. 技术服务贸易、加工贸易、劳务合作、一般贸易

3. 2001 年我国加入（　　），成为成员方后，我国对外开放进入新阶段。
A. 世界贸易组织　　　　　　B. 联合国组织
C. 世界交易组织　　　　　　D. 世界卫生组织

4. 涉外行业会计有别于其他行业的会计特点，主要体现在（　　）个方面。
A. 3　　　　　　B. 4　　　　　　C. 5　　　　　　D. 6

二、多项选择题

1. 商品贸易最大的特征是所有贸易活动都是围绕着（   ）进行，具体贸易形式包含自营贸易代理贸易、转口贸易、易货贸易等。
   A. 对商品的购销   B. 外币的流转   C. 对商品的买卖   D. 资金的流转

2. 伴随着涉外行业全系统信息化建设步伐的加快，（   ）系统成为我国会计信息化的又一发展趋势。
   A. 企业资源计划   B. 电算化   C. 信息化   D. ERP

3. 会计作为企业间贸易交往的媒介（   ），自然也要尽快地与国际惯例接轨。
   A. "国际通用语言"   B. "国际经济语言"
   C. "国际政治语言"   D. "国际通用的商业语言"

4. （   ）是涉外业务发展时间最长，也是最为传统的涉外业务，其最大的特征是所有贸易活动都是围绕着对商品的购销进行。
   A. 货物贸易   B. 经济合作   C. 对外投资   D. 商品贸易

三、判断题

1. 出口商将自主生产或在本国采购的有实物形态的商品输出到外国市场销售，以赚取手续费为经营目标的贸易活动称为自营出口贸易。（   ）

2. 来料加工是国外委托方提供全部原辅材料和元器件，由承接方企业加工后，将成品向国外市场销售，承接方获得的是出口成品的利润。（   ）

3. 劳务合作是多个国家（或地区）之间的劳动力要素的相互流动，其中既包括劳动力的流入，也包括劳动力的流出，流动方向具有双向性。（   ）

4. 2007年1月1日财政部推广实施新的《企业会计准则》，标志着我国企业财务会计进入了一个与国际会计惯例趋同的新时期，是我国会计改革与发展的重要里程碑。（   ）

5. "会计电算化"是以电子计算机为主的当代电子技术和信息技术应用到会计业务中的简称。（   ）

第二章 外汇外币核算

【章首导言】

本章就涉外行业相关的外币交易会计处理特点，结合《企业会计准则第19号——外币折算》阐述了相关的外币交易会计处理知识。

首先结合涉外贸易规则深入讲解国际上用于结算的主要货币形式以及结算方式，同时根据涉外行业会计处理特点，进一步诠释外币折算准则中与涉外行业会计处理密切相关的会计概念，并针对有关外币交易会计处理的基本程序与相应的会计账户设置方法作出介绍。

其次针对涉外行业主要业务形式，对其在外汇收支的会计处理、外汇借款的会计处理以及汇兑损益的会计处理等方面，从会计理论、相关政策、核算确认、账务处理、名词解释等给予说明，对大家在实际会计工作中可能遇到的问题作出解答。

【学习目标】

1. 掌握涉外贸易主要结算方式；
2. 了解外汇外币交易的基本概念；
3. 掌握外币交易会计的基本程序；
4. 了解银行外汇账户的开立与管理；
5. 掌握外币交易会计账务处理方法；
6. 掌握汇兑损益的确认、分类和账务处理。

第一节 涉外贸易结算方式

一、国际货币体系

国际货币体系是各国政府为适应涉外贸易与国际支付的需要，对货币在国际范围内发挥世界货币职能所确定的原则、采取的措施和建立的组织形式的总称。

国际货币体系具有三方面的内容和功能：一是规定用于国际间结算和支付手段的国际货币或储备资产及其来源、形式、数量和运用范围，以满足世界生产、涉外贸易和资本转移的需要。二是规定一国货币同其他货币之间汇率的确定与维持方式，以确保各国间货币的兑换方式与比价关系的合理性。三是规定国际收支的调节机制，以纠正国际收支的不平衡，确保世界经济稳定与平衡发展。

国际货币体系经历了以英镑为中心的第一代国际货币体系和以美元为中心的第二代国际货币体系"布雷顿森林体系"。1976年国际货币基金组织（IMF）在牙买加首都金斯敦举行会议，讨论 IMF 协定的修改。经过激烈的讨价还价，最终就汇率制度、黄金处理、储备资产等问题达成协议。"牙买加协定"和"IMF 章程第二次修正案"宣布了布雷顿森林体系的终结，也是现行国际货币体系——牙买加体系的开端。牙买加体系无本位币及适度增长约束，无统一的汇率制度，也无国际收支协调机制，开创了第三代国际货币体系。

二、涉外结算分类

（一）涉外结算方式

结算方式是指按一定条件、采取一定形式，使用相应的信用工具，进行货币收付的程序和方法。

涉外结算方式是国际上因贸易和非贸易往来所产生的债权债务在一定时期内进行结算所采用的方式。

（二）涉外结算方式分类

随着国际经济交往的增多和全球化趋势的形成，使用何种涉外结算方式越来越被大家所重视。涉外结算方式分为以下三类：

1. 按结算工具及其使用方法划分，可分为汇款、托收、信用证。根据进口业务和出口业务，汇款又分为从国外汇入汇款和向国外汇出汇款；信用证又分出口信用证和进口信用证；托收又分出口托收和进口代收。

2. 按信用工具传递与资金转移方向划分，分为顺汇法和逆汇法。涉外结算顺汇法亦称"涉外结算汇付法"，由债务人主动通过银行向债权人支付款项的解除债权债务关系的一种方法。其特点是资金流动方向与结算工具的传送方向一致，故称顺汇。汇付就是采用顺汇法。涉外结算逆汇法，是指债权人通过银行向债务人收取款项的解除债权债务关系的一种方法。其特点是资金流动方向与结算工具的传送方向不一致，故称逆汇。信用证和托收就属于逆汇法。

3. 按信用工具的性质，分为商业信用和银行信用。商业信用包括汇款和托收；银行信用主要包括信用证、银行保函、保付代理等。

三、涉外贸易主要结算方式

（一）汇款

汇款也称国际汇兑或国外汇兑，是汇款人或债务人通过本国银行运用结算工具将款项付给国外收款人的一种结算方式。

1. 汇款的当事人。汇款又称汇付,是指付款人通过银行将款项汇交收款人。在涉外贸易中如采用汇付,通常是由买方按合同规定的条件和时间(如预付货款、货到付款或凭单付款)通过银行将货款汇交卖方。

汇付有四个当事人。汇款人:汇出款项的人,一般是进口商。收款人:收到款项的人,一般是出口商。汇出行:办理汇出款的银行。汇入行:收款人委托收取汇款的银行,一般是收款人的开户行。

2. 汇款的种类。汇款根据汇出行向汇入行发出汇款委托的方式分为三种类型,即电汇汇款(T/T)、信汇汇款(M/T)和票汇汇款(D/D)。

电汇汇款:汇出行接受汇款人委托后,以电传方式将付款委托通知收款人所在地的汇入行,委托汇入行将一定金额的款项解付给指定的收款人。电汇因其交款迅速,在三种汇付方式中使用最广。但因银行利用在途资金的时间短,所以电汇的费用比信汇的费用高。

信汇汇款:信汇和电汇的区别在于汇出行向汇入行邮寄付款委托,所以汇款速度比电汇慢。因信汇方式人工手续较多,目前欧洲银行已不再办理信汇业务。

票汇汇款:票汇是以银行即期汇票为支付工具的一种汇付方式,由汇出行应汇款人申请、开立以其代理行或账户行为付款人、列明汇款人所指定的收款人名称的银行即期汇票,交由汇款人自行寄给收款人。由收款人凭票向汇票上的付款人(银行)取款。

3. 汇款的基本程序。

(1)电汇汇款的程序:

①汇款人填写电汇汇款申请书交款付费给汇出行;

②汇款人取回电汇回执;

③汇出行发出加押电报给汇入行,委托汇入行解付汇款给收款人;

④汇入行收到电报,核对密押无误后,缮制电汇通知书,通知收款人收款;

⑤收款人收到通知书后,在收款联上盖章,交汇入行;

⑥汇入行借记汇出行账户,取出头寸,解付汇款给收款人;

⑦汇入行将借记付讫通知书寄给汇出行,通知汇款解付完毕。

(2)信汇汇款的程序:

①汇款人填写信汇汇款申请书,交款付费给汇出行;

②汇款人取回信汇回执;

③汇出行制作信汇委托书或支付委托书经过两人双签,邮寄汇入行;

④汇入行收到信汇委托书或支付委托书,核对签字无误后,将信汇委托书的第二联信汇通知书及第三、第四联收据正副本一并通知收款人;

⑤收款人凭收据收款;

⑥汇入行借记汇出行账户,取出头寸,解付汇款给收款人;

⑦汇入行将借记付讫通知书寄给汇出行,通知汇款解付完毕。

(3) 票汇汇款程序：

①汇款人填写票汇汇款申请书，交款付费给汇出行；

②汇出行开立一张以汇入行为付款人的银行即期汇票交给汇款人；

③汇款人将汇票寄给收款人；

④汇出行将汇票通知书寄汇入行；

⑤收款人提示银行即期汇票给汇入行要求付款；汇入行将汇票与原根（汇票通知书）核对无误后借记汇出行账户，取出头寸，解付汇款给收款人；

⑥汇入行将借记付讫通知书寄给汇出行，通知汇款解付完毕。

（二）托收

托收是指债权人或受益人通过某种票据委托银行向债务人或付款人收取款项的结算方式，即出口商（卖方）开出以进口商（买方）为抬头的汇票，委托出口商（卖方）所在地银行（托收行）通过它在进口商（买方）所在地的分行或代理行（代收行），代为向买方收款。

1. 托收的基本当事人。托收是债权人通过委托银行对债务人进行收款的涉外结算业务，在托收的业务操作中存在着四个基本当事人：

委托人（principal）：也称出票人（开出汇票），一般是出口商，主要是履行与进口商签订的合同条款，并且与银行签订委托收款合同。

托收行（remitting bank）：也称寄单行，是委托代收款项的银行，主要是按照委托人的要求和国际惯例进行业务处理。

代收行（collecting bank）：代收行一般是进口商的代理人，根据托收行的委托书向付款人收款的银行。

付款人（drawee/payer）：一般是进口商。主要是支付款项的人。

上述当事人中，委托人与托收行之间、托收行与代收行之间都是委托代理关系，付款人与代收行之间则不存在任何法律关系，付款人是根据买卖合同付款的。所以，委托人能否收到货款，完全视进口商的信誉好坏，代收行与托收行均不承担责任。所以在托收业务中为被委托的银行制定了相应的免责条款，即托收行和代收行无审单义务；对单据、信函等的延误或遗失不负责；对天灾、暴动等不可控因素造成的损失不负责；对货物损坏、变质、被没收等因素造成的损失不负责；对付款人拒付不负责。

2. 托收的种类。托收根据是否随附货运单据分为光票托收和跟单托收。涉外贸易中使用的多为跟单托收。

(1) 光票托收（clean collection）。光票托收指汇票不附带货运票据的一种托收方式。主要用于货款的尾数、样品费用、佣金、代垫费用、贸易从属费用、索赔以及非贸易的款项。

(2) 跟单托收（documentary collection）。跟单托收是汇票连同商业单据向进口商收取款项的一种托收方式，有时为了避免印花税，也有不开汇票，只拿商业单据委托银行代收的情况。跟单托收有两种交单方式：付款交单（D/P）和承兑交单（D/A）。

①付款交单。出口方在委托银行收款时，指示银行只有在付款人（进口方）付清货款时，才能向其交出货运单据，即交单以付款为条件，称为付款交单。按付款时间的不同，又可分为即期付款交单（Document Against Payment At Sight, D/P At Sight）和远期付款交单（Documents Against Payment of Usance Bill, D/P After Sight）。

即期付款交单是指出口方按合同规定日期发货后，开具即期汇票（或不开汇票）连同全套货运单据，委托银行向进口方提示，进口方见票（和单据）后立即付款，银行在其付清货款后交出货运单据，进口方才能拿到商业单据。

远期付款交单是指出口方按合同规定日期发货后，出口商开具远期汇票连同全套货运单据，委托银行向进口方提示，进口方审单无误后在汇票上承兑，于汇票到期日付清货款，然后从银行处取得货运单据。

②承兑交单。出口方发运货物后开具远期汇票，连同货运单据委托银行办理托收，并明确指示银行，进口人在汇票上承兑后即可领取全套货运单据，待汇票到期日再付清货款。

3. 托收的一般业务程序。

（1）出口商按照合同规定发货后取得货运单据，连同汇票及发票等商业单据填写托收指示书一并送交托收行，委托代收货款。

（2）托收行根据出口商的指示，向代收行发出托收通知书（collecting advice）连同汇票单据寄交代收行，要求按照通知书的指示代收货款。

（3）代收行收到汇票和单据后，应及时向进口商做见票付款或承兑指示。如为即期汇票，进口商应立即付清货款，取得全套货运单据；如为远期汇票，应签见或承兑汇票。如属付款交单方式，代收银行保留汇票及单据，待汇票到期时再通知付款赎单。如属承兑交单方式，则进口商在承兑汇票后即可从代收行取得全套单据。

（4）代收银行收到货款后，应立即将货款拨付托收行。

（5）托收行收到货款后应立即拨交出口商。

（三）信用证

信用证（Letter of Credit，L/C），是涉外贸易结算中使用最广泛、最主要的支付方式，是银行出具的一种有条件的付款保证。其含意是指，一项约定不论其如何命名或描述，系指一家银行（开证行）应其客户（申请人）的要求和指示或以其自身的名义，在与信用证条款相符的条件下，承诺凭规定单据在一定期限内支付一定金额的书面保证文件。

在涉外贸易中，信用证的申请人是进口方，开证行是进口地银行，受益人是出口商。于是可以对信用证做这样的理解：信用证是开证行应进口方的请求向出口方开立的在一定条件下保证付款的凭证；付款的条件是出口方（受益人）向银行提交符合信用证要求的单据；在满足上述条件的情况下，由银行向出口方付款，或对出口方出具的汇票承兑并付款；付款人可以是开证行，也可以是开证行指定的银行。收款人可以是受益人，或者是其指定的银行。

对于信用证定义中表达的"约定"应特别注意以下三点：

第一，由银行承诺付款。而在汇款和托收方式中，银行均未作出此种承诺。

第二，条件是由受益人提交符合信用证要求的单据。在涉外贸易中单据是第三者或当事人出具的履约证书，所以信用证的约定是要求受益人以单据的形式向银行证明自己已履行了合同义务，银行即向其支付货款。对一个实际上已履行了合同义务的出口商来说，要提交这样的单据是能够做到的。因而信用证所提出的条件，并未对卖方构成合同义务的实质性的变更或添加。

第三，信用证是一项不依附于贸易合同的独立文件：信用证业务的处理以单据而不是以货物为准。

1. 信用证的基本当事人。信用证的基本当事人有三个：开证申请人（applicant）、开证行（lssuing bank）和受益人（beneficiary）。其他当事人主要有：通知行（advising bank）、议付行（negotiating bank）、付款行（paying bank）、偿付行（reimbursing bank）和保兑行（confirming bank）。

2. 信用证的种类。

（1）根据汇票是否附有货运单据，可分为跟单信用证和光票信用证。跟单信用证是凭附带货运单据的汇票或仅凭单据付款的信用证。光票信用证是不附货运单据的汇票或收据付款的信用证。

（2）根据信用证有无开证行以外的其他银行加以保兑，可分为保兑信用证和不保兑信用证。信用证上除了有开证银行确定的付款保证外，还有另一家银行确定的付款保证，这样的信用证就是保兑信用证。而不保兑信用证是未经另一家银行加保的信用证。

（3）根据信用证的不同付款方式可以分为：即期付款信用证、延期付款信用证、承兑信用证、议付信用证。

（4）根据受益人使用信用证的权利能否转让划分，可分为可转让信用证和不可转让信用证。不可转让信用证是指受益人不能将信用证的权利转让给他人的信用证。可转让信用证指开证行授权出口地银行在受益人的要求下，将信用证的权利全部或部分转让给第三方的信用证。

（5）根据信用证和其他信用证的关系来分，可分为背对背信用证和对开信用证。

信用证的种类还有：

（1）预支信用证，分为全部预支信用证和部分预支信用证两种。

（2）循环信用证。信用证金额被支用后可恢复到原金额继续使用，直到规定的次数或总金额用完为止，这种信用证就是循环信用证。在进出口买卖双方订立长期合同，分批交货，而且货物比较大宗单一的情况下，进口方为了节省开征手续和费用，即可开立循环信用证。

（3）备用信用证，又称担保信用证，是指不以清偿商品交易的价款为目的，而以贷款融资，或担保债务偿还为目的所开立的信用证。

3. 信用证的一般业务程序。在涉外贸易结算中使用的跟单信用证有不同的类型，其业务程序也各有特点，但都要经过申请开证、开证、通知、交单、付款、赎单这几个环节。现以最常见的议付信用证为例，说明其业务程序。假如进出口双方签署买卖合同中规定以信用证方式支付货款，则整个信用证支付货款的流程为：

（1）申请开证。开证申请人即为合同的进口方应该按合同规定的期限向所在地银行申请开证。申请开证时，申请人应填写并向银行递交开证申请书。开证申请书的内容包括两个方面：一是指银行开立信用证的具体内容，该内容应与合同条款相一致，是开证行凭以向受益人或议付行付款的依据。二是关于信用证业务中申请人和开证行之间权利和义务关系的声明。开证申请内容应完整明确，为防止混淆和误解，不要加注过多的细节。申请人申请开证时，开证行要求客户交付一定比例的保证金或其他担保品。但对于资信良好的客户，有的银行会授以一定的开证额度，在规定额度内开证，可免交保证金。

（2）开证行开立信用证。开证行接受申请人的开证申请后，应严格按照开证申请书的指示拟订信用证条款，有的草拟完信用证后，还应送交开证申请人确认。开证行应将其所开立的信用证邮寄或电传或通过SWIFT电讯网络送交出口地的通知行，请其代为通知或转交受益人。

（3）通知行通知受益人。通知行收到信用证后，经核对签字印鉴或密押无误，应立即将信用证转交受益人，并留存一份副本备查。

通知行通知受益人的方式有两种：一种是将信用证直接转交受益人；另一种是当该信用证以通知行为收件人时，通知行应以自己的通知书格式照录信用证全文经签署后交付受益人。这两种形式对受益人来说，都是有效的信用证文本。

（4）交单议付。受益人收到信用证后，应立即进行审核，如发现信用证中所列条款内容与买卖合同不相符合，或者不符合有关国际惯例中的规定，应立即通知申请人并要求修改，申请人向开证行提交修改申请书，开证行做成修改通知书后按原来信用证的传递方式交付通知行，经通知行审核签字密押无误后转交受益人。

受益人对信用证的内容审核无误，或收到修改通知书审核后可以接受，即可根据信用证的规定发运货物，缮制并取得信用证规定的全部单据，开立汇票（或不开汇票，视信用证规定），连同信用证正本和修改通知书（如果有修改通知书），在信用证规定的有效期和交单期内，递交给通知行或与自己有往来的银行或信用证中指定的议付银行办理议付。

议付是受益人利用信用证取得资金的一种方式。即由受益人向上述当地银行递交信用证规定的全套单据，银行在单证一致的前提下，扣除了预付款的利息和手续费后，购进受益人出具的汇票和全套单据。俗称"埋单"，又称"出口押汇"。议付是可以追索的。

（5）寄单索偿。议付行议付后。议付行取得了信用证规定的全套单据，即可凭单据向开证行或其指定银行请求偿付货款。

开证行或付款行如发现单据和信用证不符，应在不迟于收到单据的次日起 7 个营业日内通知议付行表示拒绝接受单据，如果不能在该期限内表示拒绝，则开证行必须履行付款责任。

（6）申请人付款赎单。开证行在向议付行偿付后，即通知申请人付款赎单。开证人应到开证行审核单据，若单据无误，即应付清全部货款与有关费用（如开证时曾交付押金，则应扣除押金的本息），若单据和信用证不符，申请人有权拒付。申请人付款后，即可从开证行取得全套单据。此时申请人与开证银行之间因开立信用证而构成的契约关系即告结束。

在实际业务中，信用证中常出现与合同规定不一致的地方。这种不一致又称"不附点"。不附点有大有小，有多有少。必要时，对影响小的不附点可灵活处理。

第二节 外汇交易业务处理

一、外汇交易与汇率

（一）外币交易

外币是指除我国人民币以外的其他国家和地区的货币。从会计的角度来说，外币则是除采用的记账本位币以外的其他货币，如我国境内的企业，以人民币作为记账本位币，那么对于该企业来说，除人民币以外的其他货币，像美元、英镑、欧元、日元等就是外币。

外币交易是指以外币计价或者结算的交易。外币交易包括：买入或者卖出以外币计价的商品或者劳务；借入或者借出外币资金；其他以外币计价或者结算的交易。

（二）汇率与汇兑损益

1. 汇率的概念。汇率亦称"外汇行市或汇价"，是一国货币兑换另一国货币的比率，是以一种货币表示另一种货币的价格。由于世界各国货币的名称不同，币值不一，所以一国货币对其他国家的货币要规定一个兑换率，即汇率。各国货币之所以可以进行对比，能够形成相互之间的比价关系，原因在于它们都代表着一定的价值量，这是汇率的决定基础。

2. 汇率标价方法，是指用外国货币表示本国货币的价格，或是用本国货币表示外国货币的价格。按汇率标价方法的不同，可分为直接标价法和间接标价法。目前，世界上除了英国、美国外，都是用直接标价法表示外汇汇率，我国人民币与外国货币的汇率也是用直接标价法表示。

3. 汇率的分类。从银行买卖外汇的角度划分，汇率分为买入汇率、卖出汇率和中间汇率。

买入汇率又叫外汇买入价,它是银行从客户手中买入外汇时使用的汇率。

卖出汇率又叫外汇卖出价,它是银行向客户卖出外汇时使用的汇率。

中间汇率又叫外汇买卖中间价,它是买价与卖价的平均数。

由于国际收支、通货膨胀、利率、经济增长率、财政赤字、外汇储备等因素都会影响一国货币对其所代表价值量的变化,从而使它与其他货币的兑换率也发生变化,即通常称为汇率变动。

4. 汇兑损益,是指企业会计账户中的各外币账户、外币报表的项目由于记账时间和汇率不同而产生的折合为记账本位币的差额。即企业在持有外币货币性资产和负债期间,由于汇率变动,企业持有的外币在不同时期代表的价值量不同,所产生的损失或收益被称为汇兑损益。外币货币性资产在汇率上升时,产生汇兑收益;反之,产生汇兑损失。外币货币性负债则相反。

(三)记账本位币

记账本位币是指企业经营所处的主要经济环境中的货币。《企业会计准则第19号——外币折算》规定,我国境内的企业通常应选择人民币作为记账本位币。

(四)记账本位币确定

《企业会计准则第19号——外币折算》中关于记账本位币规定如下:

1. 确定记账本位币应考虑的因素。

(1)该货币主要影响商品和劳务的销售价格,通常以该货币进行商品和劳务的计价和结算;

(2)该货币主要影响商品和劳务所需人工、材料和其他费用,通常以该货币进行上述费用的计价和结算;

(3)融资活动获得的货币以及保存从经营活动中收取款项所使用的货币。

2. 选定某种货币作为境外经营的记账本位币应考虑的因素。业务收支以人民币以外的货币为主的企业,可以选定其他货币作为记账本位币。选择以人民币以外的某种货币为记账本位币的,编报的财务报表应当折算为人民币。选定其他货币作为记账本位币应考虑下列因素:

(1)境外经营对其所从事的活动是否拥有很强的自主性;

(2)境外经营活动中与企业的交易是否在境外经营活动中占有较大比重;

(3)境外经营活动产生的现金流量是否直接影响企业的现金流量、是否可以随时汇回;

(4)境外经营活动产生的现金流量是否足以偿还其现有债务和可预期的债务。

(五)记账本位币变更

企业记账本位币一经确定,不得随意变更,除非企业经营所处的主要经济环境发生重大变化。企业因经营所处的主要经济环境发生重大变化,确需变更记账本位币的，应当采用变更当日的即期汇率将所有项目折算为变更后的记账本位币。

二、外币交易一般会计方法

（一）分账制

外币分账制又称原币记账制或分币记账制，是在外汇交易发生时直接用原币记账，平时不进行折算，也不反映记账本位币金额。在这种方法下，企业的记账本位币业务和外币业务均应分别设立账户反映，即有几种币种入账，就应设立几套账。在发生外币业务时，以原币记账，而不立即折算为记账本位币记账。如果发生两种货币之间的兑换业务，应通过单独设置的"外币兑换"账户作为两种账户之间的桥梁来进行会计处理，分别与原币的对应账户构成借贷关系。到会计期末，再按一定汇率将各种外币账户的余额换算成记账本位币编制财务报表。各种外币的"外币兑换"账户期末余额按期末即期汇率折算成记账本位币金额，将其与记账本位币的"外币兑换"账户金额之间的差额，作为汇兑损益处理。

（二）统账制

外币统账制也称为"记账本位币制"，是以记账本位币作为统一记账货币的记账方法。即以本国货币作为记账本位币，将发生的其他货币的经济业务折合为本国货币反映，外币在账簿上只做辅助记录。在这种记账方法下，所有外币的收支，都应折算为记账本位币进行反映，外币金额只在账上作为补充资料进行反映。我国企业一般应以人民币作为记账本位币，所以，在外币统账制下，当企业发生外币业务时，一般按人民币统一设账，统一记录，外币业务的金额均要换算为人民币金额后入账反映，同时要设立不同外币种类的二级辅助账户，反映外币资金和外币债权、债务的增减情况。

无论采用分账制记账方法还是统账制记账方法，只是账务处理方法不同，但其产生的汇兑损益的确认、计量的结果和列报，应当一致。在我国，除金融企业外，多数企业都采用外币统账制记账方法。

三、外币交易一般会计程序

（一）初始计量与确认

对于外币交易的初始计量与确认，是将外币金额按照交易日的即期汇率或即期汇率的近似汇率折算为记账本位币金额，按照折算后的记账本位币金额登记有关账户；在登记有关记账本位币账户的同时，按照外币金额登记相应的外币账户。

根据《企业会计准则第19号——外币折算》中的规定，企业在处理外币交易和对外币财务报表进行折算时，应当采用交易发生日的即期汇率将外币金额折算为记账本位币金额反映，也可以采用按照系统合理的方法确定的、与交易发生日即期汇率近似的汇率折算。

即期汇率，通常是指中国人民银行公布的当日人民币外汇牌价的中间价。企业发生的外币兑换业务或涉及外币兑换的交易事项，应当按照交易实际采用的汇率（即银行买入价或卖出价）折算。

即期汇率的近似汇率，是指按照系统合理的方法确定的、与交易发生日即期汇率近似的汇率，通常采用当期平均汇率或加权平均汇率等。

企业通常应采用即期汇率进行结折算。汇率变动不大的也可以采用即期汇率的近似汇率进行折算。

企业收到投资者以外币投入的资本，应当采用交易发生日即期汇率折算，不得采用合同约定汇率和即期汇率的近似汇率折算，外币投入资本与相应的货币性项目的记账本位币金额之间不产生外币资本折算差额。

（二）后续计量与确认

1. 货币性项目。

（1）期末，将所有外币货币性项目的外币余额，按照期末即期汇率折算为记账本位币金额，并与原记账本位币金额相比较，其差额记入"财务费用——汇兑差额"科目。

（2）结算外币货币性项目时，将其外币结算金额按照当日即期汇率折算为记账本位币金额，并与原记账本位币金额相比较，其差额记入"财务费用——汇兑差额"科目。

2. 非货币性项目。

（1）以历史成本计量的外币非货币性项目，仍采用交易发生日的即期汇率折算，资产负债表日不改变其记账本位币金额，不产生汇兑差额。

（2）对于以成本与可变现净值孰低计量的存货，如果其可变现净值以外币确定，则在确定存货的期末价值时，应先将可变现净值折算为记账本位币，再与以记账本位币反映的存货成本进行比较。

（3）对于以公允价值计量的股票、基金等非货币性项目，如果期末的公允价值以外币反映，则应当先将该外币按照公允价值确定当日的即期汇率折算为记账本位币金额，再与原记账本位币金额进行比较，其差额作为公允价值变动损益，计入当期损益。如属于可供出售外币非货币性项目，形成的汇兑差额计入资本公积。

（三）外币交易会计账户设置

1. 外币交易会计账户的分类。

（1）货币资金账户，如外币现金、外币银行存款等。

（2）外币债权债务账户，如应收账款、应收票据、预付账款、短期借款、长期借款、应付账款、应付票据、应付职工薪酬、应付股利、预收账款等。

应付职工薪酬可以设置外币账户，但是应交税费不能设置外币账户。在外币业务核算中涉及的如原材料、固定资产、实收资本等损益类账户，也属于非外币账户；不允许开立现汇账户的企业，可以设置外币现金和外币银行存款以外的其他外币账户。

另外，在"财务费用"中设置明细账户"汇兑差额"，是为了核算由于汇率变动而引起的记账本位币价值变动而产生外币汇兑差额设立的会计账户。

2. 外币交易会计账户设置的基本方式。

（1）外币类的会计账户设置通常为复币式，即在一个会计账户中不仅能够记录交易中的记账本位币（人民币）的金额，同时也能反映交易中外币账款的收付结存的情况，比如币种、金额等。

（2）企业通常在涉及外币业务的账户中按外币种类设置明细账户，以满足对会计对象进行局部或具体核算。比如，根据企业的需要对"应收外汇账款"的具体债务人设置明细分类账户，即"应收外汇账款——美元——甲单位"，详细记录具体债务人应收外汇账款的增减变化情况。

（3）随着计算机技术的发展，以及电算化记账工作的普及，对于电子化的会计账户设置也出现了一些变化，有些会计账户的设置直接与使用的电算化系统有关。比如在绝大多数已经使用电脑记账的企业，会计账户的设置更加精练和专业，对于有具体债权债务人的往来会计账户，已经不再将债券债务人设置到会计账户中，而是进行统一的设置，通过计算机技术进行记账工作。这时对于电子化的"应收外汇账款"会计账户只要设置到币种就可以满足核算的需要，即"应收外汇账款——币种"。

四、银行外汇账户开立与管理

我国国家外汇管理局对企业法人外汇账户管理严格，就其开立、变更、关闭等情况规定了严格的程序。

（一）外汇账户的开立

下列经常项目外汇，可以开立外汇账户保留外汇：

（1）经营境外承包工程、向境外提供劳务、技术合作的境内机构，在其业务项目进行过程中发生的业务往来外汇；

（2）从事代理对外或者境外业务的境内机构代收代付的外汇；

（3）境内机构暂收待付或者暂收待结项下的外汇，包括境外汇入的投标保证金、履约保证金、先收后支的转口贸易收汇、邮电部门办理国际汇兑业务的外汇汇兑款、铁路部门办理境外保价运输业务收取的外汇、海关收取的外汇保证金、抵押金等；

（4）经交通运输部批准从事国际海洋运输业务的远洋运输公司，经原外经贸部批准从事国际货运的外运公司和租船公司的业务往来外汇；

（5）保险机构受理外汇保险、需向境外分保以及尚未结算的保费；

（6）根据协议规定需用于境外支付的境外捐赠、资助或者援助的外汇；

（7）免税品公司经营免税品业务收入的外汇；

（8）有进出口经营权的企业从事大型机电产品进出口项目，其项目总金额和执行期达到规定标准的，或者国际招标项目过程中收到的预付款和进度款；

（9）国际旅行社收取的、国外旅游机构预付的、在外管局核定保留比例内的外汇；

（10）外商投资企业在外管局核定的最高金额以内的经常项目项下外汇；

（11）境内机构用于偿付境内外外汇债务利息及费用的外汇；

（12）驻华机构由境外汇入的外汇经费；

（13）个人及来华人员经常项目项下收入的外汇；

（14）境内机构经外管局批准允许保留的经常项目项下的其他外汇。

（二）外汇账户开立程序

境内机构（外商投资企业除外）应当持下列材料向外管局申请开户，并填写《国家外汇管理局开立外汇账户批准书》，经批准后在中资开户金融机构开立外汇账户，开户后5日内凭开户回执向外管局领取《外汇账户使用证》，并提供下列资料：

1. 申请开立外汇账户的报告；
2. 根据开户单位性质分别提供工商行政管理部门颁发的营业执照或者民政部门颁发的社团登记证或者国家授权机关批准成立的有效批件；
3. 国务院授权机关批准经营业务的批件；
4. 外管局要求提供的相应合同、协议或者其他有关材料。

中资开户金融机构为境内机构开立外汇账户后，应当在开户回执上注明账号、币种和开户日期，并加盖该金融机构戳记。

（三）外汇账户的变更

境内机构开立经常项目外汇账户后，如因经营需要调整开户单位名称、最高限额等账户信息的。应当持申请书、外汇账户使用证或登记证、原账户开立核准件、对账单，向开户所在地外管局申请，并持开户所在地外管局的"账户变更核准件"到账户开立金融机构办理变更手续。

境内机构因经营需要在注册地以外开立经常项目外汇账户的，应当向注册地外管局备案，并持注册地外管局的"异地开户备案件"及其他材料向开户所在地外管局申请，凭开户所在地外管局核发的"账户开立核准件"，到相关金融机构办理开户手续。开户所在地外管局必须及时将有关开户信息书面告知注册地外管局。

(四) 外汇账户的关闭和撤销

境内机构、驻华机构如需关闭外汇账户，应当在办理清户手续后10个工作日内将开户金融机构关闭账户的证明及《外汇账户使用证》、外债登记凭证、《外商投资企业外汇登记证》或者《驻华机构外汇账户备案表》送交外管局办理关闭账户手续。境内机构关闭外汇账户后，其外汇账户余额属于外商投资者所有的或者经批准可以保留的，可以转移或者汇出；其余外汇应当全部结汇。驻华机构关闭外汇账户后，其外汇账户余额可以转移或者汇出。

凡应当撤销的外汇账户，由外管局对开户金融机构及开户单位下达《撤销外汇账户通知书》，并按照规定对该外汇账户余额作出明确处理，限期办理撤户手续。

(五) 外汇账户监管

开户金融机构应当在每月初起5个工作日内向外管局报送"境内机构经常项目外汇账户情况月报表"。各分局应于每月初起10个工作日内，将所辖地区"境内机构经常项目外汇账户情况月报表"汇总后报国家外汇管理局。在已经使用账户系统的地区，开户金融机构应当于每日通过账户系统向外管局报送经常项目外汇账户信息。外管局应当对所辖境内机构经常项目外汇账户进行年检。已使用账户系统的地区不再对所辖境内机构经常项目外汇账户进行年检。

第三节 外币交易业务处理

外币交易会计是指企业在收入外汇及结汇、支付外汇及购汇、使用外汇贷款和接受外汇投资过程中的会计处理，其主要内容有两方面：企业外币交易发生外币金额折算及其相关的账务处理；在期末对会计报表分别按外币货币性项目和外币非货币性项目进行相关报表项目的填列。

一、外币收入的会计处理

结汇是指外币收入所有者将其外币收入出售给外汇指定银行，外汇指定银行按一定汇率付给等值的本位币的行为。结汇是涉外企业安全回笼货款的标志。在结汇时，出口企业可以按照银行当天的外汇牌价（买入价）结售给外汇指定银行。也可以根据自己付汇的需要留取部分外汇。在对结汇进行会计核算时，应注意汇率的变化。结汇时的银行外汇买入价低于记账时的汇率，记入"财务费用——汇兑差额"科目的借方，反之记入贷方。

【例2-1】A企业出口收汇按规定结汇，把10 000美元兑换为人民币。银行当天的美元买入价为1美元=6.8元人民币。中间价为1美元=6.85元人民币。

A企业应做如下账务处理：

借：银行存款　　　　　　　　　　　　　　　　　　　　68 000
　　财务费用——汇兑差额　　　　　　　　　　　　　　　　500
　　贷：银行存款——外汇存款　　　　　　　　　　　　　68 500

【例2-2】甲公司向国外乙公司出口销售商品一批，根据销售合同，货款共计100 000美元，当日的即期汇率为1美元＝6.81元人民币，货款尚未收到。

甲公司应做如下账务处理：

借：应收账款——应收外汇账款（美元）　　　　　　　　681 000
　　贷：主营业务收入　　　　　　　　　　　　　　　　681 000

企业对外出售商品取得的货款或者债权，应该采用外销业务发生日的即期汇率折算成人民币入账，同时按照外汇的币种和金额登记相应的外币账户。

二、外币支出的会计处理

企业从国外采购商品和原材料，或者引进各种设备，应按照当日的即期汇率将应该支付的外汇折算成人民币，用来确定原材料或固定资产的入账价值，同时按照外汇的币种和金额登记相应的外币账户。

企业对外支付外汇分为两种方式：一是从银行购汇后支付；二是从企业现汇账户中直接支付。

【例2-3】甲公司从银行买入10万美元，交易日银行卖出价1∶6.8，交易日的即期汇率为1∶6.75。甲公司应做如下账务处理：

借：银行存款——美元（10 000×6.75）　　　　　　　　675 000
　　财务费用——汇兑差额　　　　　　　　　　　　　　5 000
　　贷：银行存款——人民币（100 000×6.8）　　　　　680 000

【例2-4】在向银行购汇的情况下，A企业以信用证方式向外商支付进口货款1 000美元，银行当天卖出价1∶6.83，当日的即期汇率为1美元＝6.8元人民币。A企业应做如下账务处理：

（1）外汇开证时。

借：其他货币资金——信用证保证金　　　　　　　　　　68 000
　　财务费用——汇兑差额　　　　　　　　　　　　　　　300
　　贷：银行存款　　　　　　　　　　　　　　　　　　68 300

（2）对方银行提示付款时，当日即期汇率为1美元＝6.78元人民币。

借：应付账款——应付外汇账款（USD10 000）　　　　　67 800
　　贷：其他货币资金——信用证保证金　　　　　　　　67 800

【例2-5】在动用现汇的情况下，A企业向外商支付进口货款10 000美元，银行当天卖出价1美元＝6.83元人民币，交易日的即期汇率为1美元＝6.8元人民币。A企业应做如下账务处理：

借：应付账款——应付外汇账款（USD10 000）　　　　　68 000

财务费用——汇兑差额　　　　　　　　　　　　　　　　300
　　　贷：其他货币资金——信用证保证金（USD10 000）　68 300

【例2-6】 国内甲公司的记账本位币为人民币，属于增值税一般纳税企业。某日，从国外购入某原材料，共计50 000欧元，当日的即期汇率为1欧元=10元人民币，按照规定计算应缴纳的进口关税（计入成本）为50 000元人民币，支付的进口增值税为65 000元人民币，货款尚未支付，进口关税及增值税已用银行存款支付。甲公司相关账务处理如下：

　　借：原材料（50 000×10+50 000）　　　　　　　　　　550 000
　　　　应交税费——应交增值税（进项税额）　　　　　　　65 000
　　　贷：应付账款——应付外汇账款——欧元（50 000×10）　500 000
　　　　　银行存款（50 000+65 000）　　　　　　　　　　115 000

注意：进口的关税需要计入材料的成本，因为企业属于增值税一般纳税企业，所以增值税不计入材料成本。

【例2-7】 乙公司的记账本位币为人民币，对外币交易采用交易日的即期汇率折算。某日，从境外丙公司购入不需要安装的设备一台，设备价款为250 000美元，购入该设备当日的即期汇率为1美元=6.79元人民币，款项尚未支付。乙公司应做如下账务处理：

　　借：固定资产——机器设备（25 000×6.79）　　　　　1 697 500
　　　贷：应付账款——应付外汇账款——丙公司（美元）　1 697 500

三、外汇借款的会计处理

（一）外汇借款

外汇借款是指中国境内的机关、团体、企业、事业单位、金融机构或者其他机构对中国境外的国际金融组织、外国政府、金融机构、企业或者其他机构用外国货币承担的具有契约性偿还义务的债务；主要包括外汇现汇贷款、外汇转贷款、外汇质押贷款、外汇打包放款和备用信用证担保贷款等。银行发放境内外汇货款的利率应遵守中国人民银行有关利率的规定。贷款的发放和收回要求币种一致。

在各类外汇借款中外汇现汇贷款占有很大的比重，它是涉外企业在开展进出口业务中普遍选择的融资方式之一。贷款利率既可以采用浮动利率，也可以采用固定利率。浮动利率一般参照伦敦金融市场银行同业的扩放利率加上银行筹资的综合成本及相应的利润确定。根据客户要求，中国银行可以将现汇贷款的浮动利率掉期为固定利率。与外国政府贷款和国外银行的买方信贷相比，现汇贷款用途广泛，可用于向任何国家和地区采购设备和材料。

一般来说，外汇现汇贷款既可以满足企业流动资金方面的需求，也可以满足企业固定资产投资的需求，贷款种类既包括短期贷款，也包括中长期贷款。

（二）外汇借款的条件

凡是具有企业法人资格的经济实体，在银行开立账户，具有偿还贷款能力的均可以申请现汇贷款。申请贷款的主要条件是：

1. 借款人应当是经工商行政管理机关（或主管机关）核准登记的企（事）业法人、其他经济组织、个体工商户等，拥有工商行政管理部门颁发的企业法人营业执照；
2. 借款用途必须正当合理，且具有经济效益；
3. 借款人应有相应的外汇资金来源，如借款人没有外汇收入，则应有外汇管理部门同意购汇还贷的证明文件；
4. 符合银行其他有关贷款规定要求。

（三）外汇借款的使用范围

企业得到的外汇贷款一般用于在进出口贸易中的对国外支付，不允许在境内结汇成人民币使用。使用范围具体主要有：

1. 进口原材料及辅助材料、包装物料；
2. 引进或进口国外技术、设备、零部件；
3. 支付外币运费、保险费和佣金；
4. 其他经外汇局和银行同意的用途。

（四）外汇借款的清偿

根据"借外汇、用外汇、还外汇"的原则，外汇贷款的偿还可以用借款的自有外汇归还外汇贷款本息，借款人如没有外汇，或自有外汇不足的，可以购汇还贷。因此，外汇清偿的来源主要有：

1. 出口收汇归还贷款。这是企业主要的还贷方式，即出口的外汇销售收入到账后不予结汇，直接归还银行的外汇借款。
2. 借款到期外汇短缺，可以用人民币向银行购汇归还贷款。
3. 偿债基金方式，即企业按照外债余额的一定比例建立基金，将出口收入直接存入偿债现汇专户，专门用于归还外汇借款。

（五）外汇借款的会计处理示例

企业借入外币资金时，按照借入外币时的市场即期汇率折算为记账本位币入账，同时按照借入外币的金额登记相关的外币账户。

【例2-8】甲公司按业务发生当日市场即期汇率作为记账汇率。4月10日企业从银行借入50 000美元，当日市场汇率为1美元=6.7元人民币。甲公司相关账务处理如下：

借：银行存款（美元户）（50 000×6.7）　　　　　　335 000
　　贷：短期借款（美元户）（50 000×6.7）　　　　　　335 000

若企业于 5 月 10 日归还这笔借款。当日市场汇率为 1 美元 = 6.68 元人民币。应做会计分录如下：

借：短期借款（美元户）（50 000 × 6.68）　　　334 000
　　贷：银行存款（美元户）（50 000 × 6.68）　　　334 000

注意："短期借款"科目借贷方差额在期末作为汇兑损益处理。短期借款的利息记入"财务费用"科目。

【例 2-9】A 公司 1 月 1 日借入半年期外汇现汇贷款 500 000 美元，年利率 2.4%，当天市场即期汇率为 1 美元 = 6.82 元人民币。A 公司相关账务处理如下：

（1）A 公司借入外汇的账务处理。

借：银行存款——外汇存款（USD500 000 × 6.82）　　　3 410 000
　　贷：短期借款——外汇借款（USD500 000 × 6.82）　　　3 410 000

（2）A 公司用该批借款从国外进口原料。

借：物资采购——进口商品采购　　　3 410 000
　　贷：银行存款——外汇存款（USD500 000 × 6.82）　　　3 410 000

（3）3 月末计提 1 季度利息，计提日即期汇率为 1 美元 = 6.81 元人民币。

借：财务费用——利息　　　20 430
　　贷：短期借款——外汇借款（USD3 000 × 6.81）　　　20 430

（4）6 月末用出口收汇全部归还借款本息，当天即期汇率为 1 美元 = 6.8 元人民币。

借：短期借款——外汇借款（USD506 000 × 6.82）　　　3 450 920
　　贷：银行存款——外汇存款（USD506 000 × 6.8）　　　3 440 800
　　　　财务费用——汇兑差额　　　10 120

【例 2-10】甲公司 20×7 年 1 月 1 日，为建造某工程项目专门以面值发行美元公司债券 1 000 万美元，年利率为 8%，期限为 2 年，合同约定每年 1 月 1 日支付利息，到期还本。甲公司的记账本位币为人民币，外币业务采用业务发生当日的即期汇率折算。当年 1 月 1 日市场即期汇率为 1 美元 = 7.70 元人民币。甲公司相关账务处理如下：

（1）发行外币债券时的账务处理。

借：银行存款——美元户（USD10 000 000 × 7.7）　　　77 000 000
　　贷：应付债券——美元户（USD10 000 000 × 7.7）　　　77 000 000

（2）该工程 20×7 年 1 月 1 日开始实体建造，20×8 年 6 月 30 日完工，达到预定可使用状态。20×7 年 1 月 1 日，甲公司向建筑承包商支付了 1 000 万美元的工程款，当年 12 月 31 日，市场汇率为 1 美元 = 7.20 元人民币。年末计提利息及汇兑损益处理如下。

计提利息：

借：在建工程　　　5 760 000
　　贷：应付利息——美元户（USD10 000 000 × 8% × 7.2）　　　5 760 000

注意：资本化期间为20×7年1月1日~20×8年6月30日，20×7年利息费用应全部资本化。

计算汇兑损益：

外币债券本金及利息的汇兑差额 = 10 000 000 × (7.20 − 7.70) + 800 000 × (7.20 − 7.20) = −5 000 000（万元）

借：应付债券——美元户　　　　　　　　　　　　　　5 000 000
　　贷：在建工程　　　　　　　　　　　　　　　　　　5 000 000

注意：资本化期间发生的汇兑损益应全部资本化。

（3）20×8年1月1日实际支付利息80万美元。当日市场即期汇率为1美元 = 7.10元人民币，折算成人民币为568万元。该金额与原账面金额576万元之间的差额8万元应当继续予以资本化，即冲减在建工程成本。账务处理如下。

借：应付利息——美元户（USD800 000 × 7.2）　　　 5 760 000
　　贷：银行存款——美元户（USD800 000 × 7.10）　　5 680 000
　　　　在建工程　　　　　　　　　　　　　　　　　　 80 000

注意：结算日，将应付利息结平，由此产生的汇兑差额因为仍在资本化期间，故应该资本化。

（4）20×8年6月30日计提利息和汇兑损益处理。当日市场汇率为1美元 = 7元人民币。

计提利息：

借：在建工程　　　　　　　　　　　　　　　　　　　2 800 000
　　贷：应付利息——美元户（USD10 000 000 × 4% × 7）　2 800 000

注意：20×8年上半年为资本化期间，利息费用应全部资本化。

计算汇兑损益：

外币债券本金及利息的汇兑差额 = 10 000 000 × (7 − 7.2) − 400 000 × (7 − 7) = −2 000 000（万元）

借：应付债券——美元户　　　　　　　　　　　　　　2 000 000
　　贷：在建工程　　　　　　　　　　　　　　　　　　2 000 000

（5）20×8年12月31日计提利息和汇兑差额处理。当日市场汇率为1美元 = 6.8元人民币。

计提利息：

借：财务费用　　　　　　　　　　　　　　　　　　　2 720 000
　　贷：应付利息——美元户（USD10 000 000 × 4% × 6.8）　2 720 000

注意：20×8年下半年为非资本化期间，利息费用应该费用化。

计算汇兑损益：

外币债券本金及利息的汇兑损益 = 10 000 000 × (6.8 − 7) + 400 000 × (6.8 − 7) + 400 000 × (6.8 − 6.8) = −2 080 000（万元）

借：应付债券——美元户　　　　　　　　　　　　　　2 000 000
　　应付利息——美元户　　　　　　　　　　　　　　　 80 000

贷：财务费用——汇兑差额　　　　　　　　　　　　　2 080 000

注意：20×8年下半年为非资本化期间，汇兑差额应该费用化。

（6）20×9年1月1日，归还债券的全部本息。当日市场汇率为1美元=6.8元人民币。

　　借：应付债券——美元户　　　　　　　　　　　　　68 000 000
　　　　应付利息——美元户　　　　　　　　　　　　　 5 440 000
　　贷：银行存款——美元户（USD10 800 000×6.80）　 73 440 000

四、外汇投资

企业收到投资者以外币投入的资本，无论是否有合同约定的汇率，均不得采用合同约定的汇率和即期汇率的近似汇率折算，而是采用交易日即期汇率折算，这样，外币投入资本与相应的货币性项目的记账本位币金额相等，不产生外币资本折算差额。但计算出资比例时，仍按照合同约定的汇率折算。

【例2-11】 国内甲公司的记账本位币为人民币。某日，甲公司与某外商签订投资合同，当日收到外商投入资本20 000美元，当日的即期汇率为1美元=6.85元人民币，假定投资合同约定的汇率为1美元=6.9元人民币。

甲公司应进行以下账务处理：

　　借：银行存款——美元（20 000×6.85）　　　　　　　137 000
　　贷：实收资本　　　　　　　　　　　　　　　　　　 137 000

第四节　汇兑损益业务处理

一、汇兑损益

汇兑损益亦称汇兑差额，是指企业在发生外币交易、兑换业务和期末账户调整及外币报表换算时，由于采用不同货币，或同一货币不同比价的汇率核算时产生的、按记账本位币折算的差额。汇兑损益的产生是企业中外币账户、外币报表以及各种外币业务的会计处理过程中，由于记账时间和汇率不同而产生的折合为记账本位币的差额。即：持有外币货币性资产和负债期间，由于汇率变动而引起的价值变动产生汇兑损益；外币货币性资产在汇率上升时，产生汇兑收益，反之，产生汇兑损失；外币货币性负债则相反，在汇率上升时，产生汇兑损失，反之，产生汇兑收益。

二、汇兑损益的确认

新的会计准则对汇兑损益的确认作出了比较明确的规定。

外币货币性项目，因结算或采用资产负债表日的即期汇率折算而产生的汇兑差额，计入当期损益，同时调增或调减外币货币性项目的记账本位币金额。

以历史成本计量的外币非货币性项目，由于已在交易发生日按当日即期汇率折算，资产负债表日不应改变其原记账本位币金额，不产生汇兑差额。

以公允价值计量的外币非货币性项目，采用公允价值确定日的即期汇率折算，折算后的记账本位币金额与原记账本位币金额的差额，作为公允价值变动（含汇率变动）处理，计入当期损益。

企业收到投资者以外币投入的资本，应当采用交易发生日即期汇率折算，不得采用合同约定汇率和即期汇率的近似汇率折算，但计算出资比例时可以采用合同约定汇率计算，外币投入资本与相应的货币性项目的记账本位币金额之间不产生外币资本折算差额。

实质上构成对境外经营净投资的外币货币性项目企业编制合并财务报表涉及境外经营的，如有实质上构成对境外经营净投资的外币货币性项目，因汇率变动而产生的汇兑差额，应列入所有者权益"外币报表折算差额"项目；处置境外经营时，计入处置当期损益。

三、汇兑损益的分类和账务处理

企业经营期间正常发生的汇兑损益，根据产生的业务，一般可划分为四种：

1. 在发生以外币计价的交易业务时，因收回或偿付债权、债务而产生的汇兑损益，称为"交易外币汇兑损益"；

2. 在发生外币与记账本位币，或一种外币与另种外币进行兑换时产生的汇兑损益，称为"兑换外币汇兑损益"；

3. 在现行汇率制下，会计期末将所有外币性债权、债务和外币性货币资金账户，按期末社会公认的汇率进行调整而产生的汇兑损益，称为"调整外币汇兑损益"；

4. 会计期末为了合并会计报表或为了修正会计记录和重编会计报表，而把外币计量单位的金额转化为记账本位币计量单位的金额，在此过程中产生的汇兑损益，称为"换算外币汇兑损益"。

对于交易损益来说，由于它是随着外币业务的产生而产生的，而外币业务又通常对应着一定的货币兑换行为，所以交易损益会真正发生，即交易损益的产生会最终影响企业的现金流入量、流出量。因此，交易损益应当计入企业的损益表，影响企业的应税收益。

对于换算损益来说，它只是换算外币财务报表的过程中，由于使用的汇率不一致而产生的一个差额数字，它是永远不会真正产生的，即换算损益的产生不会直接影响企业的现金流入量、流出量。因此，换算损益不应当计入公司的损益表而对企业的应税收益产生影响，它应当在资产负债表的"股东权益"项目下，单独列示"换算损益"进行反映。

总之，对于交易损益而言，只有当其实际发生时，才会对企业的应税收益产生影响，应当计入损益表。此外，某些与取得长期资产或产生长期负债有关的汇兑损益，如果数额较大，则应当在长期资产的使用期或长期债务的有效期内进行摊销。换算损益由于不涉及不同的会计期间，所以不存在递延与否的问题。

在这里要强调的是对于汇兑损益的账务处理，除期末各外币账户的余额按照期末市场汇率折合人民币金额与原账面人民币金额之间的差额作为汇兑损益之外，还包括：为购建或生产满足资本化条件的资产发生的应予资本化借款费用在"在建工程""制造费用"等科目核算；对于交易性金融资产等外币非货币性项目，其公允价值变动计入当期损益的，相应的汇率变动的影响也应当计入当期损益，即公允价值变动损益；对于可供出售金融资产等外币非货币性项目，其公允价值变动计入资本公积的，相应原汇率变动的影响也应当计入资本公积，除上述情况外发生的汇兑损益均计入当期财务费用。

四、汇兑损益的会计处理

（一）外币货币性项目汇兑损益的会计处理

外币货币性项目是指企业持有的货币和将以固定或可确定金额的货币收取的资产或者偿付的负债。如：现金、银行存款、应收账款、其他应收款、长期应收款、短期借款、应付账款、其他应付款、长期借款、应付债券、长期应付款等。

期末结算外币货币性项目时，应以当日即期汇率折算外币货币性项目，外币货币性项目因当日即期汇率不同于该项目初始入账时或前一期期末即期汇率而产生的汇率差额计入当期损益（财务费用）。

【例 2-12】甲公司属于增值税一般纳税企业，记账本位币为人民币，其外币交易采用交易日即期汇率折算。甲公司 7 月 12 日从美国乙公司购入某种工业原料 500 吨，每吨价格为 4 000 美元，当日的即期汇率为 1 美元 = 7.6 元人民币，进口关税为 1 520 000 元人民币，支付进口增值税 1 820 000 元人民币。

第一步，货款尚未支付，进口关税及增值税由银行存款支付。甲公司应做如下账务处理：

借：原材料（500×4 000×7.6＋1 520 000）　　　16 720 000
　　应交税费——应交增值税（进项税额）　　　 1 820 000
　　贷：应付账款——乙公司（美元）　　　　　15 200 000
　　　　银行存款　　　　　　　　　　　　　　 3 340 000

第二步，7 月 31 日，甲公司尚未向乙公司支付所欠工业原料款。当日即期汇率为 1 美元 = 7.55 元人民币。则应付乙公司货款按期末即期汇率折算为 15 100 000 元人民币（500×4 000×7.55），与该货款原记账本位币之差 100 000 元人民币冲减当期损益。

甲公司应做如下账务处理：

借：应付账款——乙公司（美元）　　　　　　　　　　100 000
　　贷：财务费用——汇兑差额　　　　　　　　　　　　　100 000

【例 2-13】A 公司的记账本位币为人民币，对外币交易采用交易日的即期汇率折算。A 公司 4 月 3 日，向 B 公司出口销售商品 12 000 件，销售合同规定的销售价格为每件 250 美元，当日的即期汇率为 1 美元 = 7.65 元人民币。

第一步，假设不考虑相关税费，货款尚未收到。A 公司应做如下账务处理：

借：应收账款——乙公司（美元）　　　　　　　　　22 950 000
　　贷：主营业务收入（12 000 × 250 × 7.65）　　　　　22 950 000

第二步，4 月 30 日，A 公司仍未收到 B 公司发来的销售货款。当日的即期汇率为 1 美元 = 7.6 元人民币。B 公司所欠销售货款按当日即期汇率折算为 22 800 000 元人民币（12 000 × 250 × 7.6），与该货款原记账本位币之差额为 150 000 元人民币（22 950 000 - 22 800 000）。

A 公司应做如下账务处理：

借：财务费用——汇兑差额　　　　　　　　　　　　　150 000
　　贷：应收账款——乙公司（美元）　　　　　　　　　　150 000

第三步，假定 A 公司 5 月 20 日收到上述货款，兑换成人民币后直接存入银行，当日银行的美元买入价为 1 美元 = 7.62 元人民币。

A 公司应做如下账务处理：

借：银行存款——人民币（12 000 × 250 × 7.62）　　22 860 000
　　贷：应收账款——B 公司（美元）　　　　　　　　　22 800 000
　　　　财务费用——汇兑差额　　　　　　　　　　　　　60 000

【例 2-14】乙公司的记账本位币是人民币，对外币交易采用交易日即期汇率折算。乙公司 4 月 1 日，从中国银行借入 1 500 000 港元，期限为 6 个月，借入的港元暂存银行。借入当日的即期汇率为 1 港元 = 1.10 元人民币。

第一步，乙公司的借款应做如下账务处理：

借：银行存款——港元（1 500 000 × 1.10）　　　　　1 650 000
　　贷：短期借款——港元　　　　　　　　　　　　　　1 650 000

第二步，6 个月后，乙公司按期向中国人民银行归还借入的 1 500 000 港元。归还借款时即期汇率为 1 港元 = 1.08 元人民币，相关会计处理如下：

结算时确认汇兑差额：

借：短期借款——港元（1 500 000 × 1.1）　　　　　1 650 000
　　贷：银行存款——人民币（1 500 000 × 1.08）　　　1 620 000
　　　　财务费用——汇兑差额　　　　　　　　　　　　　30 000

【例 2-15】甲公司外币交易采用业务发生时的即期汇率进行折算，并按月计算汇兑损益。10 月 31 日，即期汇率为 1 美元 = 7.6 元人民币。

有关外币账户期末余额如下：银行存款 200 000 美元，应收账款 100 000 美元，应付账款 50 000 美元。

甲公司11月发生如下外币业务（假设不考虑有关税费）：

1. 11月3日，对外赊销产品1 000件，每件单价200美元，当日的市场汇率为1美元=7.5元人民币；

2. 11月8日，从银行借入短期外币借款180 000美元，款项存入银行，当日的市场汇率为1美元=7.5元人民币；

3. 11月13日，从国外进口原材料一批，价款共计220 000美元，款项用外币存款支付，当日的市场汇率为1美元=7.6元人民币；

4. 11月19日，赊购原材料一批，价款总计160 000美元，款项尚未支付，当日的市场汇率为1美元=7.65元人民币；

5. 11月22日，收到11月3日赊销货款100 000美元，当日的市场汇率为1美元=7.7元人民币；

6. 11月30日，偿还借入的短期外币借款180 000美元，当日市场汇率为1美元=7.8元人民币。

要求：

1. 编制上述业务的会计分录；
2. 计算期末汇兑损益并做出相关的账务处理（假定不考虑增值税的影响）。

第一步，甲公司11月相关账务处理：

借：应收账款——美元（1 000×200×7.5）　　　　1 500 000
　　　贷：主营业务收入　　　　　　　　　　　　　　1 500 000
借：银行存款——美元（180 000×7.5）　　　　　1 350 000
　　　贷：短期借款　　　　　　　　　　　　　　　　1 350 000
借：原材料（220 000×7.6）　　　　　　　　　　1 672 000
　　　贷：银行存款——美元　　　　　　　　　　　　1 672 000
借：原材料（160 000×7.65）　　　　　　　　　 1 224 000
　　　贷：应付账款——美元　　　　　　　　　　　　1 224 000
借：银行存款——美元（100 000×7.7）　　　　　770 000
　　　贷：应收账款——美元　　　　　　　　　　　　770 000
借：短期借款——美元（180 000×7.8）　　　　　1 404 000
　　　贷：银行存款——美元　　　　　　　　　　　　1 404 000

第二步，期末计算汇兑损益：

应收账款=期末该科目按即期汇率折算的余额-（月初该科目按即期汇率折算的余额+本期按即期汇率折算的发生额）=（100 000+200 000-100 000）×7.8-（100 000×7.6+200 000×7.5-100 000×7.7）=70 000（元）

银行存款=（200 000+180 000-220 000+100 000-180 000）×7.8-（200 000×7.6+180 000×7.5-220 000×7.6+100 000×7.7-180 000×7.8）=60 000（元）

应付账款=（50 000+160 000）×7.8-（50 000×7.6+160 000×7.65）=34 000（元）

短期借款=180 000×7.8-180 000×7.5=54 000（元）

科目汇总汇兑损益 = -70 000 - 60 000 + 34 000 + 54 000 = -42 000（元）（在"财务费用"账户的贷方反映）

第三步，编制会计处理如下：

借：应收账款	70 000
银行存款	60 000
贷：短期借款	54 000
应付账款	34 000
财务费用——汇兑差额	42 000

（二）外币非货币性项目汇兑损益的会计处理

外币非货币性项目是货币性项目以外的项目，如：存货、预付账款、长期股权投资、交易性金融资产（股票、基金）、固定资产、无形资产等。

1. 对于以历史成本计量的外币非货币性项目，已在交易发生日按当日即期汇率折算，资产负债表日不应改变其原记账本位币金额，不产生汇兑差额。

【例2-16】甲公司的记账本位币为人民币，对外币交易采用交易日的即期汇率折算。其与外商签订的投资合同，投资合同约定的汇率是1美元＝8.00元人民币。甲公司7月1日收到外商投入资本600 000美元，当日即期汇率为1美元＝6.8元人民币。

第一步，甲公司收到投资的相关会计处理如下：

借：银行存款——美元（600 000×6.8）	4 080 000
贷：股本	4 080 000

第二步，外商投入甲公司的外币资本600 000美元已按当日即期汇率折算为人民币并记入"股本"账户。"股本"属于非货币性项目，因此，期末不需要按照当日即期汇率进行调整。

2. 对于以成本与可变现净值孰低计量的存货，如果其可变现净值以外币确定，则在确定存货的期末价值时，应先将可变现净值折算为记账本位币，再与以记账本位币反映的存货成本进行比较。

【例2-17】甲公司记账本位币为人民币。11月2日从美国乙公司采购A商品10 000件，每件价格为1 000美元，当日即期汇率为1美元＝7.2元人民币。12月31日尚有1 000件A商品未销售出去，A商品在国际市场的价格降至950美元。12月31日的即期汇率为1美元＝7.1元人民币。假定不考虑增值税等相关税费因素。

甲公司做如下账务处理：

11月2日，购入A商品。

借：库存商品——A（10 000×1 000×7.2）	72 000 000
贷：银行存款——美元	72 000 000

12月31日，计提存货跌价准备。

借：资产减值损失	455 000

贷：存货跌价准备　　　　　　　　　　　　　　　　　455 000

1 000×1 000×7.2－1 000×950×7.1＝455 000（元人民币）

3. 对于以公允价值计量的股票、基金等非货币性项目，如果期末的公允价值以外币反映，则应当先将该外币金额按照公允价值确定当日的即期汇率折算为记账本位币金额，再与原记账本位币金额进行比较，其差额作为公允价值变动损益，计入当期损益。

【例2－18】 国内甲公司的记账本位币为人民币。12月10日以每股1.5美元的价格购入乙公司B股100股作为交易性金融资产，当日即期汇率为1美元＝7.6元人民币，款项已付。12月31日由于市价变动，当月购入的乙公司B股的市价变为每股1美元，当日即期汇率为1美元＝7.65元人民币。假定不考虑相关税费的影响。

甲公司应做如下账务处理：

12月10日，甲公司应对上述交易进行以下处理。

借：交易性金融资产——成本（1.5×10 000×7.6）　　114 000
　　贷：银行存款——美元　　　　　　　　　　　　　　　114 000

上述交易性金融资产在资产负债表日的人民币金额以76 500元（1×10 000×7.65）入账，与原账面价值114 000元的差额为37 500元人民币，计入公允价值变动损益。相应的会计分录为：

借：公允价值变动损益　　　　　　　　　　　　　　　　37 500
　　贷：交易性金融资产——公允价值变动　　　　　　　　37 500

次年1月1日甲公司将所购乙公司B股股票按当日市价每股1.2美元全部售出，所得价款为12 000美元，按当日汇率1美元＝7元人民币折算为人民币金额为92 400元。售出当日，相应的会计分录为：

借：银行存款——美元（1.2×10 000×7.7）　　　　　92 400
　　交易性金融资产——公允价值变动　　　　　　　　37 500
　　贷：交易性金融资产——成本　　　　　　　　　　　114 000
　　　　投资收益　　　　　　　　　　　　　　　　　　15 900
借：投资收益　　　　　　　　　　　　　　　　　　　　37 500
　　贷：公允价值变动损益　　　　　　　　　　　　　　　37 500

【例2－19】 国内A公司的记账本位币为人民币。10月4日以50 000港元购入某上市公司H股10 000股的交易性金融资产（作为短期投资），当日即期汇率为1港元＝1.1元人民币，款项已付。10月31日由于市价变动，当月购入的上市公司H股变为49 000港元，当日即期汇率为1港元＝0.9元人民币。

A公司应做如下账务处理：

10月4日，A公司对上述交易做如下处理：

借：交易性金融资产——成本（50 000×1.1）　　　　55 000
　　贷：银行存款（50 000×1.1）　　　　　　　　　　　55 000

由于该项交易性金融资产是从境外市场购入、以外币计价，在资产负债表日，不仅应考虑其港币市价的变动，还应一并考虑汇率变动的影响，上述交易性金融资产以资产负债表日的人民币 44 100 元（49 000×0.9）入账，与原账面价值 55 000 元（50 000×1.1）的差额为 10 900 元人民币，计入公允价值变动损益。相应的会计分录为：

借：公允价值变动损益　　　　　　　　　　　　　　　10 900
　　贷：交易性金融资产——公允价值变动　　　　　　　　10 900

注意：10 900 元人民币包含 A 公司所购 H 股公允价值变动以及人民币与港币之间汇率变动的双重影响。

【本章重要概念】

国际货币体系、汇款、托收、信用证、外币交易、汇率、记账本位币、外币分账制、外币统账制、外汇借款、汇兑损益

【复习思考题】

1. 什么是外币业务？外币业务有哪几种类型？
2. 外汇汇率的基本标价方法有哪几种？其特点是什么？
3. 什么是汇兑损益？它有哪几种类型？对其如何进行确认？
4. 我国企业会计准则对汇兑损益的处理有哪些规定？
5. 我国企业会计准则对外币财务报表的折算有哪些规定？

【练习题】

一、单项选择题

1. 某中外合资经营企业注册资本为 400 万美元，合同约定分两次投入，约定折算汇率为 1∶8.0。中、外投资者分别于 20×8 年 1 月 1 日和 3 月 1 日投入 300 万美元和 100 万美元。20×8 年 1 月 1 日、3 月 1 日、3 月 31 日和 12 月 31 日美元对人民币的即期汇率分别为 1∶7.20、1∶7.25、1∶7.24 和 1∶7.30。假定该企业采用人民币作为记账本位币，外币业务采用业务发生日的即期汇率折算。该企业 20×8 年末资产负债表中"实收资本"项目的金额为人民币（　　）万元。

A. 3 200　　　　B. 2 885　　　　C. 3 285　　　　D. 2 880

2. 甲公司外币业务采用业务发生时的汇率进行折算，按月计算汇兑损益。5 月 20 日对外销售产品发生应收账款 500 万欧元，当日的市场汇率为 1 欧元 = 10.30 元人民币。5 月 31 日的市场汇率为 1 欧元 = 10.28 元人民币；6 月 1 日的市场汇率为 1 欧元 = 10.32 元人民币；6 月 30 日的市场汇率为 1 欧元 = 10.35 元人民币。7 月 10 日收到该应收账款，当日市场汇率为 1 欧元 = 10.34 元人民币。该应收账款 6 月应当确认的汇兑收益为（　　）万元。

A. 10　　　　　B. 15　　　　　C. 25　　　　　D. 35

3. 涉外结算方式是国际上因贸易和非贸易往来所产生的（　　）在一定时期内进行结算所采用的方式。

A. 资金收付　　B. 票据单证　　C. 权利义务　　D. 债权债务

4. 汇兑损益是指企业的（　　）各项目由于记账时间和汇率不同而产生的折合为记账本位币的差额。

　　A. 外币账户、外币报表　　　　　　B. 外币会计科目
　　C. 外币资金收付　　　　　　　　　D. 外币买卖

5. 甲企业决定把100美元兑换为人民币，银行当天的美元买入价为1美元=7元人民币，中间价为1美元=7.2元人民币。则甲企业在进行账务处理时，"财务费用"科目的金额为（　　）元。

　　A. 200　　　　　　B. 20　　　　　　C. 2　　　　　　D. 2 000

6. 甲公司4月10日从银行借入5 000万美元，当日市场美元对人民币买入价为1美元=7.9元人民币，中间价为1美元=8元人民币，卖出价为1美元=8.1元人民币。则"短期外汇借款"科目的人民币入账金额为（　　）元。

　　A. 40 500　　　　　B. 5 000　　　　C. 40 000　　　D. 39 500

7. 企业借入外币资金时，按照借入外币时的（　　）折算为记账本位币入账，同时按照借入外币的金额登记相关的外币账户。

　　A. 人民币对外币的买入价　　　　　B. 人民币对外币的卖出价
　　C. 约定的借入汇率　　　　　　　　D. 市场即期汇率

8. 企业将外币兑换成人民币时，兑换时确定的汇兑损益是指（　　）。

　　A. 账面汇率与当日即期汇率之差所引起的折算差额
　　B. 卖出价与当日即期汇率之差所引起的折算差额
　　C. 买入价与当日即期汇率之差所引起的折算差额
　　D. 账面汇率与当日银行买入价之差所引起的折算差额

二、多项选择题

1. 下列各项汇兑差额中，应当计入当期财务费用的有（　　）。

　　A. 在资本化期间内，企业的外币专门借款利息在期末按即期汇率折算的人民币金额与原账面已折算的人民币金额之间的差额
　　B. 企业用外币购买并计价的交易性金融资产在期末按即期汇率折算的人民币金额与原账面已折算的人民币金额之间的差额
　　C. 企业用外币购买并计价的原材料在期末按即期汇率折算的人民币金额与原账面已折算的人民币金额之间的差额
　　D. 企业的外币银行存款在期末按即期汇率折算的人民币金额与原账面已折算的人民币金额之间的差额
　　E. 企业向银行购入外汇，用于支付进口设备货款，实际支付的人民币金额与按选定的折算汇率折合的人民币金额之间的差额

2. 企业在处理外币交易和对外币财务报表进行折算时，应当采用交易发生日的（　　）将外币金额折算为记账本位币金额反映。

　　A. 即期汇率　　　　　　　　　　　B. 人民币外汇牌价的买入价
　　C. 人民币外汇牌价的中间价　　　　D. 即期汇率的近似汇率

3. 不需要货币当局批准，可以在国际货币市场上自由兑换、自由转让的外币和支付凭证，这种外汇又可以称为（　　）。

　　A. 记账外汇　　　B. 自由外汇　　　C. 贸易外汇　　　D. 现汇

4. 企业发生各类外币业务形成的折算差额，根据不同业务可能记入的科目有（　　）。

　　A. 公允价值变动损益　　　　　　　B. 长期待摊费用

C. 财务费用　　　　　　　　　　　　D. 在建工程

5. 境外经营的子公司在选择确定记账本位币时，应当考虑的因素有（　　）。

A. 境外经营所在地货币管制状况

B. 与母公司交易占其交易总量的比重

C. 境外经营所产生的现金流量是否直接影响母公司的现金流量

D. 境外经营所产生的现金流量是否足以偿付现有及可预期的债务

E. 相对于境内母公司，其经营活动是否具有很强的自主性

三、判断题

1. 企业收到投资者以外币投入的资本，无论是否有合同约定的汇率，均可以采用合同约定的汇率、即期汇率以及即期汇率的近似汇率折算。（　　）

2. 以历史成本计量的外币非货币性项目，由于已在交易发生日按当日即期汇率折算，如汇率发生变化资产负债表日应改变其原记账本位币金额，产生汇兑差额。（　　）

3. 持有外币货币性资产和负债期间，由于汇率变动而引起的价值变动产生汇兑损益；外币货币性资产在汇率上升时，产生汇兑损失，反之，产生汇兑收益。（　　）

4. 对于交易损益来说，由于它是随着外币业务的产生而产生的，而外币业务又通常对应着一定的货币兑换行为，所以交易损益会真正发生，即交易损益的产生会最终影响企业的现金流入量、流出量。（　　）

5. "短期借款"科目借贷方差额在期末作为"财务费用"科目。短期借款的利息均计入汇兑损益处理。（　　）

四、业务题

甲公司为增值税一般纳税人，适用的增值税税率为13%。甲公司以人民币作为记账本位币，外币业务采用业务发生时的即期汇率折算按季计算汇兑损益。

第一，甲公司有关外币账户 20×8 年 3 月 31 日的余额如下表所示。

项目	外币账户余额（万美元）	汇率	人民币账户余额（万元人民币）
银行存款	1 200	7.15	8 580
应收账款	600	7.15	4 290
应付账款	300	7.15	2 145
长期借款	1 800	7.15	12 870
应付利息	18	7.15	128.7

第二，甲公司 20×8 年第二季度发生的有关外币交易或事项如下：

4月1日，从中国银行借入港元 1 000 万元，期限为 3 月，年利率为 5%，当日的即期汇率为 1 港元 = 1 元人民币。假定借入的港元暂存银行，按季度计提借款利息。

4月5日，以每股 20 港元的价格购入乙公司的 H 股 50 万股作为交易性金融资产，当日汇率为 1 港元 = 1 元人民币，款项已用港元支付。

4月10日，将 300 万美元兑换为人民币，兑换取得的人民币已存入银行。当日即期汇率为 1 美元 = 7.14 元人民币，当日银行买入价为 1 美元 = 7.13 元人民币，银行卖出价为 1 美元 = 7.16 元人民币。

4月26日，从国外购入一批原材料，货款总额为 600 万美元。该原材料已验收入库，货款尚未支付。当日即期汇率为 1 美元 = 7.12 元人民币。另外，以银行存款支付该原材料的进

口关税 806 万元人民币，增值税 900 万元人民币。

5 月 14 日，出口销售一批商品，销售价款为 900 美元，货款尚未收到。当日即期汇率为 1 美元 = 7.09 元人民币。假设不考虑相关税费。

5 月 20 日，收到应收账款 450 万美元，并兑换人民币存入银行。当日银行买入价为 1 美元 = 7.10 元人民币，即期汇率为 1 美元 = 7.15 元人民币。该应收账款系 2 月出口销售发生的。

6 月 10 日，以外币银行存款归还应付账款 200 万美元，当日即期汇率为 1 美元 = 7.09 元人民币。该应收账款系 3 月购买原材料发生的。

6 月 30 日，借入港元 1 000 万元到期，以人民币归还短期借款的本息。当日卖出价为 1 港元 = 1.05 元人民币。

6 月 30 日，4 月购入的乙公司 H 股 50 万股的市价变为每股 26 港元，当日汇率为 1 港元 = 1.04 元人民币。

6 月 30 日，计提长期借款第二季度发生的利息。该长期借款系 20×8 年 1 月 1 日从中国银行借入，用于购买建造某生产线的专用设备，借入款项已于当日支付给该专用设备的外国供应商。该生产线的土建工程已于 20×7 年 10 月开工。该外币借款金额为 1 800 万美元，期限 2 年，年利率为 4%，按季计提借款利息，到期一次还本按年付息。该专用设备于 2 月 20 日验收合格并投入安装。至 20×8 年 6 月 30 日，该生产线尚处于安装过程中。6 月 30 日，即期汇率为 1 美元 = 7.08 元人民币。

要求：

（1）编制甲公司第二季度外币交易或事项相关的会计分录。

（2）计算长期借款利息资本化金额，并编制会计分录。

（3）计算汇兑差额，并编制会计分录。

第三章　进口贸易核算

【章首导言】
　　经济全球化是不可逆转的历史大势，人类可以认识、顺应、运用历史规律，但无法阻止历史规律发挥作用。回顾历史，开放合作是增强国际经贸活力的重要动力；立足当今，开放合作是推动世界经济稳定复苏的现实要求；放眼未来，开放合作是促进人类社会不断进步的时代要求。
　　改革开放以来，特别是加入世界贸易组织以后，我国涉外规模迅速扩大，涉外结构日益优化，涉外国际竞争力快速提升，在世界经济舞台上的地位日益重要，已经成为世界货物贸易大国之一。面对我国产业结构不断调整升级，对资源、能源的需求量迅速增加，以及世界经济形势复杂多变，国际市场需求逐步萎缩的局面，我国的涉外企业应当实行多元化的进口策略，主动扩大进口，继续坚持深化开放。

【学习目标】
1. 理解进口贸易业务的含义、种类、程序；
2. 掌握自营进口业务的账务处理；
3. 掌握代理进口业务的账务处理；
4. 了解易货贸易业务的内容及账务处理；
5. 了解招投标业务的内容及账务处理。

第一节　进口贸易业务概述

　　进口贸易是一个国家（地区）同其他国家（地区）之间进行商品交易的活动，是国内商品流通的延伸和补充。进口贸易业务是指涉外企业以外汇在国际市场上采购商品，满足国内生产和人民生活需要的业务。在进口贸易中，一笔进口货物的交易程序基本上由交易洽商、合同签订、合同履行和内销结算这四个部分组成。

一、进口贸易的种类

按照经营模式的不同,进口贸易可分为自营进口、代理进口、易货贸易进口等类型。

1. 自营进口,是指进口企业用外汇进口境外商品,销售给国内客户的进口业务。商品进口后比照国内同类商品协商作价,其盈亏由进口企业承担。

特点:自己经营、自负盈亏。

2. 代理进口,是指受托人(有进口经营资格的企业)依据委托人的授权,以自己的名义为委托人设定权利和义务,并由委托人承担风险和享有收益的进口业务。受托人依照代理进口商品的到岸价格 CIF 收取一定比例的手续费,发生的佣金和索赔款等均全部划转给委托人。代理进口作为一种通行的涉外贸易方式,在许多经济发达国家的涉外贸易中占有相当的进口比重,其盈亏由委托人承担。

特点:代理经营、收手续费。

3. 易货贸易进口,是指进口企业根据易货协议和进口订单,在进出口商品等值的前提下进行以货换货的进口贸易行为。易货贸易是在换货的基础上,把出口和进口直接结合起来,以商品的出口换取等值商品的进口并自负盈亏的一种贸易方式,也是一种国际性的商品交换。

特点:(1)按照双方协商签订的《易货贸易协议》的价格,在规定时间内完成货物和(或)劳务的直接交换,不涉及货币支付,通常由参与双方只进行一次的交易。(2)相互有进有出,进出平衡或基本平衡,单独进行核算,盈亏由企业负担。

二、一般进口贸易业务的程序

无论经营模式如何,进口贸易流程一般包括:进口贸易前的准备工作、签订进口贸易合同、履行进口贸易合同和对内销售结算 4 个主要环节。

(一)进口贸易前的准备工作

进口贸易前的准备工作主要包括:选配洽谈人员进行市场和客户资信调查,了解客户和国外供应商的历史交易情况;选择目标市场,选择采购商品的国别(地区)和交易对象;制定进口商品营销方案;分析当前汇率变化趋势及目前可能的风险,了解采购资金的需求,筹集采购资金;进行询价和洽谈等,以保证进口贸易业务顺利开展。

(二)签订进口贸易合同

交易洽商成功,买卖双方书面签订具有法律效力的正式合同。进口公司应按照税法规定，履行完税手续。另需留存合同副本，建立公司合同档案管理，以备税务申报和税务检查。

（三）履行进口贸易合同

买方应严格信守合同的各项规定，履行买方的责任，同时还要督促卖方按合同规定履行交货的义务，全面履行进口合同。

在进口业务中，因为价格条款（如 FOB、CFR、CIF、DDP 等）和涉外结算方式（如：即期信用证、远期信用证、D/P 交单付款、D/A 承兑交单付款、T/T 电汇付款）不同，所以履行进口合同的程序也不尽相同。

若按离岸价（FOB）价格条款和即期信用证结算方式成交，履行进口合同的一般程序包括：

1. 开立信用证。信用证是开证行根据买方的请求，开给卖方的一种保证承担支付货款责任的书面凭证。它依据进口合同开立，但又不依附于进口合同，一旦开立，即成为一项独立的文件。

财务部门根据业务部门的开立信用证申请，向开证行支付保证金，提交符合要求的单据。开证行向国外供应商可以接受的银行开出信用证后，财务部门应及时取得信用证编号，以便于业务部门通知国外供应商开证情况。

2. 租船订舱。进口信用证开立后，应在规定的期限内，敦促出口商及时备货装船。按涉外贸易的规定，凡以离岸价（FOB）成交的进口合同，应由进口商办理租船订舱工作，办妥后及时通知出口商船名、船期，以便按时办理发运。货物装船后，收到供应商发来的装船通知，应及时了解合同进程，掌握在途商品情况，跟踪商品在途安全。

3. 办理货运保险。凡以离岸价（FOB）和成本加运费价（CFR）成交的合同，均由进口商负责办理货运保险手续。

4. 审单和付汇。企业在收到通过银行转来的全套进口正本单据后，应认真对照信用证的各项条款，核对单据的种类、份数和内容。在"单证相符、单单相符"的情况下，财务部门凭全套进口单证和进口付汇通知书到银行办理进口付款赎单手续；如审单中发现问题，财务部门应协助业务部门及时通知银行全部拒付或部分拒付款项。

5. 报关与接货。进口商品到港后，应及时向海关办理申报手续，经海关查验认可后，纳税放行。如发现货物残缺，应将货物存放于海关指定的仓库，由保险公司会同商检部门等有关单位检验，并由商检部门出具证明。

财务部门按照业务部门申请，根据提供的海关税单复印件和其他相关单据，对金额、收款人等主要信息进行核对，在合理时间内支付相关税费，并督促业务部门保证在税务机关允许抵扣、入账期限范围内交财务部门进行账务处理。

报关结束，财务部门收到业务部门转来的进口货物报关单，填制贸易进口付汇核销单，到外汇管理部门办理核销手续，避免因未核销而影响业务正常开展。

6. 商检与索赔。进口商品到港后，应及时向商检机构申请，对进口商品按合同或信用证规定的品质条款进行检验，取得商检报告。对于法定检验的进口货物，未经检验，不准销售和使用。如果商检结果发现进口商品存在问题，应凭检验机构签发的检验证明在规定的有效期内及时向有关方面提出索赔，并列明索赔理由。具体如下：

（1）向卖方索赔。如发现进口商品的规格、品质、原装数量和包装等与合同不符，均属于卖方的责任，应向卖方提出索赔。

（2）向运输公司索赔。如发现进口商品数量与提单数量不符或运输过程中造成的商品残损，均属于运输公司的责任，应向运输公司提出索赔。

（3）向保险公司索赔。如属于保险范围内的自然灾害、意外事故或运输中的其他事故等原因致使进口商品受损，均属于保险公司的责任，应向保险公司提出索赔。

进口商品在索赔方面，还应注意以下几点：

①索赔证据：其中以进口商品检验证书最为重要，此外还有装箱单、运输单据副本，以及运输部门签发的单证，如港务局管理员签证的理货报告、承运人签证的短缺或残损证明、路运商务记录、空运、邮运事故记录等。

②索赔金额：根据国际惯例，买方向卖方索赔的金额应与因卖方违约所造成的实际损失相等；向承运人和保险公司索赔的金额，须根据合同的有关规定及方法计算。

③索赔期限：以合同规定为基础。逾期索赔，责任方有权不受理；如合同中没有规定索赔期限，而商品检验中又不容易发现货物缺陷的，则买方行使索赔权的最长期限，是自实际收到货物起不超过 2 年。此外，还可参考《海牙规则》《中华人民共和国涉外经济合同法》及保险公司的具体业务规定。

财务部门应跟踪了解索赔和理赔情况，及时反映可能产生或者已经产生的资产负债及损益情况，提示业务部门催要索赔款等。

（四）对内销售结算

业务部门按照与客户签订的合同或协议，督促国内客户及时支付货款和代理费等应收款项。企业收到银行转来的全套进口正本单据或收到进口货物到港通知后，应按照内销合同的相关规定向客户办理结算手续，清理往来款项。

财务部门依据合同或协议，审核销售价格是否准确，及时开单，及时催收，及时解决结算过程中出现的问题。同时，财务部门需对应收款项进行分析，提示业务部门尽快回收款项。对可能产生的坏账充分估计，或者准备材料对存在的坏账进行资产报损。

三、进口贸易单证

（一）进口贸易单据的种类

按单据在结算中的重要性，可分为两大类：

1. 基本单据,包括商业发票、运输单据和保险单据。
2. 附属单据,包括装箱单、重量单及商品检验证书等。

(二) 进口贸易单证的审核

根据涉外贸易结算的有关规定,银行履行付款责任的依据是进口贸易的单证而不是相关货物。因此,进口贸易单证不仅表明出口商是否履约和履约的程度,而且是结算货款的重要依据,在发生贸易纠纷时还是处理事端的司法凭据。加强进口贸易单证的审核工作是进口业务的重要一环。下面以信用证方式为例进行介绍。

1. 商业发票的审核。商业发票通常简称发票,在货物装出时,由出口商开立,是向进口商索取货款的价目清单,也是商业交易的详细叙述,属于进口贸易中的基本单据。因此,应重点审核如下内容:
(1) 发票是否由信用证的受益人出具。
(2) 买方名称与信用证上付款人是否一致。
(3) 货物的数量和发票的总金额是否超过信用证的限制。
(4) 发票上的品名和单价是否和信用证的记载相同。
(5) 是否有受益人的签字。
(6) 如为分批装运,是否符合信用证的规定等。

2. 运输单据的审核。运输单据主要有海运提单、航空运单、货物承运收据和邮包收据等,其中最为常见的是海运提单。海运提单是由货物承运人或其代理人签发,证明托运的货物已经收到或已装运上船,约定将该项货物运往目的地交予提单持有人的物权凭证。因此,应重点审核如下内容:
(1) 收货人名称与信用证是否相符。
(2) 提单所列货物与信用证是否一致。
(3) 提单是否为不清洁提单。
(4) 装货港和卸货港是否符合信用证的规定。
(5) 是否提交了全套有效单据。
(6) 装船批注日期是否迟于信用证规定的装船期。
(7) 是否按信用证规定证明运费已付及支付金额。
(8) 是否按信用证的规定签字或背书等。

3. 商品检验证明书的审核。商品检验证明书是由政府商检机构、制造厂商或公证行等对商品进行检验后出具的关于商品品质、规格、重量、数量、包装、检疫等各方面或某一方面鉴定的书面证明文件。因此,应重点审核如下内容:
(1) 发货人的名称是否符合信用证的规定。
(2) 货名、重量、标签等是否与发票、提单上所注明的完全一致。
(3) 所证明的内容是否与信用证的有关规定完全一致。

4. 装箱单的审核。装箱单是货运单据的一项重要凭证,进口地海关验货、进口商核对货物均以此为依据。因此,应重点审核如下内容:

（1）装箱单的内容是否与货物实际包装相符。
（2）装箱单上的内容是否与发票、提单等单据的各项内容一致。
（3）装箱单上的日期是否早于发票日期等。

（三）进口贸易单据的处理

进口单据一般包括三套正本单据，提供报关一套，国内客户一套，留底一套。每套单据基本包含商业发票、运输单据、装箱单以及商品检验证书。

业务部门根据合同或信用证审核单据，发现有不相符的地方应该立即通知财务部门，并将全套单据交回，写明详细拒付理由并与全套单据一并退回银行，银行向国外议付行提出拒付。拒付期间，全套单据由开证行持有，直到接到国外补充更正单据，开证行再将原单据及更正单据送交进口公司。

业务部门审单后，若单证相符、单单相符，则通知财务部门同意对外付款，另填写"进口合同结算申请单"，注明商品名称、运保费及公司手续费的收取比例等项内容，附一套正本单据送财务部门以付款和对国内销售。业务部门最后应至少保存一套正本单据，以便将来进口货物到港，若检验发现问题，凭正本单据向出口商提出索赔。财会部门接到业务部门以上单据后，通知开证行对外付款、进行对内开票结算，办妥托收手续或者通过其他方式交给客户结算发票及单据，对照发票等进行会计处理。

客户接到托收凭证后，承付托收款，并凭单据到港口提货。

另一套单据交给运输部门办理报关手续。

（四）进口业务的管理

以自营进口业务管理为例：

1. 进口业务预算管理。为减少经营上的盲目性，经营进口业务的企业应根据本企业的经营范围，在对国内需求和国外市场情况进行调查研究的基础上，提出本企业自营进口业务的年度预算，预测主要进口商品的数量、价格、国内市场销售前景以及进口的盈亏，并作为本年度的经营目标。

在执行预算过程中，如国内外市场发生较大变化，特别是市场需求和价格发生较大变化时，应及时测算盈亏，适当调整支付进口用汇，这样既可避免汇率变化的风险，又可减少买卖外汇付给银行的手续费用。

2. 进口业务合同管理。经营进口业务的涉外企业应执行合同审批、跟踪程序，设立合同管理人员，做好合同统计、归档、保存，严格规定合同印章的使用和监控。

3. 进口外汇管理。经营进口业务的涉外企业，应随时关注国际市场各种货币的汇率变化和金融衍生产品的利率，选择对自己有利的货币价格和方式结算，并选择有利时机进行成交，减少汇率变化造成的损失。也可申请开立经常项目外汇账户，对出口的外汇收入暂时不结汇，保留在经常项目外汇账户上，用于支付进口用汇，这同样可起到规避汇率风险和降低银行手续费的作用。

【提示】代理进口所需外汇，如委托方委托受托方购汇，所需人民币及手续费由委托方负担，并在购汇支付前必须汇入受托方银行账户，原则上受托方不垫付资金。

4. 进口付汇核销管理。企业付汇、报关结束后，应按照国家外汇管理局的要求，按时凭进口货物报关单和贸易进口付汇核销单，到外汇管理部门进行外汇核销。关注外汇核销政策发生变化，保证外汇核销正常有序进行。

5. 国内结算与管理。国内结算一般有货到结算、出库结算和单到结算三种情况，采用哪种结算方式由涉外企业和国内客户商定。通常自营进口业务以货到结算为主。

涉外企业向国内客户销售自营进口商品，除国家有特殊规定外，一般均按照市场供求关系，由企业与客户协商定价，其国内销售价格与进口成本差额，即为涉外企业自营进口业务的盈亏。

为保证进口商品货款的及时收回，减少货款拖欠，企业应配备专人办理货款结算工作，及时开单、催收，解决结算过程中出现的问题，保证资金及时回笼。

6. 进口业务盈亏管理。自营进口的商品，企业一般以货物发出并开具增值税发票向国内客户办理结算为商品销售收入确认的条件。开具增值税发票时的销售价格（不含增值税）一般包括：国外进价、进口运费、进口保费、进口关税、进口环节消费税、其他相关费用及企业利润。

【提示】代理进口的商品，企业一般在收到国外账单或进口货船到达我国港口后，按与国内客户签订的代理协议，开具服务业发票，向客户办理有关结算手续，作为商品销售收入确认的条件。代理进口发生的国内外直接费用，如运费、保险费、银行手续费、公司手续费等，均由委托方负担；间接费用，如电讯费等，应从收取的委托方手续费中进行补偿。

第二节　自营进口贸易业务处理

自营进口贸易业务处理，是指围绕自营进口货物和服务等发生的各个环节而进行的业务处理。自营进口存货的初始计量，包括企业在进口采购过程中发生的进口货款、境外运保费、进口税费以及因进口商品发生的各项采购费用。进口商品的国外进价，一律以到岸价（CIF）为基础。自营进口商品销售的会计处理，按照进口商品入库、货款的支付时间不同，包括单到确认、货到确认和出库确认收入3种方式。

一、科目的设置及运用

设置"商品采购——进口商品采购"科目，主要用于归集支付的进口货款、境外运保费、进口税费，以及因进口商品发生的各项采购费用，如港务费、卸船费、商检费、运费、装卸费、保管费等。按实际发生额借记"商品采购——进口商品采购"科目，贷记相关科目，借方合计即为进口商品的成本；进口商品收到入库时借记"库存商品——进口商品"或者"原材科"科目，贷记"商品采购——进口商品采购"科目；进口商品或物资发出时，贷记"库存商品——进口商品"或者"原材料"科目，借记"营业成本"或者"产成品"科目。

工业企业设置"材料采购"会计科目，归集支付的进口材料款、境外运保费、进口税费，以及因进口材料发生的各项采购费用。可根据需要增设二级或者三级会计科目：先按照国内采购和国外进口分类，再在进口采购项目下按照"一般进口材料采购或保税进口材料采购"分类，最后按照物资种类、规格型号分类设置三级会计科目，如"材料采购——一般进口材料采购或保税进口材料采购——进口材料A"。按实际发生额借记"材料——进口材料"科目，贷记相关科目，借方合计即为进口材料的成本；进口材料发出时，贷记"材料采购——进口商品"科目，借记"原材料"科目。

设置"主营业务收入——自营进口销售收入"和"主营业务成本——自营进口销售成本"科目，反映进口企业自营进口业务的收入、成本及盈亏。

企业确认的自营进口销售收入借记"应收账款"科目，贷记"主营业务收入——自营进口销售收入"科目；出现内销退货时，付给购货单位的退货款，以及数量短缺、品质规格不符合合同规定的理赔款可借记"主营业务收入——自营进口销售收入"科目，贷记"应收账款"科目，或以红字借记"应收账款"科目，红字贷记"主营业务收入——自营进口销售收入"科目。"主营业务收入"科目借方反映期末转入"本年利润"科目的金额。

结转销售成本借记"主营业务成本——自营进口销售成本"科目；进口商品退货时，收到外商的退货款和因进口数量短缺、品质规格不符合合同规定而收取外商的索赔款，以及对国内客户已经理赔但对外又无索赔权的理赔款，可借记相关科目，贷记"主营业务成本——自营进口销售成本"，或以红字借记"主营业务成本——自营进口销售成本"科目，红字贷记相关科目。"主营业务成本"科目贷方反映期末转入"本年利润"科目的金额。

设置"销售费用"科目，核算进口企业销售商品的过程中发生的各种费用，如包装费、保险费、展览费、广告费、运输费和装卸费等费用。按实际发生额，借记"销售费用"科目，贷记相关科目。

代国内客户垫付的从口岸或仓库运往客户指定地点的各项费用，也在"销售费用"科目中进行会计处理，并作为价外费用向国内客户开具增值税发票。

设置"应交税费"科目，核算企业因销售自营进口商品应缴纳的各种税费，包括关税、增值税、消费税、城市维护建设税、教育费附加等。"应交税费——应交增值税"科目借方反映企业按海关代缴增值税发票上注明的增值税，取得发票原件时借记"应交税费——应交增值税（进项税额）"科目，贷记相关科目；贷方反映按内销增值税发票上注明的增值税额，企业开出专用发票时，借记"应收账款"科目，贷记"应交税费——应交增值税（销项税额）"科目。企业按规定计算应交城市维护建设税，借记"税金及附加"科目，贷记"应交税费——应交城市维护建设税"科目。期末，本科目借方余额表示多交税金，贷方余额表示欠交税金。

工业企业可不通过"应交税费——应交关税"科目核算。

二、自营进口贸易的会计处理

（一）自营进口商品采购

进口商品的初始成本由进口采购成本构成，进口商品采购成本是指进口商品到达目的地后，商品发出以前发生的各种支出，主要包括国外进价、进口税费以及其他可归属于进口商品采购成本的费用。

进口商品的国外进价，一律以到岸价（CIF）为基础。如果对外合同以离岸价（FOB）或成本加运费价（CFR）成交，商品离开对方口岸应由进口方负担的运费、保险费、佣金等，应并入进口商品的进价，收到的进口佣金冲减进价。对于难以按商品直接认定的佣金可记入"其他业务收入——累计佣金"科目，冲减"营业费用"账户。

构成进口商品采购成本的进口税费，主要包括海关征收的进口关税、消费税、报关费、码头费等，不包括增值税。进口商品在国内销售环节缴纳的各种税费，不在进口商品的采购成本中进行会计处理。

其他可归属于进口商品采购成本的费用，主要包括进口商品采购过程中发生的仓储费、包装费、运输途中的合理损耗、入库前的挑选整理费、委托代理费用等。委托代理费用是指企业委托其他单位代理进口时，支付给受托单位的代理手续费和其他费用。

（二）自营进口商品销售

通常情况下，企业收到银行转来的全套正本进口单据或收到进口货物到港通知后，应根据内销合同、物权转移凭证、自营进口商品结算明细（参考格式见表3-1），开出增值税发票与国内客户办理货款结算手续。

自营进口商品应以开出进口结算凭证向国内客户办理货款结算的时间作为销售收入确认的时间。按照进口商品入库、货款的支付时间不同，自营进口商品销售的会计处理有以下三种方式。

（1）单到确认收入方式，是指无论进口商品是否到达我国港口，只要收到银行转来的进口付款单据，经审核符合信用证条款规定后，即可按合同规定，开出销售发票，确认收入，并向国内客户办理结算手续。

（2）货到确认收入方式，是指在进口商品运抵我国目的港后，经审核无误后，凭运输公司的货物到港通知书即可按合同规定开出销售发票，向国内客户办理结算手续。

（3）出库确认收入方式，是指进口商品通过报关、商检后，即可按合同规定，先入库后销售，在销售时凭出库单、销售发票等凭证，向国内客户办理结算手续。

以上三种结算方式，由进口企业与国内客户商定，并在内销合同中作出明确规定。

表3-1　　　　　　　　　××公司自营进口结算单

付款单位：			船名：									
对外合同号：			计量单位：			B/L号：						
到货口岸：			装船日期：			国内合同号：						
品名及规格	数量	单价	金额									备注
			千	百	十	万	千	百	十	元	角	分	
货款合计													
加：国内运费													
加：关税													
加：代垫费用													
结算金额													

复核人　　　　　　　　　制单人　　　　　　　　　制单日期

【例3-1】某进口企业应国内客户要求，进口原材料一批，采用即期信用证结算方式，合同成交价格为（FOB）200 000美元，存入银行开证保证金60 000美元，支付境外运费30 000美元，保险费10 000美元（假定现汇卖出价6.84元/美元）。该商品关税税率为5%（假定基础汇价6.83元/美元），增值税税率为13%，同时，与国内客户签订内销合同，销售总额为2 712 000元（价税合计）。其采购会计处理程序如下。

如果该单位采用单到结算方式：

进口商品采购和销售的会计处理同时进行。销售时进口商品采购成本尚未归集完毕，因此不能同时结转成本。会计处理如下。

(1) 企业使用美元现汇存入开证保证金。

借：其他货币资金——信用证保证金（USD 60 000）　　　410 400
　　贷：外汇存款（USD 60 000）　　　　　　　　　　　　　410 400

(2) 企业收到银行转来的全套进口单据，经审核无误后承付，企业根据银行相关回单和外商发票进行会计处理。

境外货款 = USD 200 000 × 6.84 = 1 368 000（元）

借：商品采购——进口商品采购——××外商（USD 200 000）
　　　　　　　　　　　　　　　　　　　　　　　　　　　1 368 000

贷：外汇存款（USD 140 000）　　　　　　　　　957 600
　　　　其他货币资金——信用证保证金（USD 60 000）　410 400

（3）同时，按合同规定向国内客户开具增值税发票，办理货款结算手续。

商品销售价款 = 2 712 000 ÷ (1 + 13%) = 2 400 000（元）

增值税款 = 2 400 000 × 13% = 312 000（元）

　借：应收账款——××客户　　　　　　　　　　　2 712 000
　　贷：主营业务收入——自营进口销售收入　　　　　　2 400 000
　　　　应交税费——应交增值税（销项税额）　　　　　　312 000

（4）支付境外运保费时。

境外运费 = USD 30 000 × 6.84 = 205 200（元）

境外保险费 = USD 10 000 × 6.84 = 68 400（元）

合计 = 205 200 + 68 400 = 273 600（元）

　借：商品采购——进口商品采购——××材料　　　　273 600
　　贷：银行存款或外汇存款　　　　　　　　　　　　　273 600

（5）发生计提关税时。

关税完税价格 = (USD 200 000 + USD 30 000 + USD 10 000) × 6.83
　　　　　　 = 1 639 200（元）

应纳关税税额 = 1 639 200 × 5% = 81 960（元）

增值税计税价格 = (USD 200 000 + USD 30 000 + USD 10 000) × 6.83 + 81 960
　　　　　　　 = 1 721 160（元）

应纳增值税税额 = 1 721 160 × 13% = 223 750.80（元）

　借：商品采购——进口商品采购——××材料　　　　81 960
　　贷：应交税费——应交关税　　　　　　　　　　　　81 960

（6）取得进口完税凭证时。

　借：应交税费——应交关税　　　　　　　　　　　81 960
　　　　　　　——应交增值税（进项税额）　　　　223 750.80
　　贷：银行存款　　　　　　　　　　　　　　　　305 710.80

（7）结转进口成本（包括境外进价、运保费和进口关税）。

进口商品采购成本 = 1 368 000 + 273 600 + 81 960 = 1 723 560（元）

　借：主营业务成本——自营进口销售成本　　　　　1 723 560
　　贷：商品采购——进口商品采购——××材料　　　1 723 560

如果该单位采用货到结算方式：

续【例3-1】，在货到结算情况下，进口商品的采购成本已核算完毕，商品销售时，可以同时结转成本。会计处理如下。

（1）接到外运公司通知，进口货物已抵达港口，按合同规定向国内客户开具增值税发票，办理货款结算手续。

　借：应收账款——××客户　　　　　　　　　　　2 712 000
　　贷：主营业务收入——自营进口销售收入　　　　　　2 400 000

应交税费——应交增值税（销项税额） 312 000

(2) 同时，结转进口成本。

进口商品采购成本 = 1 368 000 + 273 600 + 81 960 = 1 723 560（元）

借：主营业务成本——自营进口销售成本 1 723 560
　　贷：商品采购——进口商品采购——××商品 1 723 560

如果该单位采用出库结算方式：

续〖例 3 - 1〗，在出库结算情况下，进口商品的采购成本早已完成会计处理，转入库存进口商品。商品销售时，可以同时结转销售成本。会计处理如下。

(1) 接到进口商品销售出库通知单，按合同规定的销售价格同客户办理贷款结算手续。

借：应收账款——××客户 2 712 000
　　贷：主营业务收入——自营进口销售收入 2 400 000
　　　　应交税费——应交增值税（销项税额） 312 000

(2) 同时结转成本。

借：主营业务成本——自营进口销售成本 1 723 560
　　贷：库存商品——进口商品——××商品 1 723 560

(三) 自营进口商品采购及销售全过程的会计处理

【例 3 - 2】 Dw 进出口公司与日本 B 公司签订进口合同，采购甲商品一批，采用即期信用证结算方式，境外进价为离岸价（FOB）200 000 美元。同时，与国内 N 公司签订内销合同，采用出库结算方式，销售总额（价税合计）为 3 000 000 元人民币。存入银行开证保证金 60 000 美元，支付境外运费 30 000 美元，保险费 10 000 美元，收到日本 B 公司佣金 10 000 美元。该商品关税税率为 5%，增值税税率为 13%，消费税税率 10%，发生港杂费 60 000 元人民币，滞纳金 3 000 元人民币。假定进口商品由××报关公司代报关，Dw 公司预付相关税费至报关公司。收到 N 公司预付款 3 000 000 元人民币。在商品检验中，发现个别商品质量与进口合同不符，对日本 B 公司提出索赔 10 000 美元。（假定现汇卖出价 6.84 元/美元，基础汇价 6.83 元/美元）。

1. Dw 进出口公司向银行申请开立进口信用证，通过购汇存入银行保证金 60 000 美元。

USD 60 000 × 6.84 = 410 400（元）

借：其他货币资金——信用证保证金 410 400
　　贷：银行存款 410 400

2. Dw 公司收到银行转来的全套进口单据，经审核无误后承付，企业购买外汇，根据外商发票和银行扣款单、购汇单等相关单据进行会计处理。

境外货款 = USD 200 000 × 6.84 = 1 368 000（元）

(1) 收到进口单据时。

借：商品采购——进口商品采购——甲商品 1 368 000

　　　　贷：应付外汇账款——B 公司　　　　　　　　　　　　　　1 368 000
　（2）按照外商发票，人民币购汇全款支付。
　　　借：应付外汇账款——B 公司（USD 200 000）　　　　　1 368 000
　　　　贷：银行存款　　　　　　　　　　　　　　　　　　　 957 600
　　　　　　其他货币资金——信用证保证金（USD 60 000）　　 410 400
　（3）假设付款日汇率为 1 美元=6.8 元人民币，则在进行外币支付的会计处理时，还需结清外币往来账户。
　　　借：应付外汇账款——B 公司（USD 200 000）　　　　　1 360 000
　　　　贷：银行存款　　　　　　　　　　　　　　　　　　　 949 600
　　　　　　其他货币资金——信用证保证金（USD 60 000）　　 410 400
　同时：
　　　借：应付外汇账款——B 公司　　　　　　　　　　　　　　 8 000
　　　　贷：财务费用——汇兑损益　　　　　　　　　　　　　　 8 000
　（4）假设该进口商品以品质检验结果为结算依据，按照合同规定先部分支付 194 000 美元，取得检验结果后，确定由 Dw 公司再向 B 公司支付 16 000 美元。
　首次收到外商发票入账时：
　　　借：商品采购——进口商品采购——甲商品　　　　　　　1 326 960
　　　　贷：应付外汇账款——B 公司（USD 194 000×6.84）　 1 326 960
　支付 194 000 美元时：
　　　借：应付外汇账款——B 公司（USD 194 000×6.84）　　 1 326 960
　　　　贷：银行存款　　　　　　　　　　　　　　　　　　　 916 560
　　　　　　其他货币资金——信用证保证金（USD 60 000×6.84）
　　　　　　　　　　　　　　　　　　　　　　　　　　　　　 410 400
　再次收到外商发票入账时：
　　　借：商品采购——进口商品采购——甲商品　　　　　　　 109 440
　　　　贷：应付外汇账款——B 公司（USD 16 000×6.84）　　 109 440
　如果商品已验收入库，则：
　　　借：库存商品——库存进口商品——甲商品　　　　　　　 109 440
　　　　贷：应付外汇账款——B 公司（USD 16 000×6.84）　　 109 440
　人民币购汇，支付 16 000 美元时：
　　　借：应付外汇账款——B 公司（USD 16 000×6.84）　　　 109 440
　　　　贷：银行存款　　　　　　　　　　　　　　　　　　　 109 440

3. 人民币购汇，支付境外运费、保费时。
境外运费=USD 30 000×6.84=205 200（元）
境外保险费=USD 10 000×6.84=68 400（元）
合计=205 200+68 400=273 600（元）
　　　借：商品采购——进口商品采购——甲商品　　　　　　　 273 600
　　　　贷：银行存款（USD 40 000×6.84）　　　　　　　　　 273 600

4. 收到日本 B 公司佣金 10 000 美元时。

借：外汇存款（USD 10 000 ×6.84）　　　　　　　　68 400
借：商品采购——进口商品采购——甲商品（USD 10 000）
　　　　　　　　　　　　　　　　　　　　　　　　68 400（红字）

5. 货物报关，通过报关公司交纳进口关税、消费税、增值税和港杂费。

应纳关税税额 = 关税完税价格 × 基础汇价 × 进口关税适用税率
关税完税价格 =（USD 200 000 + USD 30 000 + USD 10 000）×6.83
　　　　　　 = 1 639 200（元）
应纳关税税额 = 1 639 200 ×5% = 81 960（元）
应交消费税 =（关税完税价格 + 关税）÷（1 - 消费税税率）× 消费税税率
　　　　　 =（1 639 200 + 81 960）÷（1 - 10%）×10% = 191 240（元）
应交增值税 =（关税完税价格 + 关税 + 消费税）× 增值税税率
　　　　　 =（1 639 200 + 81 960 + 191 240）×13% = 248 612（元）

（1）计算关税的账务处理。

借：商品采购——进口商品采购——甲商品　　　　　81 960
　　贷：应交税费——应交关税　　　　　　　　　　　　81 960

（2）计算进口消费税的账务处理。

借：商品采购——进口商品采购——甲商品　　　　　191 240
　　贷：应交税费——应交消费税　　　　　　　　　　　191 240

（3）计算进口增值税的账务处理。

借：应交税费——应交增值税（进项税额）　　　　　248 612
　　贷：银行存款　　　　　　　　　　　　　　　　　　248 612

（4）预付报关公司相关税费。

预付金额 = 关税 + 消费税 + 增值税进项税 + 费用 + 滞纳金
　　　　 = 81 960 + 191 240 + 248 612 + 60 000 + 3 000 = 584 812（元）

借：预付账款——××报关行　　　　　　　　　　　584 812
　　贷：银行存款　　　　　　　　　　　　　　　　　　584 812

（5）取得海关完税凭证时。

借：应交税费——应交关税　　　　　　　　　　　　81 960
　　　　　　——应交消费税　　　　　　　　　　　　191 240
　　　　　　——应交增值税（进项税额）　　　　　　248 612
　　贷：预付账款——报关公司　　　　　　　　　　　521 812

（6）取得港杂费用发票。

借：商品采购——进口商品采购——甲商品　　　　　60 000
　　贷：预付账款——××报关行　　　　　　　　　　　60 000

（7）取得滞纳金收据时。

借：营业外支出　　　　　　　　　　　　　　　　　3 000
　　贷：预付账款——××报关行　　　　　　　　　　　3 000

6. 进口商品验收入库时。

借：库存商品——进口商品——甲商品　　　　　1 906 400
　　贷：商品采购——进口商品采购——甲商品　　　　1 906 400

7. 根据与国内 N 公司签订购销合同，出售库存进口甲商品时。

(1) 收到客户款。

借：银行存款　　　　　　　　　　　　　　　　3 000 000
　　贷：预收账款——N 公司　　　　　　　　　　　　3 000 000

(2) 一般销售业务的会计处理。

借：预收账款——N 公司　　　　　　　　　　　3 000 000
　　贷：主营业务收入——自营进口销售收入　　　　2 654 867.26
　　　　应交税费——应交增值税（销项税额）　　　　345 132.74

同时，结转进口甲商品销售成本。

借：主营业务成本——自营进口销售成本　　　　1 906 400
　　贷：库存商品——进口商品——甲商品　　　　　　1 906 400

(3) 假设该进口商品以品质检验结果为结算依据，则应在取得检验结果最终确定销售价格后，补记部分收入。Dw 再次确认收入 192 000 元，后收到 N 公司汇款。

借：应收账款——N 公司　　　　　　　　　　　192 000
　　贷：主营业务收入——自营进口销售收入　　　　169 911.50
　　　　应交税费——应交增值税（销项税额）　　　　22 088.50

同时，结转甲商品的销售成本：

借：主营业务成本——自营进口销售成本　　　　109 440
　　贷：库存商品——进口商品——甲商品　　　　　　109 440

收到电汇款：

借：银行存款　　　　　　　　　　　　　　　　192 000
　　贷：应收账款——N 公司　　　　　　　　　　　　192 000

8. 国内客户 N 公司发现个别商品规格与合同不符，提出索赔，Dw 进出口公司经查明，决定向 N 公司理赔，同时，向日本 B 公司提出索赔时。

(1) 向国内客户理赔，开出红字发票时。

　　贷：主营业务收入——自营进口销售收入　　　60 530.97（红字）
　　　　应交税费——应交增值税（销项税额）　　　7 869.03
　　贷：银行存款　　　　　　　　　　　　　　　　68 400

(2) 同时，向外商提出索赔时。

借：主营业务成本——自营进口销售成本　　　　68 400
借：应收账款——应收外汇账款——B 公司（USD 10 000）
　　　　　　　　　　　　　　　　　　　　　　68 400（红字）

(3) 收到外商支付的索赔款时（假定外汇买入价 6.64 元/美元）。

借：银行存款　　　　　　　　　　　　　　　　66 400

　　　　财务费用——汇兑差额　　　　　　　　　　　　　　　2 000
　　　　贷：应收外汇账款——B 公司（进口索赔）（USD 10 000）　68 400
　　（4）如果已对国内 N 公司理赔，但对外无索赔权的，报批准后将理赔支出列入营业外支出时。
　　　　借：主营业务成本——自营进口销售成本　　　　　68 400（红字）
　　　　借：营业外支出　　　　　　　　　　　　　　　　68 400

（四）进口商品采购涉及的其他情况

　　1. 自营进口商品加工后再销售给国内客户的成本由采购成本、加工成本以及为使进口存货达到目前场所和状态所发生的其他成本构成。

　　企业将自营进口商品进行剪切等简单加工后再销售给国内客户，尤其是使用材料较为复杂的生产企业。例如，从日本进口的薄钢板，进口来的是"母卷"，进口后由加工企业按照不同产品要求，加工成规定的尺寸后卖给国内客户。

　　【例 3-3】Dw 进出口公司进口商品入库后，将进口商品运入加工企业。进口商品成本 1 000 000 元，支付加工费 11 300 元。

　　（1）发出委托加工商品时。
　　　　借：委托加工物资——××企业　　　　　　　　1 000 000
　　　　　　贷：库存商品——进口商品——××商品　　　　1 000 000
　　（2）支付加工费和税金。
　　　　借：委托加工物资——××企业　　　　　　　　　　10 000
　　　　　　应交税费——应交增值税（进项税额）　　　　　1 300
　　　　　　贷：银行存款　　　　　　　　　　　　　　　　11 300
　　（3）收回加工后商品。
　　　　借：库存商品——进口商品——××商品　　　　　1 010 000
　　　　　　贷：委托加工物资——××企业　　　　　　　　1 010 000

　　2. 企业根据资金需求进行融资，例如进口押汇。

　　【例 3-4】Dw 进出口公司收到日本 B 公司通过银行转来的单据，付款日 7 月 4 日。Dw 公司对该笔信用证付款进行了融资押汇，押汇币种为美元，押汇期限 3 个月。账务处理如下（假定发生借款当日现汇卖出价为 6.84 元/美元）：

　　（1）根据借款单据，进行账务处理。
　　　　借：银行存款——押汇账户　　　　　　　　　　1 368 000
　　　　　　贷：短期借款——外币借款（USD 200 000）　　1 368 000
　　（2）根据外商发票，进行账务处理。
　　　　借：商品采购——进口商品采购——××商品　　1 368 000
　　　　　　贷：应付外汇账款——B 公司（USD 200 000）　1 368 000
　　　　借：应付外汇账款——B 公司（USD 200 000）　　1 368 000
　　　　　　贷：银行存款——押汇账户　　　　　　　　　1 368 000
　　（3）押汇 3 个月后到期，企业购买部分外汇，支付银行，假定现汇卖出价

6.84 元/美元。

借：短期借款——外币借款（USD 200 000）　　　1 368 000
　　贷：银行存款　　　　　　　　　　　　　　　　957 600
　　　　其他货币资金——信用证保证金（USD 60 000）　410 400

在进口业务实务中，还应注意如果在代理进口协议中约定由进口企业取得海关完税凭证及海关进口增值税专用缴款书（以下统称海关完税凭证），即海关完税凭证上的缴款单位名称和国标代码是进口企业，则无论经营模式为自营进口还是代理进口，均按照自营进口业务进行会计处理。

第三节　代理进口贸易业务处理

代理进口贸易是指受托人（有进口经营资格的进口企业）接受委托人的委托代办进口业务，包括对外洽谈成交、办理开证、运输、保险及审单付汇等全过程，并按代理作价原则向委托方办理结算，受托人仅按到岸价（CIF）的一定比例收取代理手续费，不承担进口业务的盈亏及风险，不垫付款项。如只代委托方办理对外成交，而不负责开证付款者，均不属代理进口业务。代理进口的商品，以开出代理（服务）业发票，作为商品销售的确认条件。

代理进口业务代理双方应事先签署进口代理协议，明确规定代理业务不同阶段双方的责任和义务，包括货物品名、规格、质量标准、价格、数量、装运期、全部款项的支付，主要指订货保证金、代理手续费等具体支付时间和付款方式等，以及其他详细信息。

由于企业受托代理进口商品，在价格条款、运输方式、风险责任等方面都已在合同上与委托人做出明确规定。因此，当银行转来进口商品付款单据，经审核与信用证条款相符后，即可在支付货款的同时，向委托人办理货款结算。

代理进口的商品，以开出进口结算单、代理费发票，向国内客户办理货款结算手续，作为商品销售的确认条件。为了更清楚地让国内客户了解代理进口商品的计价过程，涉外企业可为客户提供代理进口结算单（参考格式见表 3 - 2）。

表 3 - 2　　　　　　　　　××公司代理进口结算单

付款单位：　　　　　　　　　　　　　制单日期：　　　年　　月　　日

进口合同号		货款原币金额	外汇牌价	人民币金额
国别或地区				
商品品名				
数量	净重：	国外运费		
	毛重：	国外保费		
装船日期		银行财务费		

续表

进口合同号		货款原币金额	外汇牌价	人民币金额
到货口岸		外运劳务费		
价格条件		代垫贷款利息		
国外合同号		代理手续费		
备注				
		合计		

一、科目的设置及运用

为了反映企业代理进口业务的净收入，应设置"代购代销收入"科目，贷方反映代理进口手续费收入。期末贷方余额反映代理进口业务的净收益。

设置"税金及附加"科目。借方反映当期应负担的税金及附加，贷方反映期末转入"本年利润"的金额。

设置"应收账款"和"预收账款"等科目，对有关代理进口业务往来款项进行账务处理，如预收订货保证金、应收货款、应付运保费以及与委托单位有关的其他往来款项，在代理进口合同履行完毕后，应及时结清各往来款项的余额。

如果代理进口公司为委托方垫付进口货款或者进口税费等款项，原则上，受托方应按照自营业务方式进行变更，与国内委托方重新签订销售合同，财务部门按自营业务方式进行账务处理，完税凭证原件由代理方作为进项税额抵扣凭证。

开具增值税发票的基本计价=（国外进价+运保费+关税+代理费+垫款利息等代垫款项）×（1+增值税税率）

如果代理公司垫付进口税费，取得海关"双抬头"完税凭证，在满足税务法规的前提下，可将完税凭证原件交委托方，委托方通过代垫税费通过"应收账款"账户来反映。

二、代理进口业务核算流程和账务处理

【例3-5】某进口企业受国内M公司委托，代理进口健身器材，采用D/P结算方式，境外价款为（CIF）240 000美元，代理进口手续费1%，收委托方预付货款1 650 000元，由进口企业代购汇（假定现汇卖出价6.84元/美元）账务处理如下：

1. 收到委托单位预付款。

借：银行存款　　　　　　　　　　　　　　　　　　　1 650 000
　　贷：预收账款——M公司　　　　　　　　　　　　　　　　1 650 000

2. 支付货款，赎回进口单据并确认代理收入。

代理进口手续费收入=CIF价×代理手续费率=1 641 600×1%=16 416（元）

借：预收账款——M公司　　　　　　　　　　　　　　1 641 600
　　贷：银行存款（USD 240 000）　　　　　　　　　　　　　1 641 600
同时，确认手续费收入：
借：应收账款——M公司　　　　　　　　　　　　　　　16 416
　　贷：代购代销收入——代理进口销售收入　　　　　　　　16 416

3. 退还委托单位余款。
借：预收账款——M公司　　　　　　　　　　　　　　　8 400
　　贷：银行存款　　　　　　　　　　　　　　　　　　　　8 400

【例3-6】某进口企业受国内M公司委托，代理进口电视采访设备一台，采用即期信用证结算方式，境外价款为（FOB）200 000美元，支付境外运费30 000美元，保险费10 000美元，代理进口手续费1%，收委托方预付货款500 000元，由进口企业代购汇。经与银行洽商免收开证保证金（假定现汇卖出价6.84元/美元）账务处理如下：

境外价款 = USD 200 000 × 6.84 = 1 368 000（元）
境外运费 = USD 30 000 × 6.84 = 205 200（元）
保险费 = USD 10 000 × 6.84 = 68 400（元）

1. 收到委托单位预付款。
借：银行存款　　　　　　　　　　　　　　　　　　　　500 000
　　贷：预收账款——预收保证金——M公司　　　　　　　　500 000

2. 收到银行转来的进口单据。
(1) 经审核无误，对外付款，同时向M公司办理货款结算。
代理手续费 = (进价 + 运保费) × 1% = (1 368 000 + 205 200 + 68 400) × 1% = 16 416（元）

方法一：只确认代理手续收入。
借：预收账款——预收保证金——M公司　　　　　　　　500 000
　　应收账款——M公司　　　　　　　　　　　　　　1 158 016
　　贷：银行存款　　　　　　　　　　　　　　　　　　1 641 600
　　　　代购代销收入——代理进口销售收入　　　　　　　　16 416

方法二：全额记录收入与成本，代理手续费收入通过两者差额反映。
借：主营业务成本——代理进口销售成本　　　　　　　1 641 600
　　贷：银行存款　　　　　　　　　　　　　　　　　　1 641 600
借：预收账款——预收保证金——M公司　　　　　　　　500 000
　　应收账款——M公司　　　　　　　　　　　　　　1 158 016
　　贷：代购代销收入——代理进口销售收入　　　　　　　1 658 016

(2) 如果境外运费和保险费未与境外货款同时支付。
借：预收账款——预收保证金——M公司　　　　　　　　500 000
　　应收账款——M公司　　　　　　　　　　　　　　1 158 016
　　贷：银行存款　　　　　　　　　　　　　　　　　　1 384 416

应付账款——外运公司（USD 30 000）　　　　　205 200
         ——保险公司（USD 10 000）　　　　　68 400

3. 计算应纳增值税、城市维护建设税和教育费附加。

增值税 = 16 416 × 5% = 820.80（元）

城市维护建设税 = 820.80 × 7% = 57.46（元）

教育费附加 = 820.80 × 3% = 24.62（元）

借：税金及附加——增值税　　　　　　　　　　820.80
         ——城市维护建设税　　　　　　　　57.46
         ——教育费附加　　　　　　　　　　24.62
    贷：应交税费——应交增值税　　　　　　　　820.80
         ——应交城市维护建设税　　　　　　57.46
         ——教育费附加　　　　　　　　　　24.62

4. 缴纳增值税、城市维护建设税和教育费附加。

借：应交税费——应交增值税　　　　　　　　　820.80
         ——应交城市维护建设税　　　　　　57.46
         ——教育费附加　　　　　　　　　　24.62
    贷：银行存款　　　　　　　　　　　　　　　902.88

5. 清算往来款项。

(1) 清算与 M 公司的往来款项。

借：银行存款　　　　　　　　　　　　　　　1 158 016
    贷：应收账款——M 公司　　　　　　　　　1 158 016

(2) 清算与运输公司的往来款项。

借：应付账款——外运公司（USD 30 000）　　　205 200
    贷：银行存款（USD 30 000）　　　　　　　205 200

产生汇兑差异，借或贷：财务费用——汇兑差额

(3) 清算与保险公司的往来款项。

借：应付账款——保险公司（USD 10 000）　　　68 400
    贷：银行存款（USD 10 000）　　　　　　　68 400

产生汇兑差异，借或贷：财务费用——汇兑差额

【例3-7】接〖例3-6〗，假定该商品关税税率为5%（81 960 元），增值税税率为13%（223 750.80 元）。进口公司代委托方支付进口税。收到委托方电汇款，委托方开具发票与客户结算。账务处理可参照以下两种方法：

方法一：受托方收到海关出具的"双抬头"完税凭证，原件交委托方时

(1) 垫付关税。

借：应交税费——应交进口关税　　　　　　　81 960
    贷：银行存款　　　　　　　　　　　　　　81 960

同时：

借：应收账款——M 公司　　　　　　　　　　81 960

　　　　贷：应交税费——应交进口关税　　　　　　　　　　81 960
　（2）垫付增值税。
　　　借：应收账款——M公司　　　　　　　　　　　　　223 750.80
　　　　贷：银行存款　　　　　　　　　　　　　　　　　223 750.80
　（3）收到垫付税款时。
　　　借：银行存款　　　　　　　　　　　　　　　　　　305 710.80
　　　　贷：应收账款——M公司　　　　　　　　　　　　305 710.80
　（4）开具服务业发票，参见上述代理进口业务销售会计处理。
方法二：受托方向客户发出收取税费通知，在收到海关完税凭证原件时
　（1）垫付关税。
　　　借：应交税费——应交进口关税　　　　　　　　　　81 960
　　　　贷：银行存款　　　　　　　　　　　　　　　　　81 960
同时：
　　　借：商品采购——进口商品采购——××商品　　　　81 960
　　　　贷：应交税费——应交进口关税　　　　　　　　　81 960
　（2）垫付增值税。
　　　借：应交税费——应交增值税（进项税额）　　　　　223 750.80
　　　　贷：银行存款　　　　　　　　　　　　　　　　　223 750.80
　（3）收到代垫税费时。
　　　借：银行存款　　　　　　　　　　　　　　　　　　305 710.80
　　　　贷：预收账款——M公司　　　　　　　　　　　　305 710.80
　（4）开具增值税发票，按照自营进口业务销售进行会计处理。
　　发票价税合计=（国外价款+运费+保险费+关税+代理费）×1.13
　　　　　　　　=（1 368 000+205 200+68 400+81 960+16 416）×1.13
　　　　　　　　=1 966 172.88（元）
　　　借：预收账款——M公司　　　　　　　　　　　　　500 000
　　　　应收账款——M公司　　　　　　　　　　　　　1 466 172.88
　　　　贷：主营业务收入　　　　　　　　　　　　　　　1 739 976
　　　　　　应交税费——应交增值税（销项税额）　　　　226 196.88

第四节　易货贸易业务处理

　　易货贸易进出口是一个整体，商品与商品的互换只是商品形态的变化，而不是商品价值的实现。易货贸易从本质上讲，易货出口是手段，易货进口才是目的。易货贸易本身是一种非货币性资产交换，通过易货进口商品的销售，才是真正意义上的销售行为。

一、易货贸易业务概述

易货贸易业务是指由贸易双方订立易货贸易合同或协议，规定在一定期限内，用一种或几种出口商品交换等值的另一种或几种进口商品的非货币结算贸易业务。

这种贸易方式多见于边境贸易。一些国家金融业落后，支付能力低下或者外汇比较紧缺，也是开展易货贸易的原因。易货贸易一般采取直接易货方式进行。

在易货贸易实务中一般通过对开信用证或银行记账的方式进行清算。在易货贸易双方采取对开信用证或银行记账进行清算时，银行并不承担任何信用责任。易货贸易双方以对开信用证清算时，只有相互开出的信用证均为对方接受时，对开信用证才相互生效。易货双方应在对开信用证均生效后，才对外履约交货。

易货贸易业务以商业信用为基础。因此，签订易货贸易合同，应在确切掌握对方资信状况的情况下进行。

二、易货贸易业务会计处理

1. 易货贸易合同价只是一个结算符号，并不代表商品的价值，不是实际核算成本的依据。易货贸易成本核算，应以合约规定的全部出口商品的总成本及全部进口商品总的销售净收入，作为衡量和核算易货贸易盈亏的依据。不管是先出后进还是先进后出，只有将易货出口商品办理出口并实现易货进口商品的国内销售，才能体现易货贸易的销售价值并最终确认易货贸易的盈亏。因此，在会计处理上不能把一项易货贸易分割成"易货贸易出口销售"和"易货贸易进口销售"，并单独核算。

2. 易货贸易业务从本质上讲，易货出口是手段，易货进口才是目的。对照《企业会计准则第 7 号——非货币性资产交换》，易货贸易本身是一种非货币性资产交换，通过易货进口商品的销售，才是真正意义上的销售行为。根据非货币性资产交换的会计核算原则，易货出口商品的成本、税费构成了易货进口商品的入账价值。

3. 易货贸易会计处理分为出口和进口两个环节。一般易货贸易过程时间较长，不能同时完成出口、进口两个环节，往往是先出口、后进口。在易货贸易中出口商品，符合出口的一般特征，为提高其国际竞争力，按照国际惯例，尽管在会计上没有作为"销售"处理，但也应该享受出口退税政策。

（一）易货贸易出口会计处理

【例 3-8】20×9 年 6 月 10 日甲公司与外方签订一笔易货贸易合同，合同规定甲公司出口 200 台电视机，每台 300 美元 CIF 价格，共计 60 000 美元；甲公司进口天然橡胶 24 吨,每吨 2 500 美元 CIF 价格,共计 60 000 美元。采取对开信用证结算方式。

(1) 20×9 年 7 月 1 日,甲公司为完成易货进口业务向国内上海电视机厂购进电视机 200 台,每台 1 800 元,货款 360 000 元,增值税税额 46 800 元,款项签发转账支票付讫。

借:商品采购——电视机　　　　　　　　　　　　　　　360 000
　　应交税费——应交增值税（进项税额）　　　　　　　　46 800
　　贷:银行存款　　　　　　　　　　　　　　　　　　　　406 800

(2) 20×9 年 7 月 2 日,上海电视机已验收入库。会计处理如下。

借:库存商品——库存出口商品　　　　　　　　　　　　360 000
　　贷:商品采购　　　　　　　　　　　　　　　　　　　　360 000

(3) 20×9 年 7 月 3 日,上海电视机已出库装船。会计处理如下。

借:发出商品　　　　　　　　　　　　　　　　　　　　360 000
　　贷:库存商品——库存出口商品——电视机　　　　　　　360 000

(4) 20×9 年 7 月 4 日,收到业务部门转来出口报关单和出口发票。会计处理如下。

借:应收账款　　　　　　　　　　　　　　　　　　　　360 000
　　贷:发出商品　　　　　　　　　　　　　　　　　　　　360 000

(5) 20×9 年 7 月 5 日,支付易货贸易国外运费 1 068 美元,保险费 132 美元,当日美元汇率卖出价为 6.83 元。会计处理如下。

借:应收账款　　　　　　　　　　　　　　　　　　　　8 196
　　贷:银行存款　　　　　　　　　　　　　　　　　　　　8 196

(6) 20×9 年 7 月 10 日,向税务机关申报退税,增值税退税率为 13%。会计处理如下。

借:应收出口退税　　　　　　　　　　　　　　　　　　46 800
　　贷:应交税费——应交增值税——出口退税　　　　　　　46 800

(二) 易货贸易进口会计处理

企业收到银行转来外商全套结算单据时,与易货贸易合同或协议核对无误后,据以支付货款,商品运达我国口岸后,申报进口关税、增值税,并按事先签订的合同将进口商品销售给国内客户,其核算方法与自营进口业务基本相同。其销售收入和销售成本是通过"其他业务收入——易货贸易进口销售收入"账户和"其他业务成本——易货贸易出口销售成本"账户核算的。

接〖例 3-8〗,易货贸易从外方进口天然橡胶业务如下:

(1) 7 月 21 日,接到银行转来外方全套结算单据,开列天然橡胶 24 吨,每吨 2 500 美元 CIF 价格,共计 60 000 美元。会计处理如下。

借:商品采购——天然橡胶　　　　　　　　　　　　　　368 196
　　贷:应收账款　　　　　　　　　　　　　　　　　　　　368 196

(2) 7月30日, 天然橡胶运达我国口岸, 申报应纳进口关税额 20 520 元, 应纳增值税税额 53 352 元。会计处理如下。

借: 商品采购——天然橡胶　　　　　　　　　　　　20 520
　　贷: 应交税费——应交进口关税　　　　　　　　　　20 520
借: 库存商品——进口商品——天然橡胶　　　　　388 716
　　贷: 商品采购——天然橡胶　　　　　　　　　　　388 716

(3) 7月31日, 以银行存款支付进口天然橡胶关税和增值税。会计处理如下。

借: 应交税费——应交进口关税　　　　　　　　　　20 520
　　　　　　——应交增值税（进项税额）　　　　　53 352
　　贷: 银行存款　　　　　　　　　　　　　　　　　73 872

(4) 7月31日, 天然橡胶已全部售给乙公司, 收到业务部门转来增值税专用发票, 列明天然橡胶 24 吨, 每吨 23 750 元, 货款共计 570 000 元, 增值税税额 74 100 元, 款项已收到转账支票, 存入银行。会计处理如下。

借: 银行存款　　　　　　　　　　　　　　　　　　644 100
　　贷: 其他业务收入——易货贸易进口销售收入　　570 000
　　　　应交税费——应交增值税（销项税额）　　　 74 100

(5) 7月31日, 同时结转天然橡胶销售成本。会计处理如下。

借: 其他业务成本——易货贸易进口销售成本　　　388 716
　　贷: 库存商品——进口商品——天然橡胶　　　　388 716

第五节　招投标业务处理

招投标过程一般需经过招标、投标、开标、评标与定标等程序。招投标业务会计处理需要关注投标保证金的收付以及与招投标业务相关的收入、支出及其核算。

一、招投标业务概述

招标与投标业务是指企业在一定范围内公开购买信息, 说明拟采购物品或工程项目的交易条件, 邀请供应商或承包商在规定期限内提出报价, 经评标后, 按既定标准确定最优惠条件的投标人并与之签订采购合同或工程项目合同的一种采购方式。招投标制度与政府采购制度之间有着紧密的联系, 从国际经验来看, 招投标往往是政府采购的最主要方式。招投标制度通过公开采购信息, 广泛招募供应商和承包商以形成卖方间的有效竞争机制, 从而获得质优价廉的物品或项目。

目前, 国内企业的国际招标业务基本上接受国内公司委托开展的国际招标,对接受国外公司委托开展的招标业务目前还不多。

(一) 招投标业务种类

招标一般分为三种模式：公开招标、邀请招标、议标。

1. 公开招标，又称竞争性招标，即由招标人在各种媒体发布招标公告，吸引投标人参加投标竞争，招标人择优选择的招标方式。

2. 邀请招标，又称有限竞争性招标或选择性招标，即由招标单位选择一定数目的企业，邀请他们参加招标竞争。邀请投标不使用公开的公告形式。

3. 议标，又称谈判招标或限制性招标，即通过谈判来确定中标者。由于议标的中标者通过谈判产生，不便于公众监督，易导致非法交易。议标又分以下三种主要方式。

(1) 直接邀请议标方式。直接邀请议标是指选择中标单位不是通过公开招标或邀请招标，而是由招标人或其代理人直接邀请某一企业进行单独协商，达成协议后签订采购合同。

(2) 比价议标方式。"比价"是兼有邀请招标和协商特点的一种招标方式，由招标人将采购的有关要求送交选定的几家企业，要求他们在约定的时间提出报价，招标单位经过分析比较，选择报价合理的企业达成协议，签订合同。

(3) 方案竞赛议标方式。方案竞赛议标是选择工程规划设计任务的常用方式之一，是指由招标人或其代理人邀请经预先选择的规划设计机构参加竞赛。招标人提出规划要求后，由竞标单位提出各自方案，最终由评选委员会评出中标人并签订合同。

(二) 招投标业务程序

招投标过程一般需经过招标、投标、开标、评标与定标等程序。

1. 招标。招标人或招标中介机构采用公开招标的，应当发布招标公告；采用邀请招标或议标程序的，应编制招标文件并发出投标邀请书。招标文件应向投标者提供一切必要的信息，以便其准备投标方案。招标文件的编制应当完整、准确和无倾向性。招标文件是投标者的投标依据，是评标者的评标标准，其编制的优劣直接影响到招投标的最终结果。

2. 投标。投标人应当按照招标文件的规定编制并提交投标文件。

3. 开标。开标应当按照招标文件规定的时间、地点和程序以公开方式进行。开标由招标人或者招标中介机构主持，邀请评标委员会成员、投标人代表和有关单位代表参加。

4. 评标与定标。评标与定标应按招标文件规定的程序评定。招标人或招标中介机构应将中标结果书面送达所有投标人。招标人与中标人应按招标文件的规定和中标结果签订书面合同。

二、招投标业务相关处理

（一）投标保证金的收付

1. 投标企业投标保证金收付的会计处理。

（1）投标企业投标，并按招标文件规定支付投标保证金，会计处理如下。

借：其他应收款——投标保证金
　　贷：银行存款

（2）投标企业收到退回的投标保证金，会计处理如下。

借：银行存款
　　贷：其他应收款——投标保证金

2. 招标企业或招标中介机构投标保证金收付的会计处理。

（1）招标企业或招标中介机构按招标文件规定收取投标企业的投标保证金，会计处理如下。

借：银行存款
　　贷：其他应付款——投标保证金

（2）招标企业或招标中介机构退回已收投标保证金，会计处理如下。

借：其他应付款——投标保证金
　　贷：银行存款

已收投标保证金的退回不得以现金办理结算。

（二）与招投标业务相关的收入、支出及其会计处理

1. 投标企业的会计处理。

（1）投标企业向招标企业或招标中介机构购买标书（招标文件）款，会计处理如下。

借：营业费用（其他业务支出）
　　贷：银行存款（库存现金）

（2）投标企业向招标企业或招标中介机构支付招标代理费、中标服务费等，会计处理如下。

借：营业费用（其他业务支出）
　　贷：银行存款（其他应收款——投标保证金）

2. 招标企业的会计处理。

（1）招标企业或招标中介机构收取标书（招标文件）款，会计处理如下。

借：银行存款（库存现金）
　　贷：主营业务收入——售标书收入

或

借：银行存款（库存现金）

　　　　贷：其他应付款——投标保证金
　　　借：其他应付款——投标保证金
　　　　贷：主营业务收入——售标书收入
　（2）招标企业或招标中介机构向投标企业收取招标代理费，以及向中标企业收取中标服务费，会计处理如下。
　　　借：银行存款（其他应付款——投标保证金）
　　　　贷：主营业务收入——招标收入
　（3）招标企业或招标中介机构支付会务费等招标相关费用，会计处理如下。
　　　借：主营业务成本——招标支出
　　　　贷：库存现金（银行存款）
　（4）招标企业或招标中介机构根据专家聘用合同、专家费支付清单等凭据支付评标专家劳务费，同时代扣代缴个人所得税，会计处理如下。
　　　借：其他业务成本——招标支出
　　　　贷：应交税费——应交个人所得税
　　　　　　库存现金/银行存款
　　　借：应交税费——应交个人所得税
　　　　贷：银行存款

【例3-9】20×9年3月1日，A公司（招标人）委托B公司（招标代理）针对水利建设项目中的一项机器设备进行国际招标，双方签订招标委托代理协议，采购金额约500万美元，代理费率为1%，协议约定代理费由招标公司向中标人收取。B公司在中国国际招标网上就该项目进行建档并上传招标文件初稿，从网站专家库中抽取4名专家对招标文件进行评审，并支付专家费2 500元。A公司对专家审核意见进行复核，并确认招标文件。在国家有关部门确认可以进行招标业务发售后，B公司制作装订标书准备出售，向装订公司支付1 000元装订费。B公司在中国国际招标网上发布招标公告，并开始发售标书。

3月20日，B公司在指定的时间和地点向符合条件的潜在投标人发售招标文件，分别向甲、乙、丙三名投标人收取6 000元标书费。

4月30日，B公司举办开标仪式，并按招标文件的规定组织专家进行评标。分别收取甲、乙、丙三名投标人保证金68.3万元；支付专家费7 500元，并代扣代缴个人所得税875元；支付差旅费、会议费等其他招标支出10 000元。

B公司根据评标情况编制评标报告，向甲中标人发出中标通知书，中标金额为485万美元，同时按委托协议向甲公司按中标额的1%收取代理费，并退还保证金。

本例中美元兑人民币汇率为1美元=6.83元人民币。

分析：本例中为招标人委托招标代理公司进行的一项国际招标业务，全面体现了国际招标业务的过程。以下为招标代理公司B公司的具体账务处理过程，投标公司对应进行账务处理。

（1）确定招标文件，支付专家费2 500元，会计处理如下。
　　　借：营业费用——招标支出——支付专家费　　　　　2 500

贷：银行存款　　　　　　　　　　　　　　　　　　　　　2 500

（2）制作标书，支付装订费1 000元，会计处理如下。

　　借：营业费用——招标支出——支付装订费　　　　　　　1 000
　　　　贷：银行存款　　　　　　　　　　　　　　　　　　　1 000

（3）3月20日，B公司出售标书，分别向甲、乙、丙三名投标人收取6 000元标书费，确认收入，会计处理如下。

　　借：银行存款（6 000×3）　　　　　　　　　　　　　　18 000
　　　　贷：主营业务收入——招标——售标书收入　　　　　　18 000

（4）4月30日，B公司举办开标仪式，分别收取甲、乙、丙三名投标人保证金68.3万元；支付专家费7 500元，并代扣代缴个人所得税875元；支付差旅费、会议费等其他招标支出10 000元。

①收取保证金，会计处理如下。

　　借：银行存款（683 000×3）　　　　　　　　　　　　2 049 000
　　　　贷：其他应付款——其他　　　　　　　　　　　　　2 049 000

②开标过程，支付专家费，会计处理如下。

　　借：其他业务成本——招标支出——支付专家费　　　　　7 500
　　　　贷：银行存款　　　　　　　　　　　　　　　　　　　7 500

代缴个人所得税，会计处理如下。

　　借：其他业务成本——招标支出——支付个人所得税　　　　875
　　　　贷：应交税费——应交个人所得税　　　　　　　　　　　875
　　借：应交税费——应交个人所得税　　　　　　　　　　　　875
　　　　贷：银行存款　　　　　　　　　　　　　　　　　　　　875

③支付差旅费、会议费等其他招标支出，会计处理如下。

　　借：主营业务成本——招标支出——支付差旅费、会议费　10 000
　　　　贷：银行存款　　　　　　　　　　　　　　　　　　10 000

（5）确定投标人，向甲公司收取代理费，确认收入，会计处理如下。

　　借：应收账款——普通业务款　　　　　　　　　　　　331 255
　　　　贷：主营业务收入——招标——招标收入　　　　　　331 255

（注：331 255 = 4 850 000×1%×6.83）

如从保证金中扣取代理费，会计处理如下。

　　借：其他应付款——投标保证金　　　　　　　　　　　331 255
　　　　贷：应收账款——普通业务款　　　　　　　　　　　331 255

退保证金时，会计处理如下。

　　借：其他应付款——投标保证金——甲公司　　　　　　351 745
　　　　贷：银行存款　　　　　　　　　　　　　　　　　351 745

（注：351 745 = 683 000 - 331 255）

　　借：其他应付款——投标保证金——乙公司　　　　　　683 000
　　　　贷：银行存款　　　　　　　　　　　　　　　　　683 000

借：其他应付款——投标保证金——丙公司　　　　　　　683 000
　　贷：银行存款　　　　　　　　　　　　　　　　　　　　683 000

【本章重要概念】

自营进口业务、代理进口业务、易货贸易业务、招投标

【复习思考题】

1. 进口贸易业务可以分为哪几类？各自特点是什么？
2. 自营进口贸易初始成本包括什么？
3. 自营进口商品销售有哪几种确认收入的方式？
4. 什么是代理进口贸易？

【练习题】

一、单项选择题

1. 被委托方只代委托方办理对外进口成交，而不负责垫付开证费用，（　　）。
   A. 属于自营进口业务
   B. 属于代理进口业务
   C. 不属于代理进口业务
   D. 既不属于自营进口业务，也不属于代理进口业务
2. 自营进口商品销售收入确认的方式中，确认时间最早的是（　　）。
   A. 货到结算　　　B. 单到结算　　　C. 单货同时结算　　　D. 出库结算
3. 进口合同成交价格为离岸价，支付境外运费和保险费应计入（　　）。
   A. 采购成本　　　B. 销售费用　　　C. 冲减收入　　　D. 冲减采购成本
4. 自营进口商品销售采取（　　）时，进口商品采购的核算与销售的核算几乎同时进行。
   A. 货到结算　　　B. 单到结算　　　C. 单货同时结算　　　D. 出库结算
5. 代理进口的商品，销售确认的条件是（　　）。
   A. 开出服务业发票　　B. 收到银行转单　　C. 收到进口货物　　D. 进口商品出库

二、多项选择题

1. 按照经营模式的不同，进口贸易一般分为多种类型，其中最主要的类型有（　　）。
   A. 自营进口　　　B. 代理进口　　　C. 易货贸易进口　　　D. 加工补偿
2. 列入商品采购成本的有（　　）。
   A. 进口关税　　　B. 出口关税　　　C. 消费税　　　D. 增值税
3. 进口贸易流程的主要环节有（　　）。
   A. 进口交易洽商　　B. 签订进口合同　　C. 履行进口合同　　D. 国内销售
4. 进口贸易的基本单据是指（　　）。
   A. 品质证书　　　B. 商业发票　　　C. 运输单据　　　D. 保险单据

三、判断题

1. 进口贸易审核的单据主要有发货票和提单。　　　　　　　　　　　　　　　　（　　）

2. 我国核算自营进口销售收入时，是以成本加运费价格条件为基础的。（　　）
3. 涉外企业在收到全套结算单据后，必须严格审核，在单证相符、单单相符的基础上，才能办理付汇手续。（　　）
4. 在进口业务中，如发生商品短缺、与规定不符的情况，只能由涉外企业进行索赔。（　　）
5. 进口业务采取出库结算方式，进口在途物资的核算与销售的核算也是同时进行的。（　　）

四、业务题

W进出口公司受A公司委托代为进口法国香水业务，以离岸价格成交。

（1）8月1日，收到A公司预付的香水货款1 150 000元。

（2）8月12日，购汇支付法国塞纳公司香水的国外运费1 424美元，保险费176美元，当日美元汇率卖出价7.70元。

（3）8月15日，收到法国塞纳公司全套结算单据，开列香水200箱，离岸价每箱400美元，佣金1 600美元。审核无误扣除佣金支付货款，当日美元汇率卖出价7.70元。

（4）8月15日，按代理进口香水成本加保险费加运费价格的2.5%计算手续费收入2 000美元。当日美元汇率中间价7.68元。

（5）8月25日，香水运达我国口岸，向海关申报应交关税61 640元，消费税289 646元，增值税164 133元。

（6）8月31日，按代理进口香水手续费收入15 360元的5%计算应交增值税（进项税额）。

（7）8月31日，支付代理进口业务的进口关税、消费税和增值税。

（8）8月31日，签发转账支票退还预收A公司代理进口香水结余款3 421元。

要求：编制相关会计分录。

第四章 出口贸易核算

【章首导言】

改革开放初期，我国外汇十分短缺，无法进口满足国民经济发展和人民生活需要的高质量产品。为了增加外汇收入，我国依靠廉价劳动力和低附加值的初级产品，换取了大量外汇，有力地保证了国民经济的快速发展。近年来，我国出口贸易发展很快，外汇储备增加，在严控"两高一资"产品出口的同时，重点扶持优势产品、劳动密集型产品和高新技术产品出口，力争在较短时间内改善出口产品结构，提高出口产品技术含量。

【学习目标】

1. 了解出口贸易的特点和流程；
2. 熟悉出口贸易管理的重要环节；
3. 掌握自营出口贸易业务核算；
4. 掌握代理出口贸易业务核算。

第一节 出口贸易概述

出口贸易业务按其贸易方式的不同，一般可以分为自营出口业务、代理出口业务。出口贸易流程，一般包括组织对外成交、组织出口货源、催证及通知派船、办理托运手续、交单结汇和处理索赔理赔等环节。

出口业务销售收入的确认必须满足《企业会计准则第 14 号——收入》（2017）规定的条件，即当出口企业与客户之间的合同同时满足下列条件时，应当在客户取得相关商品控制权时确认收入：（1）合同各方批准并承诺履行合同；（2）合同条款明确与商品相关的双方权利与义务；（3）合同有明确的付款条款；（4）合同具有商业实质；（5）出口企业因向客户转入商品而有权收回转让商品所应收回的对价。

自营出口销售收入的入账金额一律以离岸价格（FOB）为基础，按离岸价以外价格条件成交的出口商品，其发生的境外运输、保险及佣金等费用支出，均冲减自营出口销售收入处理。自营出口销售的业务核算的重点主要涉及商品托运及出口销售收入的业务核算、支付国内外费用（国外费用主要有运费、保险费和国外佣金三项）的业务核算、出口商品退税的业务核算、预估国外费用的业务核算、退关甩货的业务核算、销货退回的业务核算以及发生索赔和理赔的业务核算等。

代理出口业务有两种方式。视同买断方式下委托代销商品收入实现的确认及账务处理，与本企业商品自营出口对外销售收入实现的确认及账务处理相同。收取手续费方式下，委托方应在受托方将商品销售后，并向委托方开具代销清单时确认收入实现；受托方在商品销售后，按应收取的手续费确认为收入。企业代理出口销售外汇货款结算方法有异地收（结）汇法和全额收（结）汇法两种。

一、我国出口贸易概况

（一）在全球的出口地位提升

2001年我国加入世界贸易组织（WTO），当年出口总额仅为2 492亿美元，位列全球第六，出口额仅是排名第一美国的36.5%。近20年来，我国出口贸易快速发展，2004年，出口额超过日本，2007年，超越美国。2008年，我国出口总额1.4万亿美元，位列全球第二。2009年，我国出口总额超过德国，位列全球第一。2018年，我国出口总额2.49万亿美元，稳居全球第一，占全球出口总量的12.8%。

（二）出口的区域格局不断改善

改革开放初期，我国涉外伙伴相对集中，欧盟、美国、日本和中国香港等市场货物进出口占总额的比重较高。加入WTO后，我国出口的区域格局不断改善，不断开拓新市场，与新兴市场和发展中国家贸易持续较快增长，份额显著提升。2018年，我国贸易伙伴数量由1978年的40多个发展到230多个；对欧盟、美国、日本和中国香港之外的贸易伙伴进出口占比达57.7%。2001年到2018年，我国对东盟货物进出口占总额的比重由8.2%提高到12.7%，东盟已连续8年成为我国第三大贸易伙伴。"一带一路"倡议提出以来，我国与沿线国家贸易关系日趋紧密。2013年到2018年，我国与"一带一路"沿线国家货物进出口超6万亿美元，年均增长4.0%，高于同期货物贸易整体增速，占总额的比重为27.4%。

（三）已形成稳定的出口基地

改革开放以来，东部沿海地区成为出口贸易的主要地区，经过若干年的发展，沿海省市尤其是广东、上海、江苏、浙江4省市已经成为主要出口基地。20世纪末，上述4省市出口额占全国出口额的比重超过六成，而到21世纪头10年，该比例依然维持在六成以上。在经过十几年的长足发展后，我国的出口基地保持稳定快速发展势头，且在国内的出口地位进一步得到提升。

（四）出口产品技术含量不断提高

近年来，我国出口产品结构发生快速转变，技术含量、技术比重不断提高。例如：我国机电产品出口比重不断增加。近 20 多年来，该类产品出口增速均超过同期全国出口平均增长率。1995 年，我国机电产品出口额仅为 400 多亿美元，占全国总出口额不到 30%，到 2018 年，我国机电产品出口额已达 9.65 万亿美元，占据我国出口总值的 58.8%，相比 2017 年提升了 0.4 个百分点。其中，汽车出口增长 8.3%，手机出口增长 9.8%。该类产品无论是存量还是增量，都已经成为我国出口份额最大的商品。

应该看到，尽管我国的出口规模不断扩大，但出口产品的技术含量还有待提高。企业应不断提高出口产品的技术含量，提升出口产品附加值。

二、出口贸易流程

出口贸易流程一般包括以下主要环节。

（一）组织对外成交

企业可以通过参加各种商品交易会、展览会、博览会等方式与外商取得联系，推销商品，签订出口合同；还可以通过互联网组织对外成交。在开展出口业务时，既要巩固老客户和老市场，又要积极发展新客户和新市场。

（二）组织出口货源

企业应根据已签订的出口合同，并按照合同要求的商品品种、质量、数量、包装及交货期等安排组织生产，或积极向生产部门、供货单位衔接货源，催交货物，组织出口。

（三）催证及通知派船

企业在抓紧做好出口商品备货工作的同时，如合同规定付款方式为信用证，应及时通知进口方开出信用证。如来证有不妥之处，应立即电请对方修改。如合同规定运输由进口方负责，应及时通知进口方派船（车）接运。

（四）办理托运手续和投保

在审核来证与合同一致、货证齐全的情况下，或者在接到进口方派船（车）通知后，应及时备齐全套出口单据，向运输公司办理托运手续。同时，若合同中规定由出口方负责投保的，应及时向保险公司办理投保，向商检局和海关申请报验，手续齐备后，即装船（车）出运，保证按时、按质、按量对外履行合同。

（五）交单结汇

在办妥装运手续并取得正本提单或运单后，应立即将全套出口收汇单证交由银行审单收汇，并及时按合同规定办妥装船通知及寄单手续。为了加速收汇，防止单证出现差错，在装船（车）前，一般可将有关出口单证先送银行预审，待取得正本提单或运单后，即可办理交单结汇。

（六）妥善处理索赔理赔

境外客户在收到出口商品后，发现与合同规定不符提出索赔时，应根据客户提供的有效证明，按照合同有关条款的规定，认真处理。凡不属于出口方责任范围或不符合同规定的索赔，应据理拒绝并说明依据。如应由国内供货单位负责的，应及时与该单位联系协商解决。如果由于境外客户未能按照合同规定履约，并造成出口方经济损失的，出口方应立即向对方提出索赔，以挽回损失。

三、出口贸易管理

（一）出口业务计划审核

业务部应根据对外订立的出口合同，及时、准确地向财务部提交出口业务计划单，该计划单应包含如下内容：出口国家及客户名称、出口日期、结算方式、计划收款金额、产品经销价格、出口运费、保险费、佣金、其他费用及出口利润。

（二）出口货物发运审核

在发运货物时，须先开具发货单，经相关部门对价格和收款情况进行审核签字后，方能提请发货。

收款情况审核确认原则如下：

1. 汇付方式，如电汇 T/T，必须收款后发货。
2. 信用证 L/C 方式：收到通知行交来的信用证，并经业务部对信用证内容进行审核确认后发货。
3. 托收方式，如付款交单 D/P，必须经财务部、业务部负责人或单位负责人签字认可后发货。

（三）对外结算账款的管理

对外结算是涉外企业在经营进出口业务过程中极其重要的一环，财会部门必须加强对国外客户应收、应付账款的核算和管理，并应在"应收（付）账款"科目下设"国外"专户或增设"应收（付）外汇账款"科目，按往来客户进行明细核算。加强出口业务"应收（付）外汇账款"的管理和核算是减少风险，确保安全及时收汇的一项十分重要的工作。

1. 财会部门对出口业务不仅应注意出口销售的核算，还必须十分重视出口交单工作。即企业在按出口合同或信用证规定对外发货后，是否已及时将全套出口单证向银行交单、议付或托收货款。向银行交单体现了货物所有权的转移，确立了可按出口合同、信用证规定收取货款的权利。为此，财会部门应以企业向银行交单之日，作为确立出口销售的依据，即根据出口发票及合同规定的其他内容，进行"出口销售"及"应收（付）外汇账款"的核算，并应做好交单后有关外汇账款收付情况的检查工作。

2. 出口货款的结算方式是安全、及时收汇的决定因素。企业应十分重视出口货款结算方式的使用，为确保安全收汇，出口货款的结算方式应以使用不可撤销的跟单信用证为原则。为灵活经营、扩大出口、推销积压商品、照顾老客户、支援境外企业等需要，以及受当地政策限制等原因，可以通过银行使用无证托收的结算方式，但应适当掌握，以免影响企业资金周转或造成不应有的损失。为此，不论出口采取何种结算方式，除预收货款及小额售样可自行对外寄单外，其余一律通过银行交单。

3. 为加强无证托收的管理，采取付款交单（D/P）方式应需业务部门主管同意，采取承兑交单（D/A）方式无可靠保证不予使用，使用时必须报经企业负责人同意，对经常使用无证托收的客户，应根据其资信情况，制定该客户出口应收账款的外汇最高限额（也可分部门制定限额），各业务部门在办理出口托运前，应先经财会部门核实欠款情况，超额时原则上应推迟托运。

4. 出口货物结算期应以即期为原则。不论有证无证，远期付款的期限，应按不同商品、不同国别地区、不同客户分别规定掌握的原则，除受进口国当地政府限制者外，一般应以不超过90天为限，超过90天应报企业领导同意，但最长不得超过180天。对远期付款交易在规定期限内付款是否收取利息，企业可根据业务情况决定，但对逾期付款部分必须在合同内明确规定参照国际市场利率加收利息。

5. 财会部门应加强对国外逾期应收账款的控制。出口应收货款，必须逐笔从交单日起按付款条件规定的期限，加计必需的托收在途日期（可按不同国别地区及银行实际需要的工作时间予以规定），注明预计应收回的日期，非应经常例行检查，发现逾期情况，应逐笔通知经办外销员，外销员负有向客户联系催收的责任。凡有证出口因逾期交单或其他问题造成与信用证条款规定不符，交单后银行明确应由企业负责，并按托收处理或由公司承担责任作担保出运。除应报领导批准外，有关部门应同时以联系单通知财会部门。对有证出口的逾期应收账款，应先联系有关银行查询处理，如有因担保出运或业务经营问题造成的对方拒付款现象，应及时联系有关业务部门负责解决。财会部门应按月逐月抄列逾期1个月以上应收账款情况表，分送有关业务部门及企业领导。业务部门应采取各种方式，加强向客户代收。

6. 企业应加强对预收国外货款的管理，对客户通过银行汇来的款项及交来的各项票据（包括客户签发的国外银行支票）都必须收妥货款并在银行结汇后，再对外发货。财会部门对于国外汇款，在收到银行通知或结汇水单时，必须与有关业务部门联系，询问汇款来由，若内容不详应及时向银行或国外客户查询，以免影响对外发运，对预收的国外货款，在会计上应通过"预收账款"科目下设"国外"专户，按客户进行明细核算，要坚决防止汇入款账务反映不清或任意做收入处理的现象。

7. 出口业务的佣金，除发票上内扣及累计佣金外，其余均应逐笔在出口交单时，转列应付款，即在"应付账款"科目下设"国外"专户，按客户进行核算。为正确计算对客户应付的佣金，业务部门应在送交会计部门内部转账用的发票上，根据出口合同规定注明应付的佣金率及金额、财会部门在应付佣金账户上，对已内扣的佣金及佣金率（包括发票上内扣及信用证规定议付时内扣的佣金）应予以注明，以便支付时审核。佣金率是对外应支付的推销报酬，折扣是价格的优惠条件，凡同一发票既有折扣（或以其他名义减少的货款）又有佣金者，佣金的计算应以抵扣以后的净货款为依据，如有附加费用者，同样应剔除后计算，如合约规定折扣、佣金均需另行支付时，必须弄清内容，查清情况，核实是否已内扣，要坚决防止错付和重付现象，财会部门应加强对支付佣金的审核，必须收妥货款，计算无误后才能对外支付。汇付时应由业务部门提交财会部门复核，或由财会部门提交有关外销员复核后再汇付，以防止可能发生的差错。对以汇票支付的佣金，应在财务上注明银行汇票号码，以便业务部门或国外客户查询。

8. 对外结算账款的核算，包括"应收外汇账款""应付外汇账款""预收汇账款"的借方、贷方、余额，应同时反映原币及人民币。为加强外汇核算，"应收外汇账款"可分设"有证出口""无证出口""其他"子科目，按不同币别及国别、地区分客户进行核算。对出口业务量较大的企业，为简化工作，可以考虑对按客户所设三级明细账只核算原币，即通过总账控制二级明细分类账的人民币发生额及余额，同时通过二级明细分类账的原币发生额及余额控制三级明细分类账各客户的原币发生额及余额，为便于逐笔检查和督促出口收汇情况，"应收外汇账款"的客户明细账，还应有合同名、发票名、收汇方式、交单日期、收汇日期、商品品名、数量等内容。对一般正常出口业务，上述第7点的佣金支付情况，为便于逐笔反映和检查，防止发生差错现象，"应收外汇账款"各客户的应付佣金，可采取与"应收外汇账款"各客户应收出口货款的明细分类账平列记账的方法。对采取平列式记账的，必须注意对各账户结余的控制和经常核对，以确保账账相符。

9. 对两国间订有记账协议或支付协议的国家，出口结算使用的币值以及有关结算程序，均应严格按协议规定执行，不得使用规定以外的任何货币，对援外出口的物资，包括无偿援助与货款援助，均应按上级下达的命令执行，并及时将全套出口单据按规定交银行签证后，通过上级或有关部门进行结算，企业应经常检查结算情况，发现问题应及时联系解决。

10. 严禁要求国外客户以应收的出口货款抵付任何国外费用或用以进口物资，也不在国外向客户任意要求借支或预付货款，更不得变相以低价出口套取或无偿赠送进口物资，财会部门对此应加强监督，发现问题应及时收款，对出口理赔，原则上不得以降低售价进行处理，特殊情况应将洽谈经过及意见报企业领导批准后，财会部门在财务上做好调整收入及相关费用支出的记录。凡已出口商品的应收货款，不论什么原因影响无法收汇时（包括国外退货），如已办理出口退税者，应向所在地主管退税的税务机关办理补交已退（免）的税款手续。

第二节　自营出口贸易业务处理

自营出口销售，是指企业自己经营的出口销售业务。所谓"自营"，有两个要件：一是自负盈亏；二是自办业务。出口的销售收入为出口企业所有，而出口货物的生产成本或出口商品的购进成本及国内外与出口业务有关的所有支出也要由出口企业自行承担，其中包括出口所要支付的佣金、税金、理赔、罚款等支出。

按照上述原则，凡出口企业以贸易方式对境外直接出口、转口出口、托售出口、进料加工复出口以及出售样展品、小卖品的出口以及批准供应境内销售（外轮和远洋国轮、贸易中心等）收取以外汇计价支付的商品等所有经营业务，都属于自营出口销售。

一、自营出口贸易销售收入的确认和计量

自营出口销售收入的确认一般包括销售收入的入账时间和销售收入的金额。按照企业会计准则要求，企业出口销售业务在出口商品办妥装运手续，并取得正本提单或运单后，持全套出口单证向银行交单办理收汇手续时符合收入确认条件，企业应予以确认销售收入。

自营出口销售收入的会计处理，原则上均以取得运单并向银行办理交单后作为出口销售收入的实现条件。由于出口销售价格条款的特殊性，有离岸价格（FOB）、成本加运费、保险费价格（CIF）和成本加运费价格（CFR）等多种价格条件。按照国际惯例，自营出口销售收入的入账金额一律以离岸价格（FOB）为基础。按离岸价以外价格条件成交的出口销售业务，其发生的境外运输、保险及佣金等费用支出，均应冲减自营出口销售收入。

二、自营出口销售的业务核算

为了反映企业自营出口业务的销售过程和不同商品的销售收入、成本、盈亏的详细情况，企业应设置"应收外汇账款""应付外汇账款""主营业务收

入——自营出口销售收入""主营业务成本——自营出口销售成本"等科目。同时,"主营业务收入——自营出口销售收入"和"主营业务成本——自营出口销售成本"科目应按商品设置明细分类科目。

由于出口商品销售收入一律以离岸价(FOB)为基础,因此,当符合确认本期实现的营业收入时,贷记"主营业务收入——自营出口销售收入";发生出口商品销货退回、出口理赔、已经支付运费、保费、佣金等,借记"主营业务收入——自营出口销售收入"。结转销售成本时,借记"主营业务成本——自营出口销售成本"科目;出口商品发生销售退回时,贷记"主营业务成本——自营出口销售成本"科目。

(一)商品托运及出口销售收入的业务核算

1. 商品出库。企业出口销售通常采用信用证结算,公司业务部门根据出口合同或信用证规定开出产品出库凭证,并连同外销发票、装箱单及其他出口单证,通过储运部门交付对外运输公司办理托运,财务部门根据收到的出库凭证,借记"发出商品"科目,贷记"库存商品"科目。

2. 出口交单与出口核算。业务部门待出口商品装船,取得全套货运单据后,持出口发票正本向银行交单办理收汇手续,取得银行回单,财会部门取得业务部门转来的发票副本及银行回单时,据以借记"应收外汇账款"科目,贷记"主营业务收入——自营出口销售收入"科目。

然后将储运部门转来的出库单(转账联)所列商品的品名、规格、数量与发票副本核对相符后,据以结转商品销售成本,借记"主营业务成本——自营出口销售成本"科目,贷记"发出商品"科目。

收到货款时,借记"银行存款"科目,贷记"应收外汇账款"科目。

【例4-1】某进出口公司根据出口贸易合同,出口日本大阪公司铝锭200吨,采用信用证结算。

(1) 3月1日,收到储运部门转来出库单(记账联)列明出库铝锭200吨,每吨12 000元,予以转账。会计处理如下。

借:发出商品——铝锭　　　　　　　　　　　　2 400 000
　　贷:库存商品——库存出口商品　　　　　　　　　2 400 000

(2) 3月5日,收到业务部门转来的销售铝锭发票副本和银行回单,发票开列铝锭200吨,每吨2 000美元(CIF价格),共计货款400 000美元,当日美元汇率的中间价为6.68元。会计处理如下。

借:应收外汇账款——大阪公司(USD 400 000×6.68)　2 672 000
　　贷:主营业务收入——自营出口销售收入——货款　　2 672 000

(3) 3月5日,同时根据出库单(转账联)结转出口铝锭销售成本。会计处理如下。

借:主营业务成本——自营出口销售成本　　　　2 400 000
　　贷:发出商品——铝锭　　　　　　　　　　　　　2 400 000

(4) 3月15日，收到银行收汇通知，400 000美元已收汇。银行扣除100美元手续费后将其余部分存入外汇存款账户，当日美元汇率的中间价为6.77元。会计处理如下。

借：银行存款——外币存款（USD 399 900×6.77）　　　2 707 323
　　财务费用——手续费（USD 100×6.77）　　　　　　　　 677
　贷：财务费用——汇兑损益　　　　　　　　　　　　　　36 000
　　　应收外汇账款——大阪公司（USD 400 000×6.68）　2 672 000

"发出商品"是资产类账户，用以核算企业已发出但未满足收入确认条件的商品实际成本。企业发出商品运往码头、车站，准备装船、装车时，记入该科目的借方；发运商品销售收入确认后，结转自营出口销售成本及商品出仓后退关甩货时，记入该科目的贷方；期末余额在借方，表示企业已发出商品的实际成本。

"应收外汇账款"是资产类账户，用以核算企业因出口销售商品、向国外提供劳务等向外商收取的外汇账款。发生时，记入该科目的借方；收回时，记入该科目的贷方；期末余额在借方，表示企业尚未收回的外汇账款金额。

"主营业务收入——自营出口销售收入"是损益类账户，用以核算企业自营出口的销售收入。企业取得自营出口销售收入时，记入该科目的贷方；发生自营出口销售国外运费、保险费、佣金、销售退回、出口理赔以及期末转入"本年利润"账户时，记入该科目的借方。

"主营业务成本——自营出口销售成本"是损益类账户，用以核算企业自营出口的销售成本。企业结转自营出口的销售成本以及支付的增值税中不予退税的部分转入时，记入该科目的借方，转入应退消费税、冲减销货退回以及期末转入"本年利润"账户时，记入该科目的贷方。

（二）支付国内费用的业务核算

企业在商品出口贸易过程中，发生的商品自所在地发运至边境、口岸的各项运杂费、装船费等费用，均应列入"销售费用"账户。

借：销售费用
　贷：银行存款

【例4-2】沿用【例4-1】中的资料，3月4日，该进出口公司签发转账支票支付河北运输公司将铝锭运送上海港的运杂费6 000元，并电汇上海港铝锭的装运费1 500元。会计处理如下。

借：销售费用——运杂费　　　　　　　　　　　　　　　　 6 000
　　　　　　——装卸费　　　　　　　　　　　　　　　　 1 500
　贷：银行存款　　　　　　　　　　　　　　　　　　　　 7 500

（三）支付国外费用的业务核算

支付国外费用的会计处理国外费用主要有运费、保险费和国外佣金三项。

1. 支付国外运费和保险费的会计处理。企业出口贸易有多种不同的价格条件，不同的价格条件所承担的费用是不同的。若以 FOB 价成交，企业就不用承担国外运费和保险费；若以 CFR 价成交，企业只承担国外运费；若以 CIF 价成交，企业将承担国外运费和保险费。

借：主营业务收入——自营出口销售收入（国外运费或保险费）
　　贷：银行存款等

国外运费是指涉外贸易价格条件所规定的、应由出口商支付并负担的、从装运港到目的港的运输费用。企业收到运输单位送来的运费凭证，应核对出口发票号、计费重量、运输等级、运费金额等内容，审核无误后，据以支付运费。

保险费是指企业为转移商品在运输途中的风险，并在遭受损失时能得到必要的补偿，向保险公司投保并负担支付的费用。商品按到岸价成交，由出口方支付保险费。

保险费 = 出口商品 CIF 价 ×110% × 保险费率

【例 4 – 3】沿用〖例 4 – 1〗中的资料，该进出口公司发生国外运费和保险。

（1）3 月 2 日，收到外轮运输公司发票 1 张，金额 2 500 美元，系 200 吨铝锭的运费，当即从外币账户汇付对方，当日美元汇率的中间价为 6.68 元。会计处理如下。

借：主营业务收入——自营出口销售收入——运费　　　16 700
　　贷：外汇存款（USD 2 500 ×6.68）　　　　　　　　　16 700

（2）3 月 3 日，按铝锭销售发票金额 400 000 美元的 110% 向保险公司投保，保费率 0.2%，签发转账支票从外币账户支付，当日美元汇率的中间价为 6.68 元。会计处理如下。

借：主营业务收入——自营出口销售收入——保险费　　5 878.4
　　贷：外汇存款（USD 400 000 ×110% ×0.2% ×6.68）　　5 878.4

2. 支付国外佣金的会计处理。佣金是指由于价格条件或合同规定应支付给中间商的推销报酬。佣金有明佣、暗佣和累计佣金三种支付方式。

（1）明佣。明佣又称发票内佣金，它是指在贸易价格条件中规定的佣金。采取明佣支付方式，出口商在销售发票上不但列明销售金额，而且还列明佣金率、佣金，以及扣除佣金后的销售净额。企业在向银行办理交单收汇时，应根据发票中列明的销售净额收取货款，不再另行支付佣金。同时根据银行回单和销售发票中的销售净额借记"应收外汇账款"科目，根据佣金金额借记"主营业务收入——自营出口销售收入"科目，根据销售金额贷记"主营业务收入——自营出口销售收入"科目。

明佣由国外客户在支付出口货物时直接扣除，因而企业不需另付。但在出口销售收入的核算中，应单独反映，将明佣作冲减销售收入处理。

（2）暗佣。暗佣又称发票外佣金，它是指在贸易价格条件中未作规定，但在贸易合同中规定的佣金。采取暗佣支付方式，出口商在销售发票上只列明销售金额。企业在向银行办理交单收汇时，应根据发票中列明的销售金额收取货款，同时根据银行回单和销售发票借记"应收外汇账款"科目,贷记"主营业务收入——自营出口销售收入"科目。同时根据贸易合同中列明的佣金金额借记"主营业务收入——自营出口销售收入"科目,贷记"应付外汇账款"科目。待收到货款汇付佣金时,借记"应付外汇账款"科目,贷记"银行存款"科目。

暗佣的支付方式有两种:

议付佣金,是指在出口货物结汇时,由银行从货款总额中扣留佣金并付给国外中间商的佣金支付方式。该方式下,企业收到的结汇款为扣除佣金后的货款净额。

汇付佣金,是指出口结汇时按货款总额收汇,结汇后到银行购买外汇,汇付给国外中间商的佣金支付方式。

【例 4-4】 沿用〖例 4-1〗中的资料,该进出口公司向日本大阪公司出口 200 吨铝锭,共计货款 400 000 美元,采取暗佣支付方式,佣金率 3%。

3 月 5 日,根据出口铝锭 3% 的佣金率,将应付客户暗佣入账,当日美元汇率的中间价为 6.68 元。会计处理如下:

借:主营业务收入——自营出口销售收入——佣金　　　80 160
　　贷:应付外汇账款——大阪公司(USD 400 000×3%×6.68)
　　　　　　　　　　　　　　　　　　　　　　　　　80 160

3 月 16 日,货款已于 15 日收到,现将铝锭佣金汇付日本大阪公司,当日美元汇率的中间价为 6.67 元。会计处理如下。

借:应付外汇账款——大阪公司(USD 400 000×3%×6.68)
　　　　　　　　　　　　　　　　　　　　　　　　　80 160
　　贷:外汇存款(USD 400 000×3%×6.67)　　　　　80 040
　　　　财务费用——汇兑损益　　　　　　　　　　　　120

此外,暗佣也可以在出口后向银行议付信用证时,由银行按规定的佣金率,将佣金在结汇款中扣除。同时根据销售净额借记"银行存款"科目,按扣除的佣金金额借记"应付外汇账款"科目,按销售金额贷记"应收外汇账款"科目。

(3) 累计佣金。累计佣金是指出口商按一定时期的累计销售额给国外包销商、代理商的推销报酬。即出口商与国外包销商、代理商之间订立协议,规定在一定时期内按累计销售金额及相应的佣金率定期计付佣金。佣金率通常是按累计计算的,在到期汇付时入账。累计佣金倘若能直接认定到具体出口商品,其会计处理方法与其他佣金一样,应冲减"主营业务收入——自营出口销售收入"账户。累计佣金倘若不能直接认定到具体出口商品,应计入销售费用,借记"销售费用"科目,贷记"应付外汇账款"科目。

(四) 出口商品退税的业务核算

我国同国际上其他国家一样,对出口商品实行退税的政策,以增强商品在国际市场上的竞争力。企业凭出口货物报关单及增值税专用发票抵扣联等有关凭证,向企业所在地的税务机关申报办理出口退税手续。退税款项主要是购进出口商品时所支付的增值税进项税额。此外，国家还对烟、酒及酒精、化妆品、护肤护发品、汽油、柴油等11项税目在生产环节征收消费税的商品，退还消费税。

增值税在申报退税后，根据应退的增值税额借记"应收出口退税"科目，根据出口商品购进时支付的增值税额贷记"应交税费"科目；两者的差额，也就是国家不予退税的金额，应列入"主营业务成本——自营出口销售成本"科目的借方。消费税在申报退税时，借记"应收出口退税"科目，贷记"主营业务成本——自营出口销售成本"科目。在收到增值税和消费税退税款时，再借记"银行存款"科目，贷记"应收出口退税"科目。

【例4-5】沿用〖例4-1〗中的资料，该进出口公司购进铝锭数量为200吨，进价金额为2 400 000元。3月31日，铝锭购进时增值税税率为13%，已付增值税税额312 000元，增值税向税务机关申报出口的退税率为10%。会计处理如下。

借：应收出口退税　　　　　　　　　　　　　　240 000
　　主营业务成本——自营出口销售成本　　　　 72 000
　　贷：应交税费——应交增值税——出口退税　　312 000

对于涉外企业自营出口需要计算和缴纳关税的，应以离岸价格作为关税完税价格。

出口关税税额=(离岸价格×出口关税税率)/(1+出口关税税率)

（五）预估国外费用的业务核算

企业出口贸易业务收入确认的时间与支付国外运费、保险费和佣金的时间往往不一致。在会计期末为了正确处理会计期间内发生的销售收入和利润，应根据收入与成本配比原则的要求，对于已做自营出口销售收入入账，而尚未支付的国外费用预估入账。借记"主营业务成本——自营出口销售收入"科目，贷记"应付账款——应付外汇账款"科目。待下期期初实际支付时，再借记"应付账款——应付外汇账款"科目，贷记"银行存款"科目。如果实际支付金额与预估金额有差异时，其差额列入"主营业务收入——自营出口销售收入"科目。

【例4-6】沿用〖例4-1〗中的资料，该进出口公司销售给日本大阪公司铝锭已入账。

1. 3月31日，预估铝锭国外运费1 800美元，保险费125美元，当日美元汇率的中间价为6.78元。会计处理如下。

借：主营业务收入——自营出口销售收入——运费（USD 1 800×6.78）
　　　　　　　　　　　　　　　　　　　　　　12 204
　　　　　　　　　　　　　　　　　——保险费（USD 125×6.78）
　　　　　　　　　　　　　　　　　　　　　　847.50
　　贷：应付外汇账款——大阪公司　　　　　13 051.50

2. 4月3日，签发转账支票支付运输公司国外运费1 825美元，支付保险公司保险费125美元，当日美元汇率的中间价为6.75元。会计处理如下。

借:应付外汇账款 13 051.50
　　主营业务收入——自营出口销售收入——运费 168.75
　贷:外汇存款(USD 1 950×6.75) 13 162.50
　　财务费用——汇兑损失 57.75

三、自营出口销售其他业务的核算

(一)退关甩货的业务核算

退关甩货是指出口商品发货出库后,因故未能装运上船(车)就被退回仓库的情况。储运部门接到业务部门转来的出口商品止装通知后,应立即采取相应措施,将已经发货的商品予以提回,并办理入库手续。财会部门根据转来的退关止装入库凭证,据以借记"库存商品"科目,贷记"发出商品"科目。

(二)销货退回的业务核算

出口商品销售后,因故遭到国外退货时,由业务部门及时分别与储运部门和财务部门联系,确定退回商品的运输和货款的处理意见。财会部门根据出口商品的提单及原发票复印件等凭证冲转出口销售收入,同时应区别实际情况进行会计处理。

如果是支付明佣方式的销货退货,应根据销售金额借记"主营业务收入——自营出口销售收入——货款"科目,根据佣金金额贷记"主营业务收入——自营出口销售收入——佣金"科目,根据销售净额贷记"应收外汇账款"科目。

如果是支付暗佣方式的销货退货,则应根据销售金额借记"主营业务收入——自营出口销售收入——货款"科目,贷记"应收外汇账款"科目。并根据佣金金额借记"应收外汇账款"科目,贷记"主营业务收入——自营出口销售收入——佣金"科目。

企业在冲转出口销售收入的同时,还应冲转出口销售成本。根据成本金额借记"发出商品——国外退货"科目,贷记"主营业务成本——自营出口销售成本"科目。待销货退回商品验收入库时,根据收货单再借记"库存商品——出口库存商品"科目,贷记"发出商品——国外退货"科目。

销货退回商品出口时支付的国外运费、保险费以及国内支付的运杂费和装卸费等也应予冲转。根据支付的国内外费用的金额,借记"待处理财产损溢"科目,根据支付的国外费用,贷记"主营业务收入——自营出口销售收入"科目,根据支付的国内费用,贷记"销售费用"科目。

销货退回商品退回时发生的国内外费用,应借记"待处理财产损溢"科目,贷记"银行存款"科目。

这样"待处理财产损溢"归集了销售退回商品发生的所有国内外费用。查明原因后,如果属于供货单位的责任,并决定由其负责赔偿时,应转入"其他应收款"科目,如属于企业责任,表明是企业管理不善所造成的,经批准后,应转入"营业外支出"科目。

【例4-7】某进出口公司出口日本神户公司服装一批,销售金额50 000美元CIF价格,明佣1 000美元,该批服装的进价成本为347 800元,已支付国内运杂费1 200元,装卸费450元,国外运费1 200美元,保险费110美元,记账美元汇率为6.68元。因服装的规格不符,商品已被退回。

(1) 3月5日,收到出口退回商品提单、原发票复印件,当日美元汇率的中间价为6.68元,冲转商品销售收入。会计处理如下。

借:主营业务收入——自营出口销售收入——货款(USD 50 000 ×6.68)
             334 000
 贷:主营业务收入——自营出口销售收入——佣金(USD 1 000 ×6.68)
             6 680
   应收外汇账款——大阪公司(USD 49 000 ×6.68) 327 320

同时冲转出口销售成本。会计处理如下。

借:发出商品——国外退回 347 800
 贷:主营业务成本——自营出口销售成本 347 800

并冲转商品出口时发生的国内外费用。会计处理如下。

借:待处理财产损溢——待处理流动资产损溢 10 400.80
 贷:主营业务收入——自营出口销售收入——运费(USD 12 000 ×6.68)
             8 016
    ——保险费(USD 110 ×6.68)
             734.80
   销售费用——运杂费 1 200
     ——装卸费 450

(2) 3月7日,汇付退回服装的国外运费1 200美元,保险费110美元,当日美元汇率的中间价为6.68元。会计处理如下。

借:待处理财产损溢——待处理流动资产损溢 8 750.80
 贷:外汇存款(USD 1 310 ×6.68) 8 750.80

(3) 3月8日,签发转账支票支付退回商品的国内运费及装卸费1 650元。会计处理如下。

借:待处理财产损溢——待处理流动资产损溢 1 650
 贷:银行存款 1 650

(4) 3月10日,收到储运部门转来的收货单,退回商品已验收入库。会计处理如下。

借:库存商品——库存出口商品 347 800
 贷:发出商品 347 800

(5) 3月12日,经查明退货系供货单位服装厂的责任。与其协商后,国内外费用决定由其负责赔偿。会计处理如下。

借：其他应收款   20 801.6
　　贷：待处理财产损溢——待处理流动资产损溢   20 801.6

（三）索赔和理赔的会计处理

索赔和理赔是一个问题的两个方面，在受害方是索赔，在违约方是理赔。在出口业务中，如果进口商在按信用证支付方式条件下不按期开证或不开证；不按合同规定付款赎单，无理拒收货物；在FOB条件下，不按合同规定如期派船接货等为买方违约，出口商为受害方。如果出口商不按合同规定的交货期交货，或不交货，或所交货物的品质、规格、数量、包装等与合同（或信用证）的规定不符，或所提供的货运单据种类不全，份数不足等为卖方违约，进口商为受害方。

索赔：指涉外企业对方违反合同规定遭受损失时，根据规定向对方提出的赔偿要求。涉外企业出口销售索赔经进口商确认，同意赔偿时，借记"应收外汇账款"科目，贷记"营业外收入"科目。

借：应收外汇账款——出口索赔
　　贷：营业外收入

理赔：指涉外企业因违反合同规定使对方遭受损失，受理对方根据规定提出来的赔偿要求。涉外企业在确认理赔时，借记"待处理财产损溢"科目，贷记"应付外汇账款"科目。然后查明原因，区别情况进行处理。

借：待处理财产损溢
　　贷：应付外汇账款——出口理赔

如查明出口商品的品种、规格、质量与合同不符，系供货单位责任，应要求其赔偿，经协商同意赔偿时，借记"其他应收款"科目，贷记"待处理财产损溢"科目。

如查明出口商品包装不善、商品逾期装运系本企业管理不善造成，经批准后，借记"营业外支出"科目，贷记"待处理财产损溢"科目。

如查明系少发商品，商品仍在本企业仓库里，则应做销货退回处理。同时根据对方索赔金额，借记"主营业务收入——自营出口销售收入"科目，贷记"待处理财产损溢"科目。并根据少发商品的数量和成本单价，借记"库存商品"科目，贷记"主营业务成本——自营出口销售成本"科目。

如查明系错发商品，所发商品的单价低于合同商品的单价，应根据对方索赔金额借记"主营业务收入——自营出口销售收入"科目，贷记"待处理财产损溢"科目。同时调整库存商品的明细账户，将两者成本的差额冲减"主营业务成本——自营出口销售成本"科目。

【例4-8】星光电器进出口公司出口美国芝加哥公司42寸彩色电视机240台，每台250美元（CIF价格），总计销售金额30 000美元，当日美元汇率的中间价为6.68元，已经钱货两清。

3月15日，美国芝加哥公司收到货物后发现电视机外壳有色差，要求索赔

15 000 美元，经审核无误，同意理赔，当日美元汇率的中间价为 6.68 元。会计处理如下。

借：待处理财产损溢——待处理流动资产损溢（USD 15 000 × 6.68）
　　　　　　　　　　　　　　　　　　　　　　　　　　　100 200
　　贷：应付外汇账款——芝加哥公司（USD 15 000 × 6.68）　100 200

四、自营出口销售的业务程序及核算

为了更好地了解自营出口业务过程及其核算特点，以下通过一个完整的自营出口案例进行介绍。

【例 4-9】某企业对韩国 H 公司出口商品一批，出口发票金额为 CIF100 000 美元，合同规定出口佣金 3%（明佣），支付国内运费 100 元，支付境外运费 800 美元，保险费 110 美元，应付累计佣金 1 200 元，即期记账汇率为 6.75 元，该商品国内采购价为 722 000 元。会计处理如下。

1. 出库待运。企业业务部门根据贸易合同和信用证的规定，开具出库单一式数联，由储运部门据以向运输单位办理托运，然后将出库单（记账联）和（转账联）转给财会部门，财会部门根据出库单（记账联）会计处理如下。

借：发出商品　　　　　　　　　　　722 000
　　贷：库存商品　　　　　　　　　　722 000

2. 出口交单。出口商品已经装船并取得提单，公司储运部门根据信用证规定，将全套出口单证送银行办理交单手续，同时以出口发票副本做销售入账。会计处理如下。

借：应收外汇账款——韩国 H 公司［USD 100 000 × (1 - 3%) × 6.75］
　　　　　　　　　　　　　　　　　　　　　　　　　　　654 750
　　主营业务收入——自营出口销售收入——佣金（USD 100 000 × 3% × 6.75）
　　　　　　　　　　　　　　　　　　　　　　　　　　　 20 250
　　贷：主营业务收入——自营出口销售收入——货款（USD 100 000 × 6.75）
　　　　　　　　　　　　　　　　　　　　　　　　　　　675 000

同时根据出库单（转账联）结转出口商品销售成本。会计处理如下。

借：主营业务成本——自营出口销售成本　　　722 000
　　贷：发出商品　　　　　　　　　　　　　　722 000

3. 出口收汇。根据银行结汇水单，按当日美元汇率银行买入价为 6.65 元，发生手续费 20 美元，会计处理如下。

汇兑损失　USD 100 000 × (1 - 3%) × (6.75 - 6.65) = 9 700（元）

借：外汇存款｛［USD 100 000 × (1 - 3%) - 20］× 6.65｝　644 917
　　财务费用——手续费（USD 20 × 6.65）　　　　　　　　133
　　　　　　——汇兑损益　　　　　　　　　　　　　　　9 700
　　贷：应收外汇账款——韩国 H 公司　　　　　　　　　654 750

(1) 支付国内运输公司各项费用结算共计 1 500 元，会计处理如下。
借：销售费用　　　　　　　　　　　　　　　　　　　　1 500
　　贷：银行存款　　　　　　　　　　　　　　　　　　1 500
(2) 支付境外运费 800 美元，保险费 110 美元，当日美元记账汇率 6.70 元，会计处理如下。
借：主营业务收入——自营出口销售收入——运费（USD 800×6.7）
　　　　　　　　　　　　　　　　　　　　　　　　　　5 360
　　　　　　　　　　　　　　　　——保险费（USD 110×6.7）
　　　　　　　　　　　　　　　　　　　　　　　　　　737
　　贷：银行存款（USD 910×6.7）　　　　　　　　　　6 097
(3) 若采取累计佣金方式，且可以认定到具体商品上，应付累计佣金 1 200 元，会计处理如下。
借：主营业务收入——自营出口销售收入——佣金　　　　1 200
　　贷：应付外汇账款——某客户　　　　　　　　　　　1 200
若累计佣金无法认定到具体商品上，则做如下会计分录。
借：销售费用　　　　　　　　　　　　　　　　　　　　1 200
　　贷：应付外汇账款——某客户　　　　　　　　　　　1 200
(4) 年终决算时，如有应付未付的境外运保费、佣金，则应预估入账，待次年实际支付时再对差额部分进行调整。
假设年终预估运费 6 600 元，保费 1 000 元，佣金 1 250 元。次年实际发生运费 6 624 元，保费 910.80 元，佣金 1 200 元，会计处理如下。
借：主营业务收入——自营出口销售收入——运费　　　　6 600
　　　　　　　　　　　　　　　　　　——保费　　　　1 000
　　　　　　　　　　　　　　　　　　——佣金　　　　1 250
　　贷：应付外汇账款——某客户　　　　　　　　　　　8 850
实际支付时：
借：应付外汇账款——某客户　　　　　　　　　　　　　8 850
　　主营业务收入——自营出口销售收入——运费　　　　24
　　贷：主营业务收入——自营出口销售收入——保费　　89.2
　　　　　　　　　　　　　　　　　　　——佣金　　　50
　　　　银行存款　　　　　　　　　　　　　　　　　　8 734.8
4. 销货退回。
(1) 商品出仓后，如因故未能装运出口，被重新送回仓库，凭有关凭证，冲销原记账分录。
借：库存商品　　　　　　　　　　　　　　　　　　　　722 000
　　贷：发出商品　　　　　　　　　　　　　　　　　　722 000
(2) 商品如因故遭到境外客户退货，在收到退回的商品海运提单时，会计处理如下。

借：主营业务收入——自营出口销售收入　　　　　654 750
　　贷：应收外汇账款——某客户　　　　　　　　　　　　654 750
同时，应冲销原已经结转成本。
借：发出商品　　　　　　　　　　　　　　　　722 000
　　贷：主营业务成本——自营出口销售成本　　　　　　　722 000
收到境外客户退货商品，经验收入库后，做如下会计分录。
借：库存商品　　　　　　　　　　　　　　　　722 000
　　贷：发出商品　　　　　　　　　　　　　　　　　　　722 000

（3）对退货的原出口运保费和退货的运保费，应根据双方商定的原则进行处理。如应由对方承担责任的，出口方不负担任何退货费用；假定因出口方责任造成的出口商品退回，则应将原出口运保费和退货的运保费，连同其他因退货发生的费用，转到"待处理财产损溢"科目，经批准后转入"营业外支出"科目。会计处理如下。

借：待处理财产损溢　　　　　　　　　　　　　9 034.8
　　贷：销售费用（原商品国内费用）　　　　　　　　　　1 500
　　　　主营业务收入——自营出口销售收入——运费　　　6 624
　　　　　　　　　　　　　　　　　　　　——保费　　　910.8

（因明佣在出口发票上已扣除，所以不需另外冲回）
在退回商品时，共支付国内、境外费用7 000元，会计处理如下。
借：待处理财产损溢　　　　　　　　　　　　　7 000
　　贷：银行存款　　　　　　　　　　　　　　　　　　　7 000
发生境外退货损失，按财产审批权限报经批准后，做如下会计处理。
借：营业外支出（6 624 + 910.80 + 7 000 + 1 500）　16 034.8
　　贷：待处理财产损溢　　　　　　　　　　　　　　　　16 034.8

（4）如商品不再运回国内，改为委托境外销售时，应由双方签订寄售协议，境外客户出具收货收据，据以调整原（2）分录，会计处理如下。

借：委托代销商品　　　　　　　　　　　　　　722 000
　　贷：主营业务成本——自营出口销售成本　　　　　　　722 000
同时，
借：主营业务收入——自营出口销售收入［USD 100 000×(1-3%)×6.75］
　　　　　　　　　　　　　　　　　　　　　　654 750
　　贷：应收外汇账款——某客户［USD 100 000×(1-3%)×6.75］
　　　　　　　　　　　　　　　　　　　　　　　　　　　654 750
原（2）扣除佣金分录应予冲回，按寄售协议另行计算，会计处理如下。
借：应收外汇账款——某客户（USD 100 000×3%×6.75）　20 250
　　贷：主营业务收入——自营出口销售收入　　　　　　　20 250

对原出口时支付的国内外费用，可暂按上述（3）有关内容同样处理，待寄售商品出售后，再通过"待处理财产损溢"科目，将有关境外费用冲减寄售销售收入，国内费用做增加销售费用处理。

（5）如销货退回系属以前年度出口的商品，有关分录涉及自营出口销售科目的销售收入和销售成本。

5. 对外索赔。境外进口商毁约，不履行合同，出口企业根据合同规定向外商提出索赔，金额折合人民币 10 000 元，经对方确认后，将索赔款收入做会计处理如下。

  借：应收外汇账款——某客户   10 000
    贷：营业外收入   10 000

6. 对外理赔。

（1）境外客户提出索赔，经查实确属出口方违约，如质量问题、逾期出运或其他原因造成的损失，凡不属保险责任范围，又在合约规定索赔期限以内，境外客户也提供合法的证明，确应由出口方负责赔偿金额折合人民币 10 000 元，应先通过"待处理财产损溢"处理，经批准后再转入"营业外支出"科目处理，会计处理如下。

  借：待处理财产损溢   10 000
    贷：应付外汇账款   10 000

上述损失中，如有属于国内供货单位的责任，应向有关单位交涉追回，减少"待处理财产损溢"金额。

（2）境外客户提出索赔，如属于出口方少发商品时，经核实后确认理赔，根据外销出库凭证（红字）等，先按少发数量和原分录所列单价分别冲转原收入和成本，会计处理如下。

  借：主营业务收入——自营出口销售收入   10 000
    贷：应收外汇账款——某客户   10 000

同时调整原销售成本 9 800 元。

  借：待处理财产损溢   9 800
    贷：主营业务成本——自营出口销售成本   9 800

经查，如上述少发商品确在仓库时，根据仓库盘存溢余报告单，做如下会计分录。

  借：库存商品   9 800
    贷：待处理财产损溢   9 800

经查，如上述少发商品系供货单位造成，经双方确认，向供货单位追回少发商品的货款 9 800 元时，做如下会计分录。

  借：银行存款   9 800
    贷：待处理财产损溢   9 800

经查，如上述少发商品确系出口方责任，应按规定审批权限，报经批准后，列入"营业外支出"科目核算，做如下会计分录。

  借：营业外支出——出口理赔支出   9 800
    贷：待处理财产损溢   9 800

(3) 境外客户提出索赔，如属于出口方错发错运造成的，应在对方提供合法证明或查明情况的基础上，根据不同情况，区别处理：如双方同意以调换商品方式处理，根据业务部门开具的有关进库单、出库单调整库存及销售成本，做如下会计分录。

借：主营业务成本——自营出口销售成本　　　　　　200
　　库存商品　　　　　　　　　　　　　　　　　　9 800
　　贷：库存商品　　　　　　　　　　　　　　　　　　　10 000

如补发商品金额小于退回补发商品金额时借记"主营业务收入——自营出口销售收入"科目予以调整。对运回及补发商品所发生的境内外费用，其处理方法与上述境外销货退回支付境外费用处理相同，即先通过"待处理财产损溢"科目，经批准后，列入"营业外支出"科目处理。

如双方同意不再调换商品，以补差价方式处理，根据有关进库单、出库单，除做调整库存分录外，还应根据更改出口发票调整销售收入。假设甲商品进价1 500元，售价1 200元，乙商品进价2 000元，售价1 600元，应发甲商品而误发乙商品，做如下会计处理。

借：主营业务成本——自营出口销售成本　　　　　　500
　　库存商品——甲商品　　　　　　　　　　　　　1 500
　　贷：库存商品——乙商品　　　　　　　　　　　　　　2 000

同时，做如下退补会计处理。

借：应收外汇账款　　　　　　　　　　　　　　　　400
　　主营业务收入——自营出口销售收入——甲商品　1 200
　　贷：主营业务收入——自营出口销售收入——乙商品　　1 600

(4) 凡涉及以前年度出口商品的理赔事宜，除应按上述内容做同样处理外，有关调整销售收入和成本的分录，应通过"以前年度损益调整"科目计算。若理赔金额不大，也可直接调整本期损益。

7. 申办出口退税。出口企业应根据上月自营出口销售账按月填制《出口货物退（免）税申报表》，连同购进出口商品时的增值税专用发票，申报消费税的应提供工厂开具并经税务机关和银行（国库）登记的《出口货物消费税专用缴款书》，以及盖有海关放行章的《出口货物报关单（出口退税联）》和《出口收汇核销单》以及相关的电子信息，报主管出口退税的税务机关申请退税（银行出口收汇单证按月装订成册，以备税务机关核查）。申办出口退税，应根据不同商品的出口销售净收入额及规定税率计算应退增值税。其申报的退税款应通过"应收出口退税"科目核算。

第三节　代理出口贸易业务处理

代理出口销售是涉外企业的中介服务业务，而不是企业本身的购销行为。它是指经营进出口业务的企业接受其他单位的委托，代办对外销售及交单结汇或同时代办发运、制单等工作。

一、代理出口业务的特点

企业经营代理出口业务应遵循不垫付商品资金，不负担国内外直接费用，不承担出口的盈亏，只按照出口销售发票金额及规定的代理手续费率，向委托单位收取外汇手续费的原则。根据这一原则，委托单位则必须提供出口货源，负担一切国内外直接费用，并承担出口的盈亏。

代理出口业务发生的国内外直接费用，均应由委托单位负担，费用的结算可以由受托企业垫付，然后向委托单位收取，也可以由委托单位预付，以后再进行清算。

（1）企业经营代理出口业务使用的凭证均应加盖"代理业务"戳记，以便于识别。

（2）企业按照出口销售发票的金额及规定的手续费率，向委托方计收手续费，作为经营代理出口业务的服务收入。

（3）为了划清双方责任，受托方与委托方应事先协商并签订代理出口协议，明确规定代理范围、经营商品、商品交接、储存运输、费用负担、手续费率、外汇划拨、索赔处理、结算方式以及双方其他职责等。

（4）国内费用，其直接费用应由委托方负担，间接费用包含在受托方收取的手续费中。

（5）代理出口业务的外汇结算方式有两种：一是异地收（结）汇法。这是指受托企业在商品出口销售向银行办理交单收汇时，办妥必要的手续，由银行在收到外汇货款时，代理出口业务的受托企业和委托单位分割收（结）汇的方法。采取这种方法时，银行在收到外汇时，如含有佣金的，在扣除应付佣金后，将企业代垫的国内外直接费用和应收取的代理手续费向受托企业收（结）汇，同时将外汇余额直接划拨委托单位。二是全额收（结）汇法。这是指银行在收到外汇货款时，全额向受托企业办理收（结）汇的方法。采取这种方法时，受托企业收到外汇后，扣除垫付的国内外直接费用和应收取的代理手续费，将外汇余额通过银行转付委托单位。

（6）受托企业代理出口的货物，一律由受托企业到主管其退税的税务机关办理"代理出口货物证明"，移交委托方向所在税务机关申请办理退（免）税手续。

二、代理出口业务收入的确认

目前，代理出口业务有两种方式。

（一）视同买断方式

视同买断方式是指由委托方和受托方签订协议，委托方按协议价收取所代销商品的货款，实际售价（出口价）可由受托方自定，实际售价与协议价之间的差额归受托方所有的销售方式。

受托单位销售的委托代销商品收入实现的确认及账务处理，与本企业商品自营出口对外销售收入实现的确认及账务处理相同。

（二）收取手续费方式

收取手续费方式是指受托方根据所代销商品的货款金额向委托方收取手续费的销售方式。在这种销售方式下，委托方应在受托方将商品销售后，并向委托方开具代销清单时确认收入实现；受托方在商品销售后，按应收取的手续费确认为收入（如果该代理业务是企业的主营业务，其收入应按收取的手续费记入"主营业务收入"科目；如果该代理业务不是企业的主营业务，其收入应按收取的手续费记入"其他业务收入"科目）。

三、代理出口销售业务的业务核算

为了反映和核算代理出口商品的销售收入、销售成本及其盈亏，企业应设置"受托代销商品""受托代销商品款""主营业务收入（或其他业务收入）"等科目。

（一）代理出口商品收发的业务核算

企业根据合同规定收到委托单位发来代理出口商品时，应根据储运部门转来代理业务入库单上所列的金额，借记"受托代销商品"科目，贷记"受托代销商品款"科目。

代理商品出库后，应根据储运部门转来的代理业务出库单上所列的金额，借记"发出商品——受托代销商品"科目，贷记"受托代销商品"科目。

"受托代销商品"是资产类账户，用以核算企业接受其他单位委托代理出口的商品和代销的商品。企业收到其他单位代理出口商品或代销商品时，记入该科目的借方，代理出口商品发运后或代销商品销售后，结转其成本时，记入该科目的贷方，期末余额在借方，表示委托代理出口商品和代销商品的结存额。

"受托代销商品款"是负债类账户，用以核算企业接受代理出口商品和代销商品的货款。企业收到代理出口商品或代销商品时，记入该科目的贷方，代理出口商品或代销商品销售时，记入该科目的借方，期末余额在贷方，表示尚未销售的代理出口商品和代销商品的金额。

【例4-10】2×24年上海服装进出口公司受理常熟服装厂代理出口服装业务，服装已经运到。

(1) 3月15日,收到储运部门转来代理业务入库单,列明入库男西服800套,每套350元。会计处理如下。

借:受托代销商品——常熟服装厂　　　　　　　　280 000
　　贷:受托代销商品款——常熟服装厂　　　　　　　　280 000

(2) 3月18日,收到储运部门转来代理业务出库单,列明出库西服800套,每套350元。会计处理如下。

借:发出商品——受托代销商品　　　　　　　　　280 000
　　贷:受托代销商品——常熟服装厂　　　　　　　　　280 000

(二) 代理出口商品销售收入的业务核算

代理出口商品交单办理收汇手续,取得银行回单时,就意味着销售已经确认,然而这是委托单位的销售收入,因此,通过"应付账款"科目处理,根据代理出口商品的销售金额,借记"应收外汇账款"科目,贷记"应付账款"科目。

同时结转代理出口商品的销售成本,根据代理出口商品的出库金额,借记"受托代销商品款"科目,贷记"发出商品"科目。

借:受托代销商品款
　　贷:发出商品

【例4-11】 沿用〖例4-10〗的资料,上海服装进出口公司根据代理出口合同销售给美国波士顿公司服装。

(1) 3月17日,收到业务部门转来代理销售服装的发票副本和银行回单,发票列明男西服800套,每套62.5美元(CIF价格),共计货款50 000美元,当日美元汇率的中间价为6.70元。会计处理如下。

借:应收外汇账款(USD 50 000×6.70)　　　　　335 000
　　贷:应付账款——常熟服装厂(USD50 000×6.70)　　335 000

(2) 3月18日,根据代理业务出库单(转账联)结转代理出口服装销售成本。会计处理如下。

借:受托代销商品款——常熟服装厂　　　　　　　280 000
　　贷:发出商品——受托代销商品　　　　　　　　　280 000

(三) 垫付国内外直接费用的业务核算

企业在垫付国内外直接费用时,借记"应付账款"科目,贷记"银行存款"科目。

【例4-12】 沿用〖例4-10〗的资料,上海服装进口公司代理销售服装发生国内外直接费用。

(1) 3月15日,签发转账支票2张,分别支付上海运输公司运杂费886元,支付上海港装船费650元。会计处理如下。

借:应付账款——常熟服装厂　　　　　　　　　　1 536
　　贷:银行存款　　　　　　　　　　　　　　　　　1 536

(2) 3月18日，签发转账支票2张，分别支付外轮运输公司的运费800美元，支付保险公司保险费150美元，当日美元汇率的中间价为6.71元。会计处理如下。

借：应付账款——常熟服装厂［USD（800+150）×6.71］　6 374.5
　　贷：银行存款——外币存款［USD（800+150）×6.71］　6 374.5

（四）代理出口销售收汇的业务核算

企业代理出口销售收汇时，如采取异地收（结）汇法，收到银行转来的垫付代理出口商品的国内外直接费用和代理手续费时，根据收到的金额，借记"银行存款"科目，贷记"应收外汇存款"科目。

根据业务部转来按代理出口销售收入金额的一定比例收取代理手续费发票的金额，借记"应付账款"科目，贷记"主营业务收入（其他业务收入）"科目。

同时，根据银行划拨款委托单位的金额，借记"应付账款"科目，贷记"应收外汇账款"科目。

【例4-13】 沿用〖例4-10〗的资料，上海服装进出口公司代理销售服装采取异地收汇法，代理业务的手续费为2%，发生收汇业务。

(1) 3月17日，收到银行转来分割收结汇的收账通知，金额为2 150美元。其中代垫国外运费800美元，保险费150美元；代理手续1 000美元，款项全部存入外币存款户。当日美元汇率的中间价为6.70元。会计处理如下。

借：银行存款——外币存款（USD 2 150×6.70）　　　　14 405
　　贷：应收外汇账款——波士顿公司（USD 2 150×6.70）　14 405

(2) 3月18日，收到代理业务收取手续费的发票（记账联）。当日美元汇率的中间价为6.71元。会计处理如下。

借：应付账款——常熟服装厂（USD 1 000×6.71）　　6 710
　　贷：其他业务收入（USD 1 000×6.71）　　　　　　　6 710

(3) 3月20日，根据银行转来分割结汇通知，划拨常熟服装厂收汇金额47 850美元。当日美元汇率的中间价为6.71元。会计处理如下。

借：应付账款——常熟服装厂（USD 46 850×6.71）　314 363.5
　　贷：应收外汇账款（USD 46 850×6.71）　　　　　314 363.5

企业代理出口销售业务收汇时，如采取全额收（结）汇法，收到银行转来的收汇通知收取全部款项时，借记"银行存款——外币存款"科目，贷记"应收外汇存款"科目。然后，由业务部门按代理出口销售收入金额的一定比例开具收取代理手续费的发票，其中一联记账联送交财会部门扣款。财会部门根据代理出口销售收入金额减去垫付的国内外费用后的差额借记"应付账款"科目，根据业务部门转来的代理手续费发票记账联贷记"主营业务收入（或其他业务收入）"科目。将两者之间的差额汇付委托单位，根据汇款回单，贷记"银行存款"科目。

（五）代理出口销售税金的业务核算

代理出口销售业务的退税由委托单位自行办理。企业代理出口销售业务所取得的代理手续费收入，根据税法规定，按规定的税率缴纳增值税，在月末提取时，借记"税金及附加"科目，贷记"应交税费"科目。

借：税金及附加
　　贷：应交税费

【例4-14】沿用〖例4-10〗的资料，上海服装进出口公司按代理出口销售手续费收入6 680元的5%计提增值税，会计处理如下。

借：税金及附加　　　　　　　　　　　　　　　　　　　　334
　　贷：应交税费——应交增值税　　　　　　　　　　　　　　334

次月初在向税务机关缴纳增值税时，借记"应交税费"科目，贷记"银行存款"科目。

四、代理出口销售的业务程序及业务核算举例

为了更好地了解代理出口业务过程及其核算特点，以下通过一个完整的代理出口案例进行介绍。

【例4-15】某进出口公司代理国内某企业出口商品一批，合同金额为USD 16 000（CIF），代理手续费率3%，当委托单位交来代管商品时，应根据业务或储运部门开具的盖有"代理业务"戳记的入库单，按合同规定的出口金额扣除手续费后折合为人民币记账，其金额为：USD 16 000×(1-3%)×6.86 =106 467.20（元），假设当日银行美元买价为6.86元。

（1）收到代管商品。会计处理如下。

借：受托代销商品——国内某企业　　　　　　　　　106 467.20
　　贷：受托代销商品款——国内某企业　　　　　　　106 467.20

（2）代办出口托运。受托方根据代理出口合同及代管商品，代办出口单证并向运输单位办理托运手续时，应根据业务储运部门开具的盖有"代理业务"戳记的出库单，做如下会计分录。

借：发出商品——受托代销商品　　　　　　　　　　106 467.20
　　贷：受托代销商品——国内某企业　　　　　　　　106 467.20

（3）代办出口交单。受托方在代理商品装运出口后，在信用证规定日期内，将全套出口单证按合同规定结算方式向银行办理交单手续时，应凭储运部门通知，做如下会计分录（假设美元买入价同上）。

借：应收外汇账款（USD 16 000×6.86）　　　　　　109 760
　　贷：应付账款——国内某企业（USD 16 000×6.86）　109 760

同时，根据代理业务出库单（转账联）结转代理出口商品销售成本。会计处理如下。

借：受托代销商品款——国内某企业　　　　　　　　106 467.20
　　贷：发出商品——受托代销商品　　　　　　　　　　　106 467.20

（4）出口收汇。银行收妥货款扣除手续费费用 USD 20。根据当日银行美元买入价 6.82 元，受托方应根据银行结汇水单，做如下会计分录。

借：银行存款［USD（16 000 – 20）×6.82］　　　　108 983.60
　　应付账款——国内某企业（银行费用）（USD 20×6.82）
　　　　　　　　　　　　　　　　　　　　　　　　　　136.40
　　财务费用——汇兑损益　　　　　　　　　　　　　　640
　　贷：应收外汇账款（USD 16 000×6.86）　　　　　　109 760

（5）代付境外费用。对代理出口发生的境外运费、保费、佣金等，应凭有关单据及银行购汇水单支付。假设代付海运费 USD 800，保险费 USD 300，代付境外佣金 USD 800。根据当日银行美元买入价 6.84 元，做如下会计分录。

借：应付账款——国内某企业（海运费）（USD800×6.84）　5 472
　　　　　　——国内某企业（保险费）（USD300×6.84）　2 052
　　　　　　——国内某企业（佣金）（USD800×6.84）　　5 472
　　贷：银行存款［USD（800+300+800）×6.84］　　　　12 996

（6）代付国内费用。代理出口的国内各项直接费用，假设支付人民币 800 元，应凭有关单据做如下会计分录。

借：应付账款——国内某企业　　　　　　　　　　　　800
　　贷：银行存款　　　　　　　　　　　　　　　　　　　800

（7）清理代理货款。代理出口业务在收妥货款结汇入账后，结清境内、外各项费用及应收手续费后，应即按代销合同的规定向委托方清算代理货款，本例中应支付款项为：出口销售收入 – 国外佣金 – 国外海运费 – 国外保险费 – 代理业务手续费 – 代付国内费用 – 汇兑损失 = 109 760 – 5 472 – 5 472 – 2 052 – 109 760 ×3% – 800 – 640 = 92 031.20（元），会计处理如下。

借：应付账款——国内某企业　　　　　　　　　　　92 031.20
　　贷：银行存款　　　　　　　　　　　　　　　　　　92 031.20

（8）代理手续费缴纳税金。根据代理手续费收入的 5%（代理业务手续费收入 = 109 760×3%）计提增值税，会计处理如下。

增值税 = 代理业务手续费收入×5% = 109 760×3%×5% = 164.64（元）

借：税金及附加　　　　　　　　　　　　　　　　　　164.64
　　贷：应交税费——应交增值税　　　　　　　　　　　164.64

次月初向税务机关缴纳增值税时。

借：应交税费——应交增值税　　　　　　　　　　　　164.64
　　贷：银行存款　　　　　　　　　　　　　　　　　　　164.64

【本章重要概念】

出口贸易流程、自营出口贸易核算、代理出口业务核算

【复习思考题】

1. 出口贸易收款情况审核确认原则是什么？
2. 自营出口销售与代理出口销售有什么区别？
3. 自营出口销售收入确认主要依据是什么？
4. 经营代理出口业务的原则是什么？
5. 代理出口业务方式有哪些？

【练习题】

一、单项选择题

1. 出口企业的库存商品发生短缺、经查属于企业管理不善时，应将这部分损失额计入（　　）。
   A. 营业外支出　　B. 管理费用　　C. 销售费用　　D. 库存商品

2. 在购进的出口商品先到、结算凭证未到的情况下，为简化核算以（　　）的时间为入账时间。
   A. 收到结算凭证　　B. 合同书　　C. 开出承兑汇票　　D. 收到发货凭证

3. 在涉外出口业务的实践中，单证的交付大多数通过（　　）。
   A. 银行代替卖方收受称为"交单"
   B. 银行代替买方收受称为"交单"
   C. 外运部门代替卖方收受称为"交单"
   D. 外运部门代替买方收受称为"交单"

4. 佣金是支付给中间商的一种报酬，对于累计佣金如无法认定到具体某笔销售额时，则应列入（　　）账户。
   A. 管理费用　　B. 销售费用　　C. 财务费用　　D. 以上都不正确

二、多项选择题

1. 企业代理出口销售外汇货款结算方法有（　　）。
   A. 异地结汇　　B. 全额结汇　　C. 限额结汇　　D. 强制结汇
   E. 意愿结汇

2. 现行出口货物消费税的退（免）税办法主要有（　　）。
   A. 免税　　B. 退税　　C. 抵税　　D. 先征后退
   E. 差额征税

3. 采用信用证付款方式签订的CIF合同，卖方履约所包括的环节很多，其中主要环节有（　　）。
   A. 备货　　　　　　　　　　B. 催证、审证、改证
   C. 投保　　　　　　　　　　D. 租船订舱

E. 制单结汇
4. 出口贸易流程一般包括的主要环节有（   ）。
A. 组织对外成交　　　　　　　　B. 组织出口货源
C. 催证及通知派船　　　　　　　D. 办理托运手续和投保
E. 交单结汇　　　　　　　　　　F. 妥善处理索赔理赔

三、判断题

1. 出口单位出口货物后应当在预计收汇日期起30日内向外管局进行出口收汇核销报告。（   ）
2. 自营出口商品在FOB价格条件下，货物在越过接货船的船舷后发生的运输损失，属于进口商负责。（   ）
3. 对于出口商来说，具有预先取得货款的信用证是光票信用证。（   ）
4. 出口商品交接方式中的发货制适用于本地采购与外地采购。（   ）

四、业务题

1. 某生产企业从事自营进料加工出口业务，某月出口自产甲产品FOB价28.78万美元，按当日即期汇率折合人民币200万元人民币。当期海关核销免税进口料件组成计税价格50万元人民币，内销产品100万元人民币。在生产甲产品过程中需消耗A、B两种国产材料，同期国内采购原材料——A材料150万元人民币，原材料——B材料400万元人民币。该企业为一般纳税企业，征税税率为13%，退税税率为11%。

要求：计算该企业本期应纳或应退的税额（应对A、B两种材料分别计算）。

2. 某生产型进出口公司为一般纳税企业，以人民币为记账本位币，对外币交易采用交易日即期汇率折算，该公司本期发生以下业务：

（1）根据合同规定对外出口自产甲商品一批计3 000千克，每千克成本计人民币96元（不含增值税）。上列出口甲商品发票金额每千克外销价为CIF19.20美元，今日交单出口并结转出口商品销售成本。当日即期汇率为1美元=6.85元人民币。

（2）上列出口甲商品合同规定应付国外中间商2%佣金，当日即期汇率为1美元=6.87元人民币。

（3）上列出口甲商品应付海运运费计1 470美元，当日即期汇率1美元=6.85元人民币。

（4）应付上列出口甲商品保险费1 900美元，当日即期汇率1美元=6.85元人民币。

（5）本期外购生产用材料一批，取得增值税发票进价580 000元，增值税税率13%，材料已验收入库，价款未付。

（6）本期内销产品一批，销售价620 000元，增值税税率13%，开出增值税发票，价款尚未收到。

（7）本期"应交税费——应交增值税"账户有期初留抵的金额79 800元。该公司在规定的申报期内备齐必要的凭证经当地的税务征税机关审核后向当地的税务退税部门申报出口退税，该公司退税率为9%。

要求：根据该公司上列各项业务，编制必要的会计分录。

第五章　海外加工贸易核算

【章首导言】

　　1981年加工贸易额只占我国进出口总额的6%，一般贸易额占93.5%。此后，一般贸易比重逐步下降，加工贸易则逐年上升，到1996年加工贸易进出口比重首次超过一半，达50.6%，1998年最高上升到53.4%，此后又开始缓慢下降。在40多年时间里，加工贸易从较小规模发展成长起来，为推动我国涉外和经济发展发挥着重要作用。

　　随着我国对外开放的进一步加大，国家鼓励和推进境外加工贸易发展，努力加快实施"走出去"战略，境外加工贸易发展势头日趋迅猛，开展境外加工贸易已成为当前培育出口的一个新增长点。

【学习目标】

1. 了解境内加工贸易分类及加工贸易会计的主要特点；
2. 掌握来料加工贸易会计处理；
3. 掌握进料加工贸易会计处理；
4. 掌握境外加工贸易会计处理；
5. 了解补偿贸易会计处理。

第一节　加工贸易组成与分类

一、加工贸易的概念与分类

（一）加工贸易的概念

　　加工贸易根据发生在我国境内和境外划分，可以分为境内加工贸易和境外加工贸易。加工贸易通常是指境内加工贸易，又可以分为来料加工和进料加工。加工贸易的基本环节是：备案—进口—加工—出口—核销。我国海关对加工贸易管理的一项重要制度是对加工贸易货物的保税制度。因此加工贸易会计的主要特点是要适应海关对保税货物的监管要求进行会计处理。

加工贸易是指从境外保税进口全部或部分原辅材料、零部件、元器件、包装物料，经境内企业加工或装配后，将制成品复出口的经营活动。主要包括来料加工和进料加工。

广义的加工贸易还可以包括来料加工、来图来样加工、来件装配及境外加工贸易等方式。来料加工、来图来样加工、来件装配及补偿贸易，也就是日常说的"三来一补"。但在实际经营活动中，来料加工、进料加工是经常运用的方式。

（二）境内加工贸易分类

境内加工贸易的主要方式有来料加工和进料加工等两种方式。

（1）来料加工。来料加工是指进口料件由境外企业提供，经营企业不需要付汇进口，按照境外企业的要求进行加工或者装配，只收取加工工缴费，制成品由境外企业销售的经营活动。

通常所说的加工贸易企业，包括经海关注册登记的经营企业和加工企业。

经营企业是指负责对外签订加工贸易进出口合同的各类进出口企业或外商投资企业，以及经批准获得来料加工经营许可的对外加工装配服务公司。

加工企业是指接受经营企业委托，负责对进口料件进行加工或者装配，且具有法人资格的生产企业，以及由经营企业设立的虽然不具有法人资格，但实行相对独立核算并已经办理工商营业执照的工厂。

在实践中，来料加工的形式更多地表现为由各地经批准设立的加工装配服务公司设立相对独立核算并已经办理工商营业执照的工厂，并由装配服务公司统一接受境外企业委托，交工厂加工装配，最后由装配服务公司统一出口交给委托人。

（2）进料加工。进料加工是指料件由经营企业自行进口，加工为成品或半成品后，再由经营企业复出口的加工贸易。

进料加工的经营企业与最终客户的关系不同，进料加工合同可以分为对口及非对口两种形式。

同时，按经营单位的性质，进料加工还可以分为生产企业进料加工及涉外企业进料加工业务。在生产企业进料加工业务中，该企业既是材料和产品的进出口经营单位，也是产品的加工企业，产供销只涉及一个企业。这种形式，主要是外商投资企业及有进出口经营权的生产企业使用较多。而涉外企业进料加工业务，材料及产品的进出口经营单位是涉外企业，加工过程由涉外企业委托国内其他有加工能力的生产企业来完成。产供销会涉及经营单位和生产企业两个实体。涉外企业或者暂时没有进出口经营权的生产企业接到境外客商的订单后，多采用这种方式。

二、境内加工贸易会计的主要特点

加工贸易货物，是指加工贸易项下的进口料件、加工成品以及加工过程中产生的边角料、残次品、副产品等。海关对以上货物实行保税政策，即经海关批准进口后，在海关监管下并在境内指定的场所储存、加工、装配，而且暂缓缴纳各种进口税费。在这一制度下，加工贸易货物涉及海关备案、进出口报关（包括深加工结转）及核销等监管过程。

因此，加工贸易会计的主要特点是要适应海关对保税货物的监管要求进行会计处理，具体分为如下方面。

（1）电子化的手册管理。2008年以前，海关对已经备案的加工贸易合同通过核发《登记手册》进行管理。根据海关总署公告2008年第40号规定：为进一步简化海关手续、提高办事效率，海关在推行H2000电子手册系统的基础上，开发应用了H2000电子化手册系统（原"电子手册"和"纸质手册电子化"统称为"电子化手册"）。各海关对已核发的非分段式电子手册核销完毕后，切换到电子化手册模式进行管理。在"电子化手册"模式下，企业向海关发送申请的电子数据须凭商务主管部门的批件到主管海关业务现场办理合同备案、变更等业务。海关根据商务主管部门的批件审核企业申报的合同备案、变更等资料，通过后即可生成电子化手册，不再签发纸质《登记手册》。在电子化手册备案、变更、通关、核查、核销环节，海关凭电子底账和其他有关单证办理有关手续，不再验凭纸质《登记手册》，也不再进行手册核注。企业可采取自行预录入和代理预录入的方式申报电子数据。企业采取代理预录入方式申报的，由各企业使用当地电子口岸数据分中心核发的身份认证卡，通过电子口岸平台授权管理系统，自行对电子化手册备案、变更、通关、核销等数据的预录入和申报操作权限进行授权。因此，加工贸易企业会计部门除核对一般会计元素（凭证、账簿、报表）是否"账账相符"外，还要核对会计账目的相关会计元素和海关"电子化手册"登记的内容是否一致。

（2）严格的单损耗确认。加工贸易项下，海关要求企业严格执行《中华人民共和国海关加工贸易单耗管理办法》。单耗是指加工贸易企业在正常加工条件下加工单位成品所耗用的料件量，单耗包括净耗和工艺损耗。加工贸易企业应当在加工贸易备案环节向海关进行单耗备案。预先申报加工成品所涉及的进口料件的单耗。加工贸易合同一旦获得海关备案，单损耗不允许企业随意更改，需向海关申请经批准后才可以更改。因此，预先对单损耗做严格而准确的测算和确认尤其重要。在这方面，会计部门应积极配合生产技术部门做好测算工作。

（3）严密的存货计量。加工贸易企业的存货管理要领是将保税货物与非保税货物分别储存。因为海关及税务等政府部门对保税货物的储存、领用、投入生产、入仓、出仓等均有严格要求，企业必须按海关有关规定设立"电子账册"。即按每一个备案的合同开设账户、按每一种进口料件的品名设置分级科目，分别对每个备案合同的每一种保税料件的进口、储存、耗用及加工复出口等环节进行登记。该"电子账册"既是中国电子口岸系统《无纸加工登记手册》的细化管理账册，又是作为会计部门存货明细账的延伸，所以一定要与财务部门存货的相关明细账对应相符。

在存货计量实际工作中还应注意如下问题：对保税货物的"发外加工"必须事先向海关办理备案，否则不能将保税货物搬离原备案的储存地方。

很多时候，海关对加工贸易货物监管时的法定计量单位和企业常用的计量单位并不一致，这就需要企业在会计处理时实行"双单位核算"，并明确两个计量单位之间的换算关系。

当存在两种以上贸易方式时，应严格区分不同方式下的收入及成本。随着经济的发展，越来越多的企业不仅从事一种加工贸易方式，同一时间，企业既可能有加工贸易，也有非加工贸易；同样加工贸易，企业既可进行进料加工，也可进行来料加工；从事来料加工，企业可以同时完成几个来料加工贸易合同。但海关对保税货物的监管是以合同为单位进行的，因此，在不同的贸易方式下以及相同贸易方式下不同合同项下的进口、加工、装配以及出口，均要严格分开核算。

第二节　来料加工业务处理

一、来料加工的概述

来料加工，是指进口料件由境外企业提供，经营企业不需要付汇进口，按照境外企业的要求进行加工或者装配，只收取加工工缴费，制成品由境外企业销售的经营活动。

来料加工的进口料件由境外企业提供，经营企业不需要付汇进口，按照境外企业的要求进行加工或者装配，只收取加工工缴费，制成品由境外企业销售的经营活动。来料加工会计处理包括：由加工厂承担合同责任的会计处理；由涉外企业承担合同责任的会计处理（其中又分为委托加工和作价加工）。其特殊性是按备案合同开设"电子账册"对进口料件实施监管。

根据来料加工的定义，来料加工企业只收取加工费及支付加工成本。收到的物资和制成的成品由于所有权不属于本企业，不应包括在"原材料"和"库存商品"科目的核算范围内。因此，必须设立受托加工来料备查账簿（备查账簿是指对某些在序时账簿和分类账簿中未能记载或记载不全的经济业务进行补充登记的账簿）。该备查账簿须按"外商来料""拨出来料""代管物资"分别设账，用于登记企业对外进行来料加工装配业务而收到的原材料、零件及加工成品等收发结存数额。

二、来料加工的核算

来料加工会计处理包括：由加工厂承担合同责任的会计处理；由涉外企业承

担合同责任的会计处理(其中又分为委托加工和作价加工)。其特殊性是按备案合同开设"电子账册"对进口料件实施监管。

(一) 由加工厂承担合同责任的会计处理

【例 5-1】某加工厂会同 A 涉外企业与外商签订了来料加工出口合同,外商提供不计价面料 360 000 米,通过 A 涉外企业交加工厂加工服装,规定原料耗用定额每件为 3 米,应交成品 10 000 打,每打加工工缴费为 USD30,A 涉外企业向加工厂收取工缴费收入 3% 的代理手续费,涉外企业代支付的有关费用由工厂负担,节余的面料需退回外商。

涉外企业的会计处理程序如下。

(1) 涉外企业收到外商不计价原辅材料时,应凭业务或储运部门开具的加盖"来料加工"戳记的入库单,连同外商交来的进口单证,通过备查账簿借记:外商来料——外商名称——面料(只核算数量)360 000 米。

(2) 将外商提供的原辅材料拨给加工厂时,应凭储运及业务部门开具的加盖"来料加工"戳记的出库单及加工厂开具的收据,通过备查账簿借记:拨出来料——加工厂——面料(只核算数量)360 000 米,贷记:外商来料——外商名称——面料(只核算数量)360 000 米。

(3) 加工厂交来成品时,应按合约规定的耗用原料定额据以验收入库。凭业务或储运部门开具的盖有"来料加工"戳记的入库单,通过备查账簿借记:代管物资——外商名称——服装(只核算数量)10 000 打,贷记:拨出来料——加工厂——面料(核算规定的耗用原料数量)360 000 米。

(4) 在办理对外出口托运时,应凭业务或储运部门开具的盖有"来料加工"戳记的出库单,通过备查账簿贷记:代管物资——外商名称——服装(只核算数量)10 000 打。

(5) 收到业务或储运部门交来成品已出运的有关出口单证及向银行交单的联系单时,应根据出口发票做如下会计分录(假设当日美元买入价:1 美元 = 6.83 元人民币)。

借:应收外汇账款——来料加工——美元——外商名称(USD 300 000 × 6.83)
                  2 049 000
  贷:其他业务收入——来料加工出口销售收入——服装 2 049 000

同时,

借:其他业务成本——来料加工出口销售成本——服装 2 049 000
  贷:应付账款——加工厂   2 049 000

(6) 代加工厂支付境外运保费,凭有关单据及银行购汇水单,共支付运保费 USD20 000(当日银行卖出价 1 美元 = 6.82 元人民币),应做如下会计分录。

  贷:其他业务收入——来料加工出口销售收入——服装
                  136 400(红字)
  贷:银行存款——××银行   136 400

同时调整成本，即：

借：应付账款——加工厂　　　　　　　　　　　　136 400
借：其他业务成本——来料加工出口销售成本——服装
　　　　　　　　　　　　　　　　136 400（红字）

(7) 代加工厂支付各项国内费用，共计人民币 5 000 元，应凭有关单据做如下会计分录。

借：应付账款——加工厂　　　　　　　　　　　　5 000
　　贷：银行存款——××银行　　　　　　　　　　　5 000

(8) 涉外企业收到加工工缴费的外汇时（假设银行买入价：1 美元 = 6.82 元人民币），应凭银行水单做如下会计分录。

借：银行存款——××银行　　　　　　　　　　2 046 000
　　应付账款——加工厂（汇兑损益）　　　　　　　3 000
　　贷：应收外汇账款——来料加工——美元——外商名称（USD 300 000）
　　　　　　　　　　　　　　　　　　　　　2 049 000

(9) 涉外企业收到工缴费后，应逐笔与加工厂进行清算并收取手续费，本例中扣除垫付境内、外费用和兑换损益以及手续费等后与加工厂结算。即人民币 2 049 000 - 136 400 - 5 000 - 3 000 = 1 904 600（元）。

借：应付账款——加工厂　　　　　　　　　　　1 904 600
　　贷：其他业务收入——来料加工出口销售收入——手续费收入（人民币
　　　　2 049 000 元 × 3%）　　　　　　　　　　　61 470
　　　　银行存款——××银行　　　　　　　　　　1 843 130

(10) 设加工厂结余面料 10 000 米，应凭业务部门开具的原辅料结算单，以及业务或储运部门开具的盖有"来料加工"戳记的入库单，通过备查账簿借记"外商来料——外商名称——面料"（只核算数量）10 000 米。归还外商时贷记"外商来料——外商名称——面料"（只算数量）10 000 米。

如合约规定节余原料应归加工厂时，无须编制以上会计分录，应由加工厂自行处理，并应负责向海关办理申报补税或核销手续。

(二) 由涉外企业承担合同责任的会计处理

1. 涉外企业对工厂采取委托加工方式。

【例 5-2】沿用〖例 5-1〗的资料，改由涉外企业与外商签订合同，外商付给涉外企业每打成品 USD 30 的工缴费，然后涉外企业采取委托加工方式组织某一国内加工厂生产，并支付加工厂每打成品 180 元的加工费。

(1) 涉外企业收到外商提供的不作价原辅材料，以及将该原辅材料拨交工厂委托加工时，应同样以备查账簿"外商来料"及"拨出来料"作记录，详见〖例 5-1〗的 (1)、(2) 两点。

(2) 加工厂交来成品时，应按合约规定的耗用原料数量以备查账簿作记录 [详见〖例 5-1〗的 (3) 点，拨出来料记录]。

(3) 支付工厂加工费。

借：其他业务成本——来料加工出口销售成本——委托加工——服装
                     1 800 000
 贷：银行存款   1 800 000

(4) 在办理对外出口托运时，同〖例5-1〗的(4)点。

(5) 收到业务或储运部门交来成品已出运的有关出口单证。

借：应收外汇账款——来料加工——美元——外商名称（USD 300 000×6.83）
                     2 049 000
 贷：其他业务收入——来料加工出口销售收入——委托加工——服装
                     2 049 000

(6) 支付境外运保费。

贷：其他业务收入——来料加工出口销售收入——委托加工——服装
                   136 400（红字）
 贷：银行存款——××银行   136 400

(7) 支付各项国内费用。

借：其他业务成本——来料加工出口销售成本——委托加工——服装
                     5 000
 贷：银行存款——××银行   5 000

(8) 涉外企业收到加工工缴费的外汇时（设银行买入价：1美元＝6.82元人民币）应凭银行水单做如下会计分录。

借：银行存款——××银行   2 046 000
  其他业务成本——来料加工出口销售成本——委托加工——服装
                     3 000
 贷：应收外汇账款——来料加工——美元——外商名称（USD300 000×6.83）
                     2 049 000

2. 涉外企业对工厂采取作价加工方式。

【例5-3】沿用〖例5-2〗资料，改由涉外企业采取作价加工方式组织某一国内加工厂生产，比照国内同类产品作价10 800 000元（每米30元），并支付加工厂每打成品180元的加工费。

(1) 涉外企业收到外商提供的面料。

借：原材料——外商名称——面料   10 800 000
 贷：应付外汇账款——外商名称   10 800 000

（注：视同进口但不需付汇，只在出口后冲减）

(2) 把来料作价给工厂。

借：银行存款——××银行   10 800 000
 （或：应收账款——××加工厂）
 贷：其他业务收入——作价加工销售收入——面料 10 800 000

借：其他业务成本——作价加工销售成本——面料 10 800 000

贷：原材料——外商名称——面料　　　　　　　　　10 800 000

（3）加工厂交来成品时。

借：库存商品——外商名称——服装　　　　　　　　　12 600 000
　　贷：银行存款——××银行　　　　　　　　　　　　12 600 000
　　　（或：应付账款——××加工厂）

（4）涉外企业在将加工成品办理出口托运时。

借：发出商品——服装　　　　　　　　　　　　　　　12 600 000
　　贷：库存商品——外商名称——服装　　　　　　　　12 600 000

（5）向银行办理出口交单、收到工缴费外汇以及支付各项费用时，应编制的会计分录与上述〖例5-1〗的（5）、（6）、（7）、（8）点相同。

另外，在出口后增加一笔分录，结转付给加工厂的加工费及成本。

借：应付外汇账款——外商名称　　　　　　　　　　　10 800 000
　　其他业务成本——作价加工销售成本——服装　　　　1 800 000
　　贷：发出商品——服装　　　　　　　　　　　　　　12 600 000

通过备查账簿贷记：代管物资——服装 12 600 000

另外，对客户同时提供部分设备的，如该设备不作价的只作账外登记，不另做会计分录；如设备作价，又符合"固定资产"条件的（设该项设备作价 USD 50 000，转账日银行中间价 1 美元＝6.83 元人民币），则应凭有关进口单证，做如下会计分录。

借：固定资产——来料加工设备　　　　　　　　　　　　　341 500
　　贷：应付外汇账款——××客户（应抵偿的设备款）（USD 50 000×6.83）
　　　　　　　　　　　　　　　　　　　　　　　　　　　341 500

上述固定资产拨给加工厂时，应根据对内加工合同有关设备处理的规定，区别有偿、无偿、租赁、借调等不同情况，按固定资产管理的有关规定进行会计处理。如明确由涉外企业提取折旧，有关折旧费用应列入产成品成本。出口交单时，还需用应收加工商品复出口的销售收入冲减应付设备款。

（三）来料加工收入的确认

来料加工企业只核算加工工缴费收入，工缴费标准由加工合同确定，加工企业根据每月的交货数量（包括直接出口交货及深加工结转交货），计算本月应收的工缴费。

同时，因来料加工合同的工缴费以外币计价，因此，还需要对相应的应收账款等科目做复币式记账。

目前，来料加工企业的形式更多地表现为由各地经批准由加工装配服务企业设立相对独立核算的来料加工工厂，这些工厂一般规模不大，绝大部分属于小规模纳税人，也没有独立的外币账户，因此，外币业务处理也比较简单，一般根据业务发生当月月初的汇率记账，待实际收到外汇时按当时银行买入价结汇入账，其差额计入汇兑损益。

出货时做如下会计分录。

借：应收外汇账款——××客户
  贷：主营业务收入——加工费收入——××产品

当境外委托加工单位支付加工费时，按实际收款日的银行外汇买入价售汇给开户银行，并做如下会计分录。

(1) 当实际收汇日的汇率低于账面记账汇率，有汇兑损失时。

借：银行存款——××银行
  财务费用——汇兑损益
  贷：应收外汇账款——××客户

(2) 当实际收汇日的汇率高于账面记账汇率，有汇兑收益时。

借：银行存款——××银行
  贷：财务费用——汇兑损益
    应收外汇账款——××客户

(四) 来料加工成本与费用的确认

来料加工企业的成本与费用分为生产成本和当期费用。

由于是外商提供原辅材料，来料加工企业的生产成本不再区分直接生产成本和制造费用等明细科目，一般来讲，生产成本就等于制造费用，主要对与加工生产有关的厂房、机器折旧或者厂房、机器租赁成本，生产工人的工资薪酬，水电能源费用，修理费，物料消耗，劳动保护费，环保费用进行计量。

同时，因为来料加工企业不负责产品的销售，期间费用一般只包括管理费用和财务费用，不核算销售费用。

按照一般会计原则，成本应当与收入相配比，但来料加工企业有其特殊性，它没有一般意义上的存货（但有按备案合同设立的电子账册跟踪记录进口料件的进、耗、存）。期末将生产成本结转入产成品时，没有可以依附的实体，因此，不采取将生产成本结转为产成品再计算主营业务成本的做法。

来料加工企业规模一般都比较小，为了加快资金流动，委托加工的外商一般要求尽快出货，尽可能减少产成品及在产品存货。因此，企业期末一般不会留存较大量的产成品或在产品存货，即使有留存，一般每个月的留存数也会比较固定。在这种情况下，本月的主营业务成本等于生产成本。因此，绝大部分情况下，可以直接将生产成本结转为本月的主营业务成本。即：

借：主营业务成本——加工成本——××产品
  贷：生产成本

当期末的产成品和在产品数量较大且变化也较大时，建议只将与本月收入相配比的生产成本结转入主营业务成本，其余成本继续留在生产成本科目，延至下个会计期间计算。

（五）来料加工工艺损耗会计处理

经海关批准，来料加工业务可以有合理的工艺损耗。例如，用布料加工衣服，布料开料后总是有不能使用的边角料。这部分工艺损耗有两种处理方式。

第一，按照来料加工合同约定，可以将工艺损耗的损耗料，报关退运给委托加工方，由委托方自行处理。来料加工企业无须进行会计处理，只要进行在电子账册上登记核销及办理相关报关手续即可。

第二，委托加工方放弃这部分工艺损耗料，由加工企业自行处理。工艺损耗边角料是保税进口的原辅材料的一部分，因此，海关仍需对边角料加征关税及进口环节增值税。但海关在对这部分损耗料征税时，是以损耗后的废料变现价值为计税依据的，而不是以材料原始进口价值为计税依据。加工企业只有向海关补办工艺损耗料的补税手续后，才可以处理这部分废料。同时，处理废料中如果有收入，要对收入增值计提增值税。由于这部分损耗料的所有权已经转移，加工企业对它们可以比照销售材料处理。主要通过"原材料""其他业务收入""其他业务成本""应交税费"等科目核算。

（1）当企业向海关补交各种税金时，因来料加工企业一般为小规模纳税人，所交的税金直接作为存货成本入账，会计处理如下。

借：原材料——工艺损耗料——××材料
　　贷：银行存款

（2）当企业处理这部分工艺损耗料，取得符合收入准则确认条件的收入时，会计处理如下。

借：银行存款
　　贷：其他业务收入——工艺损耗料处理收入

（3）计提企业处理这部分工艺损耗料应交增值税或消费税时，会计处理如下。

借：其他业务成本——工艺损耗料处理支出
　　贷：应交税费——应交增值税

（4）结转这部分工艺损耗的成本（补交的关税及进口环节增值税），会计处理如下。

借：其他业务成本——工艺损耗料处理支出
　　贷：原材料——工艺损耗料——××材料

除工艺损耗外，加工企业还可能有残次品的损耗，海关要求对这两类损耗要严格区分。残次品损耗所耗用的进口保税原材料，需要按进口原材料的价格为海关计税价格补征关税及进口环节增值税，之后才可以由企业处理。但企业在补税后的会计处理与处理工艺损耗料的处理过程是相同的。

同时也要注意，向海关补交进口关税及进口环节增值税，只是取得处理部分材料的资格，关税是进口的成本，而进口环节的增值税是材料的进项税额，当加工企业是小规模纳税人时，其实质也是进口的成本。而销售这部分损耗料时，还需要按照增值税的有关规定，计算增值税的销项税。

（六）来料加工设备账外备查登记

来料加工企业，加工所用的原材料由境外委托加工方提供，不需要付汇购买，产品直接返还给境外委托加工方，境外委托加工方只需要支付加工费，因此，材料、在产品、产成品的所有权均不属于加工企业，加工企业不需要在会计账上核算及反映这些内容。同时，很多来料加工企业，加工所用设备也由境外委托加工方无偿借用给加工企业使用，但加工完成后需要归还境外委托加工方，因此产权也不属于加工企业，加工企业账目上也不需要核算这部分设备及折旧。但为了适应海关对保税物资的监管及企业自身内部管理的要求，应按海关规定设立的电子账册对这些设备和物资逐笔登记备查。

第三节　进料加工业务处理

一、进料加工的概念及特点

（一）进料加工的概念

进料加工是指进口料件由经营企业付汇进口，加工为成品或半成品后，再由经营企业出口的加工贸易。进料加工的进口是一笔买卖，加工再出口又是一笔买卖，双方是商品买卖关系，不是加工关系。进料加工经营企业，在接到外商订单后，自行付汇购买加工所需要的原材料，自行报关进口，由自己加工或委托国内其他企业加工，加工完成后，再由经营企业将产品出口，收取外汇。

（二）进料加工的特点

进料加工和来料加工的不同之处在于，来料加工企业对加工所用的原材料及生产的产成品均没有所有权，企业只收取加工费；而进料加工企业在购买了原材料后直至产品出口销售前，对材料及产品享有所有权。进料加工收取的不仅仅是加工费，而是进口—加工—复出口整个过程产生的附加值。

从会计处理的角度讲，进料加工和来料加工的不同之处还在于对存货的会计处理。来料加工企业不拥有存货的所有权，会计上无须对进口料件进行存货的会计确认，只将它作为"代管物资"确认，在账外备查项目计量（按海关规定登记"电子账册"），以便海关监管及企业内部管理之用。而进料加工企业则需要对进口料件进行存货的会计确认。与一般生产企业存货的会计处理并无不同，但由于国家对保税货物监管的需求，企业还需按备案合同设立"电子账册"，对进口料件进行监控。

进料加工会计处理包括：生产企业进料加工会计处理；涉外企业进料加工会

计处理。按进料合同区分，又分为"对口合同"与"非对口合同"以及深加工"国内转厂"几类会计处理。

二、生产企业进料加工会计处理

（一）收入的确认

进料加工企业要严格区分加工贸易项下收入与非加工贸易项下收入。在加工贸易项下，还要严格区分直接出口收入和深加工结转出口收入。

在同一企业内部，很可能既从事一般的国内贸易，也有进料加工贸易。即使不同贸易方式下所使用的原材料完全一样，产成品也完全一样，但因原材料的来源不同，海关及税务局对其管理也不同，因此，企业也要严格区分进行管理。

当企业多种贸易方式并存时，在进料加工方式下，应单设"主营业务收入——进料加工收入"二级科目对产品销售收入进行确认和计量。

随着加工贸易的深入发展，最初的单一加工装配向产业链式的深度加工过渡，越来越多的加工贸易企业为了缩短生产周期，开始向境内其他加工贸易企业购买原材料，以代替从境外进口。在这种情况下，一家加工贸易企业的产品，也许就是另一家加工贸易企业所需要的原材料、零部件。如果由一家企业出口后，又由另一家企业复进口，不仅会造成资源的严重浪费，也会大大加重企业的物流负担。为适应这一新情况，加工贸易企业之间的深加工结转（俗称国内转厂）模式应运而生。

深加工结转分为本关区深加工结转和跨关区深加工结转。企业进口料件在某一直属海关关区内保税加工成成品或半成品后不直接出口，而卖给本关区或另一直属海关关区内的加工贸易企业继续加工后再出口，而转出和转入企业均可继续享受加工贸易企业原有的保税优惠（即经海关批准暂时缓办纳税等手续）。

企业按照新收入准则对"产品销售收入"进行确认时，一般只将产品销售收入分为两大部分：国内产品销售及出口产品销售，分别以"主营业务收入——国内产品销售收入"和"主营业务收入——出口产品销售收入"两个子科目进行会计处理。在深加工结转模式下，为适应海关及税务的管理需要，企业在"主营业务收入——进料加工收入"科目下还应设置"直接出口产品销售收入"和"深加工结转产品销售收入"明细科目，分别对进料加工合同下以直接出口和深加工结转方式的销售收入进行确认计量的会计处理。

转出企业深加工结转产品送货时，按照送货的数量和单价计算，借记"应收账款"等科目，贷记"主营业务收入——进料加工收入——深加工结转产品销售收入"科目。如果深加工结转产品最终因种种原因不能完成结转手续，需要作为国内产品销售处理，则应在实际发生时，借记"主营业务收入——进料加工收入——深加工结转产品销售收入"科目，贷记"主营业务收入——国内产品销售收入"科目，并补记有关需补缴的税项及海关或税务部门的处罚项目。

（二）存货和成本的会计处理

来料加工不需要特别对存货项目进行确认与计量，只是作为"代管物资"进行计量。但进料加工对存货的确认和计量是非常重要的会计处理内容。同时，存货的确认和计量与成本的确认和计量有着紧密的联系。

与收入的确认与计量相对应，存货与成本的确认与计量也应该严格区分。分为加工贸易项下的存货与成本及非加工贸易项下的存货与成本。加工贸易项下，还需要严格区分直接出口成本和深加工结转出口成本的分摊。

根据海关规定，加工贸易项下和非加工贸易项下的加工生产，不可以串用材料。因此，对进料加工项下，存货成本的流转过程应该非常清晰。

当企业多种贸易形式并存时，对存货科目，包括原材料、自制半成品、库存商品等科目，均应按保税或非保税分别设置明细科目，分开进行确认与计量。即使完全相同的存货，只要来源分属于保税或非保税两种形式，就一定要分开堆存、分开确认与计量，绝不可以并在一起。对存货成本的各种计价方法，例如先进先出法、加权平均法等方法，只能在同一来源形式下的存货成本使用。而且在同一的会计期间，不同来源形式下的存货成本也需要使用同一种方法核算。比如，对非保税存货，使用加权平均法核算，则对于保税存货也需要使用加权平均法核算。

当企业保税进口原材料时，借记"原材料——保税进口材料——××材料"科目，贷记"应付外汇账款"科目或"银行存款"科目。保税进口暂不涉及进口环节的税收，因此，不需要进行税务核算。

保税进口材料只能生产进料加工合同项下的产品，在未向海关申请补交进口环节税前，绝不可以挪作他用。同时，如加工贸易合同规定加工产品所用的原材料全部以保税方式进口，那么加工时一般也不可以用非保税的其他材料顶替保税材料。

为鼓励使用国产材料，海关允许进料加工企业使用国产原料替代进口原料。即使在签订进料加工合同时，企业预计使用保税的进口材料。但在实际加工中，发现国内材料可以替代使用，如材料的单损耗率没有变化，则企业可以自行使用国内其他材料，在备案合同执行完毕向海关申请核销时，再提供国内采购相同材料的发票给海关计算核销。当使用国内材料与使用保税进口材料引起材料单损耗的差异时，按照海关关于单损耗的管理规定，企业需要在中国电子口岸系统通过"无纸加工登记手册"（即电子手册）先向海关申请变更单损耗后才可以继续生产。

按照海关对加工贸易会计处理的要求，进料加工项下，生产成本中的直接材料成本一定要和其他方式下的直接材料成本分开进行确认与计量。当全部使用保税进口材料时，根据材料领用的记录，借记"生产成本——进料加工生产成本——直接材料成本"科目，贷记"原材料——保税进口材料——××材料"科目；如合同规定使用部分国内采购材料，或企业开发使用部分国内采购材料时，也可以贷记"原材料——保税材料——××材料"科目。

一般情况下进料加工项下各种制造费用的归集与分摊，与其他工业企业并无不同。

从生产成本结转到产成品时，也要单设明细科目分开确认与计量。进料加工的产成品结转时，借记"库存商品——进料加工商品——××产品"科目，贷记"生产成本——进料加工生产成本"科目，与非进料加工生产成本的结转相区分。

结转销售成本时，只能将进料加工项下的产成品作为进料加工合同下的产品销售，同时，将这部分成本结转为进料加工项下的销售成本。尚未办妥向海关申请补交税金转内销的手续前，不允许将进料加工项下的产成品在国内销售，也不允许将其他方式生产的产品在进料加工合同项下销售给外商。结转销售成本时，借记"主营业务成本——进料加工成本"科目，贷记"库存商品——进料加工商品——××产品"科目。

由此可见，进料加工项下从原材料进口入库—生产领用材料—产成品入库—产成品销售均需要与非进料加工方式下相同内容分别进行明细确认与计量，不可混淆，并要接受海关严格的监管；财务部门的存货（包括保税货物的仓储实物账）明细账至少每半年与按海关有关规定设立的"电子账册"核对一次，确保实物账、明细账与"电子账册"相符，这是进料加工会计处理的重点。

（三）增值税"免、抵、退"的会计处理

来料加工一般不涉及增值税的处理，而进料加工增值税的会计处理，目前统一使用生产企业出口退税申报系统进行电子申报。

1. 进料加工手册登记录入项目包括：所属期、手册号、计划进口总值、计划出口总值、复出口商品码及品名、征税率、退税率、手册有效期等。

2. 进口料件明细申报录入、出口货物明细申报录入、进料加工手册核销录入的方法，详见本教材第十二章出口退税部分，本章不再赘述。

（四）废料及残次品的会计处理

进料加工合同经海关批准，也可以有一定合理的工艺损耗。对这部分工艺损耗的处理，基本和来料加工方式相同，可以参阅本章第二节来料加工部分的介绍。但有一点需要指出，从事进料加工的企业作为增值税一般纳税人，不论向海关补交工艺损耗部分的进口环节增值税，还是向外销售损耗料时需要缴纳的增值税，均可以纳入本企业的增值税"免、抵、退"系统（生产企业出口退税申报系统）统一计算申报。

（五）电子账册的登记

来料加工，"电子账册"登记项目更多的是对存货的备查登记，海关对此有严格规定。在进料加工项下，海关也是同样要求的。只不过进料加工项下在会计账内就必须对存货进行确认与计量，该"电子账册"既是中国电子口岸系统《无纸加工登记手册》的细化管理账册，又是作为会计部门存货明细账的延伸，所以一定要与财务部门存货的相关明细账（包括仓储的实物账）对应相符。

在进料加工项下，有一个重要内容需要进行详细备查登记，这就是深加工结转的详细登记。

进料加工企业对深加工结转的登记，不仅是海关监管的要求，也是税务部门进行增值税"免、抵、退"计算的要求。这是因为，税务部门并不完全认同深加工结转产品销售是纯粹的出口产品销售。税务部门在计算增值税的"免、抵、退"时，不可以视为一般贸易出口销售，不能享受增值税的退还政策，即类似于"不征不退"。同时，这部分销售收入所含的进项税额也需在"免、抵、退"时先行扣除，不参与退税计算，因此，会计上如将这部分收入与一般贸易出口销售产品收入混为一谈，使税务部门不能很好地监管企业的"免、抵、退"计算，容易造成重复计算或漏算等情况发生。

同时，深加工结转产品销售时，部分销售已经完成结转过程，部分销售尚未办理完结转手续，其在经济和法律上的后果也不完全相同，也有必要单独核算并详加登记，以便于信息的披露。

对深加工结转，企业必须登录中国电子口岸系统的"电子手册"进行电子申报。录入本企业送货、收货及结转情况，按客户、产品分别登记数量及金额。当企业按已经批准的深加工结转申请表送货时，按不同的客户及产品在"电子账册"上分别登记该次送货数量及金额。当企业集中与该客户办理该产品的结转手续后，在相应的送货项下逐项记载结转情况，核销已结转的送货。期末累计本期的送货及结转情况，结合上期的余额，计算本期末的已送货未结转的数量和金额，以便于海关、税务和企业管理层做管理数据及信息披露之用。

深加工结转的风险在于，当境外客户出现经营困难或存在恶意欺诈等情况时，不仅收入的实现（收款）会存在问题，企业或许会因为深加工的"关封"不能进行正式结转而需要补征原材料进口环节关税、增值税、消费税及销售时的增值税、消费税等，并受到海关及税务机关的严厉处罚。因此，企业在财务会计报告的披露时，应列示这些情况，包括：本期深加工结转的销售收入、其中本期已结转的深加工销售收入、本期未结转的深加工销售收入、本期主要未结转的深加工销售客户及金额、未结转的深加工销售如不能实现结转时可能会给企业带来的损失等情况。同时，注册会计师在对企业进行审计时，也要充分留意深加工结转时的风险，提请企业管理层在报告时充分和适当地披露这些风险。当了解到客户不能实际结转的风险很大时，还需要有针对性地提取准备，以便如实反映企业的经营状况及经营成果。

三、涉外企业进料加工会计处理

经营单位（涉外企业）以保税方式付汇进口材料后，委托国内生产企业加工生产，生产完成后，加工企业将产品交回涉外企业再出口销售。这时产供销会涉及经营单位和生产企业两个实体。涉外企业在接到境外客商订单或者暂时尚没有进出口经营权的生产企业接到境外客商订单，会较多采用这种方式操作。进料加工是一个严格意义上的"产、供、销"过程。因此，进料加工实际上由进口、加工及出口三个环节组成，其出口环节的会计处理与自营出口业务完全一致，因此，进料加工会计处理主要解决的是进口、加工两个环节的会计处理问题。与来料加工相比，进料加工从境外进口的料件要按进口合同如数支付价款，进口料件的税金实行"保证金台账"制度（目前有"实转"与"空转"两种形式）。在加工环节，由于存在作价加工和委托加工两种方式，因此，应分别两种情况区别对待。现举例说明如下：

【例5-4】某涉外企业与外商签订进料加工复出口协议，进口螺纹钢 2 500 吨，CIF 价 5 000 000 港元，加工生产水泥预制件全部用于复出口，进口原辅料件海关实行减免进口关税及进口增值税。

进口原辅料件：

根据进口合约规定，对外支付进口原辅料件，共值 HKD 5 000 000（银行当日卖出价 1 港元 = 0.882 元人民币），应凭全套进口单证做如下会计分录。

借：商品采购——进料加工——进口螺纹钢　　　　　4 410 000
　　贷：银行存款——××银行　　　　　　　　　　　　4 410 000

支付上述进口原辅料件的各项国内外直接费用，可按上述会计分录同样处理。

交付进口税金：

为加工复出口的进口原辅料件，根据出示对应出口合同的具体情况，海关实行减免进口关税及进口增值税制度。即进出口合同需用数量基本一致时可以免征或少征，无法提供对应合同时，则执行减免85%的（减免的幅度视各个时期及各地海关的具体规定）征税制度。

本合同项下进料无须交税。如需交税的应按规定税率计算进口关税和进口增值税，并同时应将进口关税归集"物资采购"成本。

进口料件入库：

进口料件入库，应凭储运或业务部门开具的入库单，做如下会计分录。

借：原材料——进料加工——进口螺纹钢　　　　　　4 410 000
　　贷：商品采购——进料加工——进口螺纹钢（全部采购成本）
　　　　　　　　　　　　　　　　　　　　　　　　　4 410 000

进口料件的加工：

1. 作价加工式。

（1）企业对进口料件采用作价方式加工，根据所订加工合约，按实际进料成本作价给加工企业，凭储运或业务部门开具的出库凭证、增值税专用发票，以及加工单位开具的收据，做如下会计分录。

借：银行存款——××银行　　　　　　　　　　　　4 983 300
（或应收账款——××加工单位——应收作价加工进口料件款）

贷：其他业务收入——作价加工销售——进口料件加工　4 410 000
　　　　应交税费——应交增值税（销项税额）　　　　　　　573 300
　借：其他业务成本——作价加工销售——进口料件加工　4 410 000
　　贷：原材料——进料加工——进口螺纹钢　　　　　　　4 410 000

（2）按 15 410 000 元（含加工费 11 000 000 元）向该加工企业收回加工成品水泥预制件时，凭储运或业务部门开具的商品入库通知单及加工单位的增值税专用发票，做如下会计分录。

　借：库存商品——水泥预制件（含加工费）　　　　　　15 410 000
　　　应交税费——应交增值税（进项税额）　　　　　　　2 003 300
　　贷：银行存款——××银行　　　　　　　　　　　　17 413 300

（如有应收未收原料款应在支付加工费时予以扣除后）

2. 委托加工形式。

【例 5–5】如果企业进口料件以委托形式委托另一加工企业进行加工，仍用〖例 5–4〗相关资料，假设加工生产水泥预制件全部用于复出口，加工费为 11 000 000 元。

（1）根据所订加工合约，凭储运或业务部门开具的出库及加工凭证，以及加工单位开具的实物收据，做如下会计分录。

　借：委托加工物资——××加工单位——进口螺纹钢　　4 410 000
　　贷：原材料——进料加工——进口螺纹钢　　　　　　4 410 000

（2）支付加工费时，凭储运或业务部门开具的商品入库单及加工单位的加工费收据，做如下会计分录。

　借：委托加工物资——××加工单位——进口螺纹钢（加工费）
　　　　　　　　　　　　　　　　　　　　　　　　　11 000 000
　　　应交税费——应交增值税（进项税额）　　　　　　　1 430 000
　　贷：银行存款——××银行　　　　　　　　　　　　12 430 000
　借：库存商品——水泥预制件　　　　　　　　　　　　15 410 000
　　贷：委托加工物资——××加工单位——进口螺纹钢　15 410 000

有关出口环节和出口退税的会计处理详见有关章节的相关内容。

　　由此可见，涉外企业进料加工的会计处理类似于生产型进料加工企业，但对存货的确认与计量主要通过"委托加工物资"这一科目进行会计处理。并按加工合同和受托加工单位分别设置明细科目，以反映加工单位名称、加工合同号、发出加工物资的名称、数量、发生的加工费用及其他费用、退回剩余物资的数量、实际成本以及加工完成物资的实际成本等资料。对接受涉外企业委托的加工企业，其加工方式是一种国内的来料加工业务，核算方式与前面所述的来料加工企业的核算基本相同。

　　但有一点应注意，按目前的政策，直接从事出口产品来料加工的企业所收取的出口产品工缴费，经申请可以免征增值税。但加工企业在国内接受涉外企业委托进行进料加工时，其收取的加工费需要照章征税。涉外企业可以根据最终产品的流向，再向税务部门申请退税。

第四节　境外加工业务处理

一、境外加工的概念及特点

（一）境外加工概念

境外加工是指我国企业以现有技术、设备投资为主，在境外以加工装配的形式带动和扩大国内设备、技术、原材料出口的国际经贸合作方式。

我国企业在境外投资建厂，带动我国产品、设备、技术、劳务出口，通过境外加工装配和境外销售的形式开拓国际市场，促进我国企业更快更深地融入国际生产销售体系。

（二）境外加工特点

发展境外加工贸易需要在相关国家（地区）投资设立独资或合资合作经营企业。境外加工企业与在境内从事加工贸易的企业比较，在会计处理上具有明显特点。

（1）境外加工企业首先要遵守驻在国的财会税收法律法规，会计处理要以当地财务法规与会计准则为依据。

（2）境外加工企业主要经营地在国外，为便于驻在国政府管理部门、注册会计师、审计师等阅读财务报告，会计处理上务必使用当地通用的文字，必要时附上中文和英文。

（3）境外加工企业一般应以驻在国法定的流通币或现行流通币作为记账本位币。

（4）境外加工企业会计处理采用国际通行的借贷记账方法和会计报表体系，遵循国际会计惯例。

（5）境外加工企业定期和不定期向国内投资主体企业报送境外企业财务报告与相关经营报表，使用的货币、文字要按照同期标准或规定的技术口径折算成中方财务使用与监督需要的标准和格式。

（6）境外加工企业报送的财务报告和资料主要有：资产负债表、利润表、现金流量表、当期税收费用支出明细表、境外人员工薪表、利润分配表等。

二、境外加工会计处理

由于境外加工贸易需要在相关国家（地区）设立独资，或合资、合作经营企业，因此境外加工会计处理包括：境外加工企业设立阶段，前期实施阶段，经营阶段会计确认、计量，利润分配以及境外加工企业注销等会计处理。

（一）境外加工企业设立阶段会计处理

境外加工企业设立阶段，主要是一些相关部门的人员差旅费用、咨询费用、税收证件审批费用等开支。如果数额比较小，可列入境内投资主体企业的当期损益；如果数额较大，可做如下会计处理：

借：长期股权投资——境外加工贸易投资（代垫境外加工企业开办费用）
　　贷：银行存款（或现金）

（二）境外加工前期实施阶段会计处理

1. 国内投资主体企业会计处理。

（1）国内投资主体企业利用国家鼓励政策贷款，为境外加工企业筹集资金的会计处理。

借：银行存款（外币/汇率/人民币）
　　贷：长期借款——境外加工贸易借款（外币/汇率/人民币）

（2）用以购置境外加工设备或原材料。

借：固定资产——境外加工贸易企业设备
　　原材料——境外加工贸易企业原材料
　　贷：银行存款（外币/汇率/人民币）

（3）用以购置境外加工设备或原材料进行投资。

借：长期股权投资——境外加工贸易投资
　　贷：固定资产——境外加工贸易企业设备
　　　　原材料——境外加工贸易企业原材料

（4）用以直接对境外加工贸易投资。

借：长期股权投资——境外加工贸易投资
　　贷：银行存款（外币/汇率/人民币）

（5）国内投资主体企业以现有设备投资。

首先，将现有设备进行清理：

借：固定资产清理——××设备
　　累计折旧（已计提折旧）
　　固定资产减值准备（已计提减值准备）
　　贷：固定资产——××设备（原值）
　　　　银行存款（清理费开支）
　　　　应交税费

其次，以清理后的设备投资境外加工贸易企业。

借：长期股权投资——境外加工贸易投资
　　贷：固定资产清理——××设备

（6）在实际工作中，常常在国内将固定资产清理后进行一系列的修整、调试和外观喷漆等，然后请相关中介机构重新评估确认价值，或者以双方的合同公允价格或协议作价作为对境外加工贸易的投资,原已计提折旧后的折余价值与合同协议作价的差额计入资本公积,在境外投资设备转让出售清算处理后做纳税调整。

首先,进行固定资产清理。

借:固定资产清理——××设备
　　累计折旧(累计提折旧)
　　固定资产减值准备(已计提减值准备)
　　贷:固定资产——××设备(原值)
　　　　银行存款(清理费开支)
　　　　应交税费

其次,按照固定资产评估增值价格投资境外加工贸易企业。

借:长期股权投资——境外加工贸易投资
　　贷:固定资产清理——××设备
　　　　资本公积(评估增值×75%)
　　　　递延税款(评估增值×25%)

最后,根据原对外贸易经济合作部、国家税务总局《关于境外带料加工装配业务中有关出口退税问题的通知》的规定,对实物性投资境外设备、原材料散件等,海关凭批准证书和合同副本验放,实行全国统一的出口退税政策。同时规定,对二手设备按照其提取折旧后的余额计算应退税额。对新设备、原材料则按照专用发票所列进项税额计算出口退税。

(7)国内投资主体企业以部分专有技术等无形资产投资,一般按双方协议作价记账。

首先,国内投资主体企业对协议评估作价入账。

借:无形资产——境外加工贸易投资
　　贷:资本公积——境外加工贸易投资资产评估增值

其次,将评估作价无形资产对外投资。

借:长期股权投资——境外加工贸易投资
　　贷:无形资产——境外加工贸易投资

2. 境外加工企业会计处理(以驻在国货币为本位币,及折算人民币作复式记账)。

(1)当境外加工企业收到国内投资主体企业的固定资产(原材料)作投资时。

借:固定资产——××设备
　　(或:原材料)
　　贷:实收资本

(2)当境外加工企业收到国内投资主体企业的非专利技术等无形资产投资时。

借:无形资产——境外加工贸易投资(非专利技术)
　　贷:实收资本

（三）境外加工经营阶段会计确认、计量的会计处理

【例5-6】 深圳A公司（以下简称A公司）与香港B公司共同投资（股权比例A公司占60%，香港B公司占40%）在约旦建立境外加工企业。主要经营电冰箱、电风扇等产品。香港B公司通过设在美国的总部掌握着市场的订单。A公司主要根据出口订单情况，在国内采购所需原材料、半成品，然后出口到约旦。在约旦的合资企业进行加工或装配（贴牌）后，将产品出口到美国。

现假设：香港B公司接到出口美国电冰箱一张10万台订单，由A公司采购半成品和原材料出口到约旦的合资企业加工，加工成成品后出口美国。按业务合同进行的主要会计处理如下：

1. A公司（国内投资主体企业）的会计处理（以人民币为本位币作复式记账）。

（1）给境外加工企业发出原材料、零部件时，A公司应视同自营出口销售处理。

从国内发料到境外加工企业报关出口时。

借：发出商品——××境外加工企业——压缩泵
　　贷：原材料——库存原材料——压缩泵
借：发出商品——××境外加工企业——钢材
　　贷：原材料——库存原材料——钢材

确认自营出口销售收入和自营出口销售成本。

借：应收外汇账款——应收约旦合资工厂账款
　　贷：主营业务收入——境外带料加工贸易销售收入——电冰箱——料件
　　（或：其他业务收入——境外带料加工贸易销售收入——电冰箱——料件）

同时，结转相关的成本。

借：主营业务成本——境外带料加工贸易成本——电冰箱——料件
（或：其他业务成本——境外带料加工贸易销售成本——电冰箱——料件）
　　贷：发出商品——××境外加工企业——压缩泵
　　　　　　　　　　　　　　　　　——钢材

（2）A公司按照原对外贸易经济合作部、国家税务总局《关于境外带料加工装配业务中有关出口退税问题的通知》的规定，实行全国统一的出口退税政策。

2. 约旦合资企业（境外加工企业）的会计处理。

沿用〖例5-6〗相关资料。

（1）收到A公司原材料、零部件时，约旦合资企业视为进口料件处理。

借：原材料——进口原材料（零部件）
　　贷：应付账款——应付国内主体投资企业（A公司）

（2）生产（包括投料——加工——出产成品）过程的会计确认、计量按一般生产企业的会计确认、计量进行会计处理。即分别对生产该产品的料、工、费

进行确认、计量，计算出产成品的生产成本。

(3) 加工完毕后，在将产成品销往第三国时，视为自营出口销售处理。

借：应收外汇账款——××客户
　　贷：主营业务收入——电冰箱

同时，结转该出口商品的销售成本。

借：主营业务成本——电冰箱
　　贷：库存商品——产成品——电冰箱

（四）境外加工利润分配的会计处理

原对外贸易经济合作部、财政部《关于对境外带料加工装配企业有关财务问题的通知》规定，允许境外带料加工装配企业将获利后5年内所得利润经国内投资主体企业批准并报对外贸易经济合作部、财政部、国家外汇管理局备案后可以转增资本金；可免于调回、结汇，免于外汇风险审查和外汇资金来源的审查，免于外汇汇回利润保证金等。

自境外企业获利后5年内的利润，国内投资主体企业免交国内所得税。在申报所得税时，国内投资主体企业凭境外项目驻在国的注册会计师审计通过的企业财务报表将境外企业投资收益全额纳税扣除。

(1) 国内投资主体企业收到境外加工企业分来利润时。

借：银行存款
　　贷：投资收益——境外加工企业投资收益

(2) 境外加工企业将利润汇回国内投资主体企业时。

借：利润分配——利润归还投资
　　贷：盈余公积——利润归还投资

同时：

借：实收资本——已归还投资
　　贷：银行存款

"实收资本——已归还投资"作为实收资本的减项在资产负债表反映。

(3) 如果将境外加工贸易企业分得利润转增企业资本金时。

国内投资主体企业编制如下分录。

借：长期股权投资——境外加工投资
　　贷：投资收益——境外加工企业投资收益

境外加工企业编制如下分录。

借：利润分配——利润转增企业资本金
　　贷：实收资本
　　　　资本公积——汇兑损益

（五）境外加工企业注销会计处理

境外加工贸易企业在合作期满或其他原因解散时，如果因为汇率变动引起收回的投资额与原账面有差额，可以记入"资本公积——汇兑损益"科目；其他原因的差额可以记入"投资收益"科目的借方或贷方。

第五节　补偿贸易业务处理

补偿贸易是在20世纪70年代末80年代初逐步发展起来的一种利用外资的贸易方式，主要是在一些中小型企业开展，其与"来料加工、来样加工、来件装配"一起统称"三来一补"。

一、补偿贸易概念及会计处理特点

（一）补偿贸易概念

补偿贸易是指中方企业在由外商直接提供或在信贷的基础上从国外进口机器设备或引进先进技术，约定以中方企业的商品或劳务等偿还的贸易方式。补偿贸易进出口相结合，中外双方都是买和卖的关系。补偿贸易与"三来"加工装配业务的进出口关系不同，"三来"加工装配业务的进出口关系不是买和卖的关系，中方只是收取一定的加工装配费用。

补偿贸易根据外方购买回头货的方式，可以分为"返销（product buy back）"和"回购（counter purchase）"两种方式。"返销"指外方购买中方企业用引进的设备生产出来的产品即直接产品（resultant product）得到补偿；"回购"指外方购买非中方企业引进的生产设备所生产的产品，双方商定用其他产品即所谓间接产品（non-resultant product）得到补偿。

补偿贸易不限于两方的合作关系，在工作实务中往往会有第三方作为外商的委托代理人。

（二）补偿贸易会计处理的特点

企业对补偿贸易的会计处理要注意以下四点。

（1）补偿贸易会计处理需遵循企业会计准则。

（2）补偿贸易引进产品不同，其会计处理也不同。补偿贸易引入产品可以是设备也可以是技术，对不同引入产品的会计处理是不相同的。

（3）补偿贸易引入产品的偿还方式不同，但其会计处理是一样的。补偿贸易引进的产品作为资产处理，出口偿还的产品不管是否是引入设备或技术生产，均应作为出口销售进行会计处理。

（4）补偿贸易偿还期长短一般在签订的补偿贸易合同中就作出具体规定。每次出口的货款不一定就是全部补偿引入产品的价款，而经常是部分、分期偿还的，在会计处理时要紧紧围绕补偿贸易合同进行。

二、补偿贸易的会计处理

（一）补偿贸易引入产品会计处理

1. 引入产品是设备和部分零部件或原材料。

借：在建工程——补偿贸易引入××设备和部分零部件
　　　原材料——补偿贸易引入××材料
　　贷：长期应付款——补偿贸易引入产品价款

2. 引入产品是技术。

借：无形资产——补偿贸易引入技术
　　贷：长期应付款——补偿贸易引入产品价款

（二）支付补偿贸易引入产品的国内运杂费、进口关税、安装调试费用等会计处理

1. 引入产品是设备和部分零部件或原材料。

借：在建工程——补偿贸易引入××设备和部分零部件（杂费等）
　　　原材料——补偿贸易引入××材料（杂费等）
　　贷：银行存款

2. 引入产品是技术。

借：无形资产——补偿贸易引入技术（杂费等）
　　贷：银行存款

（三）引入设备等交付使用时（在日后生产中正常计提折旧等）

借：固定资产——补偿贸易引入××设备
　　贷：在建工程——补偿贸易引入××设备

（四）补偿贸易实现出口销售时（企业按照执行出口退税政策）

借：应收账款——补偿贸易出口销售账款
　　贷：其他业务收入——补偿贸易出口销售收入

（五）偿还补偿贸易引入对象的价款核算

1. 按合同规定以"返销"方式补偿。

借：长期应付款——补偿贸易引入产品价款
　　贷：应收账款——补偿贸易出口销售账款

2. 按合同规定以"回购"方式补偿或货币偿还。

借：长期应付款——补偿贸易引入产品价款
　　贷：应收账款——应收外汇账款或银行存款

【本章重要概念】

加工贸易、来料加工、进料加工、境外加工、补偿贸易

【复习思考题】

1. 如何进行来料加工与进料加工的会计核算？
2. 简述来料加工与进料加工的区别。
3. 怎样开展境外加工贸易会计核算？
4. 简述补偿贸易中"返销"和"回购"会计处理的区别。

【练习题】

一、单项选择题

1. 加工贸易项下海关对保税货物的监管要以（　　）为单位进行。
   A. 进口商品的品种　　　　　　　B. 每一个备案的合同
   C. 进口的时间顺序　　　　　　　D. 关税的税率
2. 来料加工企业（　　），材料及产品的所有权也不属于来料加工企业，来料加工企业只收取加工费及支付加工成本。
   A. 不负责材料的采购及产品的销售　　B. 负责材料的采购及产品的销售
3. 在进料加工业务项下对存货与成本进行确认和计量时，分为加工贸易项下的存货与成本及非加工贸易项下的存货与成本；在加工贸易项下的存货与成本，（　　）严格区分直接出口成本和深加工结转出口成本进行确认和计量。
   A. 不需要　　　　　　　　　　　B. 还需要
4. 境外加工贸易项下，境外加工企业对生产（包括投料—加工—出产成品）过程的会计确认、计量按（　　）的会计确认、计量进行会计处理。即分别对生产该产品的料、工、费进行确认计量，计算出产成品的生产成本。
   A. 一般生产企业　　　　　　　　B. 商品流通企业
5. 境外加工贸易项下，境外加工企业在驻在国将产成品销往第三国时，视为（　　）处理。
   A. 自营出口销售　　B. 代理出口销售　　C. 代销商品销售

二、多项选择题

1. 在生产企业进料加工业务中，生产企业既是材料和产品的（　　）单位，也是（　　）企业。
   A. 进出口经营　　B. 产品的中转　　C. 产品的加工　　D. 国内贸易
2. 加工贸易会计的主要特点是要适应海关对保税货物的监管要求进行会计处理，具体分为：（　　）管理、（　　）确认、（　　）计量。
   A. 电子化的手册　　　　　　　　B. 严密的存货
   C. 严格的单损耗　　　　　　　　D. 按发生业务的时间顺序
3. 企业必须按海关有关规定设立"电子账册"。即按（　　）开设账户、按（　　）的

品名设置分级科目，分别对每个备案合同的每一种保税料件的（　　）、储存、（　　）等环节进行登记。

　　A. 每一个备案的合同　　　　　　B. 每一种进口料件
　　C. 进口　　　　　　　　　　　　D. 耗用及加工复出口

4. 进料加工企业在"主营业务收入——进料加工收入"科目下，还应设置（　　）和（　　）明细科目，分别对进料加工合同下以直接出口和深加工结转方式的销售收入进行确认计量的会计处理。

　　A. 直接出口产品销售收入　　　　B. 深加工结转产品销售收入
　　C. 自营出口销售收入

5. 境外加工贸易项下，国内投资主体企业给境外加工企业发出原材料、零部件时，国内投资主体企业应视同（　　）销售处理；境外加工企业收到国内投资企业的原材料、零部件时，视为（　　）处理。

　　A. 代理出口　　　B. 自营出口　　　C. 代管物资　　　D. 进口料件

三、判断题

1. 我国海关对加工贸易管理的一项重要的制度是对加工贸易货物的保税制度。（　　）
2. 加工贸易企业的存货管理要领——将保税货物与非保税货物混合储存。（　　）
3. "电子账册"既是中国电子口岸系统"无纸加工登记手册"的细化管理账册又是作为会计部门存货明细账的延伸，所以不一定要与财务部门存货的相关明细账（包括仓储的实物账）对应相符。（　　）
4. 加工贸易项下和非加工贸易项下的加工生产，可以串用材料。（　　）
5. 如使用国内其他材料与使用保税进口材料引起材料单损耗的差异时，按照海关关于单损耗的管理规定，企业需要在中国电子口岸系统通过"无纸加工登记手册"俗称"电子手册"先向海关申请变更单损耗后才可以继续生产。（　　）

四、业务题

某涉外企业与外商签订进料加工复出口合同，进口不锈钢200吨，CIF价50万美元（银行当日卖出价1美元＝6.99元人民币）；委托国内某加工生产200 000个热水壶全部用于复出口。每个热水壶加工费人民币10元；进口原辅料件（因为是对口合同）海关实行减免进口关税及进口增值税。

要求：编制相关会计分录。

第六章　商品贸易核算

【章首导言】

　　商品贸易（commodity trade），是指从事进出口业务的商品流通企业利用其所购入的各种商品或货物进行对外销售的业务方式，亦可称为涉外商业企业的商品流通方式。商品流通（commodity circulation），是以货币为媒介的连续不断的商品交换。如果商品生产过程是劳动过程与价值形成过程的统一，则商品流通过程是价值实现和使用价值替换的统一，也是商品价值流通过程与商品实体流通过程的统一。本章中介绍涉外商品流通企业或涉外商品贸易企业主要是指从事跨境的实物商品或货物交换、售卖业务的企业。

　　根据目前我国商品流通企业的主要销售方式来划分，我国外贸企业的商品贸易类型主要包括：以零售方式对分布在国内外的零售商与消费者进行售卖（现销和赊销）各类商品的业务；以批发方式销售对分布在国内外的批发商和大批量购买的消费者进行销售各类商品的业务。

　　从涉外贸易的实务来看，外贸企业利用实物商品的对外销售的贸易无疑是传统涉外贸易的重要组成部分，对于促进我国外贸经济的发展与外贸规模的扩大具有重要意义。

　　本章重点讲解商品流通企业的对外零售业务和批发业务的营业收入、成本核算及其会计处理，还包括进销差价的会计处理等内容。

【学习目标】

1. 了解商品贸易（流通）的概念及商品贸易的作用；
2. 了解商品流通企业经济活动的特征和资金运动过程；
3. 了解商品流通企业会计核算的特点；
4. 掌握零售企业的收入与成本的会计处理；
5. 了解批发企业的收入与成本的会计处理；
6. 掌握商品流通企业的进销差价的会计处理。

第一节　商品贸易概述

一、商品贸易的定义与特点

商品贸易也称为货物贸易，是涉外贸易的主要组成部分之一。商品贸易指一个成员的国境销售商向另一成员的国境购货商或消费者提供货物或者商品的行为；或者将从另一个成员国购入商品存货向本国企业或个人消费者销售的商品流通行为。通过一成员的（服务提供实体）法人在另一成员的商业存在（commercial presence）提供实物商品的售卖服务；由一成员国的自然人在另一成员国境内提供商品销售的业务。

商品贸易是指商品在国家之间进行跨境流通的商品交易业务或商业流通的经济行为，是以国际货币为媒介的商品交换活动。商品贸易或流通企业是指在国家间相互往来的社会经济活动中以从事商品流通为主营业务，自主经营、自负盈亏、独立核算的经济组织。它是国家间商品流通中交换关系的主体。

商品贸易企业亦可以称为跨境商品流通企业，其涉及的业务范围很广，包括涉外的商业企业、粮食与物资供销企业、进出口医药（石油、烟草）商业企业、国际图书发行企业等。

二、商品贸易企业经济活动的特征与会计核算的特点

（一）商品贸易（流通）企业经济活动的特征

商品贸易（流通）企业的主要经济活动是组织涉外商品流通，即商品的购进、销售、调拨和储存，将社会产品从生产领域转移到消费领域，以促进工农业生产的发展和满足人民生活的需要，从而实现商品的价值并获得盈利。与制造业企业相比，商品流通企业经济活动一般具有以下特征：

1. 企业经济活动的中心内容是商品的跨境、跨国购进和销售。
2. 商品存货在企业全部资产中占有较大的比重。
3. 企业营运资金运动的基本轨迹是"货币—商品—货币"，中间不存在生产制造的经营过程。商品贸易（流通）企业资金运动过程如图 6-1 所示。

（二）商品贸易（流通）企业会计核算特点

商品流通企业会计是企业会计体系的一个主要组成或分支，是以商品贸易企业或流通企业为会计主体的一种行业会计。具体来讲，商品流通企业会计是以货币为主要计量单位，运用专门的程序和方法对商品流通企业在组织商品购、销、运、存中发生的交易和事项进行会计核算、实行会计监督的经济管理活动。与制

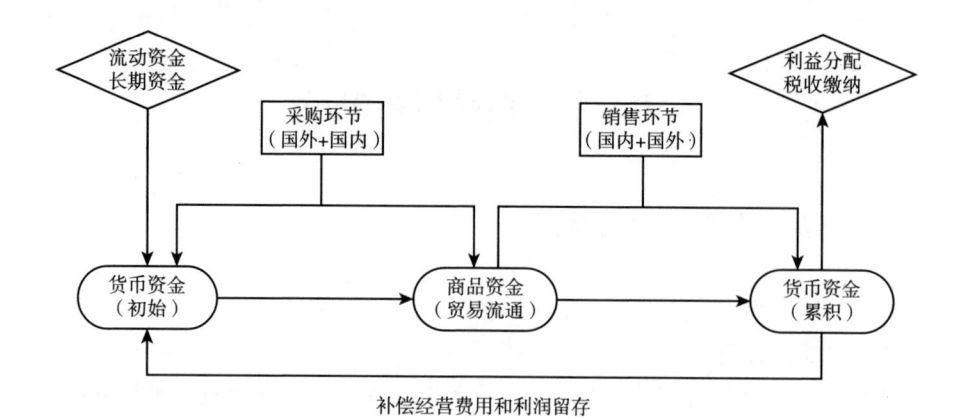

```
流动资金              利益分配
长期资金              税收缴纳
    ↓                   ↑
  采购环节            销售环节
 (国外+国内)         (国内+国外)
    ↓                   ↑
 货币资金  →  商品资金  →  货币资金
 (初始)      (贸易流通)     (累积)
    ↑_____|
         补偿经营费用和利润留存
```

图 6-1　商品贸易（流通）企业资金运动过程

造业企业相比，商品流通企业会计核算主要有以下特点。

1. 成本核算内容中不存在产品生产成本核算。商品流通企业会计的成本核算中只包括商品的采购成本和销售成本，不包括产品生产成本的核算，而产品生产成本核算是制造企业会计核算的一项重要内容，由于商品流通企业只包括购进和销售等两大经营环节，不直接生产产品，因而不存在产品生产成本核算的内容。

2. 商品流通企业的存货核算具有特殊性。

（1）存货内容的特殊性。制造业企业存货主要包括材料存货、在产品存货和商品（产成品）存货等，其中材料存货、在产品存货资金所占比重较大，商品存货的品种类别较少、资金比重小；而商品流通企业主要的经济活动是组织商品流通，其商品存货资金占全部存货的绝大部分，且商品的品种规格繁多，因此商品存货的核算和管理是存货核算和管理的中心内容。

（2）存货入账价值的特殊性。按照《企业会计准则》的规定，企业外购存货的成本包括购买价款、相关税费、运输费、装卸费、保险费以及在外购存货过程中发生的其他直接费用，但不含按照税法规定可以抵扣的增值税进项税额；企业（批发业、零售业）在购买商品过程中发生的费用，构成销售费用。

（3）存货日常核算的特殊性。由于商品流通企业商品流转的特殊性，库存商品一般可以根据商品流转的特点分别采用数量进价金额核算法、售价金额核算法、进价金额核算法和数量售价金额核算法进行日常核算。

三、商品的种类和商品购销的确认与计量方法

（一）商品流转的种类

商品流转是指商品流通或商品贸易以货币为媒介的商品交换或移动的商业性活动。商品流转按其在社会再生产过程中所处的环节不同，可以分为批发商品流转和零售商品流转两大类型。

1. 批发商品流转。批发商品流转是指商品从生产领域进入流通领域以进一

步转卖为主的商品经营过程。进行批发商品流转经营活动的企业，主要是批发商业企业。批发业务是以"趸买趸卖"，即以批量购销或成团及大规模购买为特色的一种商品交易方式。批发商品流转的特点如下。

（1）经营的商品主要来源于工农业生产部门或其他批发商业企业及进口。

（2）商品经营活动一般是大宗商品买卖，交易次数少但每次商品购销额比较大。

（3）商品储存数量较大。

（4）商品销售对象主要是零售商业企业、其他批发商业企业和生产企业。

（5）商品流转时交易双方一般签订商品购销合同，并填制或取得合法的凭证。

2. 零售商品流转。零售商品流转是指零售企业从批发企业或者生产企业购进工农业产品，销售给城乡居民和集体消费者的活动。进行零售商品流转经营活动的企业，主要是零售商业企业。这里的零售业务是以"零卖"为特色、以"单售"为中心的一种商品交易方式。零售商品流转的特点如下。

（1）经营的商品主要来源于批发商业企业或工农业生产部门。

（2）经营的商品品种、规格繁多，交易次数频繁、数量零星。

（3）经营上要求勤进快销，商品储存量不大。

（4）销售对象主要是国内外企业、居民和消费者，交易方式主要是"一手交钱、一手交货"的现金交易或无纸化的电子远程交易。

（5）除大批量的集团购买或贵重商品外，一般不需专门填制销货凭证。

（二）商品购销的确认与计量方法

商品流通企业主要是通过商品的购、销、运、存等经营活动实现商品流转，其中购进和销售是完成商品流转的关键业务，运输和储存等活动是围绕商品购进和销售而展开的。关于企业购进与销售业务会计核算的主要特点，即对购进商品成本与销售收入及成本的确认和计量的要求，如表6-1所示。

表6-1　　商品流通企业的商品购进与商品销售的确认和计量要求

经营环节	商品购进	商品销售
基本含义	企业为转卖或加工后转卖，通过货币结算方式购买商品的活动	企业销售为转卖而购进的商品的活动
确认条件	①购买商品是为转卖而购进的商品。如不是为转卖而购进的物品均不属商品购进，比如购进办公用品、工程物资。 ②通过货币结算方式购进商品。不是通过货币结算方式而购入的物品不属于商品购进，如接受捐赠、存货盘盈等。 ③已取得所购商品的所有权。凡未取得所有权的商品均不属商品购进，如受托代销收到的商品、已预付货款但未取得商品处置权的商品等	①商品所有权已经转移，表现为商品已经发出或所有权已经转移； ②已经收取货款或取得收取货款的权利

续表

经营环节	商品购进	商品销售
入账时间	①从本地购进商品，采用现金、支票、汇兑、本票、汇票等结算方式的，以支付货款并取得供货单位货物发票的时间作为商品购进入账时间。 ②从外地购进商品并采用托收承付或委托收款结算方式，以收到结算凭证并承付货款时间作为商品购进入账时间。 ③在商品购进业务中，采取预付货款方式的，以取得供货单位货物发票的时间作为商品购进入账时间。 ④进口商品以支付货款的时间作为商品购进的入账时间。若商品先到，并已经验收入库，而相关单证未到，平时暂不入账。月末，仍然未收到相关单证的，按合同或协议价暂估入账，下月初用红字冲回	①以现金、支票、汇兑、本票、汇票等结算方式销售商品，以收到货款并发出商品时间是商品销售入账时间； ②以分期收款销售方式，按合同约定收款日期作为商品销售入账时间； ③以预收货款结算方式，按实际发出商品时间作为商品销售入账时间； ④用托收承付或委托收款结算方式的，以发出商品并办委托收款手续的时间作为商品销售入账时间； ⑤用支付手续费委托代销方式的，以收到受托方开出代销清单的时间作为商品销售入账时间； ⑥商品出口销售如采用信用证结算方式，以收到运输单据并向银行办理交单的时间作为商品销售入账时间
成本计量	①国内购进的用于国内销售和出口的商品，以进货原价作为其采购成本。发生的其他进货费用直接计入销售费用。 ②进口商品的采购成本包括进口商品国外进价和进口环节的各项税费（不含准予抵扣的增值税进项税额），发生的其他进货费用可以直接计入销售费用。进口商品的国外进价以到岸价（CIF）为基础，如以离岸价（FOB）交货，商品运至我国目的港前发生的进货费用，应计入商品的采购成本。 ③委托其他单位代理进口商品的采购成本为实际支付给代理单位的全部价款（不含准予抵扣的增值税进项税额）。 ④收购免税产品的采购成本为农产品收购发票或销售发票上注明的农产品买价扣除按规定计算的准予抵扣增值税进项税额后的数额	一般情况下，企业销售商品，应该按合同或协议规定把已收或应收的货款金额作为商品销售收入的入账金额。涉及商业折扣现金折扣和销售折让的，按以下方法确定商品销售收入的入账金额： ①在商业折扣方式下，按折扣后的金额作为商品销售收入的入账金额； ②在现金折扣方式下，按折扣前的金额作为商品销售收入的入账金额。实际发生的现金折扣于发生时计入财务费用； ③销售商品并确认收入后发生销售折让的，在实际发生时冲减当期销售收入

第二节　批发企业业务处理

一、批发企业业务的会计核算方法

商品流通企业批发业务的会计核算可以根据情况选择数量进价金额核算法、数量售价金额核算法、售价金额核算法和进价金额核算法四种会计核算方法。这四种核算方法的主要内容如表 6-2 所示。

表6-2　　　　　　　　　　　批发企业会计核算方法概述

方法	含义	核算内容	核算特点
数量进价金额核算法	以商品数量和进价金额两种计量单位反映商品进、销、存情况的一种方法	"库存商品"的总分类和明细分类账一按进价记账。总分类账反映库存商品的进价总值，明细分类账反映各种商品的实物数量和进价金额。根据商品的不同特点，采用不同的方法定期计算和结转已销商品的进价成本	按经营管理需要，在"库存商品"总分类账和明细分类账之间，可设"库存商品"类目账，按商品大类分户记载商品进、销、存金额。业务部门和仓库设置商品账，分户方法和"库存商品"明细账相同，记载商品收、付、存数量，不计金额
数量售价金额核算法	以实物数量和售价金额两种计量单位反映商品进、销、存情况的一种核算方法	"库存商品"总分类账、类目账和明细账均按售价记账。设置"商品进销差价"账户，记载售价金额和进价金额之间的差额，定期分摊已销商品进销差价，计算已销商品进价成本和结存商品进价金额	该方法适用于经营金额较小、批量较少的小型经营批发企业，以及经营零售的企业的库存商品和贵重商品的会计核算
售价金额核算法	以销售价格为核心的一种核算方法	设置"进销商品差价"账户，反映商品进价与售价之间差额。月末要分摊和结转已销商品所实现的商品进销差价。设置"物资采购"账户：企业采购商品支付货款及发生应入成本的收购费用时记入借方；商品验收入库时记入贷方；余额在借方表示企业在途商品成本。应按供货单位名称进行明细分类核算	该方法需要加强商品盘点，发生不符时及时查明原因，进行处理，以达到账实相符、保护财产安全和完整。对自然损耗的商品，应核定损耗率作为考核依据。此外，遇到实物负责人调动，必须进行临时盘点，以分清责任；遇到商品调价，必须通过盘点，才能确定调价金额，进行账面调整
进价金额核算法	以进价金额控制库存商品进、销、存情况的核算方法	库存商品总分类账和明细分类账一律以进价入账，只记金额不计数量。库存商品明细账按商品大类或柜组设置，对需掌握数量的商品可设置备查账进行记录。平时销货账户处理，只核算销售收入，不核算成本。月末采取"以存计销"方法，实地盘点库存商品，倒挤商品销售成本	本期商品销售成本＝期初库存商品＋本期进货总额－期末库存商品进价金额。优点是可以简化核算手续，节约人力、物力。缺点是确定时手续不够严密，平时不能掌握库存情况，且对商品损耗或差错事故不能控制。一般适用于鲜活商品的会计核算

二、批发企业购进商品业务的会计核算

数量进价金额核算法、进价金额核算法下的库存商品均是以实际成本作为入账价值，实务中一般将这两种方法统称实际成本法。两者的差异仅是在明细分类账中是否登记库存商品的数量，但账务处理方法上没有区别。

数量售价金额核算法、售价金额核算法下的库存商品均是以售价作为入账价值,实务中习惯上将这两种方法称为计划成本法或售价成本法。两种方法在账务处理方法上是相同的,唯一的差异是否登记库存商品的数量。

(一) 实际成本核算法购进商品的会计核算

实际成本法会计核算是指库存商品的收发及结存,无论总分类核算还是明细分类核算均按照实际成本计价。优点是"库存商品"科目的借方、贷方及余额均以实际成本价,不存在成本差异的计算与结转问题;缺点是采用实际成本核算,日常反映不出采购成本是节约还是超支,从而不能反映和考核物资采购业务的经营成果。所以,实际成本法一般适用于规模较小、存货品种简单、采购业务不多、商品收发业务较少的企业。

1. 常用会计科目。

(1) 在途物资。"在途物资"科目用于核算企业采用实际成本(进价)进行商品等物资的日常核算、货款已付尚未验收入库的各种物资(即在途物资)的采购成本,按供应单位和物资品种进行明细核算。本科目借方登记企业购入的在途物资的实际成本,贷方登记验收入库的在途物资的实际成本,期末余额在借方,反映企业在途物资的采购成本。

(2) 库存商品。"库存商品"科目用于核算库存各种商品的收发与结存情况。本科目借方登记入库商品的实际成本,贷方登记发出商品的实际成本,期末余额在借方,反映企业库存商品的实际成本。

(3) 应付账款。"应付账款"科目用于核算企业因购买商品和接受劳务等经营活动应支付的款项。本科目贷方登记企业因购入商品和接受劳务等尚未支付的款项,借方登记偿还的应付账款,期末余额一般在贷方,反映企业尚未支付的应付账款。

(4) 预付账款。"预付账款"科目用于核算企业按照合同规定预付的款项。本科目借方登记预付的款项及补付的款项,贷方登记收到所购物资时根据有关发票账单记入"库存商品"等科目的金额及收回多付款项的金额。预付款项情况不多的企业,可以不设置本科目,而将此业务放在"应付账款"科目中核算。

2. 批发企业按照实际成本法核算商品购进业务的相关会计处理。商品流通企业外购商品时,由于结算方式和采购地点的不同,商品入库和贷款的支付在时间上不一定完全同步,相应地,其账务处理也有所不同。

(1) 发票账单与商品同时到达的采购业务,商品已验收入库。

借:库存商品
　　应交税费——应交增值税(进项税额)
　贷:银行存款等

(2) 如果已经付款或已开出、承兑商业汇票,但商品尚未到达或尚未验收入库,需待到商品到达、验收入库后,再根据入库单做账。

借：在途物资
  　　应交税费——应交增值税（进项税额）
  　　贷：银行存款/应付票据等
借或贷：财务费用——汇兑损益

（3）如果商品已到达并已验收入库，但发票账单等结算凭证未到，货款尚未支付的采购业务时，相关会计分录如下。

①应于月末按商品的暂估价值。

借：库存商品
  　　贷：应付账款——暂估应付账款

②等到下月初用红字作同样的记账凭证予以冲回。

借：应付账款——暂估应付账款
  　　贷：库存商品

③下月收到发票等结算凭证。

借：库存商品
  　　应交税费——应交增值税（进项税额）
  　　贷：银行存款/应付票据

（4）批发企业采用预付货款方式核算时，相关会计处理如下。

①在预付商品价款时，按实际预付金额记账。

借：预付账款
  　　贷：银行存款

②已经预付商品货款的商品验收入库，根据发票账单等所列的价款、税额等记账。

借：库存商品
  　　应交税费——应交增值税（进项税额）
  　　贷：预付账款

③如果预付账款不足，补付后，按补付金额记账。

借：预付账款
  　　贷：银行存款

④退回上项多付的款项。

借：银行存款
  　　贷：预付账款

（二）售价成本法购进商品的会计核算

售价成本法下库存商品的核算是指商业企业存货的收入、发出和结余均按预先制定的售价成本计价（或称为计划成本计价），另设"商品进销差价"科目，登记实际成本与售价成本的差额。要求存货的总分类核算和明细分类核算均按售价成本计价，在一定程度上简化了会计核算的工作量。计划成本法一般适用于存货品种繁多、收发频繁的企业，如大中型企业中的各种库存商品、低值易耗品等。

1. 常用会计科目。

（1）库存商品。"库存商品"科目用于核算库存各种商品的收发与结存情况的计划成本。本科目借方登记入库商品的计划成本，贷方登记发出商品的计划成本，期末余额在借方，反映企业库存商品的计划成本。

（2）物资采购。"物资采购"科目用于核算商品采购的实际成本。本科目借方登记采购商品的实际成本，贷方登记入库商品的售价成本。贷方大于借方的金额即为商品进销差价，从本科目借方转入"商品进销差价"科目的贷方。

（3）商品进销差价。"商品进销差价"科目用于反映企业已入库各种商品的实际成本与售价成本的差异。商品入库时，贷记本科目。其数值等于实际成本和售价金额的差额。结转已销商品成本时，借记本科目，贷方冲销"主营业务成本"虚增的实际成本和售价金额的差额成本。

（4）预付账款。"预付账款"科目用于核算企业按照合同规定预付的款项。本科目借方登记预付的款项及补付的款项，贷方登记收到所购物资时根据有关发票账单记入"库存商品"等科目的金额及收回多付款项的金额。预付款项情况不多的企业，可以不设置本科目，而将此业务放在"应付账款"科目中核算。

2. 批发企业按照售价成本法购进商品业务的会计处理。

（1）批发企业按售价采购商品的业务时，可能面临多种情况，下面分别说明商品采购时的不同情况的会计处理。

①某批发企业收到采购的商品，发票等账单同时到达，并向国外供应商支付外币款项的采购业务。

借：物资采购
　　应交税费——应交增值税（进项税额）
　贷：银行存款（外币当日卖出价折算）

②某批发企业已经支付购进商品的款项或已经开出承兑汇票，但是商品尚未到达仓库或已经到达企业但尚未验收入库。

借：物资采购
　　应交税费——应交增值税（进项税额）
　贷：银行存款/应付票据（外币当日卖出价折算）

③某批发企业购进商品已经到达并验收入库，但是发票账单等结算凭证未到达企业，货款未支付的采购业务。首先应于月末按商品暂估价值，做如下会计分录。

借：库存商品
　贷：应付账款——暂估预付账款

下月初用红字作同样的记账凭证予以冲回，下月付款或开出商业承兑汇票。

借：库存商品
　贷：银行存款/应付票据等

④在已经到达企业的商品验收入库时。

借：库存商品
　　贷：物资采购
　　　　商品进销差价

（2）批发企业结转已销产品成本时的会计处理如下。

①企业结算已销商品的成本时：

借：主营业务成本
　　贷：库存商品

②企业冲销商品进销差价时：

借：商品进销差价
　　贷：主营业务成本

（三）批发企业购进商品时进货费用的会计核算

2006年财政部发布的《企业会计准则第1号——存货》第六条规定："存货的采购成本，包括购买价款、相关税费、运输费、装卸费、保险费以及其他可归属于存货采购成本的费用。"同年发布的《企业会计准则第1号——存货》应用指南中规定：

1. 商品流通企业中的批发企业在采购商品过程中发生的运输费、装卸费、保险费以及其他可归属于存货采购成本的进货费用，应当计入存货采购成本（库存商品——进货费用），也可以先进行归集，期末再根据商品的存销情况分别进行分摊。

2. 对于已售商品的进货费用，计入当期损益（销售费用）；对于未售商品的进货费用，计入期末存货成本（库存商品）。

3. 批发企业采购商品的进货费用金额较小的，可以在业务发生时直接计入当期损益（销售费用）。

三、批发企业销售商品业务的会计核算

（一）账户设置

商品流通批发企业核算对外批发销售业务时应设置"主营业务收入""主营业务成本""应收账款""预收账款"等账户，对相关批发销售业务进行核算。

（二）批发商品销售一般业务会计核算要点

1. 销售收入的确认。如果符合新收入会计准则的规定，企业就可以根据销售商品开具的发货票记账联、银行结算凭证（如银行进账单、托收单等）记账。

借：银行存款（或应收账款、应收票据等）（代垫的运费计入应收账款）
　　贷：主营业务收入（不包含销项税）（售价）
　　　　应交税费——应交增值税（销项税额）

2. 商品销售成本的结转。
借：主营业务成本（进价）
　　贷：库存商品

批发已销商品进价成本的结转方式一般有两种，即逐笔结转和定期结转。逐笔结转是指反映每一笔商品销售收入后，同时按进价结转成本；定期结转是指销售商品时只在库存商品明细账中登记已销商品的数量，月末或定期按照一定的方法计算并结转已销商品的进价成本。

实务中商品销售后，本应按进价结转成本，但由于发票上往往只有售价，没有进价，故通常在销售时不结转销售成本，待月末一起结转（定期结转）。

（三）同城商品与异地销售商品的核算

1. 同城商品销售业务的核算。

【例6-1】大连百货公司对同城客户销售康佳牌彩色电视机100台，每台1 450元，货款总计145 000元，增值税税额18 850元，价税合计163 850元，收到转账支票一张，存入银行。该批商品的进价为每台1 250元。

借：银行存款　　　　　　　　　　　　　　　　　　163 850
　　贷：主营业务收入——家电类　　　　　　　　　　145 000
　　　　应交税费——应交增值税（销项税额）　　　　 18 850
借：主营业务成本——家电类　　　　　　　　　　　　125 000
　　贷：库存商品——家电类　　　　　　　　　　　　125 000

2. 异地商品销售的核算。

【例6-2】某批发公司销售给外地DF百货商场毛衫2 000件，单价80元，货款160 000元，增值税税额20 800元，采用委托收款方式结算货款，运输部门向仓库提货办理发运手续，以支票代垫运杂费500元，取得运单。该商品进价每件60元。以支票垫付运费。

借：应收账款——DF百货商场　　　　　　　　　　　　 500
　　贷：银行存款　　　　　　　　　　　　　　　　　　500
借：应收账款——DF百货商场　　　　　　　　　　　 180 800
　　贷：主营业务收入　　　　　　　　　　　　　　　160 000
　　　　应交税费——应交增值税（销项税额）　　　　 20 800

（四）分期收款销售商品的核算

在此方式下，商品交付购货方时，企业不能确认销售收入，应转入"发出商品"账户核算；按发出商品的实际成本，借记"发出商品"科目，贷记"库存商品"科目。不具有融资性质的分期销售合同，企业应按照合同约定的收款日期分期确认销售收入，并按全部销售成本与全部销售收入的比例，计算结转各期商品销售成本。

1. 发出商品。

借：发出商品
　　贷：库存商品

2. 在合同规定的收款日确认收入。

借：应收账款
　　贷：主营业务收入
　　　　应交税费——应交增值税（销项税额）

借：银行存款
　　贷：应收账款

3. 按比例结转本期分期收款销售商品的成本。

借：主营业务成本
　　贷：发出商品

【例6-3】向本市北方商场销售电热水器100台，每台售价500元，货款50 000元，销项税额6 500元，共计56 500元。每台进价400元，采用分期收款销售，约定分五个月等额付款。

借：发出商品　　　　　　　　　　　　　　　　40 000
　　贷：库存商品——电热水器　　　　　　　　　40 000

到约定收款日期，收到对方交来的支票一张，金额为11 300元。

借：银行存款　　　　　　　　　　　　　　　　11 300
　　贷：主营业务收入　　　　　　　　　　　　　10 000
　　　　应交税费——应交增值税（销项税额）　　 1 300

借：主营业务成本　　　　　　　　　　　　　　　8 000
　　贷：发出商品　　　　　　　　　　　　　　　　8 000

（五）代销商品销售的核算

1. 代销商品的定义。委托方和受托方签订协议，委托方按协议价收取所代销的货款，实际售价可由受托方自定，实际售价与协议价之间的差额归受托方所有。

2. 代销商品的销售本质是代理销售，委托方将商品交付给受托方，受托方未实际取得商品控制权，即未按双方代销合同约定的条件完全履行合同约定的义务，此时不应确认收入。交付商品时，委托方不确认收入，受托方不作购进商品处理；销售后，受托方按实际售价确认收入并开具代销清单。委托方收到代销清单时，确认收入。

【例6-4】甲企业委托乙企业销售A商品100件，协议价为100元/件，该商品成本60元/件，增值税税率13%。甲企业收到乙企业开来的代销清单时开具增值税发票，发票上注明：售价10 000元，增值税1 300元。乙企业实际销售时开具的增值税发票上注明售价12 000元，增值税1 560元。

受托方对相关业务的会计处理如下。

收到 A 商品时：

借：受托代销商品　　　　　　　　　　　　　　　　　　10 000
　　贷：代销商品款　　　　　　　　　　　　　　　　　　10 000

销售时：

借：银行存款　　　　　　　　　　　　　　　　　　　　13 560
　　贷：主营业务收入　　　　　　　　　　　　　　　　　12 000
　　　　应交税费——应交增值税（销项税额）　　　　　　1 560

借：主营业务成本　　　　　　　　　　　　　　　　　　10 000
　　贷：受托代销商品　　　　　　　　　　　　　　　　　10 000

借：代销商品款　　　　　　　　　　　　　　　　　　　10 000
　　应交税费——应交增值税（进项税额）　　　　　　　 1 300
　　贷：应付账款——甲企业　　　　　　　　　　　　　　11 300

同甲企业进行货款结算时：

借：应付账款——甲企业　　　　　　　　　　　　　　　11 300
　　贷：银行存款　　　　　　　　　　　　　　　　　　　11 300

委托方对相关业务的会计处理如下。

将 A 商品交付乙企业时：

借：委托代销商品　　　　　　　　　　　　　　　　　　 6 000
　　贷：库存商品　　　　　　　　　　　　　　　　　　　 6 000

收到代销清单时：

借：应收账款——乙企业　　　　　　　　　　　　　　　11 300
　　贷：主营业务收入　　　　　　　　　　　　　　　　　10 000
　　　　应交税费——应交增值税（销项税额）　　　　　　1 300

借：主营业务成本　　　　　　　　　　　　　　　　　　 6 000
　　贷：委托代销商品　　　　　　　　　　　　　　　　　 6 000

收到乙企业汇来的货款时：

借：银行存款　　　　　　　　　　　　　　　　　　　　11 300
　　贷：应收账款——乙企业　　　　　　　　　　　　　　11 300

（六）商品销售退补价和销售退回的核算

1. 定义。商品销售退补价业务是指由于计价错误发生向购货单位退回多收的货款或者补收少收的货款业务部门应分别填制红字或蓝字的"发货票"，财会部门审核无误后办理退补价手续，相应调整"主营业务收入"和"应交税费"账户。

【例 6-5】某批发企业销售一批商品给某零售企业，售价 3 000 元，销项税额 390 元，款已收回。事后发现，由于计算错误，多收 200 元，销项税额 26 元，业务部门开出红字"发货票"将 226 元退还给购货单位。

借：主营业务收入　　　　　　　　　　　　　　　　　　　　　　200
　　应交税费——应交增值税（销项税额）　　　　　　　　　　　　26
　贷：银行存款　　　　　　　　　　　　　　　　　　　　　　　　226

如果销售补价，账务处理正好相反。

2. 销货退回会计核算特点：与一般销售业务的会计分录相同，金额为红字的会计处理。

借：银行存款　　　　　　　　　　　　　　　　　　　　　　　（红字）
　贷：主营业务收入　　　　　　　　　　　　　　　　　　　　（红字）
　　　应交税费——应交增值税（销项税额）　　　　　　　　　　（红字）

（七）批发企业预收货款的核算

1. 以合同预收账款时。

借：银行存款
　贷：预收账款

2. 发出商品确认销售时。

借：预收账款
　贷：主营业务收入
　　　应交税费——应交增值税（销项税额）

同时结转成本：

借：主营业务成本
　贷：库存商品

3. 退还（或收到）多余（或补付）款项时。

借：预收账款
　贷：银行存款

【例6-6】向GE百货商场售出甲商品100台，每台售价2 200元，货款220 000元，销项税额28 600元，共计248 600元。

借：预收账款——GE百货商场　　　　　　　　　　　　　　248 600
　贷：主营业务收入　　　　　　　　　　　　　　　　　　　220 000
　　　应交税费——应交增值税（销项税额）　　　　　　　　　28 600

注意：以上批发企业对外销售商品的各类业务中，如果采用美元结算，一般原则是：发生当日需要支付外币货款时，按当日外汇卖出牌价折算成人民币记账本位币入账；当日收到外国客户支付的外币时，按照当日外汇汇率（即期汇率）折算成人民币记账本位币入账，月末，结算应收和应付账款时需要按照月末当日汇率折算成记账本位币入账，出现账面金额和折算金额的差额时需要记入"财务费用——汇兑损益"科目。

第三节 零售企业业务处理

零售企业是商品贸易中除了批发业务之外的另一种商品销售业务,是销售商将商品流通到最终消费者手中的一个环节。它处于商品流通的终点,是指零售企业从批发企业或生产企业购进商品,并把商品销售给最终消费者,或销售给企事业单位等用于生产和生活消费。其会计核算方式与批发业务相似,其中采购业务的会计核算与批发业务完全相同。在零售销售模式下,因其产品品种繁多、交易频繁等特点,在主营业务成本结转时与批发业务相比存在差异。

一、零售企业业务的会计核算方法

与企业批发业务核算方法相似,商品流通企业零售业务的会计核算也可以根据不同情况选择如下会计核算方法:数量进价金额核算法、数量售价金额核算法、售价金额核算法和进价金额核算法等。这四种核算方法的主要内容见表6-3。

表6-3 零售企业业务会计核算方法的概述

方法	含义	核算内容	核算特点
数量进价金额核算法	以商品数量和进价金额两种计量单位反映商品进、销、存情况的一种方法	"库存商品"总分类和明细分类统一按进价记账。总分类账反映库存商品的进价总值,明细分类账反映各种商品的实物数量和进价金额。根据商品的不同特点,采用不同方法定期计算和结转已销商品的进价成本。"库存商品"明细账按商品的编号、品名、规格、等级分户。按商品收、付、存分栏记载数量和金额,数量要求永续盘存	按经营管理需要,在"库存商品"总分类账和明细分类账之间,可设置"库存商品"类目账,按商品大类分户,记载商品进、销、存金额。在业务部门和仓库设置商品账,分户方法和"库存商品"明细账相同,记载商品收、付、存数量,不计金额。该方法一般不适用于大型零售企业,但是随着电脑、进销存软件、条码扫描录入等新型软硬件广泛应用及精细化管理的需要,很多大型零售商场也开始使用该方法
数量售价金额核算法	以实物数量和售价金额两种计量单位反映商品进、销存情况的一种核算方法	"库存商品"总分类账、类目账和明细账均按售价记账。设置"商品进销差价"账户,记录售价金额和进价金额间的差额,定期分摊已销商品进销差价,计算已销商品进价成本和结存商品的进价金额	该方法适用于经营金额较小、批量较少的小型经营批发企业,以及零售企业的库存商品和贵重商品的会计核算

续表

方法	含义	核算内容	核算特点
售价金额核算法	以销售价格为核心的一种核算方法	"库存商品"的总分类账及所属明细分类账都必须按售价记账,并按实物负责小组设置库存商品明细分类账,以随时反映和掌握各实物负责小组及其经管商品所承担经济责任情况。设置"进销商品差价"账户,以反映商品进价与售价之间的差额。在月末要分摊和结转已销商品所实现的商品进销差价。设置"物资采购"账户:企业采购商品支付货款及发生应计入成本的收购费用时,记入借方;商品验收入库时,记入贷方;余额在借方,表示企业在途商品的成本。该账户应按供货单位名称进行明细分类核算	该方法需要加强商品的盘点,发生不符时要及时查明原因,进行处理,以达到账实相符、保护企业财产安全和完整的目的。对于有自然损耗的商品,应当核定损耗率作为考核的依据。此外,遇到实物负责人调动,必须进行临时盘点,以分清责任;遇到商品调价,必须通过盘点,才能确定调价金额,进行账面调整。该方法适用于经营金额较小、批量较少的小型经营批发企业,以及经营日用工业品的零售企业的库存商品和贵重商品的会计核算。目前该方法在众多超市等零售企业中得到广泛使用
进价金额核算法	以进价金额控制库存商品进、销、存的核算方法	"库存商品"的总分类账和明细分类账一律以进价入账,只记金额不计数量。库存商品明细账按商品大类或柜组设置,对需掌握数量的商品可设置备查账进行记录。平时销货账户处理,只核算销售收入,不核算成本。月末采取"以存计销"方法,实地盘点库存商品,倒挤商品销售成本	本期商品销售成本 = 期初库存商品 + 本期进货总额 - 期末库存商品进价金额。 优点是可以简化核算手续,节约人力、物力。缺点是确定时手续不够严密,平时不能掌握库存情况,且对商品损耗或差错事故不能控制。一般适用于鲜活商品的会计核算

二、零售企业购入商品的会计核算

数量进价金额核算法、进价金额核算法中的库存商品均是以实际成本作为入账价值,这两种方法统称实际成本法。两者的差异仅仅是在明细分类账中是否登记库存商品的数量,但账务处理方法上没有区别。

数量售价金额核算法、售价金额核算法库存商品均是以售价作为入账价值,这两种方法统称计划成本法或者售价成本核算法。两者的差异同样仅仅是在明细分类账中是否登记库存商品的数量,在账务处理方法上是相同的。因此,本节如下内容主要按照实际成本法和售价成本法分别进行列示。

(一) 实际成本核算法购进商品的会计核算

实际成本法会计核算是指库存商品的收发及结存,无论总分类核算还是明细分类核算,均按照实际成本计价。优点是"库存商品"科目的借方、贷方及余额均以实际成本计价,不存在成本差异的计算与结转问题;缺点是采用实际成本核算,日常反映不出采购成本是节约还是超支,从而不能反映和考核物资采购业务的经营成果。所以,实际成本法一般适用于规模小、存货品种简单、采购业务不多、商品收发业务较少的企业。

1. 常用会计科目。

(1) 在途物资。"在途物资"科目用于核算企业采用实际成本(进价)进行商品等物资的日常核算、货款已付尚未验收入库的各种物资(即在途物资)的采购成本,按供应单位和物资品种进行明细核算。本科目借方登记企业购入的在途物资的实际成本,贷方登记验收入库的在途物资的实际成本,期末余额在借方,反映企业在途物资的采购成本。

(2) 库存商品。"库存商品"科目用于核算库存各种商品的收发与结存情况。本科目借方登记入库商品的实际成本,贷方登记发出商品的实际成本,期末余额在借方,反映企业库存商品的实际成本。

(3) 应付账款。"应付账款"科目用于核算企业因购买商品和接受劳务等经营活动应支付的款项。本科目贷方登记企业因购入商品和接受劳务等尚未支付的款项,借方登记偿还的应付账款,期末余额一般在贷方,反映企业尚未支付的应付账款。

(4) 预付账款。"预付账款"科目用于核算企业按照合同规定预付的款项。本科目借方登记预付的款项及补付的款项,贷方登记收到所购物资时根据有关发票账单记入"库存商品"等科目的金额及收回多付款项的金额。预付款项情况不多的企业,可以不设置本科目,而将此业务放在"应付账款"科目中核算。

2. 零售企业按照实际成本法购进商品业务的会计处理。企业外购商品时,由于结算方式和采购地点的不同,商品入库和货款的支付在时间上不一定完全同步,相应地,其账务处理也有所不同。

(1) 零售企业购进商品的发票账单与商品同时到达,且商品已验收入库时的会计处理。

借:库存商品
　　应交税费——应交增值税(进项税额)
　　贷:银行存款等

(2) 零售企业购进商品已经付款或已经开出商业承兑汇票,但商品未到达,或未验收入库时,应当进行如下会计处理:

借:在途物资
　　应交税费——应交增值税(进项税额)
　　贷:银行存款/应付票据等

待到商品到达、验收入库后,再根据入库单做商品入库,会计处理如下。

借:库存商品
　　贷:在途物资

(3) 零售企业购进的商品已到达并已验收入库,但发票账单等结算凭证未到,贷款尚未支付的采购业务,应于月末按商品的暂估价值,会计处理如下。

借:库存商品

贷：应付账款——暂估应付账款
　下月初用红字作同样的记账凭证予以冲回时的会计处理。
　　借：应付账款——暂估应付账款
　　贷：库存商品
　下月收到发票等结算凭证时的会计处理。
　　借：库存商品
　　　　应交税费——应交增值税（进项税额）
　　贷：银行存款/应付票据等
　（4）零售企业采用预付款方式购进商品，按实际金额预付商品价款时的会计处理。
　　借：预付账款
　　贷：银行存款
　待已经预付货款的商品验收入库后，根据发票账单等所列价款、税额等，做如下会计处理。
　　借：库存商品
　　　　应交税费——应交增值税（进项税额）
　　贷：预付账款
　预付款不足需要补付时，按补付的金额，做如下会计处理。
　　借：预付账款
　　贷：银行存款
　预付款多于实际应付货款时，需要按退回的金额，做如下会计处理。
　　借：银行存款
　　贷：预付账款

（二）售价成本核算法购进商品的会计核算

　　售价成本法会计核算是指企业存货的收入、发出和结余均按预先制定的售价成本计价（或者习惯上称为计划成本计价），另设"商品进销差价"科目，登记实际成本与售价成本的差额。要求存货的总分类核算和明细分类核算均按售价成本计价，在一定程度上简化了会计核算的工作量。计划成本法一般适用于存货品种繁多、收发频繁的企业，如大中型企业中的各种库存商品、低值易耗品等。

　　1. 常用会计科目。
　　（1）库存商品。"库存商品"科目用于核算各种库存商品的收发与结存情况的计划成本，本科目借方登记入库商品的计划成本，贷方登记发出商品的计划成本，期末余额在借方，反映企业库存商品的计划成本。
　　（2）物资采购。"物资采购"科目用于核算商品采购的实际成本。本科目借方登记采购商品的实际成本，贷方登记入库商品的售价成本。贷方大于借方的金额即为商品进销差价，从本科目借方转入"商品进销差价"科目的贷方。

(3) 商品进销差价。"商品进销差价"科目用于反映企业已入库各种商品的实际成本与售价成本的差异，商品入库时，贷记本科目。其数值等于实际成本和售价金额的差额。结转已销商品成本时，借记本科目，贷方冲销"主营业务成本"虚增的实际成本和售价金额的差额成本。

(4) 预付账款。"预付账款"科目用于核算企业按照合同规定预付的款项。本科目借方登记预付的款项及补付的款项，贷方登记收到所购物资时根据有关发票账单记入"库存商品"等科目的金额及收回多付款项的金额。预付款项情况不多的企业，可以不设置本科目，而将此业务放在"应付账款"科目中核算。

2. 零售企业按照售价成本核算法购进商品业务的会计处理。

如果该商品的发票账单与商品同时到达企业，并支付货款的采购业务，其会计处理如下。

借：物资采购
　　应交税费——应交增值税（进项税额）
　贷：银行存款/应付账款/应付票据等

如果已经付款或已开出、承兑商业汇票，但商品尚未到达或尚未验收入库时的会计处理。

借：物资采购
　　应交税费——应交增值税（进项税额）
　贷：应付账款/应付票据等

如果该购入商品已到达企业并已验收入库，但发票账单等结算凭证未到，货款尚未支付的采购业务，先应于月末按商品的暂估价值入账，然后待下月初用红字作同样的记账凭证予以冲回，下月付款或开出、承兑商业汇票。相关会计处理如下。

借：库存商品
　　贷：应付账款——暂估应付账款
借：库存商品
　　贷：银行存款/应付票据等

商品验收入库时，需要按照进销价格确认商品进销差价。

借：库存商品
　　贷：物资采购
　　　　商品进销差价

期末该零售企业结转已销商品成本同时冲销商品进销差价时的会计处理如下。

借：主营业务成本
　　贷：库存商品
借：商品进销差价
　　贷：主营业务成本

三、零售企业销售商品的会计核算

零售企业在进行收入确认和成本结转时,往往将多笔销售汇总后进行处理。账务处理的原始单据为销售汇总表,同时可以粘贴对应的多张销售发票记账联,也有部分企业将发票记账联单独装订存放。汇总的时间可以以天为时间段,也可以5天、10天或者1个月为时间段,企业可以依据业务量自行确定。本章以1个月为时间段进行讲解。

零售企业在销售发票使用上,依据客户要求可以使用普通发票以及增值税专用发票,但是增值税的征收率、增值税税率对某一零售企业来讲是不能选择的。如果企业是小规模纳税人,那么增值税的征收率为3%;如果企业是一般纳税人,那么增值税税率为13%。本教材以一般纳税人进行示范。

根据收入和费用配比原则,与同一项销售有关的收入和费用应在同一会计期间予以确认,企业应在确认收入的同时或同一会计期间结转相关的成本。

(一) 销售商品常用会计科目

1. 主营业务收入。"主营业务收入"科目用于核算商品的销售收入。取得收入时,记入贷方。期末转入本年利润账户时,记入借方,该科目期末没有余额。

2. 主营业务成本。"主营业务成本"科目用于核算商品的销售成本。结转商品销售成本时,记入借方。期末转入本年利润账户时,记入贷方。该科目期末没有余额。

3. 应收账款。"应收账款"科目用于核算企业因销售商品或提供劳务等经营活动应收取的款项。本科目借方登记企业因销售商品或提供劳务等尚未收入的款项,贷方登记收到的应收账款,期末余额一般在借方,反映企业尚未收取的应收账款。

4. 预收账款。"预收账款"科目用于核算企业按照合同规定预收的款项。本科目贷方登记预收的款项,借方登记发出货物时根据有关发票账单记入"主营业务收入"和"应交税费"等科目的金额及退回多收款项的金额。预收款项情况不多的企业,可以不设置本科目,而将此业务放在"应收账款"科目中核算。

(二) 零售企业销售商品业务的会计核算

1. 零售企业对外实现销售商品的业务,在履行完所有合同义务,相关销售单据和商品都已经到达购货方,且对方已经支付款项时的会计处理。

借:银行存款等
　　贷:主营业务收入
　　　　应交税费——应交增值税(销项税额)

如果零售企业已经开出销售发票，但尚未收到对方的货款时的会计处理。
借：应收账款
　　贷：主营业务收入
　　　　应交税费——应交增值税（销项税额）

如果零售企业采取预收部分货款的方式进行销售时，收到预收款时相关会计处理如下。
借：银行存款
　　贷：预收账款

零售企业发出商品，且已经开具销售发票，并收到客户剩余货款时的会计处理。
借：银行存款
　　贷：预收账款
借：银行存款（剩余货款）
　　预收账款（提前预收部分货款）
　　贷：主营业务收入（全部销售价款）
　　　　应交税费——应交增值税（销项税额）

如果购货方因各种原因，发生商品退回，开具红字发票时的会计处理。
借：应收账款（红字冲销退货金额）
　　贷：主营业务收入（全部销售价款）
　　　　应交税费——应交增值税（销项税额）（红字冲销）

2. 零售企业结转已经对外销售的商品成本时的会计处理。
零售企业结转已经销售的商品成本，按照实际金额。
借：主营业务成本
　　贷：库存商品
同时需要冲销商品进销差价，其会计处理如下。
借：商品进销差价
　　贷：主营业务成本

【本章重要概念】

商品流通企业会计、批发企业、零售企业、实际成本、计划成本

【复习思考题】

1. 商品流通企业会计与制造企业会计有哪些不同？
2. 批发企业商品流通业务与零售企业商品流通业务有什么不同？
3. 批发企业的会计核算有哪些方式？各有什么特点？

【练习题】

一、单项选择题

1. 在商品购进业务中,采取预付货款方式的,应以（　　）时间作为购进商品的入账时间。
   A. 预付货款　　　　B. 承付货款　　　　C. 实际收到商品　　　　D. 签订合同
2. 批发企业购进商品的核算一般采用（　　）核算。
   A. 进价金额　　　　B. 售价金额　　　　C. 数量进价金额　　　　D. 数量售价金额
3. 批发企业商品销售的过程中,代垫购货单位的运费,通过（　　）账户核算。
   A. 其他应收款　　　B. 应收账款　　　　C. 预收账款　　　　　　D. 应付账款
4. 代销商品是销售商品的一种方式,牵涉到委托方和受托方两个方面,处在委托方立场上的商品称为（　　）。
   A. 受托代销商品　　B. 库存商品　　　　C. 委托代销商品　　　　D. 代销商品款
5. 零售企业月末"在途物资"账户的借方余额反映（　　）的采购成本。
   A. 库存商品　　　　B. 代销商品　　　　C. 入库原材料　　　　　D. 销售商品
6. 零售企业"库存商品"账户一般按（　　）设置明细账户。
   A. 商品名称　　　　B. 实物负责人　　　C. 供货单位名称　　　　D. 采购员
7. "商品进销差价"账户是（　　）账户的调整账户。
   A. 在途物资　　　　B. 库存商品　　　　C. 主营业务收入　　　　D. 主要业务成本
8. 经营日用工业品的零售企业,对库存商品的核算一般采用（　　）。
   A. 数量进价金额核算法　　　　　　　　B. 数量售价金额核算法
   C. 进价金额核算法　　　　　　　　　　D. 售价金额核算法

二、多项选择题

1. 批发企业"库存商品"账户核算的内容包括（　　）。
   A. 存放在外库的商品　　　　　　　　　B. 委托其他单位代销的商品
   C. 委托其他单位代管的商品　　　　　　D. 存放在门市部的商品
2. 批发企业外购存货的成本包括（　　）。
   A. 购买价款　　　　　　　　　　　　　B. 运输中不合理损耗
   C. 入库前挑选整理费用　　　　　　　　D. 可以抵扣的增值税进项税额
3. 商品流通企业商品流转业务主要包括（　　）等环节。
   A. 委托加工销售　　B. 商品购进　　　　C. 商品销售　　　　　　D. 商品储存
4. 企业预收账款账户的期末余额（　　）。
   A. 一般在贷方　　　B. 只能在贷方　　　C. 可能在借方　　　　　D. 只能在借方
5. 对批发商品销售的核算,应设置的账户有（　　）。
   A. 主营业务收入　　　　　　　　　　　B. 主营业务成本
   C. 应交税费——应交增值税（进项税额）　D. 应交税费——应交增值税（销项税额）
6. 商业企业商品购进的采购成本不包括（　　）。
   A. 商品买价　　　　B. 进货差旅费　　　C. 商品正常损耗　　　　D. 商品非正常损失
7. 对零售企业销售的核算,应设置的账户有（　　）。
   A. 主营业务收入　　B. 主营业务成本　　C. 预收账款　　　　　　D. 应收账款

三、判断题

1. 商品流通企业的业务主要包括商品生产、商品销售和商品储存三个环节。（　　）

2. 批发企业在购进商品时,对于月末发票账单未到且尚未支付款项的业务,按应付给供应商的暂估价入账,同时也需要暂估增值税进项税额。( )

3. 企业在预收货款时,由于转移了商品所有权,因此,可以作为商品销售。( )

4. 批发企业采购商品的进货费用金额较小的,可以在业务发生时直接计入销售费用。( )

5. 批发已销商品进价成本的结转方式一般有两种,即逐笔结转和定期结转。其中定期结转是指反映每一笔商品销售收入后,同时按进价结转成本。( )

6. 企业在预付货款时,不能作为商品购进,只有在收到商品时才能作为商品购进。( )

7. "商品进销差价"账户是资产类账户,期末余额在借方。( )

四、业务题

1. (1) A 商贸公司是批发企业,4月发生如下经济业务:

① 3 日以商业承兑汇票结算方式销售给大明商场电池 200 箱,批发价 60 元/箱,增值税税率 13%,以现金垫购货方应负担的运杂费 100 元,双方签订合同,两个月后付款,该电池进价成本为 40 元/箱。

② 6 日,销售给顺昌商厦迷你电熨斗 500 只,每只批发价 20 元,增值税税率 13%,当即收到银行汇票一张,已办理入账,每只电熨斗的进价 13 元。

③ 9 日,向飞跃服装厂购进男衣 1 000 件,每件进价 50 元,售价 60 元,增值税税率为 13%,直运乐易商场,进货款及运费 500 元均以转账支票付清,销货款已办理托收手续。按合同规定,乐易商场负担全部运费。

(2) B 批发企业发生如下经济业务:

① 向含光商店出售甲商品 800 台,每台售价 40 元,合同规定预收货款 20 000 元,其余货款交货时结清。该批商品进货成本每台 35 元,增值税税率为 13%。

② 从甲工厂购进一批 × 商品直运销售给丙商店,该批商品进价 31 000 元,增值税 4 030 元;与丙商店商定该批商品批发售价 36 000 元,增值税 4 680 元,商品运费 700 元,增值税 63 元,已由甲工厂代垫,全部由批发企业负担。× 商品由丙商店验收。批发企业已开出银行汇票向甲工厂结算货款,批发企业已收到丙商店的商业承兑汇票。

要求:根据上述经济业务,做出 A、B 两家批发企业的账务处理。

2. (1) 长城零售商店发生下列经济业务:

① 购入 B 商品,价格是 52 000 元,增值税 6 760 元,款项以存款支付,商品已到。

② 收到上述 B 商品并验收入库,售价 69 500 元。

③ 购入 C 商品,价格是 43 000 元,增值税 5 590 元,商品已入库,发票账单已收到,但款项尚未支付。对外零售价为 58 030 元。

④ 以存款支付购入 C 商品的款项 50 310 元。

⑤ 购进 B 商品 2 000 个,每个进价 4 元,共计货款 8 000 元,进项税额 1 040 元,款项开出转账支票付讫,B 商品由百货柜验收,每个售价 5.6 元。

要求:根据以上业务资料分析,编制长城零售商店相关业务的会计分录。

(2) 下列零售企业发生了相关经济业务:

① 百货柜销售商品一批,含税售价 46 800 元,款项收到,现金存入银行,同时结转销售成本。

② 本月含税商品销售收入 58 500 元,增值税税率为 13%,将含税销售收入调整为不含税收入,并结转本月增值税销项税额。

③假设某商店为小规模纳税人，本月含税销售收入92 700元，增值税税率为3%，将含税销售收入调整为不含税销售收入，并结转本月应交增值税。

④顺昌商厦当月销售电熨斗500只，每只20元，增值税税率为13%，当即收到银行汇票一张，已办理入账。

⑤广州百货商场销售商品一批，含税售价23 400元，已代垫运费1 000元，款项收到，现金存入银行，同时结转销售成本13 000元。

要求：根据上述经济业务，编制相应的会计分录。

第七章 服务贸易核算

【章首导言】

　　服务贸易是涉外贸易的重要组成部分。世界贸易组织服务贸易理事会经评定认为，国际服务贸易分为 12 个大类、4 种方式。服务贸易作为一种新兴的贸易形式，在一国国民经济中的地位和作用日益明显。进入 20 世纪 80 年代，服务贸易的增长速度高于商品贸易，全球经济竞争的重点也从货物贸易向服务贸易延伸。

　　近些年，我国服务外包快速发展，已成为生产性服务出口的主要实现途径，在全球价值链中的地位不断提升。党中央、国务院高度重视服务外包的发展。习近平总书记指出，服务贸易日益成为涉外贸易的重要组成部分和各国经贸合作的重要领域，发展前景广阔、潜力巨大，要大力发展服务贸易。2020 年 1 月 3 日，国务院第 77 次常务会议研究通过了《关于推动服务外包加快转型升级的指导意见》。

　　服务外包、物流服务贸易、旅游服务贸易、会展服务贸易和技术进出口贸易是我国服务贸易的主要业态，本章重点讲解这几种服务贸易业态的营业收入、成本核算及其会计处理。

【学习目标】

1. 了解服务贸易的概念及服务贸易的作用；
2. 了解服务外包收入、成本的会计处理；
3. 了解物流企业会计知识和技能；
4. 掌握远洋运输收入、成本的会计处理；
5. 了解旅行社会计知识和技能；
6. 掌握组团旅行社和接团旅行社的营业收入、营业成本的会计处理；
7. 掌握会展业务收入、成本的会计处理；
8. 掌握技术进出口会计和税务处理。

第一节 服务贸易概述

一、服务贸易的定义与分类

服务贸易和货物贸易是涉外贸易的共同组成部分。服务贸易的概念在关贸总协定乌拉圭回合达成的《服务贸易总协定》中做了定义。服务贸易指从一成员的国境向另一成员的国境提供服务；从一成员的国境向另一成员的服务消费者提供服务；通过一成员的（服务提供实体）法人在另一成员的商业存在（commercial presence）提供服务；由一成员的自然人在另一成员境内提供服务。狭义的国际服务贸易是指有形的、发生在不同国家之间，并符合严格服务定义的、直接的服务输出与输入。广义的国际服务贸易既包括有形的服务输入和输出，也包括服务提供者与使用者在没有实体接触情况下发生的无形的国际服务交换。一般所指的服务贸易都是广义的国际服务贸易概念。

按照世界贸易组织服务贸易理事会评定认可的国际服务贸易分类，共包括12个大类，分别是：商业性服务、通信服务、建筑服务、分销服务、教育服务、环境服务、金融服务、健康及社会服务、旅游及相关服务、文化娱乐及体育服务、交通运输服务和其他服务。

国际服务贸易具体包括四种方式：跨境交付（cross-border supply）；境外消费（consumption abroad）；商业存在（commercial presence）；自然人流动（movement of natural persons）。

跨境交付是从一方境内向任何其他方境内提供服务，服务提供者与消费者都不移动。如：保险服务、金融服务和软件信息外包等。

境外消费是指通过服务消费者（购买者）的过境移动实现的，服务是在服务提供者实体存在的那个国家（地区）生产的。如：旅游、教育、医疗服务等。

商业存在是一缔约方在其他缔约方境内通过提供服务的实体性介入而提供服务。主要涉及市场准入（market access）和直接投资（foreign direct investment），即在一缔约方内设立机构，并提供服务，取得收入，从而形成贸易，即"商业存在"。

自然人流动是指一国或地区的自然人（服务提供者）到任何其他国家和地区境内服务，以获取报酬。它的特点是服务提供者在外国或地区境内向在该国或地区的服务消费者提供服务，如专家教授讲学、技术咨询指导、文化艺术从业者到国外提供文化、娱乐服务。

二、国际服务贸易的特点

国际服务贸易作为一种新兴的贸易形式，其特点鲜明：第一，服务贸易是一种无形贸易,具有不可触摸性、不可储存性和不易运输性,因而导致服务出口方式多样化。第二,服务贸易的生产与消费往往同时发生,所以服务的生产和出口过程在一定程度上讲也就是服务的进口和消费过程。第三,服务贸易的对象主要是智力,如专利、版权法律和会计等,且贸易过程中通常不涉及服务所有权的转让,仅与生产要素的跨国界流动有关。第四,服务贸易更多地依赖于生产要素的国际移动和服务机构的跨国设置,都与资本、劳动力和信息等生产要素的跨国界流动密切相关。服务贸易的统计数据一般只在各国的国际收支表中显示,而在各国海关进出口统计中没有显示。第五,对服务贸易的监控不能通过海关监督和征收海关税的方式进行,而只能通过国家立法和制定行政法规来达到监控的目的。

三、国际服务贸易的重要性

作为涉外贸易的重要组成部分,服务贸易在一国国民经济中的地位和作用日益明显。服务贸易已成为一国产业结构调整的工具。因此,服务贸易得到了世界各个国家的高度重视,服务贸易得到了快速发展。进入20世纪80年代,服务贸易以高于货物贸易的速度增长,全球经济竞争的重点也从货物贸易向服务贸易延伸。

我国服务外包起步较晚,但发展迅猛。服务贸易在我国涉外贸易中的地位在逐步提高,对经济发展的贡献逐步增大。改革开放之后的较长一段时期,货物贸易在中国涉外贸易中占据主导地位,服务贸易相对于货物贸易的发展较为缓慢。随着经济全球化带来的产业重心从制造业向服务业转移,服务贸易在我国涉外贸易中的地位日趋重要。我国的改革开放,尤其是2001年加入世界贸易组织,对服务领域扩大对外开放作出了广泛承诺,极大地促进了服务贸易的发展,提升了我国在全球的地位。入世后我国服务贸易进入一个重要发展时期。"十三五"以来,中国服务贸易平均增速高于全球,2018年服务贸易进出口额达到了5.24万亿元,同比增长了11.5%,已经连续5年位居世界第二。2019年前11个月,服务外包增长11.4%。服务贸易占涉外贸易的比重从2012年的11.1%,提高到2018年的14.7%。服务贸易对国民经济增长的贡献率和拉动呈现不断增长的趋势,这是我国服务贸易发展进程中的一个显著变化。

当前,新一轮科技革命和产业变革加速推进,全球制造服务化、服务外包化趋势增强,服务外包日益呈现出数字化、智能化、融合化、高端化特征。我国高度重视发展服务贸易,发展服务贸易已经成为国民经济发展的重要战略。商务部专门成立了服务贸易司推进全国服务贸易发展工作并把服务贸易发展工作确立为中国特色商务工作的重要抓手;国家34个部委参加的服务贸易跨部门联系工作机制已经建立和运作;全国各省市越来越重视服务贸易发展工作,社会各界对加快发展服务贸易逐步达成共识;服务业对国民经济的贡献程度越来越高,服务业进一步深化改革、扩大对外开放,越来越多的服务企业已经或正在开始参与国际竞争、开拓国际市场。

第二节 服务外包业务处理

服务外包是指企业将其非核心的业务外包出去,利用外部优秀的专业化团队来承接,使其能够专注核心业务,从而达到降低成本、提高效率、增强企业核心竞争力和环境应变能力的一种管理模式。

服务外包企业是指根据其与服务外包发包商签订的中长期服务合同,向客户提供外包业务服务的服务外包提供商,即通常所说的外包承接商。目前,我国提倡大力发展离岸外包,并积极促进境内外包。离岸外包是指转移方与为其提供服务的承接方来自不同国家,外包工作跨境完成;内外转移方与为其提供服务的承接方来自同一个国家,外包工作在境内完成。

服务外包企业所承接的业务包括三种类型:一是信息技术外包(ITO),包括应用管理外包、应用软件开发外包、信息管理外包等;二是业务流程外包(BPO),包括远程财务管理服务、远程采购、存货管理服务、远程人力资源管理服务、呼叫中心等;三是知识流程外包(KPO),包括商业研究、商务智能、市场研究等。

一、服务外包会计核算概述

(一)服务外包企业经济业务的基本流程

服务外包企业的会计核算具有其自身的特点。服务外包企业作为外包业务的承接商,在其经营活动中所承接的离岸外包业务及境内外包业务,从外包项目洽谈开始到外包项目实施完成向发包商交付,这一过程就是外包项目的承接商向发包商提供劳务服务的过程。服务外包经济业务的基本流程见图7-1。

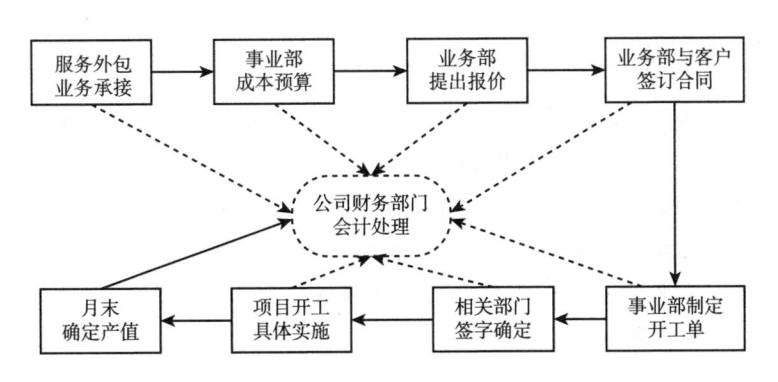

图7-1 服务外包经济业务的基本流程

由以上服务外包业务流程可以发现,企业的会计核算贯穿其经济业务流程。外包承接商基本上是提供劳务服务,这一特点为服务外包选择会计核算方法奠定了基础。除此之外，在服务外包的实际工作中，发包方由于业务需要而要求承接方为其购置一些设备，使服务外包发生商品销售业务（也可能是代购业务，视合同而定），由此使服务外包的经营活动具有了多样化的特征。

（二）服务外包会计核算特点

服务外包企业的会计核算必须严格遵循会计法、会计准则、会计制度的规定。由于服务外包的经济业务具有一定的特殊性，其会计核算也具有自身的特点，主要体现在：

1. 服务外包企业以合同、项目作为确认外包收入与归集服务外包开发成本的依据。服务外包企业在接包时均要与发包方签订合同，企业出于管理的需要按不同客户群设立多个事业部（或称业务部），承接的业务由一个或多个事业部完成。为了考核每个项目、每个事业部的绩效，服务外包的会计核算通常以签订的合同或承接的外包项目为基础进行收入与成本的确认、计量。

2. 服务外包的成本构成中，人工成本所占比例较大。由于服务外包企业在承接了外包业务后，其业务实施过程就是企业为发包方提供服务的过程，而且这种服务基本上是以高科技为支撑的劳务服务，这一特点决定了服务外包的成本构成主要为人工成本。一般来说，服务外包的人工成本占总成本的50%以上，若加上人员的培训费用，这一比例还要增加。

3. 服务外包企业的会计核算体系与方法具有综合性的特征。服务外包企业为了满足实际会计核算的需要，在会计核算的体系和方法上进行了优化。在账户设置上为满足外包项目成本核算的需要而设置了"开发成本"账户，通过该账户核算企业发生的离岸外包和境内外包的成本。对于企业发生的其他经济业务也按照会计准则的规定进行较为系统的核算。

二、服务外包收入的会计处理

（一）服务外包收入的分类

我国服务外包企业的业务活动，既包括服务外包业务，也包括商品销售业务和其他业务，具体业务收入分类如下：

1. 离岸外包收入，是指服务外包企业承接了境外发包商的离岸外包业务而取得的收入，如取得的应用软件开发外包收入、远程财务管理服务收入等。

2. 境内外包收入，是指服务外包企业承接了国内的发包商的外包业务而取得的收入，如银行数据、信用卡数据的处理及整合业务收入及取得的远程人力资源管理服务收入等。

3. 商品销售收入，是指服务外包企业在为境内外客户提供外包业务服务的同时而发生的商品销售活动取得的收入，如应用户要求为其配置计算机设备、特殊要求的灾备设施等取得的收入。

4. 其他收入,是指服务外包企业在其经营活动中取得的不属于以上各项的收入,如技术咨询收入、设备修理收入等。

(二) 服务外包收入的确认

服务外包企业取得的各项收入,应按照不同收入类别分别进行确认。按照服务合同约定完成了承诺应提供的劳务义务时,对已经提供劳务的收入予以确认。

(三) 收入账户的设置

服务外包企业为了全面核算企业实现的各项收入,在会计核算中应设置"主营业务收入"账户和"其他业务收入"账户。

1. "主营业务收入"账户。"主营业务收入"账户的贷方登记已实现的各种主营业务收入,借方登记销售退回的数额,月末贷方余额表示自年初起至本月末止企业已经实现的各种主营业务收入。该账户应按照外包收入和商品销售收入设置明细账户,分别核算服务外包取得的离岸外包收入和境内外包收入及取得的商品销售收入。

2. "其他业务收入"账户。该账户核算除所承接的服务外包收入及商品销售收入之外的各种收入,如技术咨询收入、修理收入等。"其他业务收入"账户应按照收入的种类设置明细账进行明细分类核算。

(四) 取得收入的账务处理

1. 离岸外包业务收入。

【例7-1】某服务外包企业2×24年3月31日收到企业开发部转来的收入确认单,该收入确认单中列明本公司承接的国外甲公司外包项目两个均已交付,A项目收入2 000 000日元,B项目收入8 000 000日元,经财务部审核后予以确认收入。当日汇率为现汇买入价1:0.072836,现汇卖出价1:0.073421,2×24年4月26日,接到银行通知,收到B项目款项,当日汇率为现汇买入价1:0.072274,现汇卖出价1:072855。

(1) 2×24年3月31日,根据开发事业部的收入确认单,编制会计分录如下。

借:应收账款——甲公司——A项目(JPY2 000 000) 146 257
　　　　　　　　　　　——B项目(JPY8 000 000) 585 028
　　贷:主营业务收入——技术收入——离岸外包收入 731 285

根据外币折算准则的规定,外币交易应当在初始确认时,采用交易发生日的即期汇率将外币金额折算为记账本位币金额;也可以采用按照系统合理的方法确定的、与交易发生日即期汇率近似的汇率折算。

企业发生的外币业务应该按照业务发生日的外汇中间牌价折算为记账本位币,3月31日,日元外汇中间牌价为:(0.072836+0.073421)÷2=0.0731285。

(2) 2×24年4月26日,接到银行收款通知,收到B项目款项,编制如下会计分录。

借:银行存款——日元账户(JPY 8 000 000)   580 516
  贷:应收账款——甲公司——B 项目(JPY8 000 000)   580 516

4月26日,日元外汇中间牌价为:(0.072274 + 0.072855) ÷ 2 = 0.0725645

根据外币折算准则的规定,企业在资产负债表日,应当按照规定对外币货币性项目进行处理;对外币货币性项目,采用资产负债表日即期汇率折算。因资产负债表日即期汇率与初始确认时或者前一资产负债表日即期汇率不同而产生的汇兑差额,计入当期损益。该企业的应收账款属于外币货币性项目,所以应在资产负债表日按当日汇率进行记账本位币的折算。4月30日,日元外汇牌价为:现汇买入价1∶0.071985,现汇卖出价1∶0.072563。由于该公司应收账款账户外币余额为JPY2 000 000,按资产负债表日汇率的中间价折算为:JPY2 000 000 × 0.07274 = 144 548(元),与原折算的记账本位币146 257元的差额为1 709元,确认为该企业的汇兑收益。同时,由于B项目的款项已收妥,其外币余额为零,则其账户结存的记账本位币差额直接作为汇兑损益予以结转,即:580 516 - 580 528 = -12(元)作为汇兑收益。

2. 国内外包业务收入。

【例7-2】某服务外包企业2×24年3月31日,收到本公司开发部转来的收入确认单,收入确认单中记明承接的境内H公司外包业务,甲项目收入人民币2 000 000元,乙项目收入3 000 000元,财务部予以确认收入。

(1) 2×24年3月31日,根据收入确认单,编制如下会计分录。

借:应收账款——H公司——甲项目   2 000 000
                ——乙项目   3 000 000
  贷:主营业务收入——技术收入——境内外包收入 5 000 000

(2) 接到银行收款通知,收到上述款项时,编制如下会计分录。

借:银行存款——人民币账户   5 000 000
  贷:应收账款——H公司——甲项目   5 000 000

3. 销售商品收入。

【例7-3】某服务外包企业根据客户×公司要求为其配置计算机等设备一批,货款共计113 000元(含13%增值税),货已发出,代垫付运杂费2 000元,并通过银行办妥托收手续,该批商品的成本为80 000元。在办妥委托银行收款手续后确认销售收入,凭托收结算凭证回单,编制如下会计分录。

(1) 收入确认时,编制如下会计分录。

借:应收账款——×公司   115 000
  贷:主营业务收入——商品销售收入   100 000
    应交税费——应交增值税(销项税额)   13 000
    银行存款   2 000

(2) 收到货款时,编制如下会计分录。

借:银行存款——人民币账户   115 000
  贷:应收账款——×公司   115 000

三、服务外包成本、费用的会计处理

(一) 成本、费用的归集与分配原则

1. 按照部门和项目设置成本费用明细账。
2. 按各部门、项目直接发生的成本费用进行直接归集。
3. 各部门发生的直接服务于特定项目的员工工资及领用的办公用品等支出直接纳入部门、项目成本。
4. 对于各部门共同发生的费用按照一定标准在各受益部门进行分配。
5. 如应由各部门共同承担的水电费应按照工时标准在各部门之间进行分配，房屋租金应按照部门所使用的面积进行分配。
6. 企业固定资产折旧，如果能确认该项固定资产所属的使用部门，则该项折旧费用直接归集到相应的部门；如果某项固定资产为有关部门共同使用，则该项固定资产的折旧应按使用部门的工时比例进行分配。
7. 企业发生的软件购置支出，如果能确认使用部门的，则其购置应直接计入该部门的成本、费用；如果为几个部门共同使用的，应在部门之间按照一定的标准进行分配。
8. 服务外包发生的无形资产摊销，应在其法定摊销期内计入有关成本、费用。
9. 企业归集的外包项目成本，应在确认收入时同时予以结转。对于在不同会计期间完工的外包项目成本应按照完工百分比法进行结转。

(二) 账户设置

1. "开发成本"账户。服务外包企业为了核算发生的外包项目的开发成本，设置了"开发成本"账户。根据业务需要，"开发成本"账户一般按外包项目或合同设置明细账户，企业发生直接人工费用、直接发生的耗材及其他直接费用直接记入本科目的借方；发生的其他间接费用，月终按照一定的分配标准分配记入本科目借方；企业已经完成全部外包劳务过程所归集的成本记入本科目的贷方；本科目的借方期末余额反映尚未完成外包劳务过程的成本。

"开发成本"账户应按照人工费用、耗材支出、其他费用等设置成本项目。共同发生的应计入劳务成本的间接费用，一般以企业内部机构为单位进行归集，并在部门所承担的所有项目中进行分配。分配的标准包括部门发生的劳务工时、使用的时间及所占用的面积等。

2. "销售费用"账户。"销售费用"账户核算服务外包企业发生的服务于外包项目而不能直接记入"开发成本"账户的其他间接费用，包括公司的宣传费用等。

3. "管理费用"账户。"管理费用"账户核算服务外包企业发生的管理组织企业经营活动所发生的费用。

(三) 账务处理

服务外包接包的项目发生直接费用时，在会计核算上借记"开发成本"科目，贷记"应付职工薪酬""银行存款"等相关科目。在项目完工后进行结转，借记"主营业务成本"科目，贷记"开发成本"科目。项目承接部门发生的与项目有关的其他费用时，归集后按照一定的标准在部门承担的各个项目中进行分配，借记"开发成本"科目，贷记"累计折旧""银行存款"等相关科目。

1. HR成本的核算。服务外包企业的HR成本（人力资源成本）在服务外包中既包括直接承接项目的人工费用，也包括为满足发包方的特殊要求聘请专门人员或机构而发生的外协费。

（1）各种人工费用的分摊。服务外包的各种人工费用在发生时，应按照成本费用归集的基本原则进行处理，属于可直接确定外包项目归属的人工费用，直接记入有关项目的开发成本账户；不能直接区分项目归属的人工费用则要按照项目工时比例在有关项目之间进行分配。对于公司各种管理人员的人工费用应分别记入有关成本费用账户。

【例7-4】2×20年3月31日，某服务外包企业财务部收到人事部按照各部门签字确认的工时分摊的工资分摊表，见表7-1。

表7-1　　　　　　　　　　工资分摊汇总表　　　　　　　　　2×20年3月

部门及项目类别	工资（元）
开发事业部——A项目	150 000
开发事业部——B项目	125 000
国内事业部——甲项目	67 000
质检部门	102 000
公司管理人员	210 000
合计	654 000

编制会计分录如下：

```
借：开发成本——工资——开发事业部——A项目        150 000
                              ——B项目        125 000
                  ——国内事业部——甲项目         67 000
    销售费用——工资                             102 000
    管理费用——工资                             210 000
      贷：应付职工薪酬                                    654 000
```

（2）发生的外协费用。服务外包企业为满足发包方的特殊要求，由公司聘请外部专门人员或机构对所承接的外部项目提供服务，此时所发生费用仍是服务外包的人工费用，在企业实际工作中基本上作为企业的外协费用处理，计入有关外包项目的人工成本中。对于服务外包承接的特殊项目，受多种因素影响，外协费用有时会高于企业人员的人工费用。

【例7-5】2×20年3月31日，开出转账支票付本企业承接的A项目的外协费60 000元，B项目的外协费40 000元。

编制会计分录如下。

借：开发成本——外协费——开发事业部——A项目　　60 000
　　　　　　　　　　　　　　　　　　　——B项目　　40 000
　　贷：银行存款　　　　　　　　　　　　　　　　　　100 000

2. 支付其他相关费用核算。

【例7-6】2×20年3月31日，根据银行转来的委托付款凭单，支付公司电力费用。编制外购动力费用分配见表7-2。

表7-2　　　　　　　　　外购动力费用分配表　　　　　　　　2×20年3月

耗电部门	耗电度数	价格（元/度）	合计（元）
开发事业部——A项目	2 000	1.25	2 500
开发事业部——B项目	3 500	1.25	4 375
国内事业部——甲项目	4 500	1.25	5 625
合计	10 000	1.25	12 500
质检部门用电	3 000	1.25	3 750
公司办公用电	2 000	1.25	2 500
合计	15 000		18 750

根据外购动力费用分配表，编制会计分录如下。

借：开发成本——电费——开发事业部——A项目　　　2 500
　　　　　　　　　　　　　　　　　——B项目　　　4 375
　　　　　　　　　　——国内事业部——甲项目　　　5 625
　　销售费用——电费　　　　　　　　　　　　　　　3 750
　　管理费用——电费　　　　　　　　　　　　　　　2 500
　　贷：银行存款　　　　　　　　　　　　　　　　　18 750

3. 支付离岸外包项目的培训费用核算。

【例7-7】2×20年3月31日，通过银行支付开发部承接的国外甲公司外包A项目在日本的培训费用JPY20 000，当日汇率为现汇买入价1∶0.072836，现汇卖出价1∶0.073421。编制如下会计分录：

借：开发成本——开发事业部——A项目（JPY200 000）　　14 625.7
　　贷：银行存款（日元户）（JPY200 000）　　　　　　　　14 625.7

3月31日，日元外汇中间牌价为：(0.072836 + 0.073421) ÷ 2 = 0.0731285

4. 折旧费用的核算。服务外包企业所使用的固定资产，发生的折旧费用应按照其用途分别记入有关成本费用账户。直接属于有关业务部门使用的固定资产，其折旧费用直接记入有关项目成本账户，属于共同使用的固定资产的折旧则按照工时比例在各外包项目之间进行分配。

【例 7-8】2×20 年 3 月 31 日，计提本月固定资产折旧如表 7-3 所示。

表 7-3　　　　　　　　　　　折旧计算表　　　　　　　　　　2×20 年 3 月

部门	电子设备（元）		交通设备（元）		房屋设备（元）		合计（元）	
	每月	累计	每月	累计	每月	累计	每月	累计
开发事业部——A 项目	8 500		1 200		34 000		43 700	
开发事业部——B 项目	5 600		1 500		12 800		19 900	
国内事业部——甲项目	4 500		1 100		2 100		7 700	
国内事业部——乙部门	5 680				1 100		6 780	
质检部门	1 200				190		1 390	
公司管理部门	12 500		9 800		78 000		100 300	
合计	37 980		13 600		128 190		179 770	

借：开发成本——折旧——开发事业部——A 项目　　43 700
　　　　　　　　　　　　　　　　　　——B 项目　　19 900
　　　　　　　　　　　　——国内事业部——甲项目　　7 700
　　　　　　　　　　　　　　　　　　——乙项目　　6 780
　　销售费用——折旧　　1 390
　　管理费用——折旧　　100 300
　贷：累计折旧　　179 770

5. 月末各种成本的结转。

（1）服务外包业务成本的结转。由于服务外包企业所承接的外包项目具有明显的高科技特征或就是在高科技条件下的劳务服务，其项目成果并不具有实物形态，所以服务外包的完工成本不记入"库存商品"账户，而是结存在"开发成本"账户中，并按照完工进度直接结转到"主营业务成本"账户。

【例 7-9】2×20 年 3 月 31 日，财务部根据本月已确认的外包收入结转其成本。其中，承接的国外甲公司外包项目两个均已交付并确认收入，A 项目成本 100 000 元，B 项目成本 420 000 元；承接的境内 H 公司外包业务，甲项目成本 2 000 000 元，乙项目成本 3 000 000 元。编制会计处理如下：

借：主营业务成本——离岸外包 A 项目成本　　100 000
　　　　　　　　——离岸外包 B 项目成本　　420 000
　　　　　　　　——境内外包甲项目成本　　2 000 000
　　　　　　　　——境内外包乙项目成本　　3 000 000

贷：开发成本——开发事业部——A 项目　　　　　100 000
　　　　　　　　　　　　　　　——B 项目　　　　　420 000
　　　　　　　——国内事业部——甲项目　　　　　2 000 000
　　　　　　　　　　　　　　　——乙项目　　　　　3 000 000

（2）商品销售业务成本的结转。

【例 7-10】2×20 年 3 月 31 日，财务部根据本月已销售的商品收入结转其成本。本月原客户×公司要求为其配置计算机等设备一批，其成本为 92 000 元。编制会计分录如下。

　　借：主营业务成本——商品销售成本　　　　　　　92 000
　　　　贷：库存商品——计算机　　　　　　　　　　　　92 000

四、服务外包的转型升级

为进一步提升服务外包在实施创新驱动和培育贸易新业态新模式中的重要作用，加快服务外包向高技术、高附加值、高品质、高效益转型升级，商务部会同发展改革委、海关总署等部门，广泛听取地方、企业、行业协会和研究机构的建议，研究起草了《关于推动服务外包加快转型升级的指导意见》（以下简称《指导意见》），2020 年 1 月 3 日，国务院第 77 次常务会议研究通过了《指导意见》。现已由商务部、发展改革委等八部门联合印发。

《指导意见》明确了推动服务外包转型升级的总体要求、基本原则、发展目标。预计到 2025 年，我国离岸服务外包作为生产性服务出口主渠道的地位进一步巩固，高技术含量、高附加值的数字化业务占比不断提高，服务外包成为我国引进先进技术提升产业价值链层级的重要渠道。到 2035 年，我国服务外包从业人员年均产值达到世界领先水平。服务外包成为以数字技术为支撑、以高端服务为先导的"服务+"新业态新模式的重要方式，成为推进贸易高质量发展、建设数字中国的重要力量，成为打造"中国服务"和"中国制造"品牌的核心竞争优势。

为实现上述目标，《指导意见》提出了 6 个方面 20 条主要任务。

一是加快数字化转型升级，包括支持发展信息技术外包，培育新模式新业态，打造数字服务出口集聚区，完善统计制度等。

二是推动重点领域发展，包括发展医药研发外包，扶持设计外包，推动会计、法律等领域服务外包，支持业务运营服务外包等。

三是构建全球服务网络体系，包括有序增加示范城市，加大国际市场开拓力度，评估优化出口信贷优惠措施等。

四是加强人才培养，包括大力培养引进中高端人才，鼓励大学生就业创业，深化产教融合等。

五是培育壮大市场主体，包括创新金融支持手段，降低企业经营成本，积极培育国内市场，大力打造公共服务平台等。

六是推进贸易便利化，包括优化海关监管，拓展保税监管范围等。

第三节　远洋运输业务处理

物流贸易是物流企业运用各种运输工具及设备场地等设施，对客户的货物、人员提供不同地点之间流动的服务，客户按合同规定向物流企业支付报酬的经营活动。这种服务是在不同国家与地域范围间进行的，以改变人、货的空间位置为目的而进行的空间位移。国家（地区）之间跨境物流有海运、空运、陆运（火车、汽车）等多种形式，进出口货物贸易的跨境物流以海运为主。

物流企业不同于一般的生产企业或商品流通企业，它的主营业务是为客户提供运输、包装、装卸、配送等劳务活动。所以，物流企业会计核算的主要内容是在提供物流劳务活动中的劳务收入与劳务成本。

一、物流企业会计处理

（一）物流企业收入的确认和计量

按照《企业会计准则——收入》的规定，企业向对客户提供劳务时，首先判断该劳务合同的履约义务是否满足在某一时段内履行的条件，如不满足，则该履约义务属于在某一时点履行的履约义务。

1. 对于在某一时段内履行的建造合同履约义务，施工企业应当在该段时间内按照履约进度确认收入，但是，履约进度不能合理确定的除外。企业应当考虑商品的性质，采用产出法或投入法确定恰当的履约进度。

产出法是指企业应根据已转移给客户的商品对于客户的价值确定履约进度，如按照实际测量的完工进度、评估已实现的结果、已达到的里程碑、时间进度、已完工或交付的产品等产出指标确定履约进度。投入法是根据企业为履行履约义务的投入确定履约进度。

当履约进度不能合理确定时，企业已经发生的成本预计能够得到补偿的，应当按照已经发生的成本金额确认收入，直到履约进度能够合理确定为止（成本回收法）。

在资产负债表日，企业按照履约进度及时确认当期收入，结转当期营业成本。

以投入法（合同发生成本）为例的履约进度计算公式：

履约进度 = 累计实际发生成本/预计总成本 × 100%

当期合同收入 = 合同交易价格 × 履约进度 − 以前期间累计已确认的收入

当期合同营业成本 = 合同预计成本 × 履约进度 − 以前期间累计已确认的营业成本

确认建造合同收入时，首先，借记"合同结算——收入结转"科目，贷记"主营业务收入"科目。其次，结转建造合同成本，借记"主营业务成本"科目，贷记"合同履约成本"科目。最后，确认应收账款或银行存款，借记"应收账款"或"银行存款"科目，贷记"合同结算""应交税费"科目。

2. 对于在某一时点履行的履约义务，只有当客户获得劳务收益并从中获得几乎全部剩余利益的现时权利时企业才能确认收入。

(二) 物流企业收入、成本科目的设置

1. 物流企业收入科目的设置。物流企业为反映业务收入的实现情况，应设置"主营业务收入"科目。该科目核算企业提供运输服务，以及仓储、装卸、派送等劳务发生的收入，企业发生的运费退回、运费折让都作为冲减主营业务收入处理。

该科目的贷方登记企业提供运输服务，以及提供仓储、装卸、派送等劳务后确认的收入；借方登记发生的运费退回、运费折让。贷方余额为企业获得的营业净收入，期末应将本科目的贷方余额转入本年利润科目，结转后主营业务收入科目无余额，该科目应按主营业务的种类设置明细账。

2. 物流企业成本科目的设置。物流企业为了准确核算费用与支出，应当设置的会计科目有：

(1) "主营业务成本"科目，用来核算企业销售商品、提供业务成本营业费用和税金及附加等。劳务或让渡资产使用权等的成本，该科目的借方登记销售各种商品、提供的各种劳务等的实际成本，贷方登记销售退回商品成本。期末将该科目余额转入本年利润科目，结转后该科目无余额。该科目应按主营业务的种类设置明细账。

(2) "税金及附加"科目，主要核算企业日常活动应负担的税金及附加，包括消费税、增值税、城市维护建设税、资源税和教育费附加等。该科目借方登记按照规定算出的企业负担的税金及附加。期末将该科目余额转入本年利润科目，结转后一般无余额。

(3) "销售费用"科目，核算企业为招揽业务而发生的广告费等费用。

二、远洋运输会计处理

(一) 远洋运输的特点和形式

国际货物运输不同于国内运输，它具有线长面广、中间环节多、情况复杂和风险高等特点。目前，进出口业务的货物运输大多数是通过船舶运输进行的。船舶运输的方式按其运输的地域划分可分为沿海运输、近海运输、远洋运输和内河运输四种。船舶运输与其他运输形式相比，虽然存在着航运速度较慢，易受港口、水位、季节、气候条件影响，风险大等不足之处，但其具有一次运量大、航运成本较低等诸多优点，所以在当今涉外贸易业务中，远洋船舶运输是最主要的货物物流手段。

(二) 计算远洋运输营运收入的方式

远洋运输按照经营方式不同,可分为班轮运输与租船运输两种方式。

班轮运输又称为定期船运输,是指船舶按事先制定的船期表在特定的航线上,既定的挂靠港口顺序,经常性从事航线上各港口间的船舶运输。班轮运输费用包括货物从装运港至目的港的海上运费以及货物的装卸费,简称班轮运费。班轮运费由基本运费与附加运费两部分组成。基本运费的计收标准,通常按不同货物分为:按货物的毛重计收,通常用"W"表示;按货物的体积计收,通常用"M"表示;按毛重或体积中较高的一种计收,通常用"M/W"表示。

租船运输通常是指包整船,租船运输又有定程租船和定期租船两种。定程租船的运费一般按装运的货物数量来计算;定期租船的租金一般按每月或每吨金额来计算。

(三) 远洋运输营运收入的核算

1. 远洋运输营运收入的核算。远洋物流企业运输业务因其航次营运时间长、吨位大、报告期末未完成航次运输量和运输费用大,且各期期末未完成航次的运输量和运输费用差距较大,为了正确核算各会计期间的收入、成本和利润,根据权责发生制原则,应以履约进度确认运输收入。

【例7–11】中国远洋运输公司根据运输合同规定为 B 公司承运外销甲商品一批,共20箱,每箱重量0.5吨。总体积为13.121立方米。由上海装中国远洋运输公司轮船(班轮),经香港转船至苏丹港。甲商品发票金额每吨外销价为 CIF10 000 美元。其计算资料为:根据货物分级表,甲商品属于10级货,计算标准为 W/M;中国——中国香港航线费率表中10级货从上海运至香港的费率为25美元,香港中转费为13美元;再从香港——红海航线费率表中10级货的费率为95美元,又知附加费率表中,苏丹港要收港口拥挤附加费,费率为基本运费的10%。本次航班本月已完成,当日即期汇率1美元 = 6.86元人民币。

要求:计算该航班应收 B 公司的运费及进行相应的会计处理。

总毛重 = 20 × 0.5 = 10(吨)

运费吨的运价 = 25 + 13 + 95 + 95 × 10% = 142.5(美元)

总运费 = 13.121 × 142.5 = 1 869.24(美元)

折成人民币 = 1 869.74 × 6.86 = 12 826.42(元)

会计处理为:

借:应收账款——B公司　　　　　　　　　　　12 826.42
　　贷:主营业务收入　　　　　　　　　　　　　　　12 826.42

远洋物流企业完成每航次运输业务后,业务部门将托运单转交财会部门,财会部门收到确认完成运输作业的单据,据以确认收入,届时填制发票一式数联,其中发票联发票转交托运人,作为其付款的依据存根联留存备查,记账联据以入账。

2. 远洋运输的营运收入会计科目设置。核算远洋运输的营运收入，应设置"主营业务收入"科目，该科目用以核算远洋物流企业经营旅客、货物运输业务发生的各项收入。

"主营业务收入"是损益类账户，用以核算远洋运输企业提供运输服务所形成的劳务收入。远洋物流企业确认运输劳务收入时，记入该会计科目的贷方；月末，将本月实现的远洋运输劳务收入结转入"本年利润"账户。

"主营业务收入"账户应按收入种类设置各类二级明细分类账户，如"货运收入""船舶出租收入""其他运输收入（包括行李、邮件运输、海难救助收入等）"。

此外，远洋物流企业还可以根据管理需要，按航线、航次、货种和船队或单船逆行三级明细分类核算。远洋物流企业如按航次核算运输收入，可在"主营业务收入"账户下分别按已完成和未完成航次进行明细分类核算。

（四）远洋运输营运成本核算

1. 远洋运输营运成本核算对象。远洋物流企业船舶运输以货运业务作为成本核算对象。由于运输成本主要是船舶设备的使用成本，因此，发生的船舶费用仍以运输船舶为对象，通过核算船舶费用，间接计算货运成本。物流企业应根据经营管理的需要，对不同形式的远洋船舶运输确定不同的成本核算对象。远洋运输由于船舶航次时间长、吨位大，因此，必须以单船的航次作为成本核算对象。

2. 远洋运输营运成本计算单位。远洋物流企业船舶运输成本计算单位以船舶运输工作量的计量单位为依据，其单位为千吨海里。

3. 远洋运输营运成本计算期。远洋物流企业由于远洋运输航次时间长，各月未完成的航次运输量和运输费用较大，因此，一般以航次作为成本计算期，船舶的航次时间，应从上一航次最终港卸完所载货物起，到本航次最终卸完所载货物时为止。

（五）远洋运输营运成本会计科目设置

远洋物流企业营运成本的会计科目设置除了一级会计科目"主营业务成本""劳务成本"之外，还应根据具体需要在"劳务成本"科目之下设置明细会计科目。

1. "劳务成本——船舶固定费用"明细科目。由于远洋物流企业的远洋运输业务通常以航次作为成本核算对象，因此，应按船舶的航次设置明细账，归集船舶每航次所发生的费用。航次运行费用的具体核算是在"劳务成本"的明细会计科目"船舶固定费用"账户中按船舶进行归集的。"劳务成本——船舶固定费用"明细科目用来核算、计算航次成本的远洋物流企业为保持船舶正常运行状态所发生的、经常性的维持费用。船舶固定费用主要包括：工资，指船员的标准工资、船岸差、副食品价格补贴、航行津贴、油轮津贴、运送危险品津贴、职工福利费等；油料费，指船舶耗用的各项润滑油脂的支出；物料费，指船舶在运输生产和日常维护保养中耗用、劳动保护以及实际耗用的各种材料低值易耗品等的费用；船舶折旧费和修理费支出；船舶保险费和车船税；船舶营运期限内所发生的燃料费和港口费用等；船舶共同费，指应由船舶共同负担、需经过分配由各船舶负担的船员费用和船舶业务费；其他船舶固定费用，指不属于以上各项的其他船舶固定费用，如船舶牌照税、船舶证书费、船舶检验费等。此外，对船舶非营运期间费用的分配应在"船舶固定费用"账户中归集船舶在厂修、停船、自修、事故停航、定期熏舱等非营运期间所发生的费用，应由营运期间各成本计算期的运输成本负担。届时先按非营运期间费用的全年预算和全年计划营运天数确定计划发配率，然后据以计算通航期间各月负担的非营运期间费用。

上列费用发生时，记入"劳务成本——船舶固定费用"明细科目借方，期末从本账户的贷方转入各航次的航运成本账户。"劳务成本——船舶固定费用"科目余额在借方表示未完成航次应负担的船舶固定费用。

2. "劳务成本——集装箱固定费用"明细科目。"劳务成本——集装箱固定费用"明细科目核算物流企业发生的集装箱固定费用。集装箱固定费用主要包括：集装箱保管费，指空箱存放堆场支付的堆存费用以及空箱在港口之间调运所发生的运送费；集装箱折旧费，指自有的集装箱按集装箱价值和规定的折旧率计提的折旧费；集装箱修理费，指修理集装箱所耗用的修理用配件、材料和其他修理费用；保险费，指向保险公司投保集装箱安全险所支付的保险费用；集装箱底盘车费用，指船务公司自有或租入的集装箱底盘车发生的保险费、折旧费、租金、保管费、修理费等其他费用。

发生的集装箱固定费用，借记"劳务成本——集装箱固定费用"科目，贷记"银行存款""其他应付款"等科目。月末，按规定的分配标准由单船或航次负担时，借记"主营业务成本——运输支出"科目，贷记"劳务成本——集装箱固定费用"科目。

集装箱固定费用应按集装箱类型设置明细账，并按规定的费用项目进行明细核算。

3. "营运间接费用"明细科目。营运间接费用是物流企业经营沿海、近海运输业务并设有船队或分公司的，这些船队或分公司为管理运输船舶和组织运营活动所发生的费用。凡发生这些费用时在该明细科目内进行归集与分配。

（六）远洋运输营运成本会计处理

物流企业的沿海或近海运输业务通常以单船作为成本核算对象，因此按船舶名称设置相应细账进行明细核算。

1. 物流企业运输货物所发生的船舶航行费用，应根据燃料耗用汇总表、发票和单据等各种原始凭证编制记账凭证，借记"主营业务成本——运输支出"科目，贷记"原材料""银行存款""应付账款"等相关科目，并在"运输支出"科目下按船舶的命名设置三级明细科目。

根据燃料耗用汇总表等原始凭证，做如下会计分录：

借：主营业务成本——运输支出——××轮——××费
　　　　　　　　　　　　——××轮——××费
　　　　　　　　　　　　——××轮——××费
　　贷：原材料——燃料类
　　　　银行存款/应付账款等

2. "劳务成本——船舶固定费用"的归集和分配。物流企业的远洋运输业务通常以航次作为成本核算对象，因此按船舶的航次设置明细账，归集船舶每航次所发生的费用。船舶固定费用是在"劳务成本——船舶固定费用"账户中按船舶航行归集的，月末应将各船舶所归集的船舶固定费用，按该船的全月营运天数在已完成航次和未完成航次之间进行分配。其计算公式如下：

已完航次应承担的船舶固定费用＝已完航次营运天数×（船舶固定费用总额/全月营运天数）

船舶固定费用中的工资、职工福利费、物料费、船舶材料费、船舶折旧费、船舶修理费、船舶保险费等明细成本项目，在会计实务中，对于可以直接认定的支出或是运输周期较短，不需要对收入、成本进行详细分类的，也可以在成本发生时，直接记入"主营业务成本"科目。根据涉及这些明细成本项目的"工资及职工福利费分配表""固定资产折旧费用计算表""领料单"及各种发票、单据等原始凭证直接列入所属船舶的成本，届时借记"主营业务成本——运输支出"科目，贷记"应付职工薪酬""原材料""低值易耗品"等相关科目。

对于不能直接认定的支出，或是运输周期长，需要对收入、成本进行详细分类的，也可以在成本发生时，将发生的船舶固定费用，借记"劳务成本——船舶固定费用"科目，贷记"应付职工薪酬""原材料""银行存款"等科目。月末按规定的分配标准，将船舶固定费用分配给各航次成本时，借记"主营业务成本——运输支出"科目，贷记"劳务成本——船舶固定费用"科目。

需要特别说明的是，"劳务成本"和"制造费用"科目相似，是一个过渡性科目。当成本发生时，按照一定的标准进行分配后，结转记入"主营业务成本"科目。

然而船舶固定费用中的"劳务成本——船舶固定费用——船舶共同费用"和"劳务成本——船舶固定费用——船舶非营运期间费用"两个明细账户，需要先在"劳务成本——船舶固定费用"账户中归集，期末通过分配后，再计入各艘船舶的运输成本。在"劳务成本——船舶固定费用"账户归集的由各艘船负担的共同费用，期末应按照一定的分配标准，在各艘船舶之间进行分配。分配标准通常采用运输周转量（千吨海里），其计算公式如下：

分配率＝船舶共同费用/总运输周转量（千吨海里）

根据分配的结果，作会计处理如下：

借：主营业务成本——运输支出——××轮
　　　　　　　　　　　　——××轮
　　　　　　　　　　　　——××轮

  贷：劳务成本——船舶固定费用——船舶共同费用
             ——船舶非营运期间费用

【例7-12】 上海远洋运输公司东方轮 2×19 年 5 月"船舶固定费用——A轮"明细账余额为 274 万元，该船全月共营运 31 天，其中第一航次营运了 22 天，其余 9 天为第二航次，正在营运途中。

要求：计算分配该船第一、第二航次应负担的船舶固定费用，并进行相应的账务处理。

(1) 该船第一、第二航次应负担的船舶固定费用如下：

第一航次应负担的船舶固定费用 = (2 740 000/31)×22 = 1 944 516.13（元）

第二航次应负担的船舶固定费用 = (2 740 000/31)×9 = 795 483.87（元）

根据上列分配的计算结果，会计处理如下：

  借：主营业务成本——运输支出——A 轮第一航次 1 944 516.13
    贷：劳务成本——船舶固定费用——A 轮   1 944 516.13

(2) 结转东方轮第一航次的船舶固定费用后，余额为 795 483.87 元，系该轮第二航次营运 9 天应负担的船舶固定费用。至 6 月末，该余额再加上 6 月份 A 轮第二航次营运天数应负担的船舶固定费用，构成了该轮第二航次船舶固定费用。

3. "劳务成本——集装箱固定费用"的归集和分配。"劳务成本——集装箱固定费用"是成本类账户，用以核算为保证集装箱的良好使用状态所发生的经常性费用。费用发生时，记入借方；期末转入航次运行成本时，记入贷方；余额在借方，表示船舶未完航次应负担的集装箱固定费用。

物流企业运输业务使用的集装箱有的是自有的，有的是租入的。自有的集装箱是固定资产，每月计提折旧时，借记"劳务成本——集装箱固定费用"科目，贷记"累计折旧"科目。期末将归集的集装箱固定费用总额按全部船舶装运集装箱的天数进行分配。

分配集装箱固定费用相应的账务处理如下：

  借：主营业务成本——运输支出——××轮——集装箱固定费用
             ——××轮——集装箱固定费用
             ——××轮——集装箱固定费用
    贷：劳务成本——集装箱固定费用

对租入的集装箱固定费用的处理，其具体核算方法与船舶的固定费用核算方法相同。当费用发生时，借记"劳务成本——集装箱固定费用"科目，贷记"银行存款""其他应付款"等科目。月末，按规定的分配标准由单船或航次负担时，借记"主营业务成本——运输支出"科目，贷记"劳务成本——集装箱固定费用"科目。

集装箱固定费用应按集装箱类型设置明细账，并按规定的费用项目进行明细核算。

4. "营运间接费用"的归集与分配。物流企业经营沿海、近海运输业务并设有船队或分公司的，应按船队或分公司设置明细账，以归集各船队或分公司为管理运输船舶和组织运营活动所发生的费用，费用发生时，应根据发票、单据、费用计算表等原始凭证借记"营业间接费用"科目，贷记"应付职工薪酬""银行存款"等科目。期末再将归集的船舶运输业务的营运间接费用采用一定的标准按已完成航次的船舶费用在各船舶之间进行分配。分配的标准主要有船舶费用、船舶营运吨、天等。

根据分配的结果，会计处理如下：

借：主营业务成本——运输支出——××轮——营运间接费用
　　　　　　　　　　　　——××轮——营运间接费用
　　　　　　　　　　　　——××轮——营运间接费用
　　贷：营运间接费用——××公司

远洋运输业务的营运间接费用可以只计入当期已完成航次成本，不必分配计入该期末未完成航次成本。远洋运输业务的营运间接费用在对已完成的航次分配时，按已完成航次的船舶费用进行分配。

第四节　旅游贸易业务处理

旅游服务业是指旅行社和旅游服务经营者组织旅游者外出旅游并为之提供饮食、住宿、交通、导游等经营的业务。

经营旅游服务贸易的企业在服务对象、经营范围、经营内容等方面有着与其他行业不同的特点，因此其业务也具有特殊性。旅行社是为旅游者提供服务的中介机构，是以营利为目的，专营旅游业务的企业。旅游贸易通过旅行社进行开展。旅行社经营业务内容大体可分为两类：一是组团招揽；二是导游接待。旅行社因此可分为组团旅行社和接团旅行社。组团旅行社负责根据国内外旅游者的不同要求，将旅游者组成各类旅行团并负责旅行团在当地的游览活动。各地接团旅行社是按照旅行团的活动计划，在不同地点提供导游、餐饮、住宿、交通、游览、购物娱乐等一系列服务。一个旅行社可以既是组团旅行社，又是接团旅行社。

一、旅行社及其营业收入和营业成本分类

（一）旅行社的分类

1. 旅行社按其经营业务范围不同，可分为国际旅行社和国内旅行社。国际旅行社主要经营入境旅游业务、出境旅游业务和国内旅游业务，国内旅行社主要经营国内旅游业务。

2. 旅行社按其为旅游者提供的服务形式不同，分为组团旅行社和接团旅行社。组团旅行社的业务内容有：从国内或国外组织旅游团队，为旅游者办理出入境手续、保险、安排游览计划，并选派翻译导游人员随团为旅游者在某一地区提

供相关服务。接团旅行社的业务内容有：为旅游者在某一地区提供相关服务。包括安排翻译导游旅游者的参观游览日程，为之订房、订餐、订机票、车票和船票等，并为去下一站旅游做好安排。

无论是国内旅行社还是国际旅行社，无论是组团旅行社还是接团旅行社，在开展旅游业务过程中，必然与招揽旅游者的客源地旅行社、与提供旅游产品的各旅游服务单位、与接待旅游者的目的地旅行社发生费用结算业务，同时，也发生营业收入和成本（费用）支出的核算。

（二）旅行社营业收入的分类

旅游业务收入是根据《企业会计准则第 14 号——收入》原则确认的。旅行社无论是组团旅行社还是接团旅行社，组织境外旅游者到国内旅游，应以旅游团队离境或离开本地时确认营业收入的实现。旅行社组织国内旅游者到境外旅游，以旅游团队结束旅行返回时确认营业收入的实现；旅行社组织国内旅游者在国内旅游，也以旅游团旅行结束返回时确认营业收入的实现，旅行社营业收入的确认应以提供了劳务，收到了货款或取得了收取货款的凭证时确认营业收入的实现。

1. 旅游产品的销售价格。旅行社的销售价格由购入成本和利润两部分组成，通常根据购入成本乘以外加毛利率来确定。实务中常见的销售价格有以下几种：组团包价；半包价；小包价；单项服务价格；特殊形式的旅游费，主要指旅行社开展的新婚旅游、生态旅游、森林旅游、体育旅游、学术交流旅游等特殊形式的旅游收费。

2. 旅行社营业收入的分类。旅行社按其为旅游者提供服务形式的不同，其营业收入可分为以下几大类。

（1）组团外联收入，它是指旅行社自组外联而收取的旅游者的住宿、用餐、交通、文娱活动费等收入。

（2）综合服务收入，它是指接团旅行社向旅游者收取的包括市内交通费、导游翻译费、住房用餐、文娱活动费、杂费等费用在内的应向组团旅行社收取的服务费。

（3）零星服务收入，它是指旅行社承接零星散客旅游或承办委托服务事项所取得的收入，包括委托收入、导游接送收入、车费收入、托送服务费收入等。

（4）劳务收入，它是指旅行社向其他旅行社提供当地或全程导游翻译人员所得的收入。

（5）票务收入，它是指旅行社代办国际联运客票和国内客票的手续费收入。

（6）地游及加项收入，它是指旅行社接待旅游者某地一日、二日游的小包价和为旅游者提供的额外服务而取得的加项收入。

（7）其他服务收入，它是指不属于以上各项的服务收入。

（三）旅行社营业成本的分类

1. 旅行社营业成本的特点。由于旅行社提供的是服务产品，因此，旅行社营业成本与生产经营性企业的营业成本相比有其显著特点，主要表现在以下方面。

（1）旅行社营业成本核算的对象是纯服务成本。同生产性企业不同，旅行社属于服务性企业，它不能生产并出售具有实物形态的产品，而是为顾客提供导游、餐饮、住宿、交通、游览、购物、娱乐等一系列服务。因此，旅行社营业成本的核算对象既不是产品的生产成本也不是商品的进价成本，而是为旅游者提供旅游服务所支付的各项直接费用，即纯服务成本。

（2）旅行社在旅游费用结算期间发生的费用多数不能与实现的收入同时入账。在旅行社经营过程中，一般情况是，组团旅行社先收费后接待，接团旅行社先接待后向组团旅行社收费；与接团旅行社相联系的宾馆、餐馆、车船公司往往也是先提供服务，后向接团旅行社收费。接团旅行社要等到各宾馆、餐馆、车船公司提供旅游费用结算账单后才据以拨付旅游费用，同时向组团旅行社汇出账单，收取服务费用，因此，在组团旅行社和接团旅行社，接团旅行社与宾馆、餐馆、车船公司等接待单位之间便形成旅游费用结算期。这种结算期经常是跨月份甚至几个月，使得旅行社旅游费用结算期间发生的费用不能与实现的收入同时入账，给旅行社及时准确的成本核算带来困难。

为解决这一问题，按照权责发生制和配比原则，正确核算旅游团队的收入和成本，只能以计划成本入账，再根据实际支出进行调整。也就是说，旅行社之间的费用结算，由于有一个结算期，当发生的费用支出不能与实现的营业收入同时入账时，应按计划成本先行结转，待计算出实际成本后再结转其差额。

2. 旅行社营业成本的分类。旅行社根据营业成本的特点，按其为旅游者提供服务所发生的支出项目，可将营业成本分为以下几大类。

（1）组团外联成本，是指组团旅行社组织的外联团按规定开支的住宿费、餐饮费、综合服务费、国内城市间交通费等。

（2）综合服务成本，是指接团旅行社接待由组团旅行社组织的包价旅游团（者），按规定开支的住宿费、餐饮费、车费、组团费和接团费等。

（3）零星服务成本，是指旅行社接待零星散客，委托代办事项等，按规定开支的委托费、手续费、导游接送数、车费、托运服务费及其他支出。

（4）劳务成本，是指旅行社为组团旅行社派出翻译导游人员参加全程陪同，组团旅行社按规定开支的各项费用。

（5）票务成本，是指旅行社代办国际联运客票和国内客票等，按规定开支的各续费、退票费等。

（6）地游及加项成本，是指旅行社接待的小包价旅游，或因游客要求增加游览项目而按规定开支的综合服务费、超公里费、游江费、风味费等。

（7）其他服务成本，其他服务成本是指不属于以上各项成本的支出。

二、组团旅行社营业收入和成本的会计处理

（一）组团旅行社营业收入会计处理

组团旅行社营业收入是组团旅行社根据组团报价为旅游者提供服务所取得

的收入。

1. 组团旅行社业务核算的一般程序。先由外联部与客源地旅行社签订组团协议，确定接待人、时间、等级、内容、价格等，然后给有关接待单位或部门下达接待计划，根据各接待单位或部门填报的"旅行团（者）费用拨款结算通知单"拨付款项，并根据客源地旅行社确认的函电和接待计划及审核的"旅行团（者）费用拨款结算通知单"填制的结算账单（如表7－4所示）及时向客源地旅行社收款。

表7－4　　　　　　　　　　旅行社结账单

T. S. SETTLEMENT ACCOUNT

致　　　　　　　　　　　　　填发日期
编号
TO　　　　　　　　　　　　　DATE
NO.

国别/地区 Country/Area	旅行人数 Number of tourists
旅行团（者）名称 Name of Group or Tourists	旅行社等级 Tour Class：
	旅行起讫日期 Tour Period：
费用内容 Items：	
包价 Package Rates	金额（美元）USD ____
附加费用 Additional Charge	
应付我公司总数 The Sum Total Payable to T. S.	USD ____
已收到 Payment Received	折合 USD
尚欠（余）款项	USD
银行账号和开户银行	
备注	

2. 组团旅行社营业收入会计处理。在一定时期所实现的各项营业收入，可通过设置"主营业务收入"账户总括反映，该账户属于损益类账户，贷方登记企业确认的各项营业收入，借方登记冲减的收入和期末转入"本年利润"账户的净收入，结转后该账户无余额。"主营业务收入"总账户下可设置"组团外联收入""综合服务收入""零星服务收入""劳务收入""票务收入""地游及加项收入""其他服务收入"等明细账。

组团旅行社组织国内旅客到国外或在国内旅游，一般规定先收款后接待的原则。旅行社如果不设"预收账款"账户，那么，预先收取的旅游费可以通过"应收账款"进行核算。收到时借记"银行存款"科目，贷记"应收账款"科目。根据结算通知单确认收入时借记"应收账款"科目，贷记"主营业务收入"科目，旅行团返回旅游结束时，按照应收旅游费总金额与预收旅游费的对比，多退少补。

【例7－13】A国际旅行社与美国D旅行社签订协议，旅费总金额为32 000

美元,由 A 国际旅行社组织 X120 旅行团来华旅游事宜。2×18 年 8 月 15 日,收到美国 D 旅行社汇款水单金额为 8 000 美元,按上月美元汇率为 7.85,8 月 31 日,X120 旅行团返回旅游结束,结算账单总计应收综合服务费等人民币 251 200 元,10 月 5 日 A 国际旅行社收到美元汇率 7.85 的其余旅费 24 000 美元。收到日的上月末美元汇率 7.75 元。

会计处理如下:

(1) 8 月 15 日收到旅费。

借:银行存款——美元户(8 000×7.85)　　　62 800
　　贷:应收账款——美国 D 旅行社　　　　　　　　62 800

(2) X120 旅行团全部旅游活动结束,8 月 31 日结算账单。

借:应收账款——美国 D 旅行社　　　　　　251 200
　　贷:主营业务收入——组团外联收入　　　　　　251 200

(3) 10 月 5 日收到其余旅费。

借:银行存款——美元户(24 000×7.75)　　　186 000
　　财务费用——汇兑损益　　　　　　　　　　2 400
　　贷:应收账款——美国 D 旅行社　　　　　　　　188 400

根据外汇管理规定,旅行社接待外联团组入境旅游必须以外汇收取团费,不得收取人民币;旅行社组织境内居民自费出境游必须以外汇与旅行社结算团费。旅行社接待外联团组入境旅游收取的外汇不得以收抵支结算团费,旅行社不得擅自将外汇截留境外。

如果预收旅游团费不足,需向美国 D 旅行社加收时,应借记"应收账款"科目,贷记"主营业务收入"科目。收到加收款时,再冲减"应收账款"科目,借记"银行存款"科目,贷记"应收账款"科目。

有时旅行团因故取消,按规定应将预收款扣除手续费后退回原单位。

【例 7-14】泛美旅行社原定 9 月 10 日接待某国旅游团,因故这次旅游活动被取消,该旅游团已预交团费折合人民币 156 000 元,按惯例收取手续费假定为折合人民币 7 800 元,其余款退回,应编制会计分录如下。

借:应收账款——应收国外结算款(某旅游团)　　156 000
　　贷:银行存款　　　　　　　　　　　　　　　　148 200
　　　　主营业务收入——手续收入　　　　　　　　　7 800

企业如果预收款项多,可增设"预收账款"科目,预收有关单位款项时,借记"银行存款"科目,贷记"预收账款"科目,旅游活动结束与有关单位结账时,借记"预收账款"科目,贷记"主营业务收入"科目;退回多收的结算款,借记"预收账款"科目,贷记"银行存款"科目,收到对方补付结算款时,借记"银行存款"科目,贷记"预收账款"科目。

实际工作中,因某种原因可能还存在着先接待后收费情况,其账务处理方法是:根据旅游团(者)在本地旅游活动游览项目以及食宿、交通工具的要求,按收费标准计算出该旅游团收入并转作当月的营业收入,借记"应收账款"科目,贷记"主营业务收入"科目,有关旅行社将上述团费汇来时,根据银行收账通知,借记"银行存款"科目,贷记"应收账款"科目。

【例7-15】A 国际旅行社组织 15 人的 M 旅游团于国内旅游,旅程 7 天,总报价 200 000 元。

(1) 2018 年 10 月 1 日已预收 4% 旅费,则会计处理如下。

借:银行存款　　　　　　　　　　　　　　　　　　　80 000
　　贷:应收账款——M 旅游团　　　　　　　　　　　　80 000

(2) 7 日 M 旅游团游程结束返回,外联部门根据各接团旅行社报送的"结算拨款通知单"填制"结算账单",经审核无误入账,收入项目如下:综合服务收入 95 000 元,服务收入 42 000,城市间交通费收入 38 000 元,地游及加项收入 25 000 元,共收 200 000 元,则会计处理如下。

借:应收账款——M 旅游团　　　　　　　　　　　　　200 000
　　贷:主营业务收入——组团包价收入　　　　　　　　200 000

(3) 10 日收到 M 旅游团其余 60% 旅费的入账单,则会计处理如下。

借:银行存款　　　　　　　　　　　　　　　　　　　120 000
　　贷:应收账款——M 旅游团　　　　　　　　　　　　120 000

(二) 组团旅行社营业成本会计核算

1. 组团旅行社营业成本的核算方式。组团旅行社业务主要是进行对外联络,其核算包括审核报价,结算旅行社组团费,审核接团旅行社结算通知单,及时给接团旅行社和饭店等拨付费用。在对外联络过程中,根据各家制定的旅游服务收费标准(即对外报价),按照某种特定程序,按照规定价格向旅行团队或旅游者收取的费用,作为旅行社营业收入总额,其中有一部分是组团旅行社拨付给提供劳务的接团旅行社或饭店、交通部门的,属于代收代付性质的费用,对这项费用支出在会计核算上将作为组团旅行社营业成本。

一般情况下,组团旅行社是先收费后接待,接团旅行社则是先接待后向组团旅行社收费。这样两者之间就形成了一个结算期,这种结算期经常跨月份甚至跨几个月,这给旅行社准确、及时的核算带来了困难,为了实现营业收入能与营业成本相互配比的原则,应按计划成本先行结转。待收到接团旅行社报来的旅行团(者)费用拨款结算通知单时,再作相应调整,以补提或冲减。旅行团(者)费用拨款结算通知单的格式如表 7-5 所示。

表 7-5　　　　　　　旅行团(者)费用拨款结算通知单

___年___月___日

计划号		国别		旅行者名称		人数	
旅游团名				旅游团类型			
旅游等级				全陪姓名			
旅客到离时间				拨款结算			

续表

项目		综合服务费（合计）	天数	单价	人数	金额
	旅行团综合服务费					
		全程陪同费（合计）				
	全陪费用	交通费				
		共餐费				
		住宿费				
旅游者交通、行李托运费						
拨款结算总计						

2. 组团旅行社营业成本核算方法及实例。旅游企业在一定时期所实现的各项营业支出，在会计核算上通过设置"主营业务成本"科目总括反映，借方登记企业确认的各项营业支出，贷方登记期末转入"本年利润"科目的净支出，结转后该科目无余额。"主营业务成本"总账户下可设置"组团外联成本""综合服务成本""零星服务成本""劳务成本""票务成本""地游及加项成本""其他服务成本"等明细账户，结转成本时，对于尚未拨付的费用，也可通过"应付账款"等科目核算。

【例7-16】A旅游组团旅行社到了规定的结算日，仍没接到有关接团旅行社报来的旅行团（者）费用拨款结算通知单。按计划成本预提106 400元，其中：综合服务成本68 000元，劳务成本24 000元，地游及加项成本11 000元，其他成本3 400元，会计处理如下：

借：主营业务成本——综合服务成本　　　　　　　　　68 000
　　　　　　　——劳务成本　　　　　　　　　　　　24 000
　　　　　　　——地游及加项成本　　　　　　　　　11 000
　　　　　　　——其他成本　　　　　　　　　　　　 3 400
　　贷：应付账款——接团旅行社　　　　　　　　　 106 400

接到接团旅行社报来旅行团（者）费用拨款结算通知单时，经审核无误，办理支付手续。其内容分别为：综合服务费69 000元，全程陪同劳务费24 500元，地游及加项成本10 200元和其他费用3 800元，共计107 500元，会计处理如下。

借：主营业务成本——综合服务成本　　　　　　　　　 1 000
　　　　　　　——劳务成本　　　　　　　　　　　　 500
　　　　　　　——其他成本　　　　　　　　　　　　 400
　　贷：应付账款——接团旅行社　　　　　　　　　　 1 100
　　　　主营业务成本——地游及加项成本　　　　　　　 800

支付接团旅行社款项，会计处理如下。

借：应付账款——接团旅行社　　　　　　　　　　　107 500
　　贷：银行存款　　　　　　　　　　　　　　　　　　107 500

组团旅行社与接团旅行社（或有关接待单位、个人之间）发生旅游服务费用拖欠时，通过"应付账款"科目核算，如收到接团旅行社结算单未付或未收到结算单按计划价格预提成本时，借记"主营业务成本"科目，贷记"应付账款"科目，将应付团费拨付时，借记"应付账款"科目，贷记"银行存款"科目。

三、接团旅行社营业收入和成本的会计处理

（一）接团旅行社营业收入会计处理

接团旅行社是先接待后向组团旅行社收费的，接团旅行社营业收入是根据组团旅行社下达的接待计划，为旅游者提供服务，应向组团旅行社收取的款项。接团旅行社和组团旅行社的费用和收入有着紧密的联系，组团旅行社的拨付成本就是接团旅行社的营业收入。

1. 接团旅行社业务核算的一般程序。根据组团旅行社发来的接待计划制订当地接待计划，打印出日程表，分发到当地饭店、交通部门、旅游景点等接待单位，结合各旅行团不同特点和要求，配备合适的全陪和地陪旅行团。离开当地后根据陪同人员填写的旅行团（者）费用结算报告表编制旅行团（者）费用结算通知单报组团旅行社办理款项结算，另外与提供服务的单位实行定期或不定期的结算。

接团旅行社一般以向组团旅行社发出旅行团（者）费用拨款结算通知单时确认营业收入的实现。

对于业务量较多的旅行社，可以根据旅行团（者）费用结算通知单，汇总填写旅行社旅游费用汇总表进行核算，如表 7-6 所示。

表 7-6　　　　　　　　　　旅行社旅游费用汇总表
　　　　年　　月　　日

项目	金额		
	团体	其他	合计
综合服务费			
零星服务费			
劳务费			
票务费			
地游及加项费			
其他			
合计			

2. 接团旅行社营业收入会计处理。接团旅行社的收入在会计处理上通过设置"主营业务收入"科目总括反映。该科目属损益类科目，贷方登记企业确认的各项营业收入，借方登记冲减的收入和期末转入"本年利润"科目的净收入，结转后该科目无余额。

【例 7 - 17】 A 旅行社（接团旅行社）根据组团旅行社下达的计划，为 L15 团（共 21 人，包括全程陪同 1 人）提供服务。具体旅游活动为：游程 10 天，住宿 10 个晚上。综合服务费每人 200 元，酒店住宿费双人房每晚 500 元，早餐每人 10 元，午餐加晚餐每人分别 50 元，特殊门票每人 100 元，航班返程机票的手续费每人 50 元，另全陪人员 1 人的住房每晚 300 元，餐费标准与旅客同。根据以上拨款结算通知单的内容报组团旅行社办理结算。则会计处理如下。

（1）根据旅行团（者）费用拨款结算通知单办理结算时：

借：应收账款——组团旅行社　　　　　　　　　　70 250
　　贷：主营业务收入——综合服务收入　　　　　　　　67 100
　　　　　　　　　　——票务收入　　　　　　　　　　 3 150

（2）当收到组团旅行社拨来的款项时：

借：银行存款　　　　　　　　　　　　　　　　　70 250
　　贷：应收账款——组团旅行社　　　　　　　　　　70 250

（二）接团旅行社营业成本会计核算

接团旅行社的业务与组团旅行社是相对应的，主要是按照合同约定在规定的时间、地点接待组团旅行社发来的团队。其营业成本包括：一是接团旅行社为接待旅游团（者）所支付的直接成本支出，如票务支出、翻译导游人员劳务支出等；二是接团旅行社为接待旅行团而代付的费用，主要指接团旅行社代付给为旅游者提供住、食、行的饭店、餐馆、交通部门的各项费用。接团旅行社的营业成本可具体划分为：综合服务成本、零星服务成本、劳务成本、票务成本、地游及加项成本和其他服务成本等。其中地游及加项成本，主要指旅游者地方增加游览项目和风味餐等而加收的费用。

一般在旅游团队离开以后，由接待单位根据接待中发生的旅游费用结算清单向接团旅行社办理费用结算。接团旅行社根据费用结算单，与本旅行社接待部门的有关记录核对，经审核无误后付款。

接团旅行社的费用成本在会计核算上通过设置"主营业务成本"科目总括反映，借方登记企业确认的各项营业支出；贷方登记期末转入"本年利润"科目的净支出，结转后该科目无余额。

【例 7 - 18】 五湖国际旅行社本月支付各接待单位有关费用如下：怀阳饭庄房费、餐费 11 600 元，佳乐出租汽车公司交通费 2 300 元，支付参观旅游点门票费 460 元，合计 14 360 元。

财会部门对有关结算单据审核无误后，以银行存款付讫，会计处理如下。

借：主营业务成本——房费、餐费　　　　　　　　　　　　　　11 600
　　　　　　　　——交通费　　　　　　　　　　　　　　　　　2 300
　　　　　　　　——门票费　　　　　　　　　　　　　　　　　　460
　　贷：银行存款　　　　　　　　　　　　　　　　　　　　　14 360

如果上述有关成本支出未能及时结清，或当月不能按时结账，应采用预提形式计入营业成本。

【例7-19】假设上例中应付佳乐出租汽车公司交通费2 300元当月未能支付，作"应付账款"处理，会计处理如下。

借：主营业务成本——交通费　　　　　　　　　　　　　　　　2 300
　　贷：应付账款——佳乐出租汽车公司　　　　　　　　　　　　2 300

实际支付佳乐出租汽车公司交通费时，借记"应付账款"科目，贷记"银行存款"科目。如果预提成本与实际成本存在差异，应及时调整。

【例7-20】假设上例接到佳乐出租汽车公司交通费结算单，以银行存款支付交通费2 740元，应编制如下会计处理。

借：主营业务成本——交通费　　　　　　　　　　　　　　　　　440
　　应付账款——佳乐出租汽车公司　　　　　　　　　　　　　2 300
　　贷：银行存款　　　　　　　　　　　　　　　　　　　　　 2 740

如果实际结算的交通费为2 150元，将实际支付数与应付数差额冲减"主营业务成本"科目。会计处理如下。

借：应付账款——佳乐出租汽车公司　　　　　　　　　　　　　2 300
　　贷：主营业务成本——交通费　　　　　　　　　　　　　　　150
　　　　银行存款　　　　　　　　　　　　　　　　　　　　　2 150

四、旅行社质量保证金的会计处理

旅行社质量保证金是保障旅游者权益的专用款项，属于各交款旅行社所有，对保证金实行专项管理，任何单位和个人不得擅自支取挪用保证金。旅行社上交质量保证金时通过"其他应收款——存出保证金"科目核算。

1. 旅行社按规定交纳质量保证金时，会计处理如下。

借：其他应收款——存出保证金
　　贷：银行存款

2. 按规定收到质量保证金利息时，会计处理如下。

借：营业外支出——质量赔偿损失
　　贷：银行存款

五、旅行社受托代办业务的会计处理

如代售国际联运票及国内机票、车票、船票等的手续，由经办人员填交款单交财务部门借记"银行存款"科目,贷记"其他业务收入——票务收入"科目;代办业务所发生的费用,借记"其他业务成本——票务支出"科目,贷记"银行存款"科目。

第五节 会展服务业务处理

会展服务业务,在理论界称会展经济,在实务界称会展业务或会展业,是指通过举办各种形式的会议、展览和活动,能够直接或间接带来经济效益和社会效益的一种经济现象和经济行为。会展经济与旅游经济、房地产经济并称世界上三大"无污染经济",不仅具有十分可观的直接经济效益,而且具有不可多得的间接团旅行社会效益。

我国会展企业在经营活动中一般以各会展项目为会计核算对象,日常以"预收账款"科目核算各项收入,以"预付账款"科目核算各项成本费用支出;项目结束时以"主营业务收入"科目核算各项收入,以"主营业务成本""管理费用"及"财务费用"等科目核算各项成本费用支出;最后通过"本年度利润"及"利润分配"等科目结算出该会展项目及会展企业的盈亏情况。

一、会展业务收入会计处理

(一)会展业务收入的分类

1. 展位收入,主要是指会展公司各会展项目的摊位收入或光地收入。
2. 资源开发收入,主要是指会展广告资源开发收入。
3. 财政补贴收入,主要是指政府展或市场展各级政府给予的财政补贴收入。
4. 项目合作分成收入,主要是指与国内外公司项目合作分成的各项收入。
5. 其他收入,主要是指会展场地出租或会议、论坛等项目合作的各项收入。

(二)会展业务展位收入的价格体系

以上海为例,所有展商遵守三级价格体系:
1. 外资价。
(1)欧元报价(仅限于支付外汇的海外展团及注册于境外的外国公司)。
光地:××欧元/平方米(不包括光地管理费),18平方米起租。
标准展位:××欧元/平方米,9平方米起租。
(2)人民币报价(中国境内的外商独资企业)。
光地:××元/平方米(不包括光地管理费),18平方米起租。
标准展位:××元/9平方米,9平方米起租。
2. 合资价(中外合资企业港澳台企业)。
光地:××元/平方米(不包括光地管理费),18平方米起租。

标准展位：××元/9平方米，9平方米起租。

3. 内资价（内资企业）。

光地：××元/平方米（不包括光地管理费），18平方米起租。

标准展位：××元/9平方米，9平方米起租。

备注：企业性质以参展企业的营业执照为准；原则上27平方米以下（含27平方米）的参展企业没有任何折扣或变相折扣（赠送面积等）；原则上27平方米以上的参展企业可以给予低于9折（含9折）的优惠，高于9折的优惠必须经过公司总经理级的专项审批手续。

（三）会展企业的收支预算

一般会展企业财务部门岁末年初都会根据企业上一年度各会展项目合同与人员费用、办公费用等的执行情况，结合新一年度的市场情况及主管部门的考核要求，编制本会展企业××年度的收支预算，如表7–7所示。

表7–7　　　　2×18年度××会展有限公司财务收支预算

2×18年2月10日　　　　　　　　　　　　　　　　　　　　单位：万元

收支项目名称	汇总数	A会展项目	B会展项目	C会展项目
场地、摊位费销售收入	4 015	2 381	1 287	347
资源开发收入	180	100	50	30
财政补贴收入	60	60	—	—
项目合作分成收入	170	100	70	0
其他收入	30	20	6	4
收入合计	4 455	2 661	1 413	381
减：税金及附加（5.55%）	135	81	42	12
净收入总计	4 320	2 580	1 371	369
直接营业成本（一至九项）				
一、场馆租用及营运成本				
场馆租用	1 489	992	330	167
会议室租用	71	47	151	9
空调费	50	33	11	6
电费	30	20	6	4
加班费	6	3	2	1
现场运营费（保安、保洁、通信等）	22	15	5	2
展馆技术服务	50	33	11	6
保险费用	6	3	2	1
借用人员	15	10	41	

续表

收支项目名称	汇总数	A会展项目	B会展项目	C会展项目
大会班车	12	8	3	1
场馆租用及营运成本小计	1 751	1 164	389	198
二、展台及大会搭建				
大会搭建	160	107	35	18
餐饮场所搭建	17	12	4	1
地毯	70	47	15	8
标准展台搭建	100	67	22	11
展台及大会搭建小计	347	233	76	38
三、媒体宣传				
媒体广告费用	134	90	29	15
新闻宣传费用	35	24	8	3
网络宣传费用	48	32	11	5
媒体宣传小计	217	146	48	23
四、展览会活动				
开幕式费用	35	24	8	3
招待晚宴费用	53	36	12	5
技术交流会组织费用	44	29	10	5
嘉宾邀请	28	19	6	3
现场拍摄	7	4	2	1
展览会活动小计	167	112	38	17
五、观众登记				
胸卡及吊牌制作费	40	27	9	4
观众登记及搭棚费	16	11	3	2
观众登记小计	56	38	12	6
六、佣金及协会支持				
佣金	240	161	53	26
协会支持	182	122	40	20
佣金及协会支持小计	422	283	93	46
七、展商推广				
招展书设计与印刷	90	60	20	10
海报广告	15	10	3	2
邮寄费用	54	36	12	6

续表

收支项目名称	汇总数	A 会展项目	B 会展项目	C 会展项目
会刊设计与印刷	11	7	3	1
推广交际	60	40	13	1
差旅费	125	84	28	13
借用人员	35	24	8	3
展商推广小计	390	261	81	42
八、观众推广				
门票设计与印刷	42	28	9	5
参观指南设计与印刷	35	23	8	4
邮寄费用	43	29	9	5
广告设计	26	17	6	3
推广交际	54	34	12	6
通信费用	10	5	3	2
差旅费	65	44	14	7
借用人员	16	11	3	2
观众推广小计	291	193	64	34
九、在线会展				
在线会展费	39	26	9	4
在线会展小计	39	26	9	4
直接营业成本合计（一至九项）	3 680	2 456	816	408
间接管理、财务费用（十至十二项）				
十、后勤配套管理费用				
办公家具、物品租用	15	10	3	2
物品购置	15	10	3	2
运输搬运费	6	4	1	1
后勤配套管理费用小计	36	24	7	5
十一、人员管理费用				
人员费用	420（本部 100）	214	70	36
办公费用	25（本部 5）	13	5	2
其他费用	20（本部 5）	10	4	1
人员管理费用小计	465（本部 110）	237	79	39

续表

收支项目名称	汇总数	A会展项目	B会展项目	C会展项目
十二、财务费用				
资金利息收入	−25 (本部0)	−15	−8	−2
资金利息支出	39 (本部0)	23	13	3
银行手续费	5 (本部0)	3	1	1
财务费用小计	19 (本部0)	11	6	2
间接管理、财务费用合计（十至十二项）	520 (本部110)	272	92	46
直接营业成本及间接管理、财务费用合计	4 200 (本部110)	2 728	908	454
利润总额（净收入−直接营业成本及间接管理、财务费用）	120 (−本部110)	−148	463	−85

（四）会展业务收入会计处理举例

1. 展位收入会计处理。

【例7−21】2×18年6月3日，××会展公司收到内资企业参展商上海××机电有限公司A会展项目标准展位收入16 000元，并附来合同及开出发票各1份。

　　借：银行存款——中国银行上海市卢湾支行　　　　　16 000
　　　　贷：预收账款——A会展项目——场地、摊位费销售收入——内资企业
　　　　　　　上海××机电有限公司　　　　　　　　　　16 000

2. 资源开发收入会计处理。

【例7−22】2×18年11月12日，××会展公司收到广告资源合作伙伴上海××广告有限公司汇来的A会展项目资源开发收入1 000 000元，并附来合同及开出发票各1份。

　　借：银行存款——中国银行上海市卢湾支行　　　　　1 000 000
　　　　贷：预收账款——A会展项目——资源开发收入——上海××广告有限
　　　　　　　公司　　　　　　　　　　　　　　　　　　1 000 000

3. 其他收入会计处理。

【例7−23】2×18年11月5日，××会展公司收到上海××会务有限公司汇来的A会展项目会议室出租收入54 000元，并附来合同及开出发票各1份。

　　借：银行存款——中国银行上海市卢湾支行　　　　　54 000
　　　　贷：预收账款——A会展项目——其他收入——会议室出租收入——上
　　　　　　　海××会务有限公司　　　　　　　　　　　54 000

4. 补贴收入会计处理。

【例7-24】2×19年4月5日，A会展项目经政府大会办审计通过，××会展公司收到政府大会办划来的2×18年A会展项目财政补贴收入600 000元，并开出发票1份。

借：银行存款——中国银行上海市卢湾支行　　　　　600 000
　　贷：预收账款——A会展项目——补贴收入——政府大会办
　　　　　　　　　　　　　　　　　　　　　　　　600 000

二、会展业务成本会计处理

（一）会展业务成本核算的要求

1. 会展业务的成本费用核算。会展业务的成本费用核算是将会展企业或会展项目在经营管理过程中直接发生的营业成本与间接发生的管理费用、财务费用按照会展企业或会展项目的对象进行分配和归集，据以计算各会展企业或会展项目成本计算对象的总成本或单位成本。成本费用核算是成本会计的核心，它是成本分析和成本考核的重要依据。成本费用核算正确与否不仅直接影响到会展企业财务会计中损益以及应交所得税的计算，而且也直接影响到成本费用的预测计划、控制、分析、考核等成本费用管理各环节的工作，同时对企业经营管理决策产生重大影响。成本费用核算过程，就是对会展企业或会展项目经营管理过程中各种耗费的发生进行归类和如实反映的过程，也是为满足企业经营管理要求进行信息管理的过程。所以加强会展企业的成本费用核算，对会展企业或会展项目寻求降低成本费用的途径，增加利润，提高经营管理水平，都具有十分重要的意义。

2. 加强会展企业成本费用预算审核与控制。会展企业或会展项目进行成本费用核算的目的是节约消耗，降低成本费用，提高经济效益，因此必须加强会展企业的成本费用预算审核与控制工作。要严格根据国家有关法律政策、行业惯例、企业内部制度及历史经验等相关的预算、定额或标准等，对会展企业或会展项目经营、管理过程直接发生的营业成本与间接发生的管理费用、财务费用是否应该开支、开支是否超标及是否超预算、是否超历史平均水平、是否超行业平均水平等进行审核与控制，对不合理、不合情、不合法的成本费用支出严格限制。

3. 正确划分各种成本费用的界限。

（1）正确划分会展企业或会展项目直接营业成本与间接管理费用、财务费用的界限。会展企业或会展项目的直接营业成本是会展企业或会展项目经营过程中直接发生的各项成本支出，主要包括场馆租用及营运成本、展台及大会搭建、媒体宣传、展览会活动、观众登记、佣金及协会支持、展商推广、观众推广、在线会展等9项成本项目。会展企业或会展项目的期间间接费用包括管理费用、财务费用等2项费用项目,其中管理费用是指会展企业或会展项目组织和管理会展活动期间发生的间接费用;财务费用是指会展企业或会展项目用于筹集经营管理资金而发生的利息支出、利息收入及银行手续费等期间间接费用。

(2)正确划分资本性支出与收益性支出的界限。会展企业的资本性支出是指该支出的效益涉及多个会计年度(营业周期)的支出,如企业购置和建造固定资产、购买无形资产的支出,需逐年分摊资本化支出。会展企业的收益性支出是指该支出的效益只涉及本会计年度(营业周期)的支出,包括计入当期损益的直接营业成本及间接的管理、财务期间费用。

(3)正确划分各个会展项目之间的费用界限。按照会展企业核算的惯例,以每个会展项目实际举办结束的时间为限,进行该会展项目的收入与成本费用的核算。一般来说,会展企业直接发生的营业成本项目都能直接计入各会展项目,而间接发生的管理、财务费用等期间费用,能明确地直接计入各会展项目,不能明确计入的管理、财务费用等期间费用可按会展项目的收入总额、成本总额或展览面积等进行相对合理的分配计入。有的会展企业将期间费用全部分配计入各会展项目,有条件的会展企业只将大部分期间费用分配计入各会展项目,这应视不同会展企业的实际情况而定。

(二)会展业务成本会计处理举例

1. 直接营业成本中场馆租用费会计处理。

【例7-25】2×18年10月30日,××会展公司收到A会展项目业务部门要求预付浦东新上海国际博览中心有限公司场馆租用费9 476 460元的申请,并附来合同及发票各1份。

借:预付账款——A会展项目——场馆租用及营运成本——场馆租用——浦
东新上海国际博览中心有限公司　　　　　　　9 476 460
　　贷:银行存款——中国银行上海市卢湾支行　　　9 476 460

2. 直接营业成本中展台及大会搭建费会计处理。

【例7-26】2×18年10月30日,××会展公司收到A会展项目业务部门要求支付上海××搭建有限公司搭建费974 563元的申请,并附来合同及发票各1份。

借:预付账款——A会展项目——展台及大会搭建——大会搭建——上海
××搭建有限公司　　　　　　　974 563
　　贷:银行存款——中国银行上海市卢湾支行　　　974 563

3. 直接营业成本中媒体宣传费会计处理。

【例7-27】2×18年5月8日,××会展公司收到A会展项目业务部门要求支付上海××广告有限公司媒体广告费用763 534元的申请,并附来合同及发票各1份。

借:预付账款——A会展项目——媒体宣传——媒体广告费用——上海××
广告有限公司　　　　　　　763 534
　　贷:银行存款——中国银行上海市卢湾支行　　　763 534

4. 直接营业成本中展览会活动费会计处理。

【例7-28】2×18年11月2日,××会展公司收到A会展项目业务部门要求支付上海××大酒店有限公司招待晚宴费用302 566元,并附来发票1份。

借:预付账款——A会展项目——展览会活动——招待晚宴费用——上海×
　　×大酒店有限公司　　　　　　　　　　　　302 566
　　贷:银行存款——中国银行上海市卢湾支行　　302 566

5. 直接营业成本中观众登记费会计处理。

【例7-29】2×18年10月20日,××会展公司收到A会展项目业务部门要求支付上海××印刷有限公司胸卡及吊牌制作费215 635元,并附来合同及发票各1份。

借:预付账款——A会展项目——观众登记——胸卡及吊牌制作费——上海
　　××印刷有限公司　　　　　　　　　　　　215 635
　　贷:银行存款——中国银行上海市卢湾支行　　215 635

6. 直接营业成本中佣金及协会支持费会计处理。

【例7-30】2×18年11月20日,××会展公司收到A会展项目业务部门要求支付北京××工业协会的协会支持费1 056 312元,并附来合同及发票各1份。

借:预付账款——A会展项目——佣金及协会支持——协会支持——北京
　　××工业协会　　　　　　　　　　　　　　1 056 312
　　贷:银行存款——中国银行上海市卢湾支行　　1 056 312

7. 直接营业成本中展商推广费会计处理。

【例7-31】2×18年10月18日,××会展公司收到A会展项目业务部门要求支付上海××印刷有限公司招展书设计与印刷费536 305元,并附来合同及发票各1份。

借:预付账款——A会展项目——展商推广——招展书设计与印刷费——上
　　海××印刷有限公司　　　　　　　　　　　536 305
　　贷:银行存款——中国银行上海市卢湾支行　　536 305

8. 直接营业成本中观众推广费会计处理。

【例7-32】2×18年9月18日,××会展公司收到A会展项目业务部门人员需报支观众推广到北京出差的差旅费18 345元,并附来项目预算、决算及各种发票若干张。

借:预付账款——A会展项目——观众推广——××人差旅费
　　　　　　　　　　　　　　　　　　　　　　18 345
　　贷:库存现金——备用金　　　　　　　　　18 345

9. 直接营业成本中在线会展费会计处理。

【例7-33】2×18年2月18日,××会展公司收到A会展项目业务部门需支付上海××电信有限公司2×18年度在线会展网站费用234 560元的申请,并附来合同及发票各1份。

借:预付账款——A会展项目——在线会展——2018年度网站费——上海×

×电信有限公司 234 560
  贷：银行存款——中国银行上海市卢湾支行 234 560

10. 间接后勤配套管理费会计处理。

【例7-34】2×18年8月8日，××会展公司收到A会展项目业务部门要求支付上海××租赁有限公司7月份办公桌椅及办公用品租赁费15 681元的申请，并附来合同及发票各1份。

  借：管理费用——A会展项目——后勤配套管理费用——办公用品租赁费
    ——上海××租赁有限公司 15 681
    贷：银行存款——中国银行上海市卢湾支行 15 681

11. 间接人员管理费会计处理。

【例7-35】2×18年1月10日，××会展公司收到人力资源部门要求支付公司1月份工资及各项社保基金178 561元的申请，并附表《工费发放清单》1份及各项社保基金缴纳单据若干张。

（1）计提工资。

  借：管理费用——××会展公司本部——人工费用——工资 41 069
    ——A会展项目——人工费用——工资 91 066
    ——B会展项目——人工费用——工资 30 355
    ——C会展项目——人工费用——工资 16 071
    贷：应付职工薪酬——××会展公司本部——工资 41 069
      ——A会展项目——工资 91 066
      ——B会展项目——工资 30 355
      ——C会展项目——工资 16 071

（2）发放工资。

  借：应付职工薪酬——××会展公司本部——工资 41 069
    ——A会展项目——工资 91 066
    ——B会展项目——工资 30 355
    ——C会展项目——工资 16 071
    贷：其他应付款——××会展公司本部——其他——养老保险
                        2 419
      ——A会展项目——其他——养老保险 5 364
      ——B会展项目——其他——养老保险 1 788
      ——C会展项目——其他——养老保险 946
      ——××会展公司本部——其他——医疗保险 604
      ——A会展项目——其他——医疗保险 1 339
      ——B会展项目——其他——医疗保险 446
      ——C会展项目——其他——医疗保险 236
      ——××会展公司本部——其他——失业保险 304
      ——A会展项目——其他——失业保险 674

　　　　　——B 会展项目——其他——失业保险　　　　225
　　　　　——C 会展项目——其他——失业保险　　　　118
　　　　　——××会展公司本部——其他——公积金　　2 021
　　　　　——A 会展项目——其他——公积金　　　　4 480
　　　　　——B 会展项目——其他——公积金　　　　1 493
　　　　　——C 会展项目——其他——公积金　　　　791
　　应交税费——××会展公司本部——应交个人所得税　3 027
　　　　　——A 会展项目——应交个人所得税　　　　6 712
　　　　　——B 会展项目——应交个人所得税　　　　2 237
　　　　　——C 会展项目——应交个人所得税　　　　1 184
　　银行存款——中国银行上海市卢湾支行　　　　142 153

12. 间接财务费用会计处理。

【例 7-36】2×18 年 3 月 22 日，××会展公司财务部门收到中国银行上海市卢湾支行要求支付 1 季度流动资金借款 750 万元的季度利息支出费用 97 500 元（按 A、B、C 会展项目的预算净收入比例的 60%、32%、8%进行分摊）的申请，并附来流动资金借款合同 1 份及 1 季度银行扣息清单 1 份。

　　借：财务费用——A 会展项目——1 季度利息支出　　58 500
　　　　　——B 会展项目——1 季度利息支出　　　　31 200
　　　　　——C 会展项目——1 季度利息支出　　　　7 800
　　贷：银行存款——中国银行上海市卢湾支行　　　　97 500

三、会展利润分配会计处理

会展利润分配核算主要包括：会展项目个体收支结算及合作各方的利润分配核算；会展企业整体的盈亏结算；会展企业整体投资各方股东的投资收益利润分配。会展利润分配核算，反映了某一个会计年度内某个会展企业整体或某一个营业周期内某一个会展项目单体不同对象的各项收入、各项直接营业成本与间接管理、财务费用及其盈亏的构成情况，可反映会展企业或会展项目的经营管理活动的成果与股东资本的保值增值情况，结合资产负债表等相关信息，通过财务分析，可以充分反映会展企业或会展项目的经营管理业绩的主要来源和构成情况，有助于会计报表使用者判断盈亏的质量及其风险，便于判断会展企业或会展项目未来的发展趋势，作出正确的经营管理决策。

1. 会展项目收支结算及合作各方的利润分配核算，主要是指对某一个营业周期内某一个会展项目个体对象相关的各项收入、各项直接营业成本与间接管理财务费用进行分配和归集，配比出盈亏结果，盈则分利、亏则分担的核算工作。实际工作中由于对某一会展项目的品牌、政府关系、展商、客商等资源依赖关系的不同，会展项目利润分配的合作方式主要有以下三种：一是高市场化方式，合作各方收支各自进账、各负盈亏；二是中市场化方式，合作各方收支各自进账，如果合作各方都盈利，则互不相欠，如果合作各方有盈利、有亏损，则盈利方向合作各方分利，如果合作各方均损，则各自负担；三是低市场化方式，合作各方收支各自进账，事先约定合作方的盈亏相加，盈利则平均分配、亏损则各自承担。

2. 会展企业的盈亏核算，主要是指对某一个会计年度内某一个会展企业整体对象相关的各项收入、各项直接营业成本与间接管理、财务费用进行分配和归集，配比出盈亏结果，盈则分利、亏则分担的核算工作。

3. 会展企业投资各方股东的投资收益利润分配核算，实际工作中，由于对某会展企业的投资者股东关系、经营业绩、经营资金、未来发展等因素的不同判断，会展企业利润分配的方式主要也有以下三种：一是激进型，投资各方股东的未分配利润按投资股权比例应分尽分；二是稳健型，投资各方股东的未分配利润再留存一定比例用于经营业务资金的周转、减少利息财务费用支出；三是保守型，投资各方股东的经济情况都很好，将该会展企业当年的未分配利润暂不进行利润分配，支持经营业务的进一步发展。

四、会展企业税务会计处理

（一）会展企业税务会计处理的要求

1. 会展企业税务处理主要包括流转税环节的税金及附加抵扣范围及会计处理，所得税环节的企业所得税、个人所得税奖励返还及这两个层面的税务会计处理工作。会展企业税务会计处理，反映了某一个会计年度内某一会展企业整体在经营过程中的流转税缴纳及处理，会计年度终了个人所得税、企业所得税等缴纳及处理情况，直接影响到会展企业的经营管理成果税后净利润情况，是一个政策性强、企业经营管理关键性、总结性的环节，必须认真对待，努力做到既合理合法避税又能充反映会展企业的经营管理成果及水平。

2. 一般来说有多个会展项目的会展企业抵扣项目范围的操作余地大些，单个会展项目的会展企业运作起来难度就高些。

3. 为了鼓励会展这个都市型产业的快速发展，地方政府一方面鼓励会展企业加大对新会展项目的研发费用投入，有关研发费用投入可按一定比例调减企业所得税纳税所得额；另一方面对有影响力的市级品牌会展企业或会展项目相关的税金及附加、企业所得税、个人所得税的地方财力部分给予全额先征后返的优惠税收政策。

（二）会展企业税务会计处理举例

1. 会展企业税金及附加抵扣的举例。

【例7-37】2×18年8月5日，××会展公司财务部门收到业务部门汇总的7月份营业收入350万元，另有本月可供抵扣的自付广告费（有广告专用发票）

100万元、搭建费150万元、代为团组交纳餐宿费30万元、交通费20万元、门票费5万元各项抵扣合计305万元。按旧税收政策，应交营业税金及附加=350×5.55%=19.425（万元）；按新税收优惠政策，应交税金及附加=（350-305）×5.55%=2.4975（万元）。

2. 会展企业所得税先征后返的举例。

【例7-38】2×19年5月8日，××会展公司被上海市会展行业协会评为上海市会展行业品牌企业，根据上海×区财税局相关规定的通知，××会展公司2×18年度已缴纳税金及附加1 322 564元、企业所得税1 379 258元、个人所得税1 030 000元的地方财力部分可以享受全额先征后返的优惠税收政策，先征后返税额=税金及附加1 322 564元×60%+企业所得税1 379 258元×60%+个人所得税1 030 000元×60%=2 239 093（元）。

借：银行存款——中国银行上海市卢湾支行　　　　　2 239 093
　　贷：应交税费——A会展项目——财政先征后返——上海市×区财政局
　　　　　　　　　　　　　　　　　　　　　　　　　2 239 093

第六节　技术贸易业务处理

技术贸易，是指从中国境外向中国境内，或者从中国境内向中国境外，通过进出口贸易、投资或者其他方式将其技术的使用权授予、出售或购买的行为。判断是否属于技术进出口行为，并不以进出口双方是否属于不同国籍为标准，而是看该技术是否跨越国境。

一、技术进出口主要形式

技术进出口业务的方式很多，主要有以下几种。

（一）技术许可

技术许可是指技术所有人作为许可方向被许可方授予某项权利，允许其按许可方拥有的技术实施、制造、销售该技术项下的产品，并由被许可方支付一定数额的报酬。许可贸易有三种基本类型：专利许可、商标许可和专有技术转让（许可）。在技术贸易中，技术许可是技术转让交易中使用最广泛和最普遍的一种贸易方式。

（二）特许专营

特许专营是指由一家已经取得成功经验的企业将其商标、商号名称、服务标志、专利、专有技术以及经营管理方法或经验转让给另一家企业的一项技术转让合同，后者有权使用前者的商标商号名称、专利服务标志专有技术及经营管理经验，但须向前者支付一定金额的特许费。特许专营形式一般有产品专销、服务专营和商品格式专营。

（三）技术咨询服务

技术咨询服务是技术提供方或服务方受另一方委托，通过签订技术服务合同，为委托方提供技术劳务，完成某项服务任务，并由委托方支付一定技术服务费的活动。技术咨询费一般可以按工作量计算，也可采用技术课题包干定价。一般所付的技术咨询费相当于项目总投资的5%左右。

（四）承包工程

工程承包也称"交钥匙"工程，是供方为建成整个工厂或自成体系的整个车间向受方提供全部设备、技术、经营管理方法，包括工程项目的设计施工、设备的提供与安装、受方人员的培训、试车，直至把一座能够开工生产的工厂或车间交给受方。

为了规范技术进出口管理，国家主管部门对技术进出口实行统一管理，采取三种技术、两类合同、登记加审批制度。三种技术是指将技术分为禁止进出口技术、限制进出口技术以及自由进出口技术，由商务部会同国务院有关部门制订调整并公布禁止或者限制进出口的技术目录；两类合同是指技术进口合同及技术出口合同。登记加审批制度是指：对属于禁止进出口的技术，不得进口或出口；对属于限制进出口的技术，实行许可证审批管理；对属于自由进出口的技术，实行合同登记管理制度。

二、技术进口会计处理

技术进口业务一般通过"无形资产"会计科目进行核算，并按无形资产的类别设置明细账。

（一）技术进口的成本

企业购进技术发生的成本包括购买价款、相关税费以及直接归属于使该项资产达到预定用途所发生的其他支出。直接归属于使该项资产达到预定用途所发生的其他支出，包括达到预定用途所发生的专业服务费用、测试费用等。购买价款超过正常信用条件延期支付价款的，应按购买价款的现值计量其成本，现值与应付价款之间的差额作为未确认的融资费用，在付款期间内按照实际利率法确认为利息费用。但注意：为产品的宣传推广发生的广告费、宣传费等间接费用，企业为非专利技术所发生的管理费用，无形资产达到预定用途之后所发生的费用不构成无形资产的成本。

在国际技术贸易中，采用的使用费支付方法主要有总付和提成支付两种。总付是指在签订合同时，许可方与被许可方谈妥一笔固定的金额，在合同生效后，由被许可方按合同约定,一次或分期支付的方法。提成支付是指在签订合同时,当事人双方确定一个提取使用费的百分比,待被许可方利用技术开始生产并取得经济效果(产量销售额、利润等)之后,以经济效果为基础,定期连续提取使用费的方法。但是应注意的是在提成支付条件下,如果技术进口的价值不能确定,则不能将该技术确认为无形资产进行会计核算。

购买无形资产的价款超过正常信用条件延期支付,实质上具有融资性质的,无形资产成本以购买价款的现值为基础确定。实际支付价款与购买价款现值之间的差额,除按照《企业会计准则第17号——借款费用》应予资本化的以外,应当在信用期间内采用实际利率法摊销计入当期损益。

【例7-39】2×18年1月8日,甲公司从乙公司购买一项商标权,由于甲公司资金周转比较紧张,经与乙公司协议采用分期付款方式支付款项。合同规定,该项商标权总计500万元,每年年末付款100万元,5年付清。假定银行同期贷款利率为4%。为了简化核算,假定不考虑其他有关税费(已知5年期4%利率,其年金现值系数为4.452)。

无形资产现值=100×4.452=445.2(万元)

未确认的融资费用=500-445.2=54.8(万元)

借:无形资产——商标权　　　　　　　　　　　　　　4 452 000
　　未确认融资费用　　　　　　　　　　　　　　　　548 000
　　贷:长期应付款　　　　　　　　　　　　　　　　　5 000 000

以后在每年年底付款时应按实际利率法同时摊销未确认的融资费用,其会计处理为:

借:长期应付款　　　　　　　　　　　　　　　　　　1 000 000
　　贷:银行存款　　　　　　　　　　　　　　　　　　1 000 000
借:财务费用　　　　　　　　　　　　　　　　　　　×××
　　贷:未确认融资费用　　　　　　　　　　　　　　　×××

【例7-40】我国A企业以270万美元从B国企业购入一项专利权,对方负担预提所得税费用及增值税,当日即期汇率美元中间价为6.63,款项以美元账户进行支付。增值税税率为5%,预提10%的所得税费用。

(1)预提应交所得税费用及增值税。

借:应交税费——应交增值税(USD2 700 000×6.63×5%)
　　　　　　　　　　　　　　　　　　　　　　　　　895 050
　　　　　　——应交预提所得税[(USD2 700 000×6.63-895 050)×10%]
　　　　　　　　　　　　　　　　　　　　　　　　　1 700 595
　　贷:银行存款　　　　　　　　　　　　　　　　　　2 595 645

(2)按合同金额计入无形资产成本。

借:无形资产(2 700 000×6.63)　　　　　　　　　17 901 000
　　贷:应付账款　　　　　　　　　　　　　　　　　　17 901 000

同时结转代扣税金:

借：应付账款　　　　　　　　　　　　　　2 595 645
　　贷：应交税费——应交增值税　　　　　　　　　895 050
　　　　　　　——应交预提所得税　　　　　　　1 700 595

（3）支付扣税后的净价款。
USD2 700 000×6.63－2 595 645＝15 305 355（元）
借：应付账款　　　　　　　　　　　　　　15 305 355
　　贷：银行存款　　　　　　　　　　　　　　15 305 355

（二）投资者投入无形资产的成本

投资者投入无形资产的成本应当按照投资合同或协议约定价值确定，但合同或协议约定价值不公允的除外，借记"无形资产"科目，按投入资本在注册资本或股本所占份额，贷记"实收资本"或"股本"科目，按其差额贷记"资本公积——资本溢价"或"资本公积——股本溢价"等科目。

在投资合同或协议约定价值不公允的情况下，应按无形资产的公允价值入账，确认初始成本与实收资本或股本之间的差额调整资本公积。

三、技术出口会计处理

（一）企业提供技术服务的会计处理

企业为技术进口国设计软件、开发新产品、培训技术人员，设计产品、建筑设计等均属技术服务。

提供技术服务收入的确认有下列几种情况。

1. 提供技术服务从开始到完成，处在同一会计年度内，应当在完成服务时确认收入。

2. 如果提供技术服务不能在一个会计年度内完成，而提供技术服务交易的结果能够可靠估计的，企业在资产负债表日应当采用合同履约进度确认提供劳务收入。

3. 企业在与外商签订既有销售商品又包括提供劳务的合同或协议时，如果销售商品部分和提供劳务部分能够区分且能够单独计量，企业应分别核算商品部分和提供劳务部分，分别做销售商品处理和提供劳务处理；如果不能够区分，或虽能区分但不能够单独计量，企业应当将销售商品部分和提供劳务部分全部作为销售商品部分进行会计处理。

【例7-41】W公司于2×18年9月为C国企业设计工程项目，设计费为100万美元，期限为6个月，合同规定C国企业预付设计费10万美元，余款在设计完成后支付。至2×18年12月31日已发生成本400万元（假定为设计人员工资）。预计完成该设计项目还将发生成本240万元。2×18年12月31日经专业人员测评，设计工厂已完成80%。即期汇率美元中间价为6.64，假设期内无变动。

C 国征收的预提所得税费用率为 10%,则:

$$2×18 年确认收入 = 劳务总收入 \times (劳务履约程度 - 以前年度已确认的收入)$$
$$= 10\,000\,000 × 6.64 × 80\% - 0$$
$$= 5\,312\,000(元)$$

$$2×18 年确认费用 = 劳务总成本 \times (劳务履约程度 - 以前年度已确认的成本)$$
$$= (4\,000\,000 + 2\,400\,000) × 80\% - 0 = 5\,120\,000(元)$$

(1) 收到预付款,已扣预提所得税。

借:银行存款 [USD100 000 × (1 - 10%) × 6.64]　　　　597 600
　　应交税费——应交预提所得税 (USD100 000 × 10% × 6.64)
　　　　　　　　　　　　　　　　　　　　　　　　　　　 66 400
　　贷:预收账款 (C 国企业) (USD100 000 × 6.64)　　　664 000

(2) 结转代缴预提所得税。

借:所得税费用　　　　　　　　　　　　　　　　　　　66 400
　　贷:应交税费——应交预提所得税　　　　　　　　　 66 400

(3) 发生成本时。

借:劳务成本　　　　　　　　　　　　　　　　　　　4 000 000
　　贷:应付职工薪酬　　　　　　　　　　　　　　　4 000 000

(4) 2×18 年 12 月 31 日资产负债表日确认收入。

借:应收账款——应收国外账款 (USD1 000 000 × 6.64 × 80%)
　　　　　　　　　　　　　　　　　　　　　　　　 5 312 000
　　贷:主营业务收入 (或其他业务收入)　　　　　　 5 312 000

借:主营业务成本 (或其他业务成本)　　　　　　　　5 120 000
　　贷:劳务成本　　　　　　　　　　　　　　　　　5 120 000

(5) 2×19 年发生成本时。

借:劳务成本　　　　　　　　　　　　　　　　　　　2 400 000
　　贷:应付职工薪酬　　　　　　　　　　　　　　　2 400 000

(6) 设计工程完工时确认余下 20% 进度的收入。

借:应收账款——应收国外账款——C 国企业 (USD1 000 000 × 20% × 6.64)
　　　　　　　　　　　　　　　　　　　　　　　　 1 328 000
　　贷:主营业务收入 (或其他业务收入)　　　　　　 1 328 000

同时结转成本:

借:主营业务成本 (或其他业务成本) [(4 000 000 + 2 400 000) × 20%]
　　　　　　　　　　　　　　　　　　　　　　　　 1 280 000
　　贷:劳务成本　　　　　　　　　　　　　　　　　1 280 000

(7) 收到 A 国企业设计费余款,已扣预提所得税。

借:银行存款 [USD900 000 × (1 - 10%) × 6.64]　　 5 378 400
　　应交税费——应交预提所得税 (USD900 000 × 6.64 × 10%)
　　　　　　　　　　　　　　　　　　　　　　　　　 597 600

　　　　预收账款——A 国企业（USD100 000×6.64） 664 000
　　　　贷：应收账款——A 国企业 6 640 000
（8）结转代缴预提所得税费用。
　　借：所得税费用 597 600
　　　　贷：应交税费——应交预提所得税 597 600
企业在 C 国缴纳的预提所得税，在国内汇总缴纳企业所得税费用时予以抵扣。

（二）技术转让的会计处理

技术转让又称技术权益转让，是指企业将其所拥有的专利和非专利技术等的所有权或使用权有偿转让给他人使用的行为。

1. 转让技术的所有权。企业出售某项无形资产时，应当将该无形资产的账面价值予以转销，应按实际收到的金额，借记"银行存款"等科目，按已计提的累计摊销，借记"累计摊销"科目，原已计提减值准备的，借记"无形资产减值准备"科目，按应支付的相关税费，贷记"应交税费"等科目，按其账面余额，贷记"无形资产"科目，按其差额，贷记"营业外收入——处置非流动资产利得"科目或借记"营业外支出——处置非流动资产利得"科目。

【例 7-42】 2×19 年 1 月 1 日，A 公司拥有某项专利技术的成本为 500 万元，已摊销金额为 250 万元，已计提的减值准备为 10 万元。该公司于 2×19 年将该项专利技术出售给 B 公司，取得出售收入 30 万元，应缴纳的增值税为 18 万元。A 公司的账务处理为：

　　借：银行存款 3 000 000
　　　　累计摊销 2 500 000
　　　　无形资产减值准备 100 000
　　　　贷：无形资产 5 000 000
　　　　　　应交税费——应交增值税 180 000
　　　　　　营业外收入——处置非流动资产利得 420 000

2. 转让技术的使用权。企业将所拥有的技术使用权让渡给外国的企业或个人时，应确认相关的收入和成本，通过"其他业务收入"和"其他业务成本"科目进行核算，取得的租金收入，借记"银行存款"等科目，贷记"其他业务收入"等科目；摊销出租技术的成本并发生与转让有关的各种费用支出时，借记"其他业务成本"科目，贷记"累计摊销"等科目。

【例 7-43】 2×17 年 1 月 1 日，A 企业将一项专利技术出租给 B 企业使用，该项专利技术的账面余额为 1 000 万元，摊销期限为 10 年，出租合同规定，承租方每销售 1 万件用该专利生产的产品，必须付给出租方 5 万元专利技术使用费。假定承租方当年销售该产品 8 万件，应交的增值税税额为 2 万元。

A 企业的账务处理如下。
（1）取得该项专利技术使用费时。
　　借：银行存款 452 000

　　　　贷：其他业务收入　　　　　　　　　　　　　　　400 000
　　　　　　应交税费——应交增值税（销项税额）　　52 000
　（2）按当年对该项专利技术进行摊销。
　　　借：其他业务成本　　　　　　　　　　　　　　1 000 000
　　　　贷：累计摊销　　　　　　　　　　　　　　　　1 000 000

四、技术进出口的税务处理

税费条款是国际技术贸易合同中一项重要的内容。与技术贸易有关的税种主要有所得税费用、增值税等。

（一）技术进口税务处理

1. 增值税。增值税是对许可出售的技术使用费征收的税，征税国为供方、受方双方所在国。当企业技术进口时，技术进口企业应凭《技术进口合同许可证》或《技术合同进口登记证》及技术合同副本向其主管税务机关办理增值税及预提所得税的纳税申报，按对外支付金额的5%缴纳增值税。

2. 预提所得税。预提所得税除国家另有规定外不予减除任何成本和费用，按10%的比例税率计征。但与我国签订有双边税收协定国家的外国企业适用协定规定的限制性税率。预提所得税以支付单位所支付的金额并按扣除增值税后的10%缴纳预提所得税。凭已缴纳税款凭证向其主管税务部门取得完税凭证，该完税凭证交技术出口方作为其本国抵免所得税的凭证。

预提所得税的计算公式为：

应扣缴税额＝支付单位所支付的金额（扣除增值税）×预提所得税税率

【例7-44】 A国公司在中国境内未设立机构，2×19年向中国某企业提供一项商标使用权，获特许权使用费为740万元。现已知增值税税率5%，预提所得税税率10%。

要求：计算该涉外企业应缴纳的增值税及预提所得税税额。

应缴纳增值税＝740×5%＝37（万元）

应缴纳预提所得税＝(740－37)×10%＝70.3（万元）

（二）技术出口税务处理

1. 所得税。所得税是国家对个人或法人的一切所得征收的一种税，是技术贸易的主要税费，纳税人为供方，征税国为供方、受方双方所在国。

各国对税收的管辖权有属地原则和属人原则两种。属地原则是指对一国境内取得的所得征税，不管其取得者是本国居民还是外国居民，同时对本国居民取得的所得不再征税。属人原则是指对本国居民取得的来自国内外的所得都要纳税。由于国际技术贸易是一种涉及不同国家与地区的经济活动，各国对跨国所得平行行使征税权，就会造成双重征税问题。

为避免双重征税，通常采用的方法有"免税法""抵免法"和"饶让法"。

其中抵免法是目前大多数国家采用的避免国际重复征税的方法。采用抵免法，就是居住国按照居民纳税人的境内外所得或一般财产价值的全额为基数计算其应纳税额，但对居民纳税人已在来源地国缴纳的所得税费用或财产税额，允许从居住国应纳的税额中扣除。即以纳税人在来源地国已缴纳的税额来抵免其应汇总计算缴纳居住国相应税额的一部分，从而达到避免对居民纳税人的境外所得或财产价值双重征税的效果。

我国《企业所得税法》规定，纳税人来源于中国境外的所得，已在境外缴纳的所得税税款，准予在汇总纳税时，从其应纳税额中扣除，但是扣除额不得超过其境外所得依照中国税法规定计算的应纳税款。

境外所得税税款扣除限额＝境内所得按我国税法计算的应纳税总额×（来源于某国的所得额÷境内境外所得总额）

2. 增值税。按我国税法规定，对从事技术出口业务取得的收入免征增值税。

【本章重要概念】

服务贸易、服务外包、远洋运输、旅游服务、会展服务、技术服务

【复习思考题】

1. 如何进行服务外包收入与成本会计处理？
2. 物流企业会计知识和技能包括哪些方面？
3. 怎样开展远洋运输收入与成本的会计处理？
4. 旅行社会计知识和技能包括哪些方面？
5. 组团旅行社和接团旅行社的营业收入与成本的会计处理怎样展开？
6. 会展业务收入与成本的会计处理如何进行？
7. 怎样进行技术进出口会计和税务处理？

【练习题】

一、单项选择题

1. 某远洋运输企业 2×19 年 9 月取得营业收入 380 万元，其中承接一项联运业务，全程运费收入 80 万元，支付给其他联运合作方运费 30 万元；另将配备操作人员的一艘轮船出租，租期为半年，租金按月支付，本月收到租金 20 万元。该企业 2×19 年 9 月应交增值税（　　）万元。

　　A. 11.10　　　　B. 11.50　　　　C. 12　　　　D. 12.40

2. 无论是组团旅行社还是接团旅行社，其成本都通过（　　）科目进行核算。

　　A. 营业成本　　B. 营业费用　　C. 主营业务成本　　D. 管理费用

3. 目前我国组织旅行团的收费方式，主要是采用（　　）方式，即旅游者按照旅游路线和旅行天数向当地旅行社一次交清旅游费用。

A. 现场　　　　　B. 包干　　　　　C. 事后结算　　　　　D. 临时

4. 旅行社组团营业收入的核算正确的是（　　）。

A. 组团业务，一般都是先收款，后支付费用

B. 组团业务，一般都是同时收款和支付费用

C. 组团业务，一般都是先支付费用，后收款

D. 当提供旅游服务时，按季根据旅行团明细表进行结算

二、多项选择题

1. 为避免双重征税，通常采用的方法有（　　）。

A. 免税法　　　　B. 抵免法　　　　C. 饶让法　　　　D. 减免法

2. 与技术贸易有关的税种主要有（　　）。

A. 所得税费用　　B. 消费税　　　　C. 增值税　　　　D. 印花税

3. 接待旅行团过程中直接支付的代收代付费用包括（　　）。

A. 房费　　　　　B. 餐费　　　　　C. 交通费　　　　D. 导游费

4. 根据文化和旅游部的规定，按旅游日程及特殊需要项目，旅游价格一般由（　　）构成。

A. 综合服务费　　B. 房费　　　　　C. 城市间交通费　D. 专项附加费

5. 组团旅行社的营业收入主要包括（　　）。

A. 组团外联收入　　　　　　　　　B. 综合服务收入

C. 劳务收入与票务收入　　　　　　D. 零星服务收入

三、判断题

1. 服务外包是指企业将其非核心的业务外包出去，利用外部优秀的专业化团队来承接，使其能够专注核心业务，从而达到降低成本提高效率、增强企业核心竞争力和环境应变能力的一种管理模式。（　　）

2. 远洋运输按照经营方式不同可分为班轮运输与定程运输两种方式。（　　）

3. 远洋物流企业船舶运输以船舶运输工作量作为成本核算对象。（　　）

4. 旅行社包括组团旅行社、接团旅行社、本地社。（　　）

5. 旅游企业在经营中发生的人工费用直接计入营业成本。（　　）

四、业务题

某企业 2×19 年取得境内外生产、经营应纳税所得额为 5 200 万元，其中 300 万元为该企业技术出口到 B 国并在 B 国已实际缴纳 30 万元预提所得税，我国企业所得税税率为 25%。

要求：计算该企业境外缴纳税款的扣除限额及在国内汇总缴纳所得税税额。

第八章 海外投资核算

【章首导言】

"一带一路"倡议作为我国首倡的发展理念，对我国现代化建设具有深远意义，也是我国对外开放战略的升级版。在新的形势与要求下，中国企业参与全球化经济的程度势必会日益增加，基于中国海外投资的规模不断扩大，也为了投资项目能够获得良好的经济效益，了解海外投资核算对于会计人员来说已经必不可少。本章主要对海外投资的初始及后续计量、外币报表的核算进行介绍。

【学习目标】

1. 了解海外投资的基本概念；
2. 掌握海外投资初始计量时新设、参股及并购三种类型的会计处理；
3. 掌握海外投资后续计量中成本法、权益法投资减值及终止时的会计处理；
4. 掌握海外经营外币报表核算。

第一节 海外投资概述

境外投资指投资主体通过投入货币、有价证券、实物、知识产权或技术、股权、债权等资产和权益或提供担保，获得境外所有权、经营管理权及其他相关权益的活动。中国境外投资始于改革开放之初，但当时国际收支平衡压力大，外汇资金短缺，投资主体单一（主要是国有企业），国际市场经验不足，因此，境外投资主要是设立贸易公司或者窗口公司，投资规模较小。近年来，中国境外投资由无到有，不断发展壮大，尤其20世纪90年代中期以来，中国境外投资呈现出高速发展的态势。

一、海外投资的基本内容

（一）投资主体

进行境外投资的投资主体包括两大类。

一类是中国境内的各类法人，包括各类工商企业、国家授权投资的机构和部门、事业单位等，这些机构属于中国境内的法人机构，受中国内地法律的管辖约束。

另一类是由国内投资主体控股的境外企业或机构，境内机构通过这些境外企业或机构对境外进行投资。这些境外企业或机构不属于中国内地的法人机构，不受内地相关法律的制约，但境内机构通过这些境外机构向境外进行投资时，仍然需要按照国内有关企业投资项目核准的政策规定，履行相应的核准手续。与国际惯例相同，在国内具有投资资格的自然人也可在境外投资。

（二）投资地区

适用于境外投资项目核准的投资地区，不仅包括外国，也包括中华人民共和国所属的香港特别行政区、澳门特别行政区和台湾地区。

（三）出资形式

境外投资所投入资产的形式十分广泛，包括货币资金的投入，股票、债券、信托凭证等金融资产的投入，各类实物资产的投入，知识产权、专有技术等无形资产的投入。由此可见，只要是向境外的资产输出行为，无论是以什么方式出现，都应按照境外投资项目核准的有关规定履行相应行政许可手续。

（四）投资内容

包括各类新建项目及改扩建项目的初始投资、再投资，也包括收购、合并、参股、增资扩股等权益投资活动，还包括对境外投资提供担保的行为。

（五）投资目的

境外投资的直接体现是获得了对境外资产或经营活动的所有权、经营管理权及其他相关权益，如收益分配权、资产支配权、资源勘探或开发权等。境外投资的目的，可以是在境外进行生产、销售、经营或研发，也可以是在境外进行融资。

（六）投资领域

境外投资的行业领域，可涉及中国国内法律允许投资的国民经济各领域。

二、海外投资方式

（一）中国允许企业境外投资所涉的领域

从国家的宏观经济指导看，中国企业海外投资涉及的行业从初期集中在贸易方面发展到资源开发、工农业生产及加工、工程承包、装配企业、交通运输、金融保险、医疗卫生、旅游及餐饮业等领域。

（二）境外投资的法律组织形式

投资的组织形式应该属于投资所在国的主权管辖范围，应依照该国关于投资的法律规定办理。但是，无论在何国投资，从控制法律风险及限制和减少经济责任看，有限责任公司的法律形式无疑是最佳的方式。

（三）离岸公司方式

迫于国际社会压力，"离岸公司天堂"已着手对其登记管理方法进行改革。但是，选择英属维尔京以及开曼、巴哈马、塞舌尔、特拉华州等仍然呈上升趋势。据统计，近年来中国香港、维尔京群岛和美国是外资直接进入中国内地最多的国家和地区。尤其是国内不少民营企业为达到境外上市的目的，采用曲线的方式，迅速成为证券市场上的亮点。

（四）企业并购方式

企业并购一般不外乎扩大市场份额、排挤竞争对手、提高利润率、分散投资风险、争取某个品牌等。对于中国企业来讲，还有取得现成的销售渠道、躲避欧美贸易壁垒（反倾销措施、配额限制）、利用欧美的高水平劳动力等目的。并购的最基本形式是股权转让（share deal）和资产转让（asset deal）。并购中的股权转让区别于一般股权转让之处在于，并购的股权转让是转让企业的全部股权或绝大部分股权，使收购者事实上成为企业的新所有者。而资产转让则是将企业（以小型企业为主）或企业的某部分作为物产予以转让。

三、海外投资的主要特点

（一）形式不断扩展

近几年中国企业对外投资方式已从初期的以制造为主的直接投资建厂向资源开发投资、并购以及战略联盟等国际通行的形式发展。跨国并购成为对外直接投资的重要方式。

（二）战略不断丰富

一是资源战略。根据中国一些资源紧缺的状况，一些大企业把投资重点放在国外资源开发上，采取在靠近高端战略矿产资源储备的地区布置自己的生产制造基地，收购或入股资源生产企业等方式，获得了国外资源的开采权和产品分配权。

二是技术战略。针对中国企业整体技术水平薄弱的情况，一些企业把投资的重点放在发展利用国外的技术和人才的投资上，采取收购整合外国的高科技企业、收购外国高科技品牌或在国外设立研发机构等方式为企业提供先进和适用技术。

三是市场战略。收购境外公司之后,利用被收购公司的销售渠道销售产品或把国内的产品推向境外市场。

四是品牌战略。通过收购境外公司生产和销售自己的品牌,逐步扩大本企业品牌在国际市场的份额,或利用境外的品牌开拓市场。

(三) 队伍不断扩大

在中国对外投资的企业队伍中,大型企业作用明显。"走出去"的大型和特大型项目不断增多,技术含量高。

除了国有大型企业继续发挥主导作用之外,非公有制企业逐步成为"走出去"的生力军。一些民营优势企业正在发展成为集内外研发、销售、服务于一体的跨国企业。

第二节 海外投资初始计量

企业开展海外投资的主要方式有新设、参股和并购。新设是指企业用现金或实物资产对外新设企业;参股是指企业处于被投资企业的战略合作等原因投资海外企业,但不控制被投资企业的经营;并购是指企业不重新新设企业,而是采取直接购买股权的方式达到控制被投资企业的目的。

一、新设海外企业会计处理

目前,境内企业新设海外企业可以选择实物资产或货币资金出资两种方式。

新设海外企业一般程序为以实物资产对外出资,应提交实物清单(包括名称、种类、数量、作价等),如实物出资涉及国有资产,需提交上级主管部门对实物出资意见、资产评估报告、国有资产管理部门意见,在取得国家对外投资主管部门有关在境外设立企业的批复后完成对外投资。会计处理上初始投资成本为实物资产的公允价值,该公允价值与实物资产账面价值的差异,计入当期损益。

如出资方式为货币资金,则在取得国家对外投资主管部门对在境外设立企业的批复后,到外汇管理部门办理外汇登记和汇出核准手续,在此基础上完成银行购汇和对外投资手续。在会计处理上体现为购汇和对外投资两个环节。人民币购汇产生的手续费计入财务费用,长期股权投资初始账面价值为实际购汇汇出金额。

【例8-1】A公司在境外开展业务,20×9年以人民币购汇100万美元在境外新设B公司,购汇过程中发生手续费人民币1 500元。购汇时点的即期汇率为1:6.8514。

【分析】该笔业务为以货币资金对境外投资，根据业务发生过程账务处理体现为购汇和对外投资两个环节，会计处理如下。

（1）购汇环节：

借：银行存款——美元	3 425 700
财务费用	1 290
贷：银行存款——人民币	3 426 990

（2）对外投资环节：

借：长期股权投资——B公司	3 425 700
贷：银行存款——美元	3 425 700

【例8-2】甲公司为一境内国有企业，20×8年以自用固定资产在境外新设B公司。其中固定资产账面原值100万元，已提折旧20万元，经评估后的公允价值为90万元，上述行为已获得国有资产管理部门同意，不考虑相关税费。

【分析】该笔业务为以实物资产对外投资行为，投资成本应以经评估后的公允价值进行认定，公允价值与账面价值的差异计入当期损益，会计处理如下。

借：长期股权投资——B公司	900 000
累计折旧	200 000
贷：固定资产	1 000 000
营业外收入	100 000

二、参股境外企业会计处理

投资企业参股境外企业有以下三种形式。

一是投资企业与其他合营方一同对被投资单位实施共同控制的权益性投资，即对合营企业投资。一般在合营企业设立时，合营各方在投资合同或协议中约定，在所设立合营企业的重要财务和生产经营决策制定过程中，必须由合营各方均同意才能通过。

二是投资企业对被投资单位具有重大影响的权益性投资，即对联营企业投资。重大影响，是指对一个企业的财务和经营政策有参与决策的权力，但并不能够控制或者与其他方一起共同控制这些政策的制定。投资企业直接或通过子公司间接拥有被投资单位20%以上但低于50%的表决权股份时，一般认为对被投资单位具有重大影响，除非有明确的证据表明该种情况下不能参与被投资单位的生产经营决策，不形成重大影响。

三是投资企业持有的对被投资单位不具有控制、共同控制或重大影响，并且在活跃市场中没有报价、公允价值不能可靠计量的权益性投资。

具体参股方式分为现金、非货币性资产交易和债务重组三类。

1. 以支付现金参股境外企业，应当按照实际支付的购买价款作为初始投资成本，包括购买过程中支付的手续费等必要支出，但所支付价款中包含的被投资单位已宣告但尚未发放的现金股利或利润应作为应收项目核算，不构成取得长期股权投资的成本。

【例8-3】甲公司于20×9年3月10日支付1 000万美元取得境外乙公司20%的股份。另外，在购买过程中支付手续费等相关费用40万美元。甲公司取得该部分股权后能够对乙公司的生产经营决策施加重大影响。甲公司取得该项投资时，乙公司已经宣告但尚未发放现金股利。甲公司按其持股比例计算确定可分得6万美元。此交易中美元兑人民币汇率为1美元=6.8元人民币。

【分析】甲公司应当按照实际支付的购买价款作为取得长期股权投资的成本。所支付价款中包含的被投资单位已宣告但尚未发放的现金股利或利润应作为应收项目核算，会计处理如下：

借：长期股权投资——乙公司　　　　　　　　　　70 312 000
　　应收股利（USD60 000 × 6.8）　　　　　　　　408 000
　　贷：银行存款——美元（USD10 400 000 × 6.8）　70 720 000

2. 以非货币性资产交换方式取得的长期股权投资，在具有商业实质且公允价值能够可靠计量的，应当以换出资产的公允价值和应支付的相关税费作为长期股权投资的成本。发生补价的，支付补价和收到补价应当分别情况处理。

（1）支付补价方应当以换出资产的公允价值加上支付的补价和应支付的相关税费作为长期股权投资的成本；长期股权投资成本与换出资产账面价值加支付的补价、应支付的相关税费之和的差额应当计入当期损益。

（2）收到补价方应当以换出资产的公允价值减去补价和应支付的相关税费作为长期股权投资的成本；长期股权投资成本加收到的补价之和与换出资产账面价值加应支付的相关税费之和的差额应当计入当期损益。

非货币性资产交换的会计处理，视换出资产的类别不同而有所区别。

（1）换出资产为存货的，应当视同销售处理，按照公允价值确认销售收入，同时结转销售成本，相当于按照公允价值确认的收入和按账面价值结转的成本之间的差额，在利润表中作为营业利润的构成部分予以列示。

（2）换出资产为固定资产、无形资产的，换出资产公允价值和换出资产账面价值的差额计入营业外收入或营业外支出。

（3）换出资产为长期股权投资、可供出售金融资产的，换出资产公允价值和换出资产账面价值的差额计入投资收益。

换出资产涉及相关税费的，如换出存货视同销售计算的销项税额以及换出固定资产、无形资产视同转让应交纳的营业税等，按照相关税收规定计算确定。

【例8-4】20×9年6月，甲公司以其拥有的一项专利权交换乙公司持有的境外丙公司30%的股权。双方交易合同价值为100万美元。在交换日，甲公司持有的专利权的账面原价为800万元，累计已摊销金额为120万元，在交换日的公允价值为100万美元，甲公司没有为该项专利权计提减值准备。乙公司持有的长期股权投资在交换日的公允价值为100万美元。假设整个交易过程中没有发生其他相关税费，此笔交易协议中规定的美元兑人民币汇率为1美元=6.8元人民币。

【分析】该项资产交换没有涉及收付货币性资产，因此，属于非货币性资产换。本例属于以无形资产交换长期股权投资，具有商业实质。甲公司会计处理如下。

　　借：长期股权投资——丙公司　　　　　　　　6 750 000
　　　　累计摊销　　　　　　　　　　　　　　　1 200 000
　　　　营业外支出　　　　　　　　　　　　　　　 50 000
　　　　贷：无形资产——专利权　　　　　　　　　　　　8 000 000

【例8-5】20×9年7月，为加强与丙公司的战略合作，甲公司以其自有存货交换乙公司持有的境外两公司30%的股权。在交换日，甲公司持有的存货账面原价为85万元，在交换日的市值为100万元。乙公司持有的长期股权投资交换日的公允价值换算成人民币为100万元。甲、乙均为增值税一般纳税人，适用的增值税税率均为13%。

【分析】该项资产交换没有涉及收付货币性资产，因此，属于非货币性资产交换。本例属于以存货交换长期股权投资，具有商业实质。根据增值税的有关规定，企业以库存商品换入其他资产，视同销售行为发生，应计算增值税销项税额，缴纳增值税。换出存货的增值税销项税额 = 1 000 000 × 13% = 130 000（元）。甲公司会计处理如下。

　　借：长期股权投资——丙公司　　　　　　　　1 130 000
　　　　贷：主营业务收入　　　　　　　　　　　　　1 000 000
　　　　　　应交税费——应交增值税（销项税额）　　　130 000
　　借：主营业务成本　　　　　　　　　　　　　　850 000
　　　　贷：库存商品　　　　　　　　　　　　　　　　 850 000

【例8-6】甲公司与乙公司经协商，甲公司以其拥有的全部用于经营出租目的的一幢公寓楼交换乙公司持有的某境外企业30%的股权。甲公司的公寓楼符合投资性房地产定义，公司未采用公允价值模式计量。在交换日，该幢公寓楼的账面原价为400万元，已提折旧80万元，未计提减值准备，在交换日的公允价值为442万元，增值税税额为22.1万元；乙公司持有的境外企业长期股权投资的公允价值换算成人民币为60万美元，同时乙公司支付了5万美元给甲公司。转让公寓楼的增值税尚未支付，假定除增值税外，该项交易过程中不涉及其他相关税费，此笔交易协议中规定美元兑人民币汇率为1美元 = 6.8元人民币。

【分析】该项资产交换涉及收付货币性资产，即补价34万元（5×6.8）。对甲公司而言：收到的补价34万元 ÷ 换出资产的公允价值442万元（换入长期股权投资公允价值60万美元×6.8 + 收到的补价34万元）= 7.7% < 25%，属于非货币性资产交换，具有商业实质。甲公司的会计处理如下。

　　借：其他业务成本　　　　　　　　　　　　　3 200 000
　　　　投资性房地产累计折旧　　　　　　　　　　 800 000
　　　　贷：投资性房地产　　　　　　　　　　　　　4 000 000
　　借：其他业务成本　　　　　　　　　　　　　　221 000
　　　　贷：应交税费——应交增值税（销项税额）　　　221 000

```
借：长期股权投资                    4 080 000
    银行存款                          340 000
  贷：其他业务收入                              4 420 000
```

3. 通过债务重组取得的长期股权投资，债权人应当对受让的长期股权投资按其公允价值入账，重组债权的账面余额与长期股权投资公允价值之间的差额，确认为债务重组损失，计入营业外支出。

【例8-7】20×8年5月5日，乙公司销售一批材料给境外甲公司，含税价折合人民币为2 340 000元。因甲公司发生财务困难，无法按合同规定偿还债务，20×9年1月11日，与乙公司协商进行债务重组。双方达成的债务重组协议内容如下：乙公司同意甲公司用其持有的境外丙公司20%的股权抵偿该账款，该投资的公允价值为30万美元。20×9年3月20日，股权投资手续已转让完毕。假定乙公司已对该项债权计提坏账准备26 000美元，不考虑其他相关税费。该笔交易协议中美元兑人民币的汇率为1美元=6.8元人民币。

【分析】该事项为乙公司通过债务重组协议取得境外长期股权投资，乙公司应当对受让的长期股权投资按其公允价值入账，重组债权的账面余额与长期股权投资公允价值之间的差额，确认为债务重组损失，计入营业外支出。乙公司的会计处理过程如下。

(1) 计算。

重组债权应收账款的账面余额与受让长期股权投资公允价值之间的差额，长期股权投资换算为人民币为2 040 000元。

债务重组损失 = 2 340 000 - 2 040 000 = 300 000（元）

差额300 000元扣除计提的坏账准备176 800元后的余额123 200元，作为债务重组损失，计入营业外支出。

(2) 会计处理。

```
借：长期股权投资——丙公司              2 040 000
    营业外支出——债务重组损失            123 200
    坏账准备                            176 800
  贷：应收账款——甲公司                          2 340 000
```

三、并购境外企业会计处理

企业并购境外企业形成的长期股权投资，应区分企业合并的类型，分别按照同一控制下控股合并，与非同一控制下控股合并确定其初始投资成本。

（一）同一控制下企业合并形成的长期股权投资

1. 合并方以支付现金、转让非现金资产或承担债务方式作为对价的，应当在合并日按照取得被合并方所有者权益账面价值的份额作为长期股权投资的初始投资成本。长期股权投资的初始投资成本与支付的现金、转让的非现金资产及所承担债务账面价值之间的差额,应当调整资本公积(资本溢价或股本溢价);资本公积(资本溢价或股本溢价)的余额不足冲减的,调整留存收益。

具体会计处理时,合并方在合并日按取得被合并方所有者权益账面价值的份额借记"长期股权投资"科目,按应享有被投资单位已宣告但尚未发放的现金股利或利润,借记"应收股利"科目,按支付的合并对价的账面价值,贷记有关资产或借记有关负债科目,按其差额,贷记"资本公积——资本溢价或股本溢价"科目;如为借方差额,借记"资本公积——资本溢价或股本溢价"科目,资本公积(资本溢价或股本溢价)不足冲减的,借记"盈余公积""利润分配——未分配利润"科目。

【例8-8】A公司与注册地在境外的B公司同属于P公司的子公司。A公司于20×9年3月2日以货币资金1 500万元取得B公司60%的股份。B公司20×9年3月2日的所有者权益为450万美元,相关手续已办理完毕。该笔交易协议中美元兑人民币的汇率为1美元=6.83元人民币。

【分析】合并前A公司与B公司同属于一集团内,该并购行为属于同一控制下的企业合并。A公司的长期股权投资成本应为合并日享有B公司账面所有者权益的份额。A公司会计处理如下。

借:长期股权投资——B公司　　　　　　　　　　18 441 000
　　贷:银行存款　　　　　　　　　　　　　　　15 000 000
　　　　资本公积——股本溢价　　　　　　　　　 3 441 000

2. 合并方以发行权益性证券作为合并对价的,应按发行股份的面值总额作为股本,长期股权投资的初始投资成本与所发行股份面值总额之间的差额应当调整资本公积(资本溢价或股本溢价);资本公积(资本溢价或股本溢价)不足冲减的调整留存收益。

具体会计处理时,合并方在合并日按取得被合并方所有者权益账面价值的份额,借记"长期股权投资"科目,按应享有被投资单位已宣告但尚未发放的现金股利或利润,借记"应收股利"科目,按发行权益性证券的面值,贷记"股本"科目,按其差额,贷记"资本公积——资本溢价或股本溢价"科目;如为借方差额,借记"资本公积——资本溢价或股本溢价"科目,资本公积(资本溢价或股本溢价)不足冲减的,借记"盈余公积""利润分配——未分配利润"科目。

上述在按照合并日应享有被合并方账面所有者权益的份额确定长期股权投资的初始投资成本时,前提是合并前合并方与被合并方采用的会计政策应当一致。如企业合并前合并方与被合并方采用的会计政策不同的,应基于重要性原则统一合并方与被合并方的会计政策。在按照合并方的会计政策对被合并方资产、负债的账面价值进行调整的基础上,计算确定形成长期股权投资的初始投资成本。

【例8-9】20×9年6月30日,A公司向同一集团内注册地在境外的B公司原股东定向增发1 000万股普通股(每股面值为1元,市价为7.67元),取得B公司100%的股权,并于当日起能够对乙公司实施控制,合并后乙公司仍维持其独立法人资格继续经营。两公司在企业合并前采用的会计政策相同。合并日，乙公司所有者权益的总额为 650 万美元。公司在合并后维持其法人资格继续经营，合并日甲公司应确认对乙公司的长期股权投资。协议约定的美元兑人民币的汇率为 1 美元 =6.8 元人民币。

【分析】合并前 A、B 公司同属于一集团内，该并购行为属于同一控制下的企业合并。A 公司的长期股权投资应为合并日享有 B 公司账面所有者权益的份额，A 公司会计处理如下。

借：长期股权投资——B 公司　　　　　　　　　　44 200 000
　　贷：股本　　　　　　　　　　　　　　　　　10 000 000
　　　　资本公积——股本溢价　　　　　　　　　34 200 000

（二）非同一控制下企业合并形成的长期股权投资

非同一控制下的控股合并中，并购企业应当按照确定的企业合并成本作为长期股权投资的初始投资成本。企业合并成本包括购买方付出的资产、发生或承担的负债发行的权益性证券的公允价值以及为进行企业合并发生的各项直接相关费用之和。

具体会计处理时，应在购买日按企业合并成本（不含应自被投资单位收取的现金股利或利润），借记"长期股权投资"科目，按享有被投资单位已宣告但尚未发放的现金股利或利润，借记"应收股利"科目，按支付合并对价的账面价值，贷记有关资产或借记有关负债科目，按发生的直接相关费用，贷记"银行存款"等科目，按其差额，贷记"营业外收入"或借记"营业外支出"等科目。

涉及以库存商品等作为合并对价的，应按库存商品的公允价值，贷记"主营业务收入"科目，并同时结转相关的成本。

第三节　海外投资后续计量

境外投资在持有期间，根据投资企业对被投资单位的影响程度分别采用成本法及权益法进行计量。

一、成本法

（一）适用范围

成本法，是指投资按成本计价的方法。按照长期股权投资准则核算的权益性投资中，应当采用成本法核算的是以下两类：一是企业持有的能够对被投资单位实施控制的长期股权投资；二是对被投资单位不具有共同控制或重大影响，且在活跃市场中没有报价、公允价值不能可靠计量的长期股权投资。

(二) 成本法会计处理

采用成本法核算的长期股权投资,核算方法如下:

1. 初始投资或追加投资时,按照初始投资或追加投资时的成本增加长期股权投资的账面价值。

2. 被投资单位宣告分派的现金股利或利润中,投资企业按应享有的部分确认为当期投资收益。投资单位确认自被投资单位应分得的现金股利或利润后,应当考虑长期股权投资是否发生减值。在判断该类长期股权投资是否存在减值迹象时,应当关注长期股权投资的账面价值是否大于享有被投资单位净资产(包括相关商誉)账面价值的份额等类似情况。

【例 8-10】甲公司 20×8 年 2 月取得对境外乙公司 5% 的股权,成本折合人民币为 800 万元。20×9 年 2 月,甲公司又以 1 200 万元取得对乙公司 6% 的股权。假定甲公司对乙公司的生产经营决策不具有重大影响或共同控制,且该投资不存在活跃的交易市场,公允价值无法取得。20×9 年 3 月,乙公司宣告分派现金股利,甲公司按其持股比例可取得 10 万美元,宣告时点美元兑人民币的汇率为 1 美元 = 6.83 元人民币。

甲公司应进行的会计处理如下。

借:长期股权投资——乙公司　　　　　　　　　　8 000 000
　　贷:银行存款　　　　　　　　　　　　　　　　8 000 000
借:长期股权投资——乙公司　　　　　　　　　　12 000 000
　　贷:银行存款　　　　　　　　　　　　　　　　12 000 000
借:应收股利　　　　　　　　　　　　　　　　　　683 000
　　贷:投资收益　　　　　　　　　　　　　　　　683 000

二、权益法

(一) 权益法定义与适用范围

权益法,是指投资以初始投资成本计量,在投资持有期间根据投资企业享有被投资单位所有者权益份额的变动对投资的账面价值进行调整的方法。

投资企业对被投资单位具有共同控制或重大影响的长期股权投资,即对合营企业和联营企业的投资,应当采用权益法核算。

(二) 权益法会计处理

1. 长期股权投资的初始投资成本大于投资时应享有被投资单位可辨认净资产公允价值份额的,不调整长期股权投资的初始投资成本;长期股权投资的初始投资成本小于投资时应享有被投资单位可辨认净资产公允价值份额的,其差额应当计入当期损益，同时调整长期股权投资的成本。

【例8-11】甲企业于20×9年1月取得境外乙公司30%的股权，支付价款900万美元。取得投资时被投资单位净资产账面价值折合人民币为15 000万元（假定被投资单位各项可辨认资产、负债的公允价值与其账面价值相同）。本例中美元兑人民币的汇率为1美元=6.8元人民币。

甲企业在取得乙公司的股权后，能够对乙公司施加重大影响，对该投资采用权益法核算。取得投资时甲企业应进行以下账务处理。

借：长期股权投资——投资成本　　　　　　　　61 200 000
　　贷：银行存款　　　　　　　　　　　　　　　　61 200 000

长期股权投资的初始投资成本6 120万元大于取得投资时应享有被投资单位可辨认净资产公允价值的份额4 500万元（15 000×30%），该差额不调整长期股权投资的账面价值。

假定本例中取得投资时被投资单位可辨认净资产的公允价值折合人民币为24 000万元，甲企业按持股比例30%计算确定应享有7 200万元，则初始投资成本应享有被投资单位可辨认净资产公允价值份额之间的差额1 080万元应计入取得投资当期的营业外收入。有关账务处理如下。

借：长期股权投资——投资成本　　　　　　　　72 000 000
　　贷：银行存款　　　　　　　　　　　　　　　　61 200 000
　　　　营业外收入　　　　　　　　　　　　　　　10 800 000

2. 投资企业取得境外投资后，应当按照应享有或应分担被投资单位实现净利润或发生净亏损的份额（法规或章程规定不属于投资企业的净损益除外），调整长期股权投资的账面价值，并确认为当期投资收益。对于被投资单位除净损益以外所有者权益的其他变动，在持股比例不变的情况下，应按照持股比例与被投资单位除净损益以外所有者权益的其他变动中归属于本企业的部分，相应调整长期股权投资的账面价值，同时增加或减少资本公积。

【例8-12】A企业持有境外某国B企业30%的股份，能够对B企业施加重大影响。当B企业因持有的可供出售金融资产公允价值的变动计入资本公积的金额为200万美元，除该事项外B企业当期实现的净损益为300万美元。假定A企业与B企业适用的会计政策、会计期间相同，投资时B企业有关资产、负债的公允价值与其账面价值亦相同。本例中美元兑人民币的汇率为1美元=6.8元人民币。

A企业在确认应享有被投资单位所有者权益的变动时应进行如下处理。

借：长期股权投资——损益调整　　　　　　　　6 120 000
　　　　　　　　　——其他权益变动　　　　　　4 080 000
　　贷：投资收益　　　　　　　　　　　　　　　　6 120 000
　　　　资本公积——其他资本公积　　　　　　　　4 080 000

3. 投资企业在确认应享有被投资单位净损益的份额时，应当以取得投资时被投资单位各项可辨认资产等的公允价值为基础，对被投资单位的净利润进行调整后确认。

被投资单位采用的会计政策及会计期间与投资企业不一致的,应当按照投资企业的会计政策及会计期间对被投资单位的财务报表进行调整,并据以确认投资损益。

投资企业的投资损益,应当以取得投资时被投资单位各项可辨认资产等的公允价值为基础,对被投资单位净损益进行调整后加以确定。在进行有关调整时,应当考虑重要性项目。如果无法可靠确定投资时被投资单位各项可辨认资产等的公允价值,或者投资时被投资单位可辨认资产等的公允价值与其账面价值之间的差额较小,以及其他原因导致无法对被投资单位净损益进行调整,可以按照被投资单位的账面净损益与持股比例计算确认投资损益,但应在附注中说明这一事实及其原因。

【例8-13】甲公司于20×9年1月10日购入境外乙公司30%的股份,购买价款为2 200万元,并自取得投资之日起派人参与乙公司的生产经营决策。取得投资当日乙公司可辨认净资产公允价值折合人民币为6 000万元,除表8-1所列项目外,乙公司其他资产、负债的公允价值与账面价值相同。

表8-1

项目	账面原价（万元）	已提折旧或摊销（万元）	公允价值（万元）	乙公司预计使用年限（年）	甲公司取得投资后剩余使用年限（年）
存货	500		700		
固定资产	1 200	240	1 600	20	16
无形资产	700	140	800	10	8
小计	2 400	380	3 100		

假定乙公司于20×9年实现净利润600万元,其中在甲公司取得投资时的账面存货有80%对外出售。甲公司与乙公司的会计年度及采用的会计政策相同。固定资产、无形资产均按直线法提取折旧或摊销预计净残值均为0。假定甲、乙公司之间未发生任何内部交易。

【分析】本例中,甲公司初始投资成本2 200万元大于投资时应享有被投资单位可辨认净资产公允价值份额1 800万元(6 000×30%),不调整初始投资成本。20×9年底,经过减值测试,甲公司对乙公司投资未发生减值迹象。

甲公司在确定其应享有的投资收益时,应在乙公司实现净利润的基础上根据取得投资时乙公司有关资产的账面价值与其公允价值差额的影响进行调整（假定不考虑所得税影响）。

存货账面价值与公允价值的差额应调减的利润 = (700 - 500) × 80% = 160（万元）

固定资产公允价值与账面价值差额应调整增加的折旧额 = 1 600 ÷ 16 - 1 200 ÷ 20 = 40（万元）

无形资产公允价值与账面价值差额应调整增加的摊销额 = 800÷8 - 700÷10 = 30（万元）

调整后的净利润 = 600 - 160 - 40 - 30 = 370（万元）

甲公司应享有的份额 = 370×30% = 111（万元），确认投资收益的账务处理如下：

借：长期股权投资——损益调整　　　　　　　1 110 000
　　贷：投资收益　　　　　　　　　　　　　　　　　1 110 000

4. 投资企业确认被投资单位发生的净亏损，应当以长期股权投资的账面价值以及其他实质上构成对被投资单位净投资的长期权益减记至零为限，投资企业负有承担额外损失义务的除外。

其他实质上构成对被投资单位净投资的长期权益，通常是指长期性的应收项目，如企业对被投资单位的长期债权，该债权没有明确的清收计划且在可预见的未来期间不准备收回的，实质上构成对被投资单位的净投资。

企业存在其他实质上构成对被投资单位净投资的长期权益项目以及负有承担额外损失义务的情况下，在确认应分担被投资单位发生的亏损时，应当按照以下顺序进行处理：

（1）冲减长期股权投资的账面价值。

（2）如果长期股权投资的账面价值不足以冲减的，应当以其他实质上构成对被投资单位净投资的长期权益账面价值为限继续确认投资损失，冲减长期权益的账面价值。

（3）在进行上述处理后，按照投资合同或协议约定企业仍承担额外义务的，应按预计承担的义务确认预计负债，计入当期投资损失。

被投资单位以后期间实现盈利的，投资企业在扣除未确认的亏损分担额后，应按与上述顺序相反的顺序处理，减记已确认预计负债的账面余额，恢复其他长期权益以及长期股权投资的账面价值，同时确认投资收益。

【例8-14】甲企业持有境外乙企业40%的股权，能够对乙企业施加重大影响。20×8年12月31日该项长期股权投资的账面价值为4 000万元，乙企业20×9年由于一项主要经营业务市场条件发生变化，当年度亏损折合人民币为6 000万元。假定甲企业在取得该投资时，乙企业各项可辨认资产、负债的公允价值与其账面价值相等，双方所采用的会计政策及会计期间也相同。则甲企业当年度应确认的投资损失为2 400万元。确认上述投资损失后，长期股权投资的账面价值变为1 600万元。

如果乙企业20×9年的亏损额折合人民币为12 000元，甲企业按其持股比例确认应分担的损失为4 800万元，但长期股权投资的账面价值仅为4 000万元，如果没有其他实质上构成对被投资单位净投资的长期权益项目，则甲企业应确认的投资损失仅为4 000万元，超额损失在账外进行备查登记；在确认了4 000万元的投资损失、长期股权投资的账面价值减记至零以后，如果甲企业账上仍有应收乙企业的长期应收款1 600万元，该款项从目前情况看，没有明确的清偿计划

（并非产生于商品购销等日常活动），则甲企业应进行的账务处理如下。

借：投资收益   40 000 000
　　贷：长期股权投资——损益调整   40 000 000
借：投资收益   8 000 000
　　贷：长期应收款   8 000 000

三、境外投资减值会计处理

企业根据资产减值准则规定确定资产发生了减值的，应当根据所确认的资产减值金额，借记"资产减值损失"科目，贷记"长期股权投资减值准备"科目。

【例8-15】A企业占境外某国B企业有表决权股本的3%账面价值100万美元，采用成本法核算。20×9年末B企业因当年度重大经营损失导致净资产为负数，经减值测试，A企业投资已无收回可能。20×9年末，A企业需要对B企业长期股权投资全额计提减值准备。本例中，美元兑人民币的汇率为1美元=6.8元人民币。会计处理如下。

借：资产减值损失   6 800 000
　　贷：长期股权投资减值准备   6 800 000

四、终止境外投资会计处理

企业持有境外股权投资的过程中，由于各方面的考虑，决定将所持有的对被投资单位的股权全部或部分对外出售时，应相应结转与所售股权相对应的境外股权投资的账面价值，出售所得价款与处置投资账面价值之间的差额，应确认为处置损益。

采用权益法核算的境外股权投资，原计入资本公积中的金额在处置时亦应进行结转，将与所出售股权相对应的部分在处置时自资本公积转入当期损益。

【例8-16】甲企业原持有境外某国乙企业40%的股权，20×8年12月14日甲企业决定出售其持有的乙企业股权的1/4。出售时，甲企业账面上对乙企业长期股权投资的账面价值构成折合人民币为：投资成本1 200万元，损益调整320万元，其他权益变动200万元，出售取得价款470万元。

甲企业确认处置损益。

借：银行存款   4 700 000
　　贷：长期股权投资   4 300 000
　　　　投资收益   400 000

同时，还应将原计入资本公积的部分按比例转入当期损益。

借：资本公积——其他资本公积   500 000
　　贷：投资收益   500 000

第四节　外币报表折算

一、境外经营财务报表的折算

（一）对外币报表的折算

产生的外币财务报表折算差额，在编制合并财务报表时，应在合并资产负债表中所有者权益项目类"其他综合收益"项目中列示，无须编制会计分录。

对外币报表的折算，常见的方法一般有四种：流动和非流动法、货币性和非货币性法、时态法以及现时汇率法。

（1）流动和非流动法，即：境外经营的资产负债表中的流动资产和流动负债项目按资产负债表日的现时汇率折算，非流动资产和非流动负债及实收资本等项目按取得时的历史汇率折算，留存收益项目为依资产负债表的平衡原理轧差计算而得。利润表上折旧与摊销费用按相应资产取得时的历史汇率折算，其他收入和费用项目按报告期的平均汇率折算，销货成本根据"期初存货＋本期购货－期末存货"的关系确定。形成的折算损失，计入报告企业的合并损益中；形成的折算收益，已实现部分予以确认，未实现部分，须予以递延，抵销以后期间形成的损失。本方法的优点在于能够反映境外经营的营运资金的报告货币等值，不改变境外经营的流动性。本方法的缺点：一是流动性和非流动性的划分与汇率的变动无关；二是对折算结果的处理，掩盖了汇率变动对合并净收益的影响，平滑了各期收益，与实际情况不符。

（2）货币性和非货币性法，即：货币性资产和负债按期末现时汇率折算，非货币性资产和负债按历史汇率折算，本方法的优点在于货币性和非货币性的分类恰当地考虑了汇率变动对资产和负债的影响，改正了流动性与非流动性法的缺点。本方法的缺点在于仍然是用分类来解决外币报表的折算，而没有考虑会计计量的问题，结果使得有些项目分类未必与所选的汇率相关，如存货项目，属非货币性项目，应采用历史汇率折算，但当存货采用成本与市价孰低计量时，对以市价计量的存货用历史汇率折算显然不合适。

（3）时态法，即：资产负债表各项目以过去价值计量的，采用历史汇率，以现在价值计量的，采用现时汇率，产生的折算损益应计入当年的合并净收益。利润表各项目的折算与流动性和非流动性法下利润表的折算相同。本方法不仅考虑了会计计量基础，而且改正了上述货币性和非货币方法的缺点。但是，该方法是从报告企业的角度考虑问题，境外的子公司、分支机构等均被认为是报告企业经营活动在境外的延伸，与报告企业本身的外币交易原则相一致（有人将这一观点称为母公司货币观），这样实际上却忽视了境外经营作为相对独立的实体（即境外实体）的情况。另外，按此方法对外币报表进行折算，由于各项目使用的折算汇率不同,因而产生的折算结果不可能保持外币报表在折算前的原有比率关系。

(4)现时汇率法,即:资产和负债项目均应按现时汇率折算,实收资本按历史汇率折算,利润表各项目按当期(年)平均汇率折算,产生的折算损益作为所有者权益的一个单独项目予以列示。这一折算方法考虑了境外经营作为相对独立的实体的情况(有人将这一观点称为子公司货币观),着重于汇率变动对报告企业在境外经营的投资净额的影响,折算的结果使境外经营的会计报表中原有的财务关系不因折算而改变,所改变的仅是其表现方式。该方法改正了时态法的缺点。但却产生了另外的问题,对所有的资产和负债均以现时汇率折算,如对以历史成本计价的固定资产等按现时汇率折算将显得不伦不类。

(二) 我国会计准则采用的折算方法

为与我国《企业会计准则第33号——合并财务报表》所采用的实体理论保持一致,我国外币折算准则基本采用现时汇率法。

在对企业境外经营财务报表进行折算前,应当调整境外经营的会计期间和会计政策,使之与企业会计期间和会计政策一致,根据调整后会计政策及会计期间编制相应货币(记账本位币以外的货币)的财务报表,再按照以下方法对境外经营财务报表进行折算:

(1) 资产负债表中的资产和负债项目,采用资产负债表日的即期汇率折算,所有者权益项目除"未分配利润"项目外,其他项目采用发生时的即期汇率折算。

(2) 利润表中的收入和费用项目,采用交易发生日的即期汇率或即期汇率的近似汇率折算。

(3) 产生的外币财务报表折算差额,在编制合并财务报表时,应在合并资产负债表中"其他综合收益"项目列示。

比较财务报表的折算比照上述规定处理。

【例8-17】国内甲公司的记账本位币为人民币,该公司在境外有一家子公司乙公司,乙公司的记账本位币为美元。根据合同约定,甲公司拥有乙公司70%的股权,并能够控制乙公司。甲公司采用当期平均汇率折算乙公司利润表项目。乙公司的有关资料如下:

2×15年12月31日的汇率为1美元=6.2元人民币,2×15年的平均汇率为1美元=6.4元人民币,实收资本、资本公积发生日的即期汇率为1美元=7元人民币,2×15年12月31日的股本为500万美元,折算人民币为3500万元;累计盈余公积为50万美元,折算人民币为345万元,累计未分配利润为120万美元,折算人民币为835万元,甲、乙公司均在年末提取盈余公积,乙公司当年提取的盈余公积为70万美元。

报表折算如表8-2、表8-3、表8-4所示。

表 8-2 利润表
2×15 年度

项目	期末数（万美元）	折算汇率	折算为人民币金额（万元）
一、营业收入	2 000	6.4	12 800
减：营业成本	1 500	6.4	9 600
税金及附加	40	6.4	256
管理费用	100	6.4	640
财务费用	10	6.4	64
加：投资收益	30	6.4	192
二、营业利润	380		2 432
加：营业外收入	40	6.4	256
减：营业外支出	20	6.4	128
三、利润总额	400		2 560
减：所得税费用	120	6.4	768
四、净利润	280		1 792
五、每股收益			
六、其他综合收益			
七、综合收益总额			

表 8-3 所有者权益变动表
2×15 年度

项目	实收资本			盈余公积			未分配利润		其他综合收益	股东权益合计
	万美元	折算汇率	人民币（万元）	万美元	折算汇率	人民币（万元）	万美元	人民币（万元）		人民币（万元）
一、本年年初余额	500	7	3 500	50		345	120	835		4 680
二、本年增减变动金额										
（一）净利润							280	1 792		1 792
（二）其他综合收益										-582
其中：外币报表折算差额									582	-582
（三）利润分配										
提取盈余公积				70	6.2	434	-70	-434		0
三、本年年末余额	500	7	3 500	120		779	330	2 193	-582	5 890

当期计提的盈余公积采用当期平均汇率折算，期初盈余公积为以前年度计提的盈余公积按相应年度平均汇率折算后金额的累计，期初未分配利润记账本位币金额为以前年度未分配利润记账本位币金额的累计。

表 8-4 资产负债表

2×15 年 12 月 31 日

资产	期末数（万美元）	折算汇率	折算为人民币金额（万元）	负债和所有者权益（或股东权益）	期末数（万美元）	折算汇率	折算为人民币金额（万元）
流动资产：				流动负债：			
货币资金	190	6.2	1 178	短期借款	45	6.2	279
应收账款	190	6.2	1 178	应付账款	285	6.2	1 767
存货	240	6.2	1 488	其他流动负债	110	6.2	682
其他流动资产	200	6.2	1 240	流动负债合计	440		2 728
流动资产合计	820		5 084	非流动负债：			
非流动资产：				长期借款	140	6.2	868
长期应收款	120	6.2	744	应付债券	80	6.2	496
固定资产	550	6.2	3 410	其他非流动负债	90	6.2	558
在建工程	80	6.2	496	非流动负债合计	310		1 922
无形资产	100	6.2	620	负债合计	750		4 650
其他非流动资产	30	6.2	186	股东权益：			
非流动资产合计	880		5 456	股本	500	7	3 500
				盈余公积	120		779
				未分配利润	330		2 193
				外币报表折算差额			-582
				股东权益合计	950		5 890
资产总计	1 700		10 540	负债和所有者权益（或股东权益）总计	1 700		10 540

外币报表折算差额为以记账本位币反映的净资产减去以记账本位币反映的实收资本、资本公积、累计盈余公积及累计未分配利润后的余额。

(三) 特殊项目的处理

1. 少数股东应分担的外币财务报表折算差额。在企业境外经营为其子公司的情况下，企业在编制合并财务报表时，应按少数股东在境外经营所有者权益中所享有的份额计算少数股东应分担的外币报表折算差额，并入少数股东权益列示于合并资产负债表。

借：其他综合收益
　　贷：少数股东权益

2. 实质上构成对子公司净投资的外币货币性项目。实质上构成对境外经营净投资的外币货币性项目产生的汇兑差额的处理：母公司含有实质上构成对子公司（境外经营）净投资的外币货币性项目的情况下，在编制合并财务报表时，应分别以下两种情况编制抵销分录。

（1）实质上构成对子公司净投资的外币货币性项目以母公司或子公司的记账本位币反映，则应在抵销长期应收应付项目的同时，将其产生的汇兑差额转入"其他综合收益"项目。即借记或贷记"财务费用——汇兑差额"项目，贷记或借记"其他综合收益"项目。

借：其他综合收益
　　贷：财务费用

（2）实质上构成对子公司净投资的外币货币性项目以母公司或子公司的记账本位币以外的货币反映，则应将母公司、子公司此项外币货币性项目产生的汇兑差额相互抵销，差额转入"其他综合收益"项目。

如果合并财务报表中各子公司之间也存在实质上构成对另一子公司（境外经营）净投资的外币货币性项目，在编制合并财务报表时应比照上述方法编制相应的抵销分录。

借：长期应收款
　　贷：财务费用【A. 长期应收款的汇兑差额】
借：财务费用【B. 长期应付款的汇兑差额】
　　贷：长期应付款
借：财务费用【A 与 B 的差额】
　　贷：其他综合收益

二、境外经营的处置

企业可能通过出售、清算、返还股本或放弃全部或部分权益等方式处置其在境外经营中的利益。在境外经营为子公司的情况下，企业处置境外经营应当按照合并财务报表处置子公司的原则进行相应的会计处理。在包含境外经营的财务报表中，将已列入其他综合收益的外币报表折算差额中与该境外经营相关部分，自所有者权益项目中转入处置当期损益；如果是部分处置境外经营，应当按处置的比例计算处置部分的外币报表折算差额，转入处置当期损益；处置的境外经营为子公司的，将已列入其他综合收益的外币报表折算差额中归属于少数股东的部分，视全部处置或部分处置分别予以终止确认或转入少数股东权益。

【本章重要概念】

海外投资、新设海外企业、参股境外企业、并购境外企业、海外投资后续计量、境外投资减值、终止境外投资、外币报表折算

【复习思考题】

1. 海外投资的基本概念是什么？
2. 企业开展海外投资的方式有哪些？
3. 投资企业参股境外企业有哪几种形式？

【练习题】

一、单项选择题

1. 甲公司 20×8 年 1 月 1 日从乙公司购入其持有的境外 B 公司 10% 的股份（B 公司为非上市公司），甲公司以银行存款支付买价 520 万美元，同时支付相关税费 5 美元。甲公司购入 B 公司股份后准备长期持有，B 公司 20×8 年 1 月 1 日的所有者权益账面价值总额为 5 000 万美元，B 公司可辨认净资产的公允价值为 5 500 万美元。则甲公司应确认的长期股权投资初始投资成本为（　　）万美元。

  A. 520　　　　　　B. 525　　　　　　C. 500　　　　　　D. 550

2. 同一控制下的企业合并中，合并方取得的净资产账面价值与支付的合并对价账面价值（或发行股份面值总额）的差额，正确的会计处理应当是（　　）。

  A. 确认为商誉　　　　　　　　　　B. 调整资本公积
  C. 计入营业外收入　　　　　　　　D. 计入营业外支出

3. 甲公司持有境外 B 公司 30% 的普通股股权，截至 20×8 年末该项长期股权投资账户余额为 280 万美元，20×9 年末该项长期股权投资减值准备余额为 12 万美元，B 公司 20×9 年发生净亏损 1 000 万美元，甲公司对 B 公司没有其他长期权益。20×9 年末甲公司对 B 公司的长期股权投资科目的余额应为（　　）万美元。

  A. 0　　　　　　　B. 12　　　　　　C. -20　　　　　　D. -8

4. A、B 两家公司属于非同一控制下的独立公司。A 公司于 20×8 年 7 月 1 日以固定资产为对价取得境外 B 公司 60% 的股份。该固定资产原值 4 500 万元，计提折旧 1 200 万元，已提取减值准备 150 万元，20×8 年 7 月 1 日该固定资产公允价值 3 750 万元。B 公司 20×8 年 7 月 1 日所有者权益公允价值折合人民币为 6 000 元。A 公司由于该项投资计入当期损益的金额为（　　）万元。

  A. 750　　　　　　B. 150　　　　　　C. 600　　　　　　D. 1 500

二、多项选择题

1. 20×9 年 1 月 2 日，甲公司以货币资金取得境外乙公司 30% 的股权，初始投资成本为 4 000 美元；当时，乙公司可辨认净资产公允价值为 14 000 万美元，与其账面价值相同。甲公司取得投资后即派人参与乙公司的生产经营决策，但未能对乙公司形成控制。乙公司 20×9 年实现净利润 1 000 万美元。假定不考虑所得税等其他因素，20×9 年甲公司下列各项与该项投资有关的会计处理中，正确的有（　　）。

  A. 确认商誉 200 万美元　　　　　　B. 确认营业外收入 200 万美元
  C. 确认投资收益 300 万美元　　　　D. 确认资本公积 200 万美元

2. 企业按成本法核算时，下列事项中不会引起长期股权投资账面价值变动的有（　　）。

  A. 被投资单位以资本公积转增资本
  B. 被投资单位宣告分派的属于投资前的现金股利

C. 期末计提长期股权投资减值准备
D. 被投资单位接受资产捐赠时
3. 下列项目中，投资企业不应确认为投资收益的有（   ）。
A. 成本法核算的被投资企业实现净利润
B. 成本法核算的被投资企业宣告发放现金股利
C. 可供出售金融资产持有期间被投资单位宣告分派现金股利
D. 权益法核算的被投资单位实现净利润
4. 对于企业取得境外长期股权投资时发生的各项费用，下列表述正确的有（   ）。
A. 同一控制下的企业合并，合并方为进行企业合并发生的各项费用（不包括发行债券或权益性证券发生的手续费、佣金等），应当于发生时计入当期损益
B. 企业合并中发行权益性证券发生的手续费、佣金等费用，应当抵减权益性证券溢价收入，溢价收入不足冲减的，冲减留存收益
C. 非企业合并方式下以支付现金方式取得长期股权投资，支付的手续费等必要支出应计入初始投资成本
D. 非企业合并方式下，通过发行权益性证券方式取得长期股权投资，其手续费、佣金等要从溢价收入中扣除，溢价不足冲减的，冲减盈余公积和未分配利润

三、判断题

1. 企业开展海外投资的主要方式有新设、参股和并购。（   ）
2. 同一控制下企业合并形成的长期股权投资，合并方以支付现金、转让非现金资产或承担债务方式作为对价的，应当在合并日按照取得被合并方所有者权益账面价值的份额作为长期股权投资的初始投资成本。（   ）
3. 以支付现金参股境外企业，应当按照实际支付的购买价款作为初始投资成本，包括购买过程中支付的手续费等必要支出，以及所支付价款中包含的被投资单位已宣告但尚未发放的现金股利或利润。（   ）
4. 采用权益法核算的境外股权投资，原计入资本公积中的金额在处置时亦应进行结转，将与所出售股权相对应的部分在处置时自资本公积转入当期损益。（   ）

四、业务题

A 企业持有境外某国 B 企业 40% 的股份，能够对 B 企业施加重大影响。当期 B 企业因持有的可供出售金融资产公允价值的变动计入资本公积的金额为 200 万美元，除该事项外 B 企业当期实现的净损益为 300 万美元。假定 A 企业与 B 企业适用的会计政策、会计期间相同，投资时 B 企业有关资产、负债的公允价值与其账面价值亦相同。本例中美元兑人民币的汇率为 1 美元 =6.8 元人民币。

要求：编制甲公司当期相关会计分录。

第九章　对外承包工程核算

【章首导言】

　　本章主要讲述了对外承包工程的内涵，对外承包工程合同收入的内容及确认标准，对外承包工程合同成本的内容，如何运用履约进度来确认合同收入和合同成本，对外承包工程的相关会计处理，银行保函的种类和内涵以及建设—经营—转让等工程项目的会计核算。本章重点是如何确定对外承包工程的履约进度，继而确认合同收入、成本和毛利并进行相关的会计处理。本章难点是运用履约进度计算各年度应确认的合同收入和成本并编制相应的会计分录、亏损合同的会计处理、建造合同结果不能可靠估计情况下的收入成本确认及会计处理。

　　本章案例及相关核算主要是针对境外承包工程进行阐述，同样适用于国内承包工程的核算。

【学习目标】

1. 了解对外承包工程的基本内涵；
2. 掌握合同收入和合同成本的内容及确认标准；
3. 掌握履约进度的概念及计算履约进度的方法；
4. 掌握合同收入和合同成本的会计处理；
5. 掌握各种银行保函的概念及做法；
6. 了解 BOT 等不同形式工程项目的会计处理。

第一节　对外承包工程概述

一、对外承包工程概述

　　对外承包工程是施工企业在国际市场上通过投标、议标、接受询价和委托等多种方式，按照一定条件同外国发包单位就某项工程的建设签订合同，据以组织施工的工程。

　　对外承包工程是由业主（承包商）和承包商签订承包合同进行的，对外承包工程合同的关系方除业主和承包商外，还有监理工程师。监理工程师受业主委托对承包商施工的质量、进度是否履行合同进行监督，并对支付工程价款进行审核，其是业主和承包商之间的桥梁。有些利用国际金融组织（如世界银行）等贷款的工程项目，在承包合同中还需明确工程款的付款机构。

承包商把项目部分工程分包给其他企业（分包商）通常须征得业主同意。项目分包部分由承包商与分包商订立分包合同，分包部分由承包商对业主负责。对外承包工程合同价款的签订，主要有两种方式：一是按固定造价签订的合同，即固定造价合同；二是按成本加成价签订的合同，即成本加成合同。

固定造价签订的合同有两种：一是项目工程价款在签订合同时固定造价；二是按固定单价确定工程价款。按固定单价签订的合同，即将项目按分部、分项甚至分子项工程的单价在合同中确定。在施工过程中，工程量可能有变化，但单价是固定的。对外承包工程中永久性工程一般都使用固定单价签订合同。

成本加成合同是以合同允许或其他方式议定的成本为基础，加上该成本一定比例或定额费用确定项目的工程价款。

对外承包工程价款结算方式应在合同中明确规定。有的项目工程款是在施工过程中按月、按季结算，如固定单价合同一般是根据每月或每季度完成的工程量按照合同签订的单价结算工程款；有的项目工程款是在施工过程中按阶段结算，如修建公路由于其工程难易程度相似，可以按阶段结算；也有的项目在施工过程中结算部分工程款，项目完成后一次或分期结算工程款；有的对外承包工程合同规定工程价款以实物结算，在合同中双方约定实物结算的品名、数量、质量、单价，实物交付时间、交付地点以及交付前发生的费用由哪一方负责。凡采用在施工过程中按月、按季度或按阶段方式结算工程款的，必须经监理工程师审核确认后方能结算工程款。

关于带资承包，即工程项目由承包商带资承建，项目完成后按合同规定由发包商（或业主）一次或分期支付工程款，一般称为交钥匙工程或 BT（build-transfer，建筑—交付）项目，即项目建成后交付。BOT（build-operate-transfer，建筑—经营—交付）项目，即承包商带资承建项目完工后，发包商（业主）给予一定的经营期，并规定经营期的收费标准，经营期的收入归承包商，经营期满交还业主。如承建收费高速公路，公路建成后业主给予一定的经营期，并规定收费标准，在经营期内由承包商对项目进行管理并负责维护。因此，实质上，BOT项目与一般对外承包工程项目包括 BT 项目有很大的不同，主要区别在于一般对外承包工程项目的工程价款收入是约定的，而 BOT 项目的收入是不确定的。例如，承建收费高速公路，虽然经营期和收费标准是确定的，但是通过公路的车流量是不确定的，同时经营养护费用也有种种变化因素。

二、对外承包工程会计科目设置

由于对外承包工程项目确认收入，成本和结算工程价款的时间不一致，因此，对外承包工程项目的会计处理方法与一般贸易企业财会制度规定有很大不同，根据企业会计准则的规定，对外承包工程项目核算设置以下会计科目。

1. 合同取得成本。"合同取得成本"科目核算企业取得建造合同发生的、预计能够收回的增量成本。该科目借方登记发生的合同取得成本，贷方登记摊销的合同取得成本，期末借方余额，反映施工企业尚未结转的合同取得成本。该科目可按合同进行明细核算。

2. 合同履约成本。"合同履约成本"科目核算企业为履行当前或预期取得的合同所发生的、不属于其他企业会计准则规范范围且按照收入准则应当确认为一项资产的成本。该科目借方登记发生的合同履约成本，贷方登记摊销的合同履约成本，期末借方余额，反映企业尚未结转的合同履约成本。该科目可按合同分别"服务成本""工程施工"等进行明细核算。

3. 合同结算。"合同结算"科目核算根据项目合同规定的时间已向发包商开出工程价款结算账单办理结算的价款。本科目是"合同履约成本"科目的备抵科目，已向发包商开出工程价款结算账单办理结算的价款记入本科目的贷方。

期末，"合同履约成本"与"合同结算"科目余额相抵后的差额应该在资产负债表"其他流动资产"或者"其他流动负债"项目中反映。如果"合同履约成本"科目余额大于"合同结算"科目余额，其差额反映在资产负债表"其他流动资产"项下；如果"合同结算"科目余额大于"合同履约成本"科目余额，其差额反映在资产负债表"其他流动负债"项下。

合同完成后，"合同履约成本"科目与"合同结算"科目余额对冲后结平。

4. 预收账款。"预收账款"科目核算按照合同规定发包商预付的工程款。收到工程预付款时，借记"银行存款"科目，贷记本科目。向发包商开出工程价款结算账单时，借记本科目，贷记"合同结算"科目。本科目应按发包商进行明细核算，年末余额反映尚未结算的预收工程款。

5. 应收账款。"应收账款"科目核算已向发包商开出的工程价款结算账单的应收工程价款和实际已收的应收工程价款。已向发包商开出工程价款结算账单应收的工程款记入本科目借方（贷方记入"合同结算"科目）。收到的工程价款记入本科目贷方（借方记入"银行存款"科目等）。年末余额反映已开出工程价款结算账单尚未收到的工程款。本科目按发包商进行明细核算。不单独设置"预收账款"科目的企业，预收账款可在本科目核算。

6. 主营业务收入。"主营业务收入"科目核算资产负债表日按完工进度确认的项目收入，当期确认的收入记入本科目的贷方。期末将本科目的余额转入"本年利润"科目（借记本科目，贷记"本年利润"科目）。本科目可设置"承包工程收入"明细科目，按工程项目进行明细核算。

7. 主营业务成本。"主营业务成本"科目核算当期确认的项目合同成本。当期确认的项目合同成本记入本科目的借方，期末将本科目余额转入"本年利润"科目（借记"本年利润"科目，贷记本科目）。本科目可设置"承包工程收入"

明细科目，按工程项目进行明细核算。

当期确认项目收入和成本时，进行如下账务处理。

借：主营业务成本——承包工程成本——××工程
　　合同履约成本——合同毛利——××工程（如为亏损，则贷记）
　贷：主营业务收入——承包工程收入——××工程

8. 资产减值损失。"资产减值损失"科目在此核算当期确认的合同预计损失。当预计合同总成本超过合同总收入，则形成合同预计损失，应提取损失准备，并确认为当期费用，当期确认预计损失时，借记本科目，贷记"合同资产减值准备"科目，期末将本科目余额转入"本年利润"科目，借记"本年利润"科目，贷记本科目。本科目可按工程项目进行明细核算。

9. 合同资产减值准备。"合同资产减值准备"科目在此核算计提的合同损失准备。当期确认的合同预计损失计提的损失准备，记入本科目的贷方。提取准备时借记"资产减值损失"科目，贷记本科目，以后年度项目实际发生的损失或预计损失减少，借记本科目，贷记"主营业务成本"科目。本科目可按工程项目进行明细核算，年末余额反映计提的损失准备。合同完工时，将已提取的损失准备冲减合同费用后，本科目应无余额。

如果企业发生合同成本方面的减值，还需要设置"合同取得成本减值准备""合同履约成本减值准备"科目。

第二节　对外承包工程收入与成本核算

一、合同收入的确认与核算

（一）合同收入的内容与确认

1. 合同规定的初始收入。合同规定的初始收入，即建造承包商与客户签订的合同中最初商订的合同总金额，它构成了合同收入的基本内容。在资产负债表日，建造合同的结果能够可靠估计的，应当根据合同履约进度确认合同收入和合同成本。

当建造企业与客户之间签订的建造合同同时满足下列条件时，企业应当在客户取得相关建造工程项目的控制权时确认建造合同收入：

（1）合同各方已批准该合同并承诺将履行各自义务。

（2）该合同明确了合同各方与所转让商品或提供劳务（以下简称转让商品）相关的权利和义务。

（3）该合同有明确的与所转让商品相关的支付条款。

（4）该合同具有商业实质，即履行该合同将改变企业未来现金流量的风险、时间分布或金额。

(5) 企业因向客户转让商品而有权取得的对价很可能收回。

在合同开始日即满足前款条件的合同，企业在后续期间无须对其进行重新评估，除非有迹象表明相关事实和情况发生重大变化。合同开始日通常是指合同生效日。

2. 因合同变更、索赔、奖励等形成的收入。这部分收入并不构成双方已商订的合同总金额，而是在执行合同过程中由于合同变更、索赔、奖励等原因而形成的追加收入。因合同变更而增加的收入，企业应当区别下列三种情况对合同变更分别进行会计处理：

(1) 合同变更增加了可明确区分的商品及合同价款，且新增建造合同价款反映了新增建造合同项目单独售价的，应当将该合同变更部分作为一份单独的合同进行会计处理。

(2) 合同变更不属于（1）规定的情形，且在合同变更日已转让的商品或已提供的服务（以下简称已转让的工程项目）与未转让的工程项目或未提供的服务（以下简称未转让的工程项目）之间可明确区分的，应当视为原合同终止，同时，将原建造合同未履约部分与建造合同变更部分合并为新建造合同进行会计处理。

(3) 合同变更不属于（1）规定的情形，且在建造合同变更日已转让的工程项目与未转让的工程项目之间不可明确区分的，应当将该建造合同变更部分作为原建造合同的组成部分进行会计处理，由此产生的对已确认收入的影响，应当在建造合同变更日调整当期收入。

(二) 合同收入的核算

按照《企业会计准则第14号——收入》的规定，企业将商品的控制权转移给客户或者向对客户提供建造工程项目时，先判断该建造合同的履约义务是否满足在某一时段内履行的条件，如不满足，则该履约义务属于在某一时点履行的履约义务。

(1) 对于在某一时段内履行的建造合同履约义务，施工企业应当在该段时间内按照履约进度确认收入，但是，履约进度不能合理确定的除外。企业应当考虑商品的性质，采用产出法或投入法确定恰当的履约进度。

其中，产出法是指企业应根据已转移给客户的商品对于客户的价值确定履约进度，主要按照实际测量的完工进度、评估已实现的结果、已达到的里程碑、时间进度、已完工或交付的产品等产出指标确定履约进度。投入法是根据企业为履行履约义务的投入确定履约进度。

当履约进度不能合理确定时，企业已经发生的成本预计能够得到补偿的，应当按照已经发生的成本金额确认收入，直到履约进度能够合理确定为止（成本回收法）。

在资产负债表日，企业按照履约进度及时确认当期收入，结转当期营业成本。以投入法（合同发生成本）为例的履约进度计算公式为：

履约进度 = 累计实际发生成本 ÷ 预计总成本 × 100%

当期合同收入 = 合同交易价格 × 履约进度 − 以前期间累计已确认的收入

当期合同营业成本 = 合同预计成本 × 履约进度 − 以前期间累计已确认的营业成本

确认建造合同收入时,首先,借记"合同结算——收入结转"科目,贷记"主营业务收入"科目。其次,结转建造合同成本。借记"主营业务成本"科目,贷记"合同履约成本"科目。最后,确认应收账款或银行存款。借记"应收账款/银行存款"科目,贷记"合同结算""应交税费"科目。

(2) 对于在某一时点履行的履约义务,企业应当在客户取得相关商品控制权时点确认收入,即只有当客户获得主导该商品的使用并从中获得几乎全部剩余利益的现时权利时企业才能确认收入。

【例9-1】某企业承包一工程预计总成本1 200万美元,合同总收入1 400万美元,工期3年。第1年工程累计实际发生成本240万美元,第2年工程累计实际发生成本780万美元,第3年工程累计实际发生成本1 200万美元。

第1年合同履约进度 = (240 ÷ 1 200) × 100% = 20%

第1年确认合同收入 = 1 400 × 20% = 280(万美元)

第2年合同履约进度 = (780 ÷ 1 200) × 100% = 65%

第2年确认合同收入 = 1 400 × 65% − 280 = 630(万美元)

第3年合同履约进度 = (1 200 ÷ 1 200) × 100% = 100%

第3年确认合同收入 = 1 400 × 100% − (280 + 630) = 490(万美元)

【例9-2】如果【例9-1】中第2年认为预计总成本应减为1 180万美元,第1年收入确认与【例9-1】相同,则该项目第2、第3年收入确认为:

第2年合同履约进度 = (780 ÷ 1 180) × 100% = 66.10%

第2年确认合同收入 = 1 400 × 66.10% − 280 = 645.40(万美元)

第3年合同履约进度 = (1 180 ÷ 1 180) × 100% = 100%

第3年确认合同收入 = 1 400 × 100% − (280 + 645.40) = 474.60(万美元)

【例9-3】承【例9-1】【例9-2】,如果第3年实际累计发生成本为1 160万美元,前2年的收入确认同【例9-2】,则该项目第3年收入确认为:

第3年合同履约进度 = (1 160 ÷ 1 160) × 100% = 100%

第3年确认合同收入 = 1 400 × 100% − 925.40 = 474.60(万美元)

(3) 合同履约进度按照已经完成合同工作量占合同预计总工作量来确定,即:

合同履约进度 = (已经完成合同工作量 ÷ 合同预计总工作量) × 100%

按照履约进度累计应确认合同收入 = 合同履约进度 × 合同总收入

本期确认的合同收入 = 累计应确认合同收入 − 前期累计已确认合同收入

根据完成工作量来测定完工百分比,适用于合同工作量较易确定的合同,而且各种工作量的难易程度基本一致,如道路工程、土石方挖掘、砌筑工程等项目。目前国际工程实务中,承包方通常需要定期(月、季)向业主申报完成的工程量。此工程量单经业主方监理工程师认可也可作为确认完工量比例的依据。

【例9-4】某企业承包一公路修建项目，公路全长200千米，合同工程价款为17 000万美元，每千米造价85万美元，工期3年。第1年完成80千米，第2年完成90千米，第3年完成30千米。则该企业每年收入确认为：

第1年建造合同履约进度 =（80÷200）×100% = 40%

第1年确认合同收入 = 17 000×40% = 6 800（万美元）

第2年建造合同履约进度 =（170÷200）×100% = 85%

第2年确认合同收入 = 17 000×85% − 6 800 = 7 650（万美元）

第3年建造合同履约进度 =（200÷200）×100% = 100%

第3年确认合同收入 = 17 000×100% −（6 800 + 7 650）= 2 550（万美元）

（4）按照对项目已完成工作量的测量，测定完工进度，以确定合同收入。此种方式适用于一些特殊的工程项目，如水下施工工程等。对工作量的测量，应由专业人员进行现场科学测定，测定已完成合同的履约进度。

【例9-5】某企业承包一水下工程，合同价5 000万美元，工期2年。每年由专业人员对完成工作量进行测定。第1年测定完成合同约定工作量的80%，第2年完成剩余工作量，即合同工作量100%完成。

由以上资料可知，第1年和第2年该企业与客户签订的建造合同履约进度分别是80%和100%。则其收入确认为：

第1年确认合同收入 = 5 000×80% = 4 000（万美元）

第2年确认合同收入 = 5 000×100% − 4 000 = 1 000（万美元）

二、合同成本的确认与核算

（一）合同成本的内容与确认

合同成本包括合同取得成本和合同履约成本。其中，合同取得成本是核算企业取得合同发生的、预计能够收回的增量成本；合同履约成本是核算企业为履行当前或预期取得的合同所发生的、不属于其他企业会计准则范围且按照收入准则应当确认为一项资产的成本。即企业从建造合同签订至建造合同完成所发生的、与执行建造合同有关的直接费用和间接费用。"直接费用"是指为完成建造合同所发生的、可以直接计入建造合同成本核算的各项费用支出。"间接费用"是指为完成建造合同所发生的、不易直接计入建造合同成本核算而应分摊计入有关建造合同成本核算的各项费用支出。

1. 直接费用。直接费用包括人工费用、材料费用、机械使用费和其他直接费用。

（1）人工费用。主要包括从事工程建造的人员工资、奖金、津贴补贴、职工福利费等职工薪酬。

（2）材料费用。主要包括施工过程中耗用的构成工程实体或有助于形成工程实体的原材料、辅助材料、构配件、零件、半成品的成本和周转材料的摊销及租赁费用。周转材料是指企业在施工过程中能多次使用并可基本保持原来实物形态而逐渐摊销其成本的材料，如施工中使用的模板、挡板和脚手架等。

（3）机械使用费。主要包括施工过程中使用自有施工机械所发生的机械使用费，租用外单位施工机械支付的租赁费和施工机械的安装费、拆卸费和进出场费。

（4）其他直接费用。其他直接费用是指施工过程中发生的除上述3项直接费用以外的其他可以直接计入合同成本核算的费用。主要包括有关的设计和技术费、施工现场材料二次搬运费、生产工具和用具使用费、检验试验费、工栏定位复测、工程点交费、场地清理费等。

2. 间接费用。间接费用主要包括临时设施摊销费用和企业下属的施工、生产活动所发生的费用，如管理人员薪酬、劳动保护费、固定资产折旧费及修理费、物料消耗、取暖费、水电费、办公费、差旅费、财产保险费、工程保修费、排污费等。这里所说的"施工单位"是指建筑安装企业的施工队、项目经理部等；"生产单位"是指船舶、飞机、大型机械设备等制造企业的生产车间，这些单位可能同时组织实施几项合同，其发生的费用应由这几项合同的成本共同负担。

（二）合同成本的核算

第一，对于企业的合同取得成本，主要核算内容是企业为取得该建造合同方式的增量成本。而增量成本是指企业不取得合同就不会发生的成本，也就是企业发生的与合同直接相关，但又不是所签订合同的对象或内容（如建造商品或提供服务）本身所直接发生的费用，例如销售佣金等，如果销售佣金等预期可通过未来的相关服务收入予以补偿，该销售佣金（即增量成本）应在发生时确认为一项资产，即合同取得成本。企业取得建造合同发生的增量成本已经确认为资产的，应当采用与该资产相关的建造工程合同收入确认相同的基础进行摊销，计入当期损益。为简化实务操作，该资产摊销期限不超过1年的，可以在发生时计入当期损益。

企业为取得合同发生的、除预期能够收回的增量成本之外的其他支出，例如，无论是否取得合同均会发生的差旅费、投标费、为准备投标资料发生的相关费用等，应当在发生时计入当期损益，除非这些支出明确由客户承担。

发生合同取得成本时，应进行的会计处理如下。

借：合同取得成本
　　贷：银行存款

企业取得相关收入可以补偿合同取得成本，进行摊销合同成本时，应进行的会计处理如下。

借：相关工程施工费用（销售费用）
　　贷：合同取得成本

第二，对于企业的合同履约成本，主要核算内容包括：为便于合同成本支出的归集，对外承包工程应恰当、正确地确定成本核算对象。一般情况是以每一个独立的承包工程合同为成本核算对象。但对于规模大、工期长或单位工程较多的承包合同，可按独立的单位工程或施工区域作为成本核算对象，如承包公路建设项目可以分别公路工程、大中桥梁为成本核算对象。对于若干规模小、工期接近、费用难以划分并在同一地区施工的承包合同，可合并为一个成本核算对象，但是应避免两个发包单位或两个以上承包合同合并为一个成本核算对象。

为核算各成本核算对象的实际成本，企业应设立工程成本明细账，工程成本明细账应按成本核算对象分设，并按成本项目将各期成本实际发生额计入有关栏目。

成本核算要先汇集结算期成本的核算资料，主要有：生产统计部门提供的本期分部分项工程完成的工程量；材料部门提供本期材料设备和周转材料按成本核算对象计算的材料消耗报告表；劳动工资部门提供的按核算对象汇集的施工人员工资明细表；施工机械管理部门提供的各核算对象本期使用各种施工机械的台班数；项目经理部、施工队、工区提供的应分配计入基本生产成本和辅助生产成本各成本核算对象的建造费用；非独立核算的辅助生产车间提出应计入各核算对象的辅助生产成本。

1. 直接费用的核算。

（1）直接人工费。人工费设中方人工费、当地人工费两个明细科目。

中方人工费核算计入该成本核算对象耗用的中方人员工资、奖金、加班费等支出。

当地人工费核算计入该成本核算对象耗用的当地人员工资、奖金、加班费等支出。

人工费核算的原始记录是施工负责人每日签发的派工单（或称任务单）。派工单写明工作对象、单位工程或分项工程名称、工作内容，派出人员的工种、人数或工人姓名以及实际工作时间。工地劳资人员按月汇总单位工程或分项工程用工数量和加班数量报财会人员，财会人员据此编制工资分配表并计入有关成本核算对象成本明细账人工费栏。

按期结转项目人工费成本时，账务处理如下。

借：合同履约成本——合同成本——××项目——直接人工费——中方人工费
　　　　　　　　　　　　　　　　　　　　　　　　　　　　——当地人工费
　　贷：应付职工薪酬——中方人员工资
　　　　　　　　　　——当地人员工资

在具体支付中方人员和当地人员工资、奖金等支出时，账务处理如下。

借：应付职工薪酬——中方人员工资
　　　　　　　　——当地人员工资
　　贷：银行存款

（2）直接材料费。材料费核算的主要依据是工地施工负责人签发的领料单或限额领料单，工地材料人员按月或按季汇总领料单或限额领料单，并按各单位工程以分项工程耗用的各种材料编制材料耗用的明细表，财会人员据此按单位工程或分项工程实际耗用材料编制材料费分配表，并计入各有关成本核算对象成本明细表材料费栏，账务处理如下。

  借：合同履约成本——合同成本——××项目——直接材料费
    贷：原材料等

  如材料按计划成本计价，则同时结转材料成本差异。假设某项材料月初库存余额为 20 000 元，本月购进 10 000 元，本月耗用 10 000 元，该项材料的成本差异月初借方余额为 1 500 元，本月借方增加 600 元。

  按本月材料成本差异率结转成本差异时，则该材料的成本差异为 700 元［本月耗用 10 000×（月初材料成本差异 1 500＋本月增加 600）÷（月初库存余额 20 000＋本月购进 10 000）］，账务处理如下。

  借：合同履约成本——合同成本——××项目——直接材料费结转成本差异
                        700
    贷：材料成本差异——××材料   700

  如果材料成本差异系贷方余额则用红字作会计分录。

  材料费中周转材料摊销是根据工地材料人员提供的周转材料领用清单，如果是一次摊销，领用时立即转入该成本核算对象成本明细表，账务处理如下。

  借：合同履约成本——合同成本——××项目——直接材料费（周转材料）
    贷：周转材料——周转材料摊销

  如果领用周转材料是分次摊销，领用时将周转材料由"周转材料——在库周转材料"科目转入"周转材料——在用周转材料"科目，然后将应摊销费用转入该成本对象成本明细账，同时贷记"周转材料——周转材料摊销"科目。

  （3）施工机械使用费。施工机械使用费核算的主要依据是工地施工机械管理部门提供的施工机械使用清单，它写明了施工机械的名称、使用的对象和使用台班数。如果使用的施工机械是租用的，财会人员根据出租方开来的账单，按各单位工程使用的台班数，分配施工机械使用费，并计入项目成本明细表施工机械使用费栏，账务处理如下。

  借：合同履约成本——合同成本——××项目——机械使用费
    贷：银行存款

  使用内部非独立核算施工机械部门的施工机械，应首先汇集该部门发生的一切费用，账务处理如下。

  借：合同履约成本——合同成本——施工机械管理站——各项直接费用
    贷：应付职工薪酬（机械人员工资等支出）
      原材料等——燃料油料支出及维护用材料
      累计折旧——施工机械折旧费
      其他费用
  借：合同履约成本——合同成本——施工机械管理站——间接费用
    贷：应付职工薪酬（管理人员工资等支出）

　　　　累计折旧（管理站固定资产折旧）

　　　　银行存款、应付账款（各项办公费、水电费等）

　　　　合同履约成本——合同成本——间接费用（应分配的建造费用）

　　再按各单位工程使用台班进行分配，并计入成本明细账。

　　　　借：合同履约成本——合同成本——××项目——机械使用费

　　　　　　贷：合同履约成本——合同成本——施工机械管理站

　　（4）其他直接费用。其他直接费用核算各成本核算对象可以直接计量计入的风、水、电、气等费用（不能直接计量的风、水、电、气的费用计入间接费用）以及应直接负担的各项费用，如按成本核算对象领用的工具、用具使用费，施工现场材料二次搬运费、检验试验费、工程定位复测费、工程点交费、场地清理费等，其他直接费用支出后，直接记入项目成本明细账，账务处理如下。

　　　　借：合同履约成本——合同成本——××项目——其他直接费用（××支出）

　　　　　　贷：有关科目

　　2. 间接费用的核算。间接费用各项支出先在"合同履约成本——合同成本——间接费用"科目汇集。各项间接费用支出时的账务处理如下。

　　　　借：合同履约成本——合同成本——间接费用——××费

　　　　　　贷：应付职工薪酬、银行存款（支付项目经理部、施工队、工区管理人员工资等）

　　　　　　　　累计折旧——计提项目经理部等使用固定资产的折旧

　　　　　　　　周转材料——周转材料摊销

　　　　　　　　长期待摊费用——计提临时设施摊销

　　临时设施是指为了保证施工和管理的正常进行而购置或建造的各种临时性的生产、生活设施，如施工人员临时宿舍、食堂、简易料棚等。工地各项临时设施购置时的账务处理如下。

　　　　借：长期待摊费用——临时设施

　　　　　　贷：银行存款等

　　通过自行建筑安装活动而完成的临时设施，先通过"在建工程"科目核算，临时设施完成交付使用时的账务处理如下。

　　　　借：长期待摊费用——临时设施

　　　　　　贷：在建工程

　　各项临时设施根据使用年限和服务对象确定摊销方法，并按月分次摊销。出售、拆除、报废或不能继续使用的临时设施，可通过"临时设施清理"科目进行核算。

　　3. 间接费用分摊。这里的间接费用是指"合同履约成本——合同成本——间接费用"科目归集的间接费用。月度终了间接费用应按一定的分摊方法，分别计入各成本核算对象（含辅助生产部门）"合同履约成本——合同成本——××项目（××辅助生产部门）——间接费用"明细科目。其分摊方法一般有：按直接人员工资、按直接人员工时、按施工机械小时、按直接材料费、按直接费合计等。

【例9-6】假设某工程有两个成本核算对象A和B,两个内部非独立核算的施工机械管理站和水泥搅拌站,如按直接人员工资进行分摊,假设月末间接费用余额30万美元,成本核算对象A耗用直接人工费60万美元,B耗用直接人工费20万美元,机管站人工费支出15万美元,搅拌站支出人工费5万美元,合计直接人工费用100万美元。

间接费用分摊率 = (当期间接费用支出 ÷ 分配对象人工费合计) × 100% = (30 ÷ 100) × 100% = 30%

成本核算对象A应分摊:60 × 30% = 18(万美元)
成本核算对象B应分摊:20 × 30% = 6(万美元)
机管站应分配:15 × 30% = 4.50(万美元)
搅拌站应分配:5 × 30% = 1.50(万美元)

其账务处理是:

借:合同履约成本——合同成本——A   180 000
　　　　　　　　　　　　　——B   60 000
　　　　　　　　　　　　　——机管站   45 000
　　　　　　　　　　　　　——搅拌站   15 000
　　贷:合同履约成本——合同成本——间接费用   300 000

月末间接分摊后,"合同履约成本——合同成本——间接费用"科目无余额。

4. 辅助生产部门成本分摊。间接费用分摊后,月末辅助生产部门发生的成本应按服务对象、服务工作量进行分摊。即是在"合同履约成本——合同成本——间接费用"科目余额分摊后,还需要对"合同履约成本——合同成本——××辅助生产部门"的余额进行分摊。

【例9-7】假设当月"合同履约成本——合同成本——××辅助生产部门"共支出70万美元,其中机管站50万美元,搅拌站20万美元。间接费用分摊后,机管站余额为54.50万美元,搅拌站为21.50万美元。机管站拥有施工机械2台:机械甲和机械乙。机械甲当月支出30万美元,机械乙当月支出20万美元。分配给机管站的间接费用4.50万美元,按直接费用合计分配,机械甲应分配2.70万美元[(4.50 ÷ 50) × 30],机械乙应分配1.80万美元[(4.50 ÷ 50) × 20]。这样,机械甲当月支出合计为32.70万美元,机械乙为21.80万美元。

根据施工机械使用台班数统计,机械甲、机械乙台班使用情况如表9-1所示。

表9-1   机械甲、机械乙台班使用情况   单位:台班

项目	台班总数	A	B	搅拌站
机械甲	30	15	10	5
机械乙	25	10	15	

根据材料消耗统计，当月搅拌站生产混凝土60吨，其中A使用35吨，B使用23吨，机管站使用2吨，月底无库存。

由于辅助生产部门之间有业务关系，因此先进行机管站和搅拌站之间的分配。

机械甲作业台班总数30台班，支出合计32.70万美元，每台班成本1.09万美元，应分摊搅拌站成本为$5 \times 1.09 = 5.45$（万美元）。

借：合同履约成本——合同成本——搅拌站　　　　　　54 500
　　贷：合同履约成本——合同成本——机管站——机械甲　54 500

搅拌站为机管站提供混凝土2吨，由于混凝土用于场地维护，因此应按直接费用合计分摊给机械甲和机械乙。

混凝土2吨，成本为7 160美元[（215 000÷60）×2]，将其分摊给机械甲和机械乙。分摊率为1.432%[（7 160÷50）×100%]，机械甲应分摊4 296美元（1.432%×300 000），机械乙分摊2 864美元（1.432%×200 000）

借：合同履约成本——合同成本——机管站——机械甲　4 296
　　　　　　　　　　　　　　　　　　　——机械乙　2 864
　　贷：合同履约成本——合同成本——搅拌站　　　　　7 160

相互分摊结果是：机械甲服务台班数25台班，其中成本核算对象A为15台班，B为10台班，当月支出合计27.68万美元（30万美元+间接费用分摊2.70万美元+搅拌站分摊4 300美元－分摊搅拌站5.45万美元），每台班成本11 072美元。

机械甲当月支出分配如下：

借：合同履约成本——合同成本——A（15×11 072）　166 080
　　　　　　　　　　　　　　——B（10×11 072）　110 720
　　贷：合同履约成本——合同成本——机管站——机械甲　276 800

机械乙服务台班数25台班，其中成本核算对象A为10台班，B为15台班，当月支出合计22.086万美元（20万美元+建造费用分配1.80万美元+搅拌站分配2 860美元），每台班成本8 834.40美元。机械乙当月支出分配如下：

借：合同履约成本——合同成本——A（10×8 834.40）　88 344
　　　　　　　　　　　　　　——B（15×8 834.40）　132 516
　　贷：合同履约成本——合同成本——机管站——机械乙　220 860

搅拌站扣除分配机管站2吨后，共有混凝土58吨，成本核算对象A使用35吨、B使用23吨，搅拌站当月支出合计262 340美元（200 000美元+建造费用分配15 000美元+机管站分配54 500美元－分配机管站7 160美元），每吨成本4 523美元（262 340÷58），当月支出分配如下：

借：合同履约成本——合同成本——A（35×4 523）　158 310
　　　　　　　　　　　　　　——B（23×4 523）　104 030
　　贷：合同履约成本——合同成本——搅拌站　　　　262 340

5. 如果建造合同履约进度不能合理确定时，应区别以下情况处理。

（1）已经发生的建造合同成本预计能够得到补偿的，合同收入根据已经发生的合同实际成本金额加以确认收入，合同成本在其发生的当期确认为合同成本。

【例9-8】某企业承包一工程项目,合同总收入为1 500万美元,预收工程款200万美元,工期3年。第1年发生成本200万美元,发现发包商无力支付今后的工程价款,合同停止执行。其账务处理如下。

收到预付账款的工程款:
借:银行存款　　　　　　　　　　　　　　　　2 000 000
　　贷:预收账款——××发包单位　　　　　　　　2 000 000
发生成本:
借:合同履约成本——合同成本——××项目　　2 000 000
　　贷:原材料等　　　　　　　　　　　　　　　　2 000 000
向发包商开出工程价款结算账单时:
借:预收账款——××发包单位　　　　　　　　2 000 000
　　贷:合同结算——××项目　　　　　　　　　　2 000 000
确认收入:
借:主营业务成本——承包工程成本——××项目　2 000 000
　　贷:主营业务收入——承包工程收入——××项目　2 000 000

(2) 已经发生的建造合同成本预计不能得到补偿时,应在发生时立即确认为费用,不确认收入。

【例9-9】某企业承包一工程项目,合同总收入1 500万美元,预收工程款200万美元,工期3年。第1年实际发生成本300万美元,由于发包商无力支付工程款,合同停止。其账务处理如下。

发生成本时:
借:合同履约成本——合同成本——××项目　　3 000 000
　　贷:原材料等　　　　　　　　　　　　　　　　3 000 000
确认收入和结转成本时:
借:主营业务成本——承包工程成本——××项目　3 000 000
　　贷:主营业务收入——承包工程收入——××项目　2 000 000
　　　　合同履约成本——合同毛利——××项目　　1 000 000

6. 如果合同预计总成本超过合同预计总收入,应将预计损失立即确认为当期费用。

【例9-10】某企业承包一工程项目,合同总收入1 200万美元,预计总成本1 000万美元,工期3年。第1年发生成本300万美元;第2年累计发生成本700万美元,当年预计总成本将达到1 300万美元,超过原合同总收入1 200万美元;第3年项目完工,累计发生成本1 300万美元。其账务处理如下。

第1年末:
借:主营业务成本——承包工程成本——××项目　3 000 000
　　合同履约成本——××项目——合同毛利　　　　600 000
　　贷:主营业务收入——承包工程收入——××项目　3 600 000
第1年确认收入 = (300÷1 000)×100%×1 200 = 360(万美元)

第 2 年末累计完成成本 700 万美元,由于预计总成本将达到 1 300 万美元,当年累计完工百分比 =(700÷1 300)×100% = 53.85%,当年累计确认收入为 646.20 万美元,扣除第 1 年已确认收入 360 万美元,当年确认收入 286.20 万美元。

借:主营业务成本——承包工程成本——××项目　　3 000 000
　　贷:主营业务收入——承包工程收入——××项目　　2 862 000
　　　　合同履约成本——××项目——合同毛利　　　　138 000

至第 2 年末"合同履约成本——××项目——合同毛利"为贷方余额 53.80 万美元,即该项目已实现亏损 53.80 万美元,由于预计将亏损 100 万美元,即该项目还将发生亏损 46.20 万美元,应作为当期费用。

借:资产减值损失——××项目　　　　　　　　　　462 000
　　贷:合同资产减值——××项目　　　　　　　　　462 000

第 3 年末累计发生成本 1 300 万美元,当年发生成本 600 万美元,累计确认收入 1 200 万美元,当年确认收入 = 1 200 - 646.20 = 553.80(万美元)。当年发生亏损 46.20 万美元。

借:主营业务成本——承包工程成本——××项目　　6 000 000
　　贷:主营业务收入——承包工程收入——××项目　　5 538 000
　　　　合同履约成本——合同毛利——××项目　　　　462 000
借:合同资产减值准备——××工程　　　　　　　　462 000
　　贷:主营业务成本——承包工程成本——××项目　　462 000

如果第 3 年末累计发生成本 1 260 万美元,当年发生成本 560 万美元,当年确认收入 553.80 万美元,当年亏损 6.20 万美元,已预提准备 46.20 万美元。

借:主营业务成本——承包工程成本——××项目　　5 600 000
　　贷:主营业务收入——承包工程收入——××项目　　5 538 000
　　　　合同履约成本——合同毛利——××项目　　　　62 000
借:合同资产减值准备——××工程　　　　　　　　462 000
　　贷:主营业务成本——承包工程成本——××项目　　462 000

如果第 3 年末累计发生成本 1 320 万美元,当年发生成本 620 万美元;当年确认收入 553.80 万美元,当年亏损 66.20 万美元,已预提损失准备 46.20 万美元,当年还应确认亏损 20 万美元。

借:主营业务成本——承包工程成本——××项目　　6 200 000
　　贷:主营业务收入——承包工程收入——××项目　　5 538 000
　　　　合同履约成本——合同毛利——××项目　　　　662 000
借:合同资产减值准备——××工程　　　　　　　　462 000
　　贷:主营业务成本——承包工程成本——××项目　　462 000

三、以实物支付方式结算对外承包工程合同价款的会计处理

以实物支付方式结算的承包工程合同，采用履约进度确认收入和成本。以实物结算的物资，其销售价格与合同收入无关。以下分别介绍收到以及销售以实物结算物资的会计处理。

1. 按时收到发包单位送来的实物结算物资。

借：库存商品（实物结算物资/按合同规定价格）
　　营业费用（按合同规定由承包方支付的入库前有关费用）
　贷：应收账款——××单位（物资按合同规定价格）
　　　银行存款

2. 每次销售实物结算物资。

借：银行存款
　贷：主营业务收入——商品销售收入——销售实物结算物资（按销售价格）
借：主营业务成本——商品销售成本——实物结算物资
　贷：库存商品（实物结算物资/按合同规定价格）

在以实物结算物资的销售期间，出现销售价格低于合同规定价格等情况时，使按合同规定价格作为成本的实物结算物资成本不能收回部分，应提取存货跌价准备。

借：资产减值损失
　贷：存货跌价准备

很明显，以实物结算的物资，其销售价格的变化不影响项目的盈利，只影响销售业务的利润。这样，以实物结算项目的收入、成本和利润的确认，只要发包方按合同约定的品种、规格、质量、数量按时将物资交给承包方，承包方应该认为发包方已足额交付合同价款。承包方销售该项物资所发生的盈亏，理应作为销售业务的盈亏。

四、对外承包工程企业内部往来、总分包往来的会计处理

（一）内部往来的内容与核算

1. 内部往来科目会计处理的内容。企业与所属内部独立核算单位，如境内外子公司、分公司、办事处及项目组的往来款项，所属境内外独立核算单位之间往来款项可设置"内部往来"科目。有关合同价款的结算、资金的调拨、材料物资调拨、出国人员费结算、管理费结算、费用和收入的划转以及其他应收、应付、暂收、暂付款项等，均通过"其他应收款——内部往来"科目核算。

为确保各内部单位之间往来款项的记录相互一致，企业应使用"内部往来记

账通知单",由经济业务发生的单位填制,送交对方及时记账,并由对方核对后,及时将副联退回。定期由规定的一方根据明细账记录,抄列内部往来清单,送交对方核对账目。对方应及时核对,并将一份清单签回发出单位,如发现有未达账款或由于差错等原因不能核对相符的,应在签回的清单上详细注明。发出单位对于提出的差错项目,应及时查明原因并调整记录。

2. 内部往来的账务处理。

(1) 总公司向境外子公司、项目组拨付流动资金。

总公司的账务处理:

借:其他应收款——内部往来——××子公司、项目组(拨付流动资金)
　　贷:银行存款

子公司、项目组的账务处理:

借:银行存款
　　贷:其他应收款——内部往来——总公司(拨付流动资金)

(子公司、项目组也可使用"其他应付款"科目替代"其他应收款"科目。下同,不再重述)

(2) 总公司代境外子公司、项目组在国内支付派出人员工资。

总公司的账务处理:

借:其他应收款——内部往来——××子公司、项目组
　　贷:银行存款等

境外子公司、项目组的账务处理:

借:合同履约成本等——出国人员工资等
　　贷:其他应收款——内部往来——总公司(转来出国人员工资等)

(3) 总公司代境外子公司、项目组采购材料。

总公司的账务处理:

借:其他应收款——内部往来——××子公司、项目组(结转材料款)
　　贷:主营业务收入——内部结算收入——××项目结转材料款
借:主营业务成本——内部结算成本——结转材料实际成本
　　贷:原材料等

境外子公司、项目组的账务处理:

借:原材料等——××材料
　　贷:其他应收款——内部往来——总公司(转来材料款)

(4) 总公司代付境外子公司、项目组的各项费用。

总公司的账务处理:

借:其他应收款——内部往来——××子公司、项目组(代付费用)
　　贷:银行存款

子公司、项目组的账务处理:

借:合同履约成本等
　　贷:其他应收款——内部往来——总公司(代垫费用)

（5）总公司代收承包工程项目合同款。

总公司的账务处理：

借：银行存款

　　贷：其他应收款——内部往来子公司、项目组（代收合同款）

子公司、项目组的账务处理：

借：其他应收款——内部往来——总公司（代收合同款）

　　贷：应收账款——××发包单位

（6）境外子公司、项目组上交上年度利润。

总公司的账务处理：

借：其他应收款——内部往来——××子公司、项目组（上交利润）

　　贷：投资收益——××子公司、项目组

子公司、项目组的账务处理：

借：应付利润——上交总公司利润

　　贷：其他应收款——内部往来——总公司（上交上年度利润）

（二）总分包往来的内容与核算

较大的工程项目往往由几个工程公司承包，其中总包单位对发包单位负全部责任，其他分包单位对总包单位负责。为了更好地反映总包、分包单位以及分包单位之间的经济往来，一般通过"预收账款""预付账款""其他应收款"等往来账科目来核算总包、分包单位或分包单位之间有关合同价款的拨付以及材料、费用的垫付，资金的垫付，等等。总分包单位往来按企业分设明细账。

1. 总包单位收到发包单位项目预付工程款，并预付分包单位。

总包单位的账务处理：

借：银行存款

　　贷：预收账款——××发包单位

借：预付账款——××分包单位（××项目工程款）

　　贷：银行存款

分包单位的账务处理：

借：银行存款

　　贷：预收账款——××单位（××项目工程款）

2. 总包单位购入材料后，再发往分包单位（视同销售处理）。

总包单位的账务处理：

借：原材料——××材料

　　　应交税费——应交增值税（进项税额）

　　贷：银行存款

借：其他应收款——分包单位往来——××分包单位（材料）

　　贷：主营业务收入

　　　　应交税费——应交增值税（销项税额）

借：主营业务成本
　　贷：原材料——××材料等
分包单位的账务处理：
借：原材料——××材料
　　应交税费——应交增值税（进项税额）
　　贷：其他应收款——总包单位往来——××总包单位（材料）

3. 总包单位向发包单位、分包单位向总包单位提出工程价款结算单。
总包单位的账务处理：
借：应收账款——××发包单位（项目工程款）
　　贷：合同结算——××项目
分包单位的账务处理：
借：应收账款——××总包单位（分包工程款）
　　贷：合同结算——××项目

4. 总包单位收到发包单位的合同款，其中部分由预收工程款扣抵。
借：银行存款
　　预收账款——××发包单位（项目工程款）
　　贷：应收账款——××发包单位（项目工程款）

5. 总包单位向分包单位结算工程款，其中部分由预付工程款扣抵。
总包单位的账务处理：
借：合同履约成本——合同成本——××项目分包工程支出
　　贷：银行存款
　　　　预付账款——××分包单位（工程款）
分包单位的账务处理：
借：银行存款
　　预收账款——××总包单位（分包工程款）
　　贷：应收账款——××总包单位（分包工程款）

第三节　对外承包工程保函及其业务处理

保函（letter of guarantee，L/G）又称保证书，是指银行、保险公司、担保公司或个人应申请人的请求，向第三方开立的一种书面信用担保凭证。保证在申请人未能按双方协议履行其责任或义务时，由担保人代其履行一定金额、一定期限范围内的某种支付责任或经济赔偿责任。在对外承包工程中，当承运人到达目的港时，买方还没有收到卖家邮寄来的提单，而无法凭借提单向承运人提货，因此出具保函以证明收货人的身份。

在金融产品中，保函仅属于银行中间业务中的一项产品（中间业务是指不构成商业银行表内资产、表内负债，形成银行非利息收入的业务），但在国际商务活动中,保函因其能够解决合约双方互不信任的问题而成为不可或缺的金融产品。银行保函以银行信用替代商业信用作为履约保证,易于为受益人接受,已被广泛应用于国际贸易、国内贸易、对外承包工程项目及各种商务项目中。保函是一种项目全过程的金融产品。

银行保函与银行信用证不同,首先保函有从属性保函和独立性保函之分,备用信用证无此区分;其次保函和备用信用证适用的法律规范和国际惯例不同,到目前为止,尚未有一个可为各国银行界和贸易界广泛认可的保函国际惯例。

一、保函的基本要素

1. 委托人。委托人是指向银行或保险公司申请开立保函的人。委托人的权责是:

(1) 在担保人按照保函规定向受益人付款后,立即偿还担保人垫付的款项。

(2) 负担保函项下一切费用及利息。

(3) 担保人如果认为需要时,应预支部分或全部押金。

2. 担保人。担保人是保函的开立人。担保人的权责是:

(1) 在接受委托人申请后,依委托人的指示开立保函给受益人。

(2) 保函一经开出就有责任按照保函承诺条件,合理审慎地审核提交的包括索赔书在内的所有单据,向受益人付款。

(3) 在委托人不能立即偿还、担保人已付之款情况下,有权处置押金、抵押品、担保品。如果处置后仍不足抵偿,则担保人有权向委托人追索不足部分。

3. 受益人。受益人是有权按保函的规定出具索款通知或连同其他单据,向担保人索取款项的人。受益人的权利是:按照保函规定,在保函效期内提交相符的索款声明,或连同有关单据,向担保人索款,并取得付款。

4. 开立保函依据的交易。开立保函依据的交易是指保函基于哪一项业务背景开立,是保函开立的基础,在保函条款有时虽只有短短的几句描述,但它却是担保人重点审查的部分。保函业务基本规定禁止为无贸易背景的业务出具保函。

5. 最大承保金额和支付货币币别。最大承保金额和支付货币币别主要是根据合同、招标文件或授标书来确定。

6. 要求付款的条件。要求付款的条件是保函的核心内容,规定了担保人在什么条件下应该履行付款义务。

7. 保函失效日期/失效事件。保函失效日期/失效事件是指保函受益人向担保人主张权利的期限。常见的有下列几种方式:

(1) 规定以某年某月某日作为失效日。

(2) 规定以某一事件的发生作为失效日。如"本保函的有效期截至上述合同项下最终验收证书签发之日"。

(3) 规定以某一时段作为保函的失效日。如"本保函自出具之日起100天内一直有效"。

(4) 上述形式的复合形式。如"本保函的有效期截至合同项下最终验收证书签发之日或某年某月某日,以最早发生者为准"。

二、保函的开立方式

保函的开立方式主要有直开、转开以及直开后加保、加签和背签等几种。

1. 直开。直开的保函是指银行应申请人的要求,直接向受益方开立的保函。凭此保函直接向受益方承担担保责任和义务。直开保函,就其传递方式有两种:担保银行直接将保函交给受益方,或由委托方将保函直接交给受益方。

担保银行开立保函后,不直接递交,而是转请另一家银行转递给受益方。在转交方式中,代为转递的银行,称为转递行或称通知行,其所承担的责任主要是核实保函的真伪和及时将保函转递给受益人,无其他责任和义务。

2. 转开。转开的保函是指担保银行应申请人的要求,根据合同的有关规定以及受益人所在国的习惯做法,以提供反担保的形式委托受益人所在地的银行代为开立保函,并由受托的银行向受益人承担付款责任。这种转开保函的方式又可称为"连环担保"。

转开的保函真正的担保人是受益人所在地受委托办理转开保函的银行,而申请人所在地的银行只是处于反担保人的地位,其出具的担保以办理转开保函的银行为受益方。受托银行根据反担保人的反担保向受益人出具保函,并与其构成一种担保合同关系。

3. 加保、加签和背签。某些国家要求外国银行直开的保函必须经受益人所在国银行加签或背签后才能接受。由于各个国家和地区的习惯做法不同,对保函加保、加签和背签的理解以及实施这些行为的银行所承担的责任也不尽相同。有些国家采取这些做法的目的,仅是要求对国外银行开立的保函的真伪进行核实。加保、加签和背签的银行对保函实际上不承担任何付款责任,也不受理受益人提出的任何索赔要求。它们并不成为保函实际当事人,仅仅起到转递行的作用。但也有些国家认为对保函加保,实际上是加保银行在保函中加具保兑。如果实施过程中申请人违约,或受益人完成的合同义务得不到补偿,这些加保的银行也将负有向受益人进行支付的责任。因此,这些银行也应作为保函的实施当事人。

三、常用的保函类型

对外承包工程常用的保函类型有投标保函、履约保函、预付款保函和质保金保函。

1. 投标保函。在国际招标中,投标保函是指在招标投标中招标人为保证投标人不得撤销投标文件、中标后不得无正当理由不与招标人订立合同等,要求投标人在提交投标文件时一并提交的一般由银行出具的书面担保,当投标人在投标有效期内撤销投标,或者中标后不能同业主订立合同或不能提供履约保函时,担保银行就自己负责付款。投标保函的金额一般是项目标价的 2%~5%。投标保函的申请人是工程项目的投标人,受益人是工程项目的发包人。投标人向担保银行申请投标保函时应提供《对外承包工程项目投(议)标许可证》和准予参加投标通知书,经银行审查有关资料后开具投标保函,随同投标书由投标人一并递交招标人。开标后,中标者保函即时生效,未中标者的保函由招标人及时退还给投标人。

投标保函的担保银行主要担保在出现下列情况之一时,负责给予偿付:

(1) 在投标有效期内投标人无故撤销其投标。
(2) 中标后,投标人未能同招标人签订合同。
(3) 中标后,投标人不能提供履约的保证文件。

保函的索赔条款,一般规定担保银行在收到招标人的首次索赔文件时应立即偿付保函上的担保金额。在索赔通知上,招标人必须说明索赔理由及情况,但无须要求证实。在担保银行与投标人之间的合同上应加以列明,以便分清责任。

2. 履约保函。履约保函是指应劳务方和承包方(申请人)的请求,银行金融机构向工程的业主方(受益人)作出的一种履约保证承诺。如果劳务方和承包方日后未能按时、按质、按量完成其所承建的工程,则银行将向业主方支付一笔占合约金额 5%~10% 的款项。

由于发包人不能履行合同条款所规定的义务,发包人向担保银行发出索赔书面通知(可要求附违约证明)后,担保银行应立即支付违约金。但在保函中必须明确,其赔偿违约金额最多不能超过保函担保金额。

履约保函必须明确有效期,即保函开出日及终止日,保函终止日一般为工程完成验收或比其更长的一段时间,应按工程的具体情况决定。超过保函的终止日履约保函即失效。

3. 预付款保函。预付款保函是承包人要求银行向业主(发包人)出具的保证业主所支付的工程预付款用于实施项目的一种信用函件。投标人在中标后签订的合同中规定,承包人委托银行向业主出具的由业主按合同规定向承包人支付一笔工程预付款,及时用于实施项目的保证函件。担保银行应为业主所接受。如承包人不履约,业主可凭函向担保银行索赔。

预付款保函担保承包人履行与发包人所签的合同条款,否则担保银行将负责退回预付款项和应计的利息。一般情况下,承包人和发包人签订项目承包合同时,就相互确认了银行保函的基本格式和条款,发包人收到银行保函后,才将预付款汇付给项目承包人。承包人申请预付款保函向银行提供的材料与履约保函相同。

工程项目的预付款一般是合同总额的 5%~20%,预付款保函的担保金额一般与预付款等额,如因不能履行合同而退回预付款时应计利息的利率要在合同条款中明确,并在预付款保函的银行责任条款中写明。在承包人不能按合同履行义务时,银行只要求发包人提出要求退回预付款的书面通知,银行在承诺的有效期内保证退款,包括应计的利息。

工程项目的预付款是随着工程的进展逐步转化为承包人所应得的工程款的一部分。因此,预付款保函的有效期是收到预付款时生效,预付款全部转化为工程款时保函有效期终止。

工程项目的预付款转化为应付承包人的工程款，根据合同条款的不同要求，主要有三种形式：

（1）按工程进度平均扣减。
（2）按工程进度加速扣减。
（3）集中扣减。

4. 质保金保函。质保金保函也称"滞留金保函""预留金保函""留置金保函"或"尾款保函"，是指承包商向银行申请开出的以工程业主为受益人的保函，保证在提前收回尾款后，如果承包工程达不到合同规定的质量标准时，承包商将把这部分留置款项退回给工程业主。否则，担保银行将给予赔偿。

在对外工程承包中，工程业主一般保留 5%～10% 的工程款作为预留金，待工程维修期满而又无缺陷时再支付给承包商。如承包商需要业主支付全额而不扣质保证金时，应提交银行开立的质保金保函，保证在工程保用期满时，如果收到业主关于工程有缺陷的书面通知时，银行负责归还质保金。

四、保函手续费

担保银行根据开立的保函金额按季度收取保函手续费。保函手续费费率各地不同，应按当地银行的规定办理。目前，我国国内银行保函费按季度计取，费率为 1‰～1.5‰，香港特区为 1‰～2‰，中东地区为 4‰～5‰。需要注意的是，要及时掌握保函金额的变动，调减手续费。例如，投标保函，开标后要及时结清。中标项目应把投标保函及时转换为履约保函。履约保函要及时掌握保函终止期。预付款保函在每次扣减后，由于已减少了保函金额，从而应相应减少手续费的支出。

五、保函保证金

企业开立保函，必须在担保银行存入保函金额一定比例的保证金，部分存款在保函有效期内不得动用，只有在担保责任解除、保函退回后才能动用。担保银行对信用较好企业的要求可适当放宽，也可以同意用不动产作抵押。企业也应积极向银行申请授信额度，使用授信额度开立保函。很多信用好的企业采用免担保的形式开立保函，银行可给予一定额度的免担保授信。

六、有关保函的会计处理

1. 开立保函，存入保证金的账务处理：

借：其他货币资金——保函保证金
　　贷：银行存款

保证金收回或减少时编制相反的分录。

2. 如果保函保证金使用银行授信额度或用固定资产抵押或使用对外承包工程保函风险专项资金,应在资产负债表附注中披露。

3. 支付保函手续费的账务处理如下。

借:财务费用——保函手续费
　　贷:银行存款

第四节　建造—交付等工程项目业务处理

一、BT 项目(build-transfer,建造—交付)

(一)BT 项目内容

指根据项目发起人通过与投资者签订合同,由投资者负责项目的融资、建设,并在规定时限内将竣工后的项目移交项目发起人,项目发起人根据事先签订的回购协议分期向投资者支付项目总投资及确定的回报。大部分 BT 项目都是政府和大中型国企合作的项目。

(二)BT 项目的核算

BT 项目的确认与一般对外承包工程相同,应该按照合同履约进度确认收入和成本,与一般对外承包工程项目不同的是工程价款支付时间不同。BT 项目业主支付工程价款时间是在项目完工以后一次或分次支付。

以下举例说明两种核算方法的账务处理。

【例 9-11】某企业承包一 BT 项目,合同款分 5 年支付。

(1) 按照合同规定,每年由承包商开出工程结算账单后,业主支付合同款。

①承包商开出工程结算账单。

借:应收账款——××发包单位(合同款的 1/5)
　　贷:合同结算——××项目

②收到合同款。

借:银行存款(合同款的 1/5)
　　贷:应收账款——××发包单位

(2) 按照合同规定,业主到期支付合同款。

①项目完工移交时开出工程结算账单。

借:应收账款——××发包单位(全部合同款)
　　贷:合同结算——××项目

②每年收到 1/5 的合同款。

借:银行存款
　　贷:应收账款——××发包单位

二、BOT 项目（build-operate-transfer，建造—经营—交付）

BOT 项目经历了三个阶段：建造、经营、交付。因此，只有在建筑阶段其成本核算与一般对外承包工程相同。

一般情况下，BOT 项目投资方应按照规定设立项目公司进行项目建造和经营。完工后，由项目公司对该项目进行经营管理，同时将该项目的工程成本作为项目投资方对该项目公司的投资。

项目公司对于所提供的建造服务产生的收入和项目建成后经营服务产生的收入都应按照《企业会计准则第 14 号——收入》的要求进行确认和计量相关的收入和费用；项目公司不应将 BOT 业务所建造的基础设施作为其固定资产进行核算。

BOT 项目经营期满移交给业主。有的项目是无偿移交，有的项目业主给予部分补偿，如有部分补偿，项目工程成本未摊销完毕，补偿款可冲抵成本，如有盈余作为 BOT 项目的收入。

三、BOOT 项目（build-ownership-operate-transfer，建造—拥有—经营—交付）

除了传统的 EPC（engineering-procurement-construction）项目及 BT 和 BOT 外，还有一种常见的 BOOT 模式，即建造—拥有—经营—交付。由于 BOOT 项目的项目公司在特许期内既享有项目的经营权也享有所有权，因此其会计核算有所不同，在建造期间的直接费用及间接费用均在发生时先记入"在建工程"科目，待项目完工后转入"固定资产"科目。通常在自主经营期内足额折旧，经营期满后最终将资产交付给业主，视同资产转让进行会计处理。

四、出口信贷项目

出口信贷项目，包括出口买方信贷项目和出口卖方信贷项目，其中出口卖方信贷与传统的 EPC 项目的会计核算没有区别；而出口卖方信贷项目的会计核算却有所不同，主要体现在作为借款主体的承包商在建设期及最终竣工决算时利息费用的计提和摊销上，因还款期远远大于建设期，所以还款期产生的利息要在建设期按照配比的原则计入合同成本，而未来还款期应付的利息作为"应付利息"入账。

【本章重要概念】

对外承包工程、收入与合同成本核算、内部往来、总分包往来的会计处理、保函、建造—交付等工程项目

【复习思考题】

1. 对外承包工程合同关系方有哪些？
2. 合同收入的内容有哪些？
3. 合同变更、索赔款、奖励款确认收入的标准分别是什么？
4. 什么是投标保函、履约保函、预付款保函、质保金保函？

【练习题】

一、单项选择题

1. 总公司向境外子公司、项目组拨付流动资金时的内部往来总公司账务处理应是（　　）。
    A. 借：银行存款
    　　贷：其他应收款——内部往来——总公司（拨付流动资金）
    B. 借：原材料等——××材料
    　　贷：其他应收款——内部往来——总公司（转来材料款）
    C. 借：其他应收款——内部往来——××子公司、项目组（拨付流动资金）
    　　贷：银行存款
    D. 借：主营业务成本——内部结算成本——结转材料实际成本
    　　贷：原材料等

2. 某企业承包一工程预计总成本 2 400 万美元，合同总收入 2 800 万美元，工期 3 年。第 1 年项目成本 480 万美元，第 2 年累计项目成本 1 560 万美元，第 3 年累计项目成本 2 400 万美元。第 3 年确认的收入为（　　）万美元。
    A. 980　　　　B. 1 260　　　　C. 490　　　　D. 560

3. 企业与所属内部独立核算单位，如境内外子公司、分公司、办事处及项目组的往来款项，所属境内外独立核算单位之间往来款项可设置（　　）科目。
    A. 其他应收款　　B. 内部核算　　C. 银行存款　　D. 内部往来

4. （　　）工程师根据项目发起人通过与投资者签订合同，由投资者负责项目的融资、建设，并在规定时限内将竣工后的项目移交项目发起人，项目发起人根据事先签订的回购协议分期向投资者支付项目总投资及确定的回报。
    A. BOOT　　　B. BT　　　C. 出口信贷项目　　D. BOT

二、多项选择题

1. 保函的类型包括（　　）。
    A. 投标保函　　B. 履约保函　　C. 预付款保函　　D. 质保金保函

2. 对外承包工程合同价款的签订，主要的两种方式有（　　）。
    A. 固定造价合同　　B. 建设工程合同　　C. 履约合同　　D. 成本加成合同

3. 因合同变更而增加的收入，应在同时具备（　　）条件时予以确认。
    A. 发包商能够认可因变更而增加的收入，而承包商已取得监理工程师签发的变更令
    B. 根据谈判情况，预计发包商能够同意该项索赔
    C. 收入能够可靠地计量
    D. 根据目前合同完成情况，足以判断工程进度和工程质量能够达到或超过的标准

4. 保函中委托人的权责有（　　）。

A. 在担保人按照保函规定向受益人付款后，立即偿还担保人垫付的款项
B. 负担保函项下一切费用及利息
C. 担保人如果认为需要时，应预支部分或全部押金
D. 保函一经开出就有责任按照保函承诺条件，合理审慎地审核提交的包括索赔书在内的所有单据，向受益人付款

三、判断题

1. 固定造价合同有工程价款在签订合同时固定和按固定价格单价确定工程价款两种。（　　）
2. 因合同变更、索赔、奖励等形成的收入，构成双方已商订的合同总金额。（　　）
3. 因奖励而形成的收入在根据目前合同完成情况，足以判断工程进度和工程质量能够达到或超过的标准的情况下就能予以确认。（　　）
4. BOT 项目收入的确认不能应用建造合同会计准则的规定，它不同于一般对外承包工程项目收入的确认原则。（　　）

四、业务题

假设某企业与发包方签订一承包工程合同，合同价款为 1 000 万美元，工期 3 年。合同签订后，发包方预付工程料款 100 万美元，约定在第 1 次办理工程价款结算时扣抵。工程价款分 3 次在每年年初结算，第 1 次结算 300 万美元，第 2 次结算 300 万美元，第 3 次结算 400 万美元。项目预算成本 800 万美元，预计利润 200 万美元。第 1 年实际发生工程成本 300 万美元，第 2 年实际发生工程成本 260 万美元，第 3 年实际发生工程成本 240 万美元。完工进度按累计发生的项目成本占项目预计总成本的比例计算。

要求：编制相关会计分录。

第十章　对外劳务合作核算

【章首导言】
　　随着对外承包工程的发展，我国对外劳务合作已初步形成了行业种类齐全、低中高级劳务完备的劳务输出格局。本章主要包括三个方面的内容，即：对外劳务合作概述、对外劳务合作收入的会计处理和对外劳务合作成本的会计处理。

【学习目标】
　　1. 了解对外劳务合作的基本概念；
　　2. 掌握对外劳务合作收入的确认及会计处理；
　　3. 掌握对外劳务合作成本的会计处理。

第一节　对外劳务合作业务概述

一、对外劳务合作业务概述

　　对外劳务合作是指取得对外劳务合作经营资格的我国企业，为境外企业提供海员、渔工等生产人员，厨师、服务员等从事第三产业人员，以及从事勘察设计、医疗卫生、咨询等高级技术服务人员。对外劳务合作既有成建制派遣的，也有零星派遣的，合作模式多种多样，派出时间有长有短。劳务报酬有的按派出人员出工天数和约定每天报酬单价计酬；有的按项目计算劳务报酬；有的商定每月劳务报酬，按月结算收入。无论哪种形式，经营企业与境外雇主应签订《对外劳务合作合同》。根据《对外劳务合作合同》，企业应同时与派出人员签订《外派劳务合作合同》。劳务人员出境后，经营企业须协助其与雇主签订《雇佣合同》，这些合同的主要内容包括劳务人员工种、境外工作期限、作业时间、要求、报酬、报酬结算时间以及劳动保险等各方面的责任。《雇佣合同》中还应明确雇主应承担境外管理责任，以及妥善处理劳务纠纷或突发事件。

二、对外劳务合作会计科目

根据《企业会计准则第 14 号——收入》，对外劳务合作的会计处理，可以设置以下会计科目：

（一）劳务成本

"劳务成本"科目核算对外提供劳务发生的成本。发生的各项劳务成本，借记本科目，贷记"银行存款""应付职工薪酬""原材料"等科目。结转完成劳务的成本，借记"主营业务成本"科目，贷记本科目，本科目期末借方余额，反映尚未完成劳务的成本或尚未结转的劳务成本，可列在资产负债表"其他流动资产"项下反映。本科目按劳务合作项目设置明细账。

（二）预收账款

"预收账款"科目核算预收雇主交来的合同款。收到预付款时，借记"银行存款"科目，贷记本科目。在合同规定合同款结算日期，借记本科目，贷记"主营业务收入"科目。余额反映尚未结转的预收合同款。不单独设置预收账款的单位，预收账款可在"应收账款"科目核算。本科目按雇主设置明细账。

（三）应收账款

"应收账款"科目核算按完工百分比确认收入和收到雇主的合同款。确认收入时借记"预收账款""应收账款"等科目，贷记"主营业务收入"科目。收到合同款时，借记"银行存款"等科目，贷记本科目。期末余额反映已确认收入但尚未收到的合同款。本科目按照雇主设置明细账。

（四）主营业务收入

"主营业务收入"科目核算资产负债表日确认的劳务合作项目收入。当期确认的收入记入本科目的贷方，期末将本科目的余额转入"本年利润"科目。本科目设置劳务合作收入明细科目，按项目进行明细核算。

（五）主营业务成本

"主营业务成本"科目核算结转当期确认的劳务合作项目成本，结转当期确认的项目成本，记入本科目的贷方，期末将本科目的余额转入"本年利润"科目。本科目设置劳务合作成本明细科目，按项目进行明细核算。

当期确认项目收入和成本时，其账务处理如下。

借：预收账款——××单位（××项目）
　　应收账款——××单位（××项目）

贷：主营业务收入——劳务合作收入——××项目
　借：主营业务成本——劳务合作成本——××项目
　　贷：劳务成本——××项目

第二节　对外劳务合作业务收入处理

一、对外劳务合作收入的确认

按照《企业会计准则第 14 号——收入》的规定：

1. 当企业与客户之间的合同同时满足下列条件时，企业应当在客户取得相关商品控制权时确认收入。

（1）合同各方已批准该合同并承诺将履行各自义务；

（2）该合同明确了合同各方与所转让商品或提供劳务相关的权利和义务；

（3）该合同有明确的与所转让商品相关的支付条款；

（4）该合同具有商业实质，即履行该合同将改变企业未来现金流量的风险、时间分布或金额；

（5）企业因向客户转让商品而有权取得的对价很可能收回。

【提示】与客户之间的合同的存在是收入确认的前提，不存在与客户合同的情况下，生产或提供服务仅是生产过程。

2. 对于不符合本准则第五条规定的合同，企业只有在不再负有向客户转让商品的剩余义务，且已向客户收取的对价无须退回时，才能将已收取的对价确认为收入；否则，应当将已收取的对价作为负债进行会计处理。没有商业实质的非货币性资产交换，不确认收入。

3. 企业应当在履行了合同中的履约义务，即在客户获得了服务时确认收入。企业将商品的控制权转移给客户或者向对客户提供劳务时，先判断履约义务是否满足在某一时段内履行的条件，如不满足，则该履约义务属于在某一时点履行的履约义务。

（1）对于在某一时段内履行的履约义务，企业应当在该段时间内按照履约进度确认收入，但是，履约进度不能合理确定的除外。企业应当考虑商品的性质，采用产出法或投入法确定恰当的履约进度。

其中产出法是指企业应根据已转移给客户的商品对于客户的价值确定履约进度，主要包括：按照实际测量的完工进度、评估已实现的结果、已达到的里程碑、时间进度、已完工或交付的产品等产出指标确定履约进度。

（2）对于在某一时点履行的履约义务，企业应当在客户取得相关商品控制权时点确认收入，即只有当客户获得主导该商品的使用并从中获得几乎全部剩余利益的现时权利时企业才能确认收入。

二、履约进度的确定方法

(一) 产出法——按照已转移给客户的商品对于客户的价值确定履约进度

履约进度 = (已完工合同工作量 ÷ 合同预计总工作量) × 100%

已经确认合同收入 = 履约进度 × 合同总收入

本期确认的合同收入 = 累计确认合同收入 − 前期已确认合同收入

【例 10 − 1】某企业为境外雇主进行专项设计,预计 3 年完成,合同款为 1 000 万美元,根据专业测定第 1 年完成工作量的 30%,第 2 年完成工作量的 50%,第 3 年完成工作量的 20%。

第 1 年履约进度 = 30%

第 1 年确认合同收入 = 1 000 × 30% = 300 (万美元)

第 2 年累计履约进度 = 30% + 50% = 80%

第 2 年确认合同收入 = (1 000 × 80%) − 300 = 500 (万美元)

第 3 年累计履约进度 = 30% + 50% + 20% = 100%

第 3 年确认合同收入 = (1 000 × 100%) − (300 + 500) = 200 (万美元)

(二) 投入法——根据企业为履行履约义务的投入确定履约进度

投入法是指采用投入的材料数量、花费的人工工时或机器工时、发生的成本和时间进度等投入指标确定履约进度。

履约进度 = (已提供劳务成本 ÷ 应提供劳务总成本) × 100%

已经确认的合同收入 = 履约进度 × 合同总收入

本期确认的合同收入 = 累计确认合同收入 − 前期已确认合同收入

【例 10 − 2】某企业签订一劳务合同,该合同规定应为雇主在两年内提供服务 1 500 个工作日,合同总收入为 300 万美元,第 1 年完成 800 个工作日,第 2 年完成 700 个工作日。

第 1 年履约进度 = (800 ÷ 1 500) × 100% = 53.3%

第 1 年确认合同收入 = 53.30% × 300 = 160 (万美元)

第 2 年累计履约进度 = (1 500 ÷ 1 500) × 100% = 100%

第 2 年确认合同收入 = (100% × 300) − 160 = 140 (万美元)

按照已经发生的成本占预计总成本的比例确定。

履约进度 = (已发生的成本 ÷ 合同预计总成本) × 100%

已经确认的合同收入 = 履约进度 × 合同总收入

本期确认的合同收入 = 累计确认合同收入 − 前期已确定合同收入

【例 10 − 3】某企业承接一劳务合作合同,合同期 3 年,合同总收入 2 000 万美元,预计总成本 1 500 万美元,第 1 年发生成本 400 万美元,第 2 年发生成本

500 万美元,第 3 年发生成本 600 万美元。

第 1 年履约进度 = (400÷1 500)×100% = 26.70%

第 1 年确认合同收入 = 2 000×26.70% = 534(万美元)

第 2 年累计履约进度 = [(400+500)÷1 500)]×100% = 60%

第 2 年确认合同收入 = (2 000×60%) − 534 = 666(万美元)

第 3 年累计履约进度 = [(400+500+600)÷1 500)]×100 = 100%

第 3 年确认合同收入 = (2 000×100%) − (534+666) = 800(万美元)

三、提供劳务交易结果不能可靠估计情况下,收入和成本的确认

不能合理确定时应在资产负债表日分别下列情况处理:

(1) 已经发生的劳务成本预计能够得到补偿的,应当按照已经发生的劳务成本金额确认提供劳务收入,并按相同金额结转劳动成本。在这种情况下,企业应按已经发生的劳务成本金额,借记"应收账款""预收账款"等科目,贷记"主营业务收入"科目;同时借记"主营业务成本"科目,贷记"劳务成本"科目。

(2) 已经发生的劳务成本预计只能部分得到补偿的,应当按照能够得到补偿的劳务成本金额确认提供劳务收入,并按已经发生的劳务成本结转劳务成本。在这种情况下,企业应按能够得到补偿的劳务成本金额,借记"应收账款""预收账款"等科目,贷记"主营业务收入"科目;同时借记"主营业务成本"科目,贷记"劳务成本"科目。

(3) 已经发生的劳务成本预计全部不能得到补偿的,应当将已经发生的劳务成本计入当期损益,不确认提供劳务收入。在这种情况下,企业应按已经发生的劳务成本金额,借记"主营业务成本"科目,贷记"劳务成本"科目。

四、对外劳务合作收入会计处理

下面举例说明对外劳务合作收入会计处理。

【例 10-4】A 企业向境外 B 企业提供厨师 10 人,议定服务时间从 20×8 年 7 月 1 日至 20×9 年 6 月 30 日。服务期间由 B 企业支付 A 企业每人每月服务费 8 000 美元。服务期间劳务人员的食宿由雇主负责。对外劳务合作合同签订总收入为 96 万美元,预付合同款 4 万美元,其余在合同完成后支付,预计项目总成本 80 万美元。第 1 年实际发生成本 38 万美元,第 2 年实际发生成本 42 万美元。

20×8 年 7 月 1 日收到预付合同款。

借:银行存款	40 000
贷:预收账款——B 企业	40 000

20×8 年 7 月 1 日至 20×8 年 12 月 31 日支出各项费用。

借:劳务成本——××项目成本	380 000
贷:银行存款及有关科目	380 000

20×8年12月31日确认项目收入（按已经发生的成本占预计总成本比例）。

20×8年12月31日止，已发生成本380 000美元，占项目预计总成本800 000美元的47.50%。因此应确认收入为456 000美元（960 000×47.50%），其会计处理如下。

借：预收账款——B企业　　　　　　　　　　　　　　　40 000
　　应收账款——B企业　　　　　　　　　　　　　　　416 000
　　　贷：主营业务收入——劳务合作收入××项目　　　　456 000

20×8年12月31日结转项目成本。

借：主营业务成本——劳务合作成本——××项目　　　380 000
　　　贷：劳务成本——××项目　　　　　　　　　　　380 000

20×8年12月31日将主营业务收入、主营业务成本转入"本年利润"科目。

借：主营业务收入——劳务合作收入　　　　　　　　　456 000
　　　贷：本年利润　　　　　　　　　　　　　　　　456 000
借：本年利润　　　　　　　　　　　　　　　　　　　380 000
　　　贷：主营业务成本——劳务合作成本　　　　　　380 000

20×9年1月1日至20×9年6月30日支出各项费用。

借：劳务成本——××项目　　　　　　　　　　　　　420 000
　　　贷：银行存款及有关科目　　　　　　　　　　　420 000

20×9年6月30日确认收入并开出结算账单（20×9年6月30日止累计发生成本80万美元占预计总成本的100%，应确认收入96万美元，上期已确认456 000美元，本期应确认504 000美元）。

借：应收账款——B企业　　　　　　　　　　　　　　504 000
　　　贷：主营业务收入——劳务合作收入——××项目　504 000

20×9年6月30日结转成本。

借：主营业务成本——劳务合作成本——××项目　　　420 000
　　　贷：劳务成本——××项目　　　　　　　　　　　420 000

20×9年7月15日收到项目合同余款。

借：银行存款　　　　　　　　　　　　　　　　　　　920 000
　　　贷：应收账款——B企业　　　　　　　　　　　　920 000

【例10-5】如果〖例10-4〗按已提供劳务占应提供劳务总量的比例确认收入，该项目总收入为96万美元，第1年成本支出38万美元，第2年成本支出42万美元。按照劳务合作合同应提供劳务总量为2.40万个工作日，第1年实际提供1.10万个工作日，第2年提供1.30万个工作日，其他条件不变。

20×8年7月1日收到预付合同款。

借：银行存款　　　　　　　　　　　　　　　　　　　40 000
　　　贷：预收账款——B企业（预付合同款）　　　　　40 000

20×8年7月1日至20×8年12月31日支出各项费用。

借：劳务成本——××项目成本　　　　　　　　　　　380 000

贷：银行存款及有关科目　　　　　　　　　　　　　　　380 000

20×8年12月31日按已提供劳务占应提供劳务总量的比例确认收入。20×8年已提供劳务1.10万个工作日占应提供劳务总量2.40万个工作日的45.80%，应确认收入为44万美元（96×45.80%）。

　　借：预收账款——B企业　　　　　　　　　　　　　　　 40 000
　　　　应收账款——B企业　　　　　　　　　　　　　　　400 000
　　　　贷：主营业务收入——劳务合作收入——××项目　　440 000

20×8年12月31日确认成本，项目预计总成本为80万美元，本期确认完成项目的45.80%，结转成本36.60万美元（80×45.80%）。

　　借：主营业务成本——劳务合作成本——××项目　　　 366 000
　　　　贷：劳务成本——××项目　　　　　　　　　　　　366 000

20×8年12月31日将"主营业务收入""主营业务成本"转入"本年利润"。期末"劳务成本"科目余额1.40万美元，可列在资产负债表"其他流动资产"项下。

20×9年1月1日至20×9年6月30日支出各项费用。

　　借：劳务成本——××项目　　　　　　　　　　　　　 420 000
　　　　贷：银行存款及有关科目　　　　　　　　　　　　　420 000

20×9年6月30日按已提供劳务占应提供劳务总量比例确认收入，并开出结算账单，第2年累计已完成应提供劳务总量的100%，累计应确认收入96万美元，第1年已确认44万美元，本年应确认52万美元。

　　借：应收账款——B企业　　　　　　　　　　　　　　　520 000
　　　　贷：主营业务收入——劳务合作收入——××项目　　520 000

20×9年6月30日结转成本（累计已发生成本800 000－上期结转366 000），本期应结转434 000美元。

　　借：主营业务成本——劳务合作成本——××项目　　　 434 000
　　　　贷：劳务成本——××项目　　　　　　　　　　　　434 000

"劳务成本"科目期初余额1.40万美元，本期发生42万美元，结转成本43.40万美元，期末无余额。

20×9年7月15日收到项目合同余款。

　　借：银行存款　　　　　　　　　　　　　　　　　　　 920 000
　　　　贷：应收账款——B企业　　　　　　　　　　　　　920 000

第三节　对外劳务合作业务成本处理

一、成本项目

对外劳务合作的成本项目一般只设人员费用、其他直接费用和间接费用3

项。如果项目需用较多材料，可增设材料费用项目。

人员费用是指派出劳务人员应付的境内外工资、奖金、加班费等，以及支付出国人员的培训费、体检费，按对外合同规定应由我方支付的境内外差旅费、保险费。如果派人单位负责劳务人员的境内工资等费用，一般由派出单位支付给派人单位一定的包干费。

其他直接费用包括派出劳务人员使用的工具、用具使用费，以及派出单位支付给派人单位为管理劳务人员在境内一些工作的管理费。劳务人员使用的工具、用具一般采用一次摊销法。

材料费用是指劳务合作项目使用的材料。

间接费用是指项目管理人员的工资、差旅费、办公费等。

二、成本核算对象

对外劳务合作项目一般以单个对外合同为成本核算对象。

三、对外劳务合作成本的会计处理

（一）人员费会计处理

人员费可以按用途进行明细核算。

1. 支付劳务人员境内或境外工资性支出。

借：劳务成本——××项目——人员费——境内或境外工资
    贷：银行存款或应付职工薪酬

2. 支付劳务人员境内差旅费。

借：劳务成本——××项目——人员费——差旅费
    贷：银行存款

3. 支付派人单位包干费。

借：劳务成本——××项目——人员费——××单位包干费
    贷：银行存款

（二）材料费会计处理

领用材料时：

借：劳务成本——××项目——材料费
    贷：原材料

（三）其他直接费的核算

1. 劳务人员使用的工具、用具。

借：劳务成本——××项目——其他直接费——工具、用具费

贷：周转材料

2. 支付派人单位管理费。

借：劳务成本——××项目——其他直接费——派人单位管理费
　　贷：银行存款

（四）管理费的核算

支付项目管理人员工资、差旅费、办公费等。

借：劳务成本——××项目——管理费
　　贷：银行存款

【本章重要概念】

对外劳务合作、劳务成本、预收账款、应收账款、主营业务收入、主营业务成本

【复习思考题】

1. 对外劳务合作的概念及内容是什么？
2. 对外劳务合作收入的确认条件有哪些？

【练习题】

一、单项选择题

1. 当已发生的劳务成本预计全部不能得到补偿时，应（　　）。
   A. 借记"应收账款"科目，贷记"主营业务收入"科目
   B. 借记"主营业务收入"科目，贷记"劳务成本"科目
   C. 借记"预收账款"科目，贷记"主营业务收入"科目
   D. 借记"劳务成本"科目，贷记"主营业务收入"科目
2. 对外劳务合同的成本项目中的其他直接费用指（　　）。
   A. 派出劳务人员应付的境内外工资、奖金、加班费等，以及支付出国人员的培训费、体检费，按对外合同规定应由我方支付的境内外差旅费、保险费
   B. 派出劳务人员使用的工具、用具使用费，以及派出单位支付给派人单位为管理劳务人员在境内一些工作的管理费
   C. 劳务合作项目使用的材料
   D. 项目管理人员的工资、差旅费、办公费等

二、多项选择题

1. 下列关于国际劳务合作的说法中正确的有（　　）。
   A. 国际劳务合作又称劳务或劳动力输出
   B. 国际劳务合作实际上是一种劳动力要素在国际上的重新组合配置
   C. 国际劳务合作等同于国际服务贸易
   D. 国际劳务合作是内涵广泛的国际服务贸易的一部分

E. 国际劳务合作等同于劳动力在国际上的简单转移

2. 提供劳务交易结果能够可靠估计,是指同时满足的条件有（　　）。
A. 收入金额能够可靠地计量
B. 相关经济利益很可能流入企业
C. 交易完工进度能够可靠地确定
D. 交易中心已发生和将发生的成本能够可靠地计量

3. 对外劳务合作的成本项目一般设置的项目有（　　）。
A. 人员费用　　　　　　　　　　B. 其他直接费用
C. 间接费用　　　　　　　　　　D. 研发费用

4. 对外劳务合作的人员包括（　　）。
A. 第三产业人员　　　　　　　　B. 生产人员
C. 第二产业人员　　　　　　　　D. 高级技术服务人员

三、判断题

1. 对外劳务合作只有成建制派遣。（　　）
2. 已经发生的劳务成本预计能够得到补偿,应当按照已经发生的劳务成本金额确认提供劳务收入,并按相同金额结转劳动成本。（　　）
3. 对外劳务合作项目一般以单个对外合同为成本核算对象。（　　）

四、业务题

1. ××企业向境外Z企业提供医疗卫生人员10人,服务时间从2×18年1月1日至2×19年12月31日。Z企业共需支付××企业服务费金额为240万美元,且在人员派出前预付给××企业10%的款项,余款于合同期满后支付。对于此批劳务派遣,××企业预计发生总成本200万美元,第1年实际发生120万美元,对于此批劳务派遣,第2年实际发生80万美元。

要求：
（1）计算××企业2×18年度和2×19年度对外劳务合作收入的完工百分比；
（2）计算××企业2×18年度和2×19年度应确认的劳务合作收入和劳务合作成本；
（3）编制相关会计分录。

2. ××企业于2×19年1月20日接受境外Z企业委托,为其培训一批学员,训期2个月,2×19年2月1日开学。协议约定,Z企业应向××企业支付的培训费金额为100万美元,分2次等额支付,第1次在开学时支付,第2次在培训结束时支付。

2×19年2月1日,Z企业预付第1次培训费。至2×19年2月28日,××企业发生培训成本50万美元（假定均为培训人员工资）。2×19年3月1日,××企业得知Z企业经营发生困难,第2次培训费难以收回。

要求：
（1）请根据题意编制相关的会计分录；
（2）如果至2×19年2月28日,××企业发生培训成本80万美元,其他条件不变,请编制相关的会计分录。

3. ××企业于2×18年12月1日与境外Z企业签订合同,为Z企业定制一套软件,工期大约2个月,合同总收入100万美元。至2×18年12月31日,××企业已发生成本30万元（假定均为开发人员工资）,预收账款40万美元。××企业预计开发该软件还将发生成本40万美元。2×18年12月31日,经专业测量师测量,该软件的完工进度为40%。

要求：请根据题意编制相关的会计分录。

第十一章 对外援助核算

【章首导言】
　　我国对外经济技术援助是通过向受援国家提供贷款或无偿援助等方式实现的。基本做法是根据受援国提出的要求和我国的实际情况，通过政府间协商，签订经济技术合作协定，作为两国之间合作的法律基础。
　　改革开放前，我国主要对亚非拉等第三世界国家提供成套项目的援助。改革开放后，我国援外工作进行了调整和改革，使援外方式更加灵活，援外项目更加务实，提高了成套项目和技术援助的比重。

【学习目标】
1. 了解对外援助概念和援助的主要方式；
2. 掌握一般物资援助项目收入、成本的账务处理方法；
3. 掌握成套援助项目收入、成本的账务处理方法；
4. 掌握培训援助项目收入、成本的账务处理方法；
5. 掌握对外经济技术合作援助项目收入、成本的账务处理方法。

第一节　对外援助概述

　　本章主要阐述对外援助概念、主要方式及每种方式收入、成本费用的确认方法和具体会计核算。对外援助主要方式包括一般物资援助、成套项目援助、培训项目援助、经济技术合作援助。

一、一般物资援助

　　一般物资援助分为实报实销制和承包合同制两种结算方式，两种方式收入确认的金额不同，在确认成本费用时需严格按照各项费用的定义划分。
　　一般物资援助是指我国向受援国提供一般民用物资。一般物资援助按内部结算方式可分为实报实销制和承包合同制。实报实销制适用于紧急情况、金额较小的一般物资援助。承包合同制通过招（议）标方式择优选择承办单位，由商务主管部门与承办单位签订承包合同。

二、成套项目援助

成套项目援助是按照《企业会计准则第 14 号——收入》的规定设置的会计科目，按照合同履约进度确认收入和成本，确定合同履约进度可以选用下列方法：已经实际发生的合同成本占合同预计总成本的比例、已经提供的劳务占应提供的劳务总量的比例；已完成工作的计量。

成套项目是指我国政府向受援国政府提供的无偿援助、无息或低息贷款以及其他援助资金项下由政府择优选定的实施企业进行考察、勘察、设计，提供设备材料并派遣工程技术人员，组织或指导施工、安装和试生产全过程或其中部分阶段的各类工程项目。在项目选择上，根据受援国需要和我国实际情况，以经济效益好、投资少、见效快、社会效益佳的项目为主。成套项目的实施遵循先考察后立项，先勘察设计后施工的基本程序。成套项目的实施实行企业承包制和监理责任制。商务主管部门通过招标或议标方式选定成套项目的实施主体单位。成套项目实施主体单位除施工企业外，还包括考察企业、勘察设计企业和工程监理企业。以上企业必须具备相应的技术资质和商务主管部门规定的资格条件。考察企业负责成套项目的可行性考察和专业考察，在全面了解和汇集可行性研究所需资料的基础上，分析论证项目建设必要性和经济技术可行性及对环境的影响，向商务主管部门提出项目可行性意见。勘察企业负责按照我国有关技术规范和标准进行工程勘察，并编制勘察报告，设计企业负责按照我国有关技术规范和标准分别在方案设计和初步设计阶段编制投资估算和工程概算。施工企业负责设立项目施工技术组和国内管理组，负责项目施工和管理。工程监理企业对成套项目的实施进行全过程技术经济监督和管理。

三、培训项目援助

培训项目援助是指受主管部门委托承办单位在国内举办的，通过受援国政府官方渠道派出的政府官员和专业技术人员参加的项目。培训项目援助一般实行预算包干和实报实销相结合的结算方式，通过预收、预付款归集收入成本，项目结束时结转至收入成本科目。

四、经济技术合作援助

经济技术合作援助指在我国政府提供的无偿援助、无息或低息贷款和其他专项援助资金项下，根据我国政府与受援国政府签订的经济技术合作换文及协定，向受援国派出技术人员为受援国生产或非生产项目的生产、管理提供咨询、指导或管理。经济技术合作项目包括向受援国提供技术指导、技术合作和技术服务的项目，与受援国合作管理、合作经营的项目等。

第二节 一般物资援助业务处理

一般物资援助项目是指在中国政府提供的无偿援助、无息或低息贷款和其他专项援助资金项下，主要由政府主管部门通过招标（议标）方式确定实施企业，由其承担采购、运送一般性生产、生活物资、技术性产品或单项设备，必要时承担相应安装、调试、操作指导和培训等配套技术服务任务的援助项目。一般物资援助项目由政府主管部门负责管理，承办企业代政府执行物资采购和发运任务，企业在执行任务后与主管部门办理结算。

一、收入的确认和账务处理

（一）对外一般物资援助项目收入的确认

对外一般物资援助按结算方式分实报实销制和承包合同制两种方式。

1. 实报实销制是指承办单位根据商品进价成本、国内外运费、包装费、保管费、保险费等直接费用以及代理手续费、税金、经济技术咨询费、技术服务费等，按实际发生的承办费用据实报销。承办企业发货后，填制内部结算清单并提交各项费用原始单证至主管部门审核结算，并确认收入。

2. 承包合同制是指主管部门通过招标（议标）方式，根据投标单位报价，择优选择承办单位，并与承办单位签订承包合同，按合同支付价款。承办企业发货后，填制内部结算清单并提交各项单证至主管部门审核结算，并确认收入。

（二）对外一般物资援助项目收入的核算

1. 收到预拨资金。
借：银行存款
　　贷：预收账款——××一般物资援助预拨资金
2. 发货并对内结算后，确认收入。
借：预收账款——××一般物资援助预拨资金
　　应收账款——××一般物资援助款
　　贷：主营（其他）业务收入——一般物资援助收入
　　　　应交税费——应交增值税（销项税额）

3. 主管部门审核无误，先拨付核定价款的95%，其余5%待收到经海关验讫的报关单和政府同受援国政府办妥的交接证书或受援国对外结算确认后再予拨付。

借：银行存款
　　贷：应收账款——××一般物资援助款

二、成本的确认和账务处理

（一）对外一般物资援助项目成本费用的确认

成本费用由以下部分组成。

1. 商品进价成本是指承包单位购进一般物资时的进价和购入环节应缴纳的税金。
2. 直接费用。
（1）国内运杂费：指一般物资自采购地至装运口岸的境内运输费、装卸费、港杂费、劳务费等费用。
（2）包装费：指实际发生的运输包装和特殊包装等费用。
（3）保管费：指一般物资自采购地出厂后至交付地各环节发生的仓储等保管费用。
（4）检验检疫费：指商品检验、动植物检疫、药检等费用。
（5）保险费：指一般物资自采购地至两国商定的运抵地所发生的保险费。
（6）国外运费：指一般物资自我国装运口岸至两国商定的运抵地所发生的运费（海运、陆运、空运）。
（7）资金占用成本：以商品进价成本和上述（1）~（6）项直接费用之和为基数，按中国银行同期贷款利率计算。一般情况下资金占用成本按3个月计算。对市场上不能直接供货的商品，按经审核后的实际需要时间计算。已预拨周转资金的部分不计算资金占用成本。
3. 代理手续费，分以下两种情况计算。
（1）以商品进价成本为基数，分档累进计提。
（2）若商品进价成本20万元以下，且货物品质多样、规格繁杂，以货物进价为基数，按固定比例计提。
4. 税金：根据《国家税务总局关于援外出口货物有关税收问题的通知》的有关规定，对一般物资援助项下出口货物，仍实行出口不退税政策，实行实报实销结算的，不征增值税，只对承办企业取得的手续费收入征收营业税（2016年5月全面实施营改增后，征收增值税）；实行承包结算制的，对承办企业以"对内总承包价"为计税依据征收增值税。对利用中国政府的援外优惠贷款和合资合作项目基金方式下出口的货物，比照一般贸易出口，实行出口退税政策。

5. 经济技术咨询费是指请有关单位承担配单、评标等经济技术咨询工作所发生的费用。

6. 技术服务费是指由承办单位提供培训、安装使用等技术服务所发生的费用，包括出国人员费、差旅费、当地雇工费和其他零星材料费。

（二）对外一般物资援助项目成本费用的核算

1. 商品进价成本核算。

(1) 采购商品预付货款。

借：预付账款——××供应商
　　贷：银行存款

(2) 收到全额增值税发票。

借：库存商品（不含税价）
　　应交税费——应交增值税（进项税额）
　　贷：银行存款
　　　　预付账款——××供应商
　　　　应付账款——××供应商（与供应商约定的尾款）

(3) 支付尾款。

借：应付账款——××供应商
　　贷：银行存款

2. 直接费用核算。

借：主营业务成本（其他业务支出）——一般物资援助成本（支出）
　　贷：银行存款

3. 税金核算。

(1) 实报实销制。

借：主营业务成本（其他业务支出）——一般物资援助成本（支出）
　　贷：应交税费——应交增值税（销项税额）（手续费收入×增值税适用税率）

(2) 承包责任制。

借：主营业务成本（其他业务支出）——一般物资援助成本（支出）
　　贷：应交税费——应交增值税（销项税额）（对内总承包价×增值税适用税率）

4. 经济技术咨询、技术服务费核算。

借：主营业务成本（其他业务支出）——一般物资援助成本（支出）
　　贷：银行存款

5. 一般物资援助确认收入后结转成本。

借：主营业务成本（其他业务支出）——一般物资援助成本（支出）
　　贷：库存商品或相关科目（不含税价）

【例 11-1】A 公司承办中国政府向某国无偿援助一批零配件的一般物资援

助项目。20×9年2月1日与主管部门签订了承包合同,总承包价2 000万元人民币。2月15日,主管部门预拨A公司500万元资金。2月20日,A公司向B公司采购援助清单上的零配件,采购合同总价1 800万元(含税),并先预付货款500万元。3月31日,B公司运送全部零配件至A公司仓库,并提供了全额增值税专用发票(假设零配件增值税税率13%),A公司扣除尾款100万元后将货款1 200万元支付给B公司。4月1日至10日,A公司组织发运,共支付包装、运输、装卸、港杂、保险等费用100万元。4月20日,A公司准备好各项原始单据与主管部门结算。4月30日,主管部门审核无误后拨付价款的95%,即1 900万元(扣除预拨款500万元,实际拨付1 400万元)。6月1日,两国政府办妥交接证书后,主管部门拨付5%余款100万元。6月2日,A公司向B公司支付尾款100万元。A公司账务处理如下。

(1) 2月15日收到预拨款。

借:银行存款　　　　　　　　　　　　　　　　5 000 000
　　贷:预收账款——××国零配件一般物资援助预拨资金　5 000 000

(2) 2月20日预付B公司货款。

借:预付账款——B公司　　　　　　　　　　　　5 000 000
　　贷:银行存款　　　　　　　　　　　　　　　5 000 000

(3) 3月31日取得发票,支付货款。

借:库存商品　　　　　　　　　　　　　　　　15 929 203.54
　　应交税费——应交增值税(进项税额)　　　　2 070 796.46
　　贷:银行存款　　　　　　　　　　　　　　　12 000 000
　　　　预付账款——B公司　　　　　　　　　　5 000 000
　　　　应付账款——B公司　　　　　　　　　　1 000 000

(4) 4月1日至10日支付各项直接费用。

借:主营业务成本——一般物资援助成本　　　　　1 000 000
　　贷:银行存款　　　　　　　　　　　　　　　1 000 000

(5) 4月20日与主管部门结算。

借:预收账款——××国零配件一般物资援助预拨资金　5 000 000
　　应收账款——××国零配件一般物资援助款　　15 000 000
　　贷:主营业务收入——一般物资援助收入　　　17 699 115.04
　　　　应交税费——应交增值税(销项税额)　　　2 300 884.96

结转成本:

借:主营业务成本——一般物资援助成本　　　　　15 929 203.54
　　贷:库存商品　　　　　　　　　　　　　　　15 929 203.54

(6) 4月30日收到主管部门拨款。

借:银行存款　　　　　　　　　　　　　　　　14 000 000
　　贷:应收账款——××国零配件一般物资援助款　14 000 000

(7) 6月1日收到主管部门拨付余款。

借：银行存款　　　　　　　　　　　　　　　　1 000 000
　　贷：应收账款——××国零配件一般物资援助款　1 000 000

(8) 6月2日向B公司支付尾款。

借：应付账款——B公司　　　　　　　　　　　1 000 000
　　贷：银行存款　　　　　　　　　　　　　　　1 000 000

第三节　成套援助项目业务处理

对外援助成套项目（以下简称成套项目）是指在中国政府向受援国政府提供的无偿援助、无息贷款或低息贷款及其他援助资金下，由政府主管部门择优审定的实施企业进行考察、勘察、设计，提供设备材料并派遣工程技术人员，组织或指导施工、安装和试生产全过程或其中部分阶段的各类工程项目。

施工企业应当设立项目施工技术组和国内管理组负责项目施工和管理，设置会计人员分别对项目在国内和项目所在国收支进行核算，对项目所在国的收支核算应以人民币为记账本位币。

一、会计科目设置

成套项目属于建造承包商建造工程的范畴，会计科目可以参照《企业会计准则第14号——收入》的规定，并根据对外援助工程项目的特点来设置。常用科目设置如下：

1. 合同履约成本。"合同履约成本"科目核算企业实际发生的合同成本和合同毛利，分别"合同成本""合同毛利"进行明细核算。企业可以按照费用类别设置"合同成本"的明细科目进行核算，既核算项目发生的直接材料费、直接设备费、直接人工费等直接费用，也核算为项目发生的施工机械费、储运费、管理费用等间接费用。"合同毛利"核算项目毛利。

2. 合同结算。"合同结算"科目核算已向主管部门开出承包合同价款结算账单办理结算的金额，是"合同履约成本"科目的备抵科目，应当按照成套项目名称进行明细核算，期末贷方余额反映企业尚未完工项目已办理结算的累计金额。

项目未完工期间，年末"合同履约成本"科目余额与"合同结算"科目余额的差额列入资产负债表存货项下已完工未结算款。项目完工后，"合同履约成本"科目余额与"合同结算"科目余额对冲后结平。

3. 主营业务收入。"主营业务收入"科目核算资产负债表日按履约进度确认的项目收入。

4. 主营业务成本。"主营业务成本"科目核算资产负债表日按履约进度确认的项目成本。

二、合同履约进度

成套项目的承包合同是建造工程合同,适用《企业会计准则第 14 号——收入》规定的建造合同收入和成本确认原则,应采用履约进度法确认收入和成本。
1. 累计实际发生的合同成本占合同预计总成本的比例(投入法)。
累计实际发生的合同成本不包括下列内容:
(1)施工中尚未安装或使用的材料成本等与合同未来活动相关的合同成本;
(2)在分包工程的工作量完成之前预付给分包单位的款项。
2. 已经完成的合同工作量占合同预计总工作量的比例。
3. 实际测定的成套项目合同履约进度(产出法)。

企业在资产负债表日,应当按照合同总收入乘以完工百分比扣除以前会计期间累计已确认收入后的金额,确认为当期合同收入;同时,按照合同预计总成本乘以完工百分比扣除以前会计期间累计已确认成本后的金额,确认为当期合同成本。

当期完成的建造合同,应当按照实际合同总收入扣除以前会计期间累计已确认收入后的金额,确认为当期合同收入;同时,按照累计实际发生的合同成本扣除以前会计期间累计已确认成本后的金额,确认为当期合同成本。

在成套项目未开工或实施过程中,如果合同的预计总成本超过总收入,则应当确认预计损失。

三、项目收入账务处理

1. 成套项目承包合同签订后或者实施过程中,企业根据承包合同规定的时间或工程进度向主管部门开出承包合同价款结算账单,收到主管部门拨付工程款。
借:银行存款
　　贷:预收账款
2. 资产负债表日,企业按项目履约进度确认收入。
借:预收账款
　　贷:合同结算——成套项目

四、项目成本账务处理

成套项目如果是规模较小、工期较短的项目,企业可以每一个合同作为成本核算对象;项目如果是规模较大、工期较长的项目,可以项目的单位工程作为成本核算对象。

"合同履约成本"科目核算项目耗用的一切费用,按成本核算对象和成本项目进行归集、分类。成本项目包括以下内容。

1. 材料费。材料费指用于项目施工的各种建筑安装材料、周转材料、结构件、辅助材料等的实际采购成本。采购单一品种材料发生的运杂费可以列入材料费。

根据材料耗用明细表按成本核算对象进行分类：

借：合同履约成本——项目成本核算对象——材料费
　　贷：原材料等有关科目

2. 设备费。设备费指用于项目按照或根据合同规定向受援国政府提供的各种设备购入价款。采购单一规格型号设备发生的运杂费可以列入设备费进行核算。

设备采购完后，安装交付：

借：合同履约成本——项目成本核算对象——设备费
　　贷：银行存款等有关科目

3. 储运费。储运费指不能直接计入材料、设备费的采购成本，其中包括：

（1）国内运杂费：指中国境内发生的仓储费、包装费、口岸费、商检费及其他运杂费。

（2）国际运杂费：指从中国采购的材料设备的国际海洋运保费。从第三国采购的材料设备以到岸价格核算材料设备成本。

（3）当地运杂费：指在受援国发生的口岸费、陆路运输费、二次搬运费等。

实际发生储运费用时：

借：合同履约成本——项目成本核算对象——储运费
　　贷：银行存款等有关科目

4. 人工费。人工费包括中方人工费和当地人工费。

中方人工费指直接从事项目施工和管理的中方人员发生的各项国内外费用，包括国内转出费用（出国人员的国内差旅费、人身保险费、签证费等）、国际旅费、国外工资、奖金及其他费用。

当地人工费指项目因工程需要雇用当地工人发生的工资、加班费、招聘解雇费等。

实际发生各项人工费时：

借：合同履约成本——项目成本核算对象——中国人工费
　　　　　　　　　　　　　　　　　——当地人工费
　　贷：银行存款、应付职工薪酬等有关科目

5. 施工机械使用费。施工机械使用费指产权属于我方的、用于工程施工的各种施工机械、设备、运输车辆的折旧费、修理费及租赁施工机械的租赁费。

自有设备使用过程中发生的各项费用或租赁施工机械时：

借：合同履约成本——项目成本核算对象——施工机械使用费
　　贷：银行存款等有关科目

期末计提自有设备的折旧费时：

借：合同履约成本——项目成本核算对象——施工机械使用费
　　贷：累计折旧

6. 临时设施费。临时设施费指在施工现场为实施项目而搭建的材料棚、简易库房，为出国人员修建的简易宿舍、食堂等相关支出。

购置各项临时设施时：

借：临时设施
　　贷：银行存款等有关科目

临时设施交付使用，按期摊销：

借：合同履约成本——项目成本核算对象——临时设施费
　　贷：临时设施

临时设施在项目竣工时如有残值收入，冲减项目成本：

借：银行存款等有关科目
　　贷：合同履约成本——项目成本核算对象——临时设施费

7. 其他直接费用。其他直接费用指施工现场发生的水电燃料费、工程保险费，为项目投标、履约、预付款开具的保函费以及为项目发生的其他直接费用。

实际发生时：

借：合同履约成本——项目成本核算对象——其他直接费用
　　贷：银行存款等有关科目

8. 管理费用。管理费用包括国内外为管理项目发生的办公用品费、差旅费、房租水电费、邮电费、劳动保护费、业务招待费、佣金等。

实际发生或分摊管理费用时：

借：合同履约成本——项目成本核算对象——管理费用
　　贷：银行存款、管理费用等有关科目

9. 财务费用。财务费用指银行存款的利息净收支、金融手续费、汇兑损益等。

实际发生或分摊财务费用时：

借：合同履约成本——项目成本核算对象——财务费用
　　贷：银行存款、财务费用等有关科目

10. 独立费。独立费指不属于项目建筑安装工程内容，但又构成成套项目支出的费用，包括项目开工前发生的资审、投标、报价、考察、签约等费用，设计费，项目监理工程师和设计代表现场住宿、交通、办公费等日常支出。

实际发生时：

借：合同履约成本——项目成本核算对象——独立费
　　贷：银行存款等有关科目

五、期末账务处理

资产负债表日，按履约进度确认当期收入与成本：

借：主营业务成本——成套项目成本
　　合同履约成本——合同毛利
　　贷：主营业务收入——经援成套项目收入

如预计项目将出现亏损：
借：资产减值损失
　　贷：合同资产减值准备——经援合同预计损失准备

"合同履约成本"科目余额和"合同结算"科目余额的差额列入资产负债表存货项下已完工未结算款。

项目结束，"工程施工"和"工程结算"科目对冲，余额为零：
借：合同结算——成套项目
　　贷：合同履约成本——项目成本核算对象——材料费等科目
　　　　　　　　　　　——合同毛利

【例11-2】某企业承包中国政府援助某国家一体育场，合同总价款折合人民币10 000万元，其中人民币价款9 242万元，美元价款100万元。计算项目合同的比价规定为1美元=7.58元人民币。该项目工期2年，20×7年7月开工，20×9年6月底完工。合同规定：承包合同生效后并办妥第一次结算手续后的一个月内，结算人民币及美元价款的30%作为工程首付款；在完工进度达到80%后的一个月内，结算人民币价款的60%，结算美元价款的70%；在项目完工并办理内部验收合格后一个月内结算人民币价款的10%。办理美元结算时按结算日中国银行公布的美元卖出价支付购汇人民币限额和相应的配套人民币。

该企业内部预计项目总成本为8 000万元。

(1) 开工前，该企业收到主管部门拨付人民币价款和美元价款的30%，美元按照支付日中国银行公布的美元卖出价1美元=7.40元人民币支付人民币。企业共收到拨付款2 994.60万元人民币（9 242×30%+100×0.3×7.40）。

借：银行存款　　　　　　　　　　　　　　　　29 946 000
　　贷：预收账款　　　　　　　　　　　　　　　　29 946 000

(2) 20×7年工程实际发生材料成本700万元，中方人员工资250万元，当地人工费200万元，海运费150万元，机械使用费100万元。

借：合同履约成本——经援体育场项目——材料费　　7 000 000
　　　　　　　　　　　　　　　　　——中国人工费　2 500 000
　　　　　　　　　　　　　　　　　——当地人工费　2 000 000
　　　　　　　　　　　　　　　　　——储运费　　　1 500 000
　　　　　　　　　　　　　　　　　——机械使用费　1 000 000
　　贷：原材料、银行存款、应付职工薪酬等　　　　14 000 000

(3) 20×7年12月31日，测定当年履约进度为20%。

本年应确认的合同收入=10 000×20%=2 000（万元）
本年应确认的合同成本=8 000×20%=1 600（万元）

本年应确认的合同毛利 = 2 000 − 1 600 = 400（万元）

借：预收账款　　　　　　　　　　　　　　　　　　20 000 000
　　　贷：合同结算　　　　　　　　　　　　　　　　　　20 000 000
借：主营业务成本——经援体育场项目　　　　　　　16 000 000
　　合同履约成本——合同毛利　　　　　　　　　　　4 000 000
　　　贷：主营业务收入——经援体育场项目　　　　　　20 000 000

（4）20×8年工程实际发生材料成本3 500万元，中方人员工资750万元，当地人工费900万元，储运费450万元，机械使用费200万元，项目监理工程师和设计代表现场费用200万元。

借：合同履约成本——经援体育场项目——材料费　　35 000 000
　　　　　　　　　　　　　　　　　　——中国人工费　7 500 000
　　　　　　　　　　　　　　　　　　——当地人工费　9 000 000
　　　　　　　　　　　　　　　　　　——储运费　　　4 500 000
　　　　　　　　　　　　　　　　　　——机械使用费　2 000 000
　　　　　　　　　　　　　　　　　　——独立费　　　2 000 000
　　　贷：原材料、银行存款、应付职工薪酬等　　　　60 000 000

（5）20×8年11月，按履约进度完工进度达到80%后一个月内，主管部门拨付人民币价款的60%，美元价款的70%，美元按照支付日中国银行公布的美元卖出价1美元=7.20元人民币支付人民币。企业共收到工程款6 049.20万元人民币（9 242×60% + 100×0.7×7.20）。

借：银行存款　　　　　　　　　　　　　　　　　　60 492 000
　　　贷：预收账款　　　　　　　　　　　　　　　　　　60 492 000

（6）20×8年12月31日，按履约进度测定本年履约进度为85%。
本年应确认的合同收入 = 10 000×85% − 2 000 = 6 500（万元）
本年应确认的合同成本 = 8 000×85% − 1 600 = 5 200（万元）
本年应确认的合同毛利 = 6 500 − 5 200 = 1 300（万元）

借：预收账款　　　　　　　　　　　　　　　　　　65 000 000
　　　贷：合同结算　　　　　　　　　　　　　　　　　　65 000 000
借：主营业务成本——经援体育场项目　　　　　　　52 000 000
　　合同履约成本——合同毛利　　　　　　　　　　13 000 000
　　　贷：主营业务收入——经援体育场项目　　　　　　65 000 000

（7）20×9年工程实际发生材料成本300万元，中方人员工资250万元，当地人工费50万元，项目监理工程师和设计代表现场费用50万元。

借：合同履约成本——经援体育场项目——材料费　　3 000 000
　　　　　　　　　　　　　　　　　　——中国人工费　2 500 000
　　　　　　　　　　　　　　　　　　——当地人工费　　500 000
　　　　　　　　　　　　　　　　　　——独立费　　　　500 000
　　　贷：原材料、银行存款、应付职工薪酬等　　　　6 500 000

(8) 20×9年4月，项目提前完工，收到主管部门拨付人民币价款的10%工程尾款。

借：银行存款　　　　　　　　　　　　　　　9 242 000
　　贷：预收账款　　　　　　　　　　　　　　9 242 000

(9) 项目结束，办理竣工决算。

本年应确认的合同收入 = 9 968 − 2 000 − 6 500 = 1 468（万元）

本年应确认的合同成本 = 8 050 − 1 600 − 5 200 = 1 250（万元）

本年应确认的合同毛利 = 1 468 − 1 250 = 218（万元）

借：预收账款　　　　　　　　　　　　　　　14 680 000
　　贷：合同结算　　　　　　　　　　　　　　14 680 000
借：主营业务成本——经援体育场项目　　　　12 500 000
　　合同履约成本——合同毛利　　　　　　　 2 180 000
　　贷：主营业务收入——经援体育场项目　　　14 680 000

(10) "合同履约成本"与"合同结算"余额对冲，各科目余额为零。

借：合同结算　　　　　　　　　　　　　　　99 680 000
　　贷：合同履约成本——经援体育场项目——材料费　　45 000 000
　　　　　　　　　　　　　　　　　　　——中国人工费　12 500 000
　　　　　　　　　　　　　　　　　　　——当地人工费　11 500 000
　　　　　　　　　　　　　　　　　　　——储运费　　　 6 000 000
　　　　　　　　　　　　　　　　　　　——机械使用费　 3 000 000
　　　　　　　　　　　　　　　　　　　——独立费　　　 2 500 000
　　　　　　　　　　　　　　　　　　　——合同毛利　　19 180 000

第四节　培训援助项目业务处理

援外培训项目是指政府主管部门委托承办单位在国内举办的，受援国政府官方渠道派出的人员参加的各类培训项目，培训项目由承办单位在国内核算项目盈亏。

一、项目收入的确认

培训项目一般情况下实行实报实销和预算包干相结合的结算方式，实报实销的部分是国际机票款等，实行预算包干的部分是培训费、食宿费、宴请费、学员零用费、礼品费、国际中转费、承办单位管理费等。项目结束后5个工作日内，承办单位将相关结算材料交主管部门审核后拨付。培训项目执行时间比较短，一般不跨年度，培训项目收入可以按照会计准则办理，在同一会计年度开始并完成的项目合同，应在合同完成当年确认收入，承办单位以实际收到的项目款作为收入。

二、项目收入的账务处理

一般情况下,承办单位承办项目所需周转金,由承办单位自筹解决。根据有关规定,若培训项目超过 60 天,可根据实际招生情况申请预拨费用,培训班结束后按规定的程序进行费用清算。

1. 收到预拨款。

借:银行存款
　　贷:预收账款——××援外培训项目

2. 项目结束时,结算余款。

借:银行存款及相关科目
　　贷:预收账款——××援外培训项目

3. 确认项目收入。

借:预收账款——××援外培训项目
　　贷:主营业务收入——其他业务收入——××援外培训收入

4. 如项目在年度内已完成,结算单已报送主管部门,但款项未能在年度内拨付。

借:应收账款——主管部门
　　贷:主营业务收入——其他业务收入——××援外培训收入

5. 收到款项后。

借:银行存款
　　贷:应收账款——主管部门

三、项目成本的账务处理

援外培训项目成本主要由培训费(授课费、翻译费、实习参观、教材教学、场租费等)、接待费(交通费、伙食费、宴请费、住宿费、零用费、医疗费等)、国际旅费、管理费、税金等构成。由于各项费用支出业务较杂,可先通过预付账款科目对各费用进行归集。

1. 发生各项支出时。

借:预付账款——××援外培训项目——××费用
　　贷:银行存款及相关科目

2. 项目结束后结转成本。

借:主营业务成本——××援外培训成本
　　贷:预付账款——××援外培训项目——××费用

【例 11-3】某单位某援外培训班三期项目,本期招收学员数 30 人,培训时间为 20×8 年 2 月 20 日至 5 月 19 日,共 90 天,地点在北京,中间有 10 天时间安排去外地参观学习。

(1) 收到主管部门预拨款 50 万元，存入银行。

借：银行存款　　　　　　　　　　　　　　　　　　　500 000
　　贷：预收账款——援外培训项目　　　　　　　　　　　　500 000

(2) 付学员食宿费订金 10 万元，收到对方资金往来发票。

借：预付账款——××单位　　　　　　　　　　　　　100 000
　　贷：银行存款　　　　　　　　　　　　　　　　　　　100 000

(3) 付学员零用费，暂通过"预付账款"科目归集 21.6 万元。

借：预付账款——援外培训班三期——接待费　　　　　216 000
　　贷：银行存款　　　　　　　　　　　　　　　　　　　216 000

(4) 授课老师讲课费 0.6 万元。

借：预付账款——援外培训班三期——培训费　　　　　　6 000
　　贷：银行存款　　　　　　　　　　　　　　　　　　　　6 000

(5) 外地参观，由旅行社负责全部行程，付旅行社合同款 22 万元，收到旅行社发票。

借：预付账款——援外培训班三期——培训费　　　　　220 000
　　贷：银行存款　　　　　　　　　　　　　　　　　　　220 000

(6) 结算住宿、伙食费共 50 万元，已付订金 10 万元，支票付款 40 万元。

借：预付账款——援外培训班三期——培训费　　　　　500 000
　　贷：预付账款——××单位　　　　　　　　　　　　　100 000
　　　　银行存款　　　　　　　　　　　　　　　　　　　400 000

(7) 项目接待人员报销接待费用 5 万元。

借：预付账款——援外培训班三期——管理费　　　　　 50 000
　　贷：银行存款　　　　　　　　　　　　　　　　　　　 50 000

(8) 向主管部门申请最终结算项目款 120 万元，经主管部门审核确认，收到拨付项目款 70 万元。

借：银行存款　　　　　　　　　　　　　　　　　　　700 000
　　贷：预收账款——援外培训班三期　　　　　　　　　　　700 000

(9) 向主管部门开具 120 万元发票，并结转收入，增值税按销售服务税率 6% 计算。

借：预收账款——援外培训班三期　　　　　　　　　1 200 000
　　贷：主营业务收入——援外培训班三期　　　　　　　1 132 075.47
　　　　应交税费——应交增值税（销项税额）　　　　　 67 924.53

(10) 结转成本。

借：主营业务成本——援外培训班三期　　　　　　　　992 000
　　贷：预付账款——援外培训班三期　　　　　　　　　　992 000

(11) 计提各项税金，城建税按增值税的 7% 计提，教育费附加按增值税的 3% 计提。

借：税金及附加　　　　　　　　　　　　　　　　　　 4 754.72

贷：应交税费——城市维护建设税		4 754.72
借：税金及附加	2 037.74	
贷：应交税费——教育费附加		2 037.74

(12) 缴纳各项税金。

借：应交税费——应交增值税	67 924.53	
——城市维护建设税	4 754.72	
——教育费附加	2 037.74	
贷：银行存款		74 716.99

第五节　经济技术合作援助项目业务处理

对外经济技术合作项目是指在中国政府提供的无偿援助、无息或低息贷款和其他专项援助资金项下，根据中国政府与受援国政府签订的技术合作换文及协定，向受援国派出技术人员为受援国的生产或非生产项目的生产、管理提供咨询、指导或管理。技术合作项目是我国对外援助的一种形式，包括向受援国提供技术指导、技术合作和技术服务的项目，与受援国合作管理、合作经营的项目等。

一、收入的确认和账务处理

（一）经济技术合作项目收入的确认

对外经济技术合作项目（以下简称技术合作项目）收入按照《企业会计准则第 14 号——收入》确认，即在同一会计年度开始并完成的项目合同，应在合同完成时确认收入。如合同的开始和完成分属不同的会计年度，应在资产负债表日按照履约进度确认收入。

对于在某一时段内履行的建造合同履约义务，相关企业应当在该段时间内按照履约进度确认收入，但是，履约进度不能合理确定的除外。企业应当考虑商品的性质，采用产出法或投入法确定恰当的履约进度。

其中产出法是指企业应根据已转移给客户的商品对于客户的价值确定履约进度，主要包括：按照实际测量的完工进度、评估已实现的结果、已达到的里程碑、时间进度、已完工或交付的产品等产出指标确定履约进度。投入法是根据企业为履行履约义务的投入确定履约进度。

当履约进度不能合理确定时，企业已经发生的成本预计能够得到补偿的，应当按照已经发生的成本金额确认收入，直到履约进度能够合理确定为止（成本回收法）。

在资产负债表日，企业按照履约进度及时确认当期收入，结转当期营业成本。

以投入法（合同发生成本）为例的履约进度计算公式：

履约进度＝累计实际发生成本÷预计总成本×100%

当期合同收入＝合同交易价格×履约进度－以前期间累计已确认的收入

当期合同营业成本＝合同预计成本×履约进度－以前期间累计已确认的营业成本

确认对外经济技术合作项目确认合同收入时，应借记"合同结算——收入结转"科目，贷记"主营业务收入"科目。

同时，结转对外经济技术项目的合同成本。借记"主营业务成本"科目，贷记"合同履约成本"科目。

此外，确认应收账款或银行存款。借记"应收账款"或"银行存款"科目，贷记"合同结算""应交税费"科目。

对于在某一时点履行的履约义务，企业应当在客户取得相关商品控制权时点确认收入，即只有当客户获得主导该商品的使用并从中获得几乎全部剩余利益的现时权利时企业才能确认收入。

需要注意的是，计算本期确认的技术合作项目收入和结转本期技术合作项目成本时，应首先根据累计项目履约进度，计算确定累计技术合作项目总收入和累计技术合作项目总成本，再减去以前期间已经确认的技术合作项目收入和已经结转的技术合作项目成本，作为本期应确认的技术合作项目收入和本期应结转的技术合作项目成本；而不能仅根据当期项目履约进度，直接计算确认当期的技术合作项目收入和结转当期的技术合作项目成本。

（二）经济技术合作项目收入的账务处理

1. 企业在对外经济技术合作项目承包合同签订后，并将技术合作项目对外结算账单报主管部门审核无误后办理承包合同的结算手续，收到第一笔合同款（通常是承包合同人民币价款的90%，美元价款的100%）。

借：银行存款
　　贷：预收账款——××技术合作项目款

承包合同价款规定的人民币、美元金额均为固定不变价，不受国内外工资、物价、专家费用及汇率变化的影响，由承办企业包干使用，自负盈亏。

办理上述人民币价款结算时，由承办企业填制《经援项目内包合同人民币价款结算账单》一式五份，其中四份送主管部门，经主管部门审核无误后拨付。拨付时按结算当日中国银行公布的美元卖出价支付购汇人民币限额和相应的配套人民币。

办理上述美元价款结算时，由承办企业填制《经援项目内包合同美元价款结算账单》一式五份，其中四份送主管部门，经主管部门审核无误后拨付。

2. 资产负债表日，承办企业按照项目履约进度确认收入。

借：预收账款——××技术合作项目款
　　贷：主营业务收入——××技术合作项目收入

3. 技术合作项目任务完成并向主管部门报送工作总结和财务决算报表后，结算承包合同人民币价款的10%。

借：银行存款
  贷：预收账款——××技术合作项目款
借：预收账款——××技术合作项目款
  贷：主营业务收入——××技术合作项目收入

二、成本的确认和账务处理

（一）对外经济技术合作项目成本的确认

技术合作项目所发生的各项成本费用，要按成本核算对象和成本项目进行归集、分类。凡技术合作项目成本开支范围内所发生的一切费用，均纳入技术合作项目成本核算，凡不属于技术合作项目成本开支范围内的费用，不得计入技术合作项目成本。技术合作项目因规模较小、工期较短，故应按照每一个合同作为成本核算对象，一经确定不得随意更改。

（二）对外经济技术合作项目成本的账务处理

技术合作项目按下列成本项目进行核算。

1. 出国人员费。出国人员费核算我国派出技术人员的国内工资及工资性津贴、国外津贴、国内外差旅费、体检检疫费、人身保险费等。发生各项支出时：

借：预付账款——××技术合作项目款——出国人员费
  贷：应付职工薪酬、银行存款等有关科目
借：应付职工薪酬
  贷：银行存款

2. 技术资料费。技术资料费核算对外协议规定由我方承办企业提供生产管理技术资料的印刷成本、专有技术费和专利费。发生各项支出时：

借：预付账款——××技术合作项目款——技术资料费
  贷：银行存款等有关科目

3. 其他直接费用。其他直接费用核算对外协议规定由我方承办企业提供用于技术合作项目的设备、材料的实际成本，包括买价、运输费、装卸费、商检费、包装费以及按规定应计入成本的税金和其他费用。发生各项支出时：

借：预付账款——××技术合作项目款——其他直接费用
  贷：原材料、银行存款等有关科目

4. 管理费用。管理费用核算为投标或实施项目发生的国内管理人员工资、工资性津贴、人身保险费、差旅费、国内外管理人员办公费、固定资产折旧费等。管理部门使用的固定资产计提折旧时：

借：预付账款——××技术合作项目款——管理费用——固定资产使用费
  贷：累计折旧

5. 财务费用。财务费用核算为实施项目而发生的利息支出（减利息收入）、汇兑损失（减汇兑收益）以及相关的手续费等。发生汇兑损失时：

借：预付账款——××技术合作项目款——财务费用——汇兑差额
　　贷：银行存款等有关科目

资产负债表日技术合作项目按履约进度结转成本：

借：主营业务成本——××技术合作项目成本
　　贷：预付账款——××技术合作项目款——出国人员费
　　　　　　　　　　　　　　　　　　　——技术资料费
　　　　　　　　　　　　　　　　　　　——其他直接费用
　　　　　　　　　　　　　　　　　　　——管理费用
　　　　　　　　　　　　　　　　　　　——财务费用

【例11-4】根据我国与某国政府签订的关于援助该国体育场技术合作项目的换文，主管部门经过招标将援助某国体育场技术合作项目交由A公司承办。A公司负责向受援国派出高级管理人员及技术工人，对体育场设备的使用和维护进行技术指导，并就地培训该国技术人员，同时为该受援国提供部分设备和零配件，并负责于20×7年5月10日前一次性运至该国。20×7年6月11日A公司与主管部门签订了援助某国体育场技术合作合同，任务执行期自20×7年10月至20×9年9月，合同价款为2 760 000元人民币（其中：人民币价款510 000元；美元价款300 000元，美元与人民币比价1：7.5）。接受该任务后，A公司经测算，完成此项体育场技术合作任务预计总支出为2 544 000元人民币。根据以上情况，可以确定该体育场技术合作项目的计划收入即承包合同价为2 760 000元人民币，计划成本即估计成本总额为2 544 000元人民币。

A公司各年度发生的成本资料如表11-1所示。

表11-1　　　　　　　　　各年度发生的成本　　　　　　　　　单位：元

项目	2007年	2008年	2009年	合计
实际发生的成本	513 668.40	1 284 171	770 502.60	2 568 342

（一）A公司20×7年度的会计处理

1. 预收体育场技术合作项目款项。A公司在技术合作项目承包合同签订后，将技术合作项目对外结算账单报主管部门审核，审核无误后与主管部门办理承包合同结算手续，收到第一笔合同款。其中：承包合同人民币价款的90%，510 000×90% = 459 000（元）；美元价款的100%，300 000×7.4 = 2 220 000（元）。

借：银行存款　　　　　　　　　　　　　　　　　　　　　2 679 000
　　贷：预收账款——援助某国体育场技术合作项目款　　　2 679 000

主管部门实际拨付美元价款时，美元兑人民币的比价为1：7.4。

2. 实际发生技术合作项目成本513 668.40元。

借：预付账款——援助某国体育场技术合作项目款　　513 668.40
　　贷：应付职工薪酬等科目　　　　　　　　　　　　513 668.40

3. 确认体育场技术合作项目收入并结转体育场技术合作项目成本。按照收入准则确认收入，确认方法按已经提供的劳务占应提供劳务总量的比例来确定履约进度。

提供劳务的履约进度 = 3÷24 = 12.5%
确认体育场技术合作项目收入 = 2 760 000×12.5% − 0 = 345 000（元）
结转体育场技术合作项目成本 = 2 544 000×12.5% − 0 = 318 000（元）

借：预收账款——援助某国体育场技术合作项目款　　345 000
　　贷：主营业务收入——援助某国体育场技术合作项目收入　　345 000

借：主营业务成本——援助某国体育场技术合作项目成本　　318 000
　　贷：预付账款——援助某国体育场技术合作项目款　　　　318 000

（二）A公司20×8年度的会计处理

1. 实际发生体育场技术合作项目成本1 284 171元。

借：预付账款——援助某国体育场技术合作项目款　　1 284 171
　　贷：银行存款、原材料等科目　　　　　　　　　　1 284 171

2. 确认体育场技术合作项目收入并结转体育场技术合作项目成本。

提供劳务的履约进度 = (12÷3)÷24 = 62.5%
确认体育场技术合作项目收入 = 2 760 000×62.5% − 345 000 = 1 380 000（元）
结转体育场技术合作项目成本 = 2 544 000×62.5% − 318 000 = 1 272 000（元）

借：预收账款——援助某国体育场技术合作项目款　　1 380 000
　　贷：主营业务收入——援助某国体育场技术合作项目收入　　1 380 000

借：主营业务成本——援助某国体育场技术合作项目成本　　1 272 000
　　贷：预付账款——援助某国体育场技术合作项目款　　　　1 272 000

（三）A公司20×9年度的会计处理

1. 预收体育场技术合作项目款。A公司在体育场技术合作项目完成并向主管部门报送工作总结和财务决算报表后，结算人民币剩余款项（承包合同人民币10%的尾款）。

借：银行存款　　　　　　　　　　　　　　　　　　　51 000
　　贷：预收账款——援助某国体育场技术合作项目款　　51 000

2. 实际发生体育场技术合作项目成本770 502.60元。

借：预付账款——援助某国体育场技术合作项目款　　770 502.60
　　贷：应付职工薪酬、银行存款等科目　　　　　　　770 502.60

3. 确认体育场技术合作项目收入并结转体育场技术合作项目成本。由于主管部门在20×7年拨付美元时，美元兑人民币比价与签订合同时的比价有所变动，因此承办该技术合作项目的A公司实际收到的合同价款为2 730 000元；经核算，技术合作项目最终实际发生成本总支出为2 568 342元。

确认体育场技术合作项目收入 = 2 730 000 - 345 000 - 1 380 000 = 1 005 000（元）

结转体育场技术合作项目成本 = 2 568 342 - 318 000 - 1 272 000 = 978 342（元）

20×9 年度援助某国体育场技术合作项目实现利润 = 1 005 000 - 978 342 = 26 658（元）

【本章重要概念】

一般物资援助会计、成套援助项目、培训援助项目、经济技术合作援助

【复习思考题】

1. 对外一般物资援助项目结算的实报实销制和承包合同制有哪些不同？
2. 对外援助成套项目与一般国内工程项目有哪些不同？
3. 对外援助培训项目的培训对象是谁？
4. 对外经济技术合作援助项目劳务交易履约进度可以选用哪些方法来确定？

【练习题】

一、单项选择题

1. 一般物资援助按内部结算方式可分为实报实销制和承包合同制。以下一般物资援助适用于实报实销制的是（　　）。
   A. 紧急情况、金额较大　　　　　　　B. 非紧急情况、金额较小
   C. 紧急情况、金额较小　　　　　　　D. 非紧急情况、金额较大

2. 以下关于成套项目科目核算的说法错误的是（　　）。
   A. "合同履约成本"科目，核算企业实际发生的合同成本
   B. "合同履约成本"科目，核算企业实际发生的合同成本和合同毛利
   C. "合同结算"科目是"合同履约成本"科目的备抵科目
   D. 项目未完工期间，年末"合同履约成本"科目余额与"合同结算"科目余额的差额列入资产负债表存货项下已完工未结算款

3. 对于成套项目的成本项目说法错误的是（　　）。
   A. 材料费指用于项目施工的各种建筑安装材料、周转材料、结构件、辅助材料等的实际采购成本
   B. 储运费包括国内运杂费和当地运杂费
   C. 人工费包括中方人工费和当地人工费
   D. 设备费指用于项目按照或根据合同规定向受援国政府提供的各种设备购入价款

4. 以下关于经济技术合作援助项目成本科目的说法正确的是（　　）。
   A. 其他直接费用核算对外协议规定由我方承办企业提供生产管理技术资料的印刷成本、专有技术费和专利费
   B. 出国人员费核算我国派出技术人员的国内工资及工资性津贴（不含国外津贴）、国内差旅费、体检检疫费、人身保险费等

C. 技术资料费核算对外协议规定由我方承办企业提供用于技术合作项目的设备、材料的实际成本

D. 管理费用核算为投标或实施项目发生的国内管理人员工资、工资性津贴、人身保险费、差旅费、国内外管理人员办公费、固定资产折旧费等

二、多项选择题

1. 我国对外援助的主要方式有（　　）。
   A. 一般物资援助　　　　　　　　B. 成套项目援助
   C. 培训项目援助　　　　　　　　D. 经济技术合作项目援助

2. 成套项目实施主体单位有（　　）。
   A. 施工企业　　　　　　　　　　B. 考察企业
   C. 勘察设计企业　　　　　　　　D. 工程监理企业

3. 对外援助承包合同履约进度确定的方法主要有（　　）。
   A. 累计实际发生的合同收入占合同预计总收入的比例
   B. 累计实际发生的合同成本占合同预计总成本的比例
   C. 已经完成的合同工作量占合同预计总工作量的比例
   D. 实际测定的履约进度

4. 对外援助培训项目成本的主要构成有（　　）。
   A. 培训费　　　　　　　　　　　B. 接待费
   C. 国际旅费　　　　　　　　　　D. 管理费

三、判断题

1. 对外一般物资援助按结算方式分实报实销制和承包合同制两种方式。（　　）

2. 施工企业应当设立项目施工技术组和国内管理组负责项目施工和管理，设置会计人员分别对项目在国内和项目所在国收支进行核算，对项目所在国的收支核算应以所在国法定货币为记账本位币。（　　）

3. 成套项目的承包合同是建造工程合同，适用《企业会计准则第14号——收入》规定的收入和成本确认原则，应采用履约进度确认收入和成本。（　　）

4. 境外培训项目是指受主管部门委托承办单位在国内或国外举办的，通过受援国政府官方渠道派出的政府官员和专业技术人员参加的项目。（　　）

四、业务题

甲公司为国内某施工企业，在20×7年至20×8年发生业务如下：

1. 20×7年10月1日，甲公司与主管部门签订一项承包合同，为中国政府援助某国的成套设备。合同约定：（1）该成套设备的安装任务包括场地勘察、设计、地基平整、相关设施建造、设备安装和调试等；（2）承包合同总金额为5 000万元，其中承包合同生效后并办妥第一次对外结算手续后的一个月内，结算40%作为工程首付款，在履约进度达到80%后一个月内再付合同总金额的40%，其余部分于项目竣工并办理内部验收合格后一个月内结算；（3）合同期为16个月；（4）甲公司预计工程总成本为4 000万元人民币。

2. 20×7年11月30日，甲公司收到主管部门按合同支付的2 000万元工程首付款。

3. 截至20×7年12月31日，甲公司发生项目直接成本1 100万元，另发生管理费用175万元。12月31日，因工程材料价格上涨等因素，预计为完成该成套设备的安装尚需发生费用3 825万元。假定甲公司按累计实际发生的合同成本占合同预计总成本的比例确定该安装工程履约进度，合同收入和合同成本按年确认。

4. 20×8年11月10日，项目履约进度达到80%，甲公司于12月5日收到主管部门按合

同规定支付的 2 000 万元工程款。

5. 20×8 年,甲公司发生合同直接成本 3 000 万元,管理费用 270 万元;12 月 31 日,预计为完成该成套设备的安装尚需发生费用 505 万元。20×8 年 10 月 10 日主管部门同意增加合同变更收入 300 万元并于合同完工时支付。

要求:

(1) 分别计算甲公司 20×7 年应确认的合同收入、合同成本、合同毛利和合同预计损失。

(2) 计算该项目对甲公司 20×7 年度利润总额的影响。

(3) 分别计算甲公司 20×8 年应确认的合同收入、合同成本和合同毛利。

(4) 计算该项目对甲公司 20×8 年度利润总额的影响。

第十二章 关税及出口退免税核算

【章首导言】

随着我国经济日益融入国际市场以及国内外市场竞争的日趋激烈,企业内部压缩成本费用支出的空间越来越小,而作为企业外部成本——"税收",越来越被企业所重视。因此,在遵循税法、控制风险前提下的税务管理,在企业的日常经济管理和经营决策中的地位彰显重要。本章摒弃全面介绍各"税种"的做法,根据涉外经营的特殊性,重点介绍关税和出口退(免)税的政策法规、纳税计算及其会计处理。出口退税是国际上通行的税收和贸易惯例,也是世贸组织允许的促进出口措施。出口退税不属于政府补贴,核算上退回的款项只是直接增加企业流动资金。

在涉外会计业务中出口退税的核算相对复杂,尤其生产企业"免、抵、退"的核算更加复杂,需要企业有关人员对有关政策和出口退税的会计核算很好的理解和学习。但真正制约企业出口退税进度和质量的是"退税单证"的收集,其产生的后果将直接影响企业的资金流转。企业退税单证流转要处理好外部和内部两方面的关系。从企业外部看,退税单证的收集一般涉及供货企业、供货企业所在地的征税机关、海关、收汇银行、外汇管理局、主管退税机关等诸多部门;从企业内部看,退税单证的收集又牵涉业务、单证、储运、财务等部门。对退税的主要单证如出口发票、增值税专用发票、出口报关单、出口收汇核销单等,要订立制度制约各业务部门、储运部门及时提供给企业财务部门,由财务部门审核退税单证的有效性,确保符合退税要求,从而避免导致退税风险。

【学习目标】

1. 掌握关税政策的规定、关税及代征税的计算及其会计处理;
2. 了解出口货物退(免)税的基本规定;
3. 掌握流通性企业出口退税的基本规定及其会计处理;
4. 明确生产型企业出口退(免)税的基本规定及其会计处理;
5. 掌握小规模纳税人出口免税的基本规定及其会计处理;
6. 理解其他贸易形式出口退税的基本规定及其会计处理。

第一节 关税会计

关税是指一国海关根据该国法律规定，对通过其关境的进出口货物征收的一种税收。关税在各国一般属于国家最高行政单位指定税率的高级税种，对于对外贸易发达的国家而言，关税往往是国家税收乃至国家财政的主要收入。

一、关税的一般规定

（一）关税的纳税义务人

关税的纳税义务人一般为进口货物的收货人、出口货物的发货人、进境物品的所有人。接受纳税委托办理货物报关等有关手续的代理人，可以代办纳税手续，但必须遵守委托人应遵守的各项规定，承担纳税人的各项义务，按规定办理各项纳税事宜。

（二）关税税率

进口关税是一个国家的海关对进口货物和物品征收的关税。征收进口关税会增加进口货物的成本，提高进口货物的市场价格，影响外国货物进口数量。因此，各国都以征收进口关税作为限制外国货物进口的一种手段。适当地使用进口关税可以保护本国工农业生产，也可以作为一种经济杠杆调节本国的生产和经济的发展。

1. 进口关税税率。按照我国加入世贸组织承诺的关税减让义务，2001 年以来，我国认真履行了加入世贸组织承诺的关税减让义务和我国加入曼谷协定承诺的关税减让义务。

目前我国进口税则设有最惠国税率、协定税率、特惠税率、普通税率、关税配额税率共五种税率，一定时期内可实行暂定税率。

（1）最惠国税率。最惠国税率适用原产于与我国共同适用最惠国待遇条款的世贸组织成员国或地区的进口货物，或原产于与我国签订有相互给予最惠国待遇条款的双边贸易协定的国家和地区进口的货物以及原产于我国境内的进口货物。

（2）协定税率。协定税率适用原产于我国参加的含有关税优惠条款的区域性贸易协定的有关缔约方的进口货物。2019 年我国在以往与有关国家和地区签订的一系列自由贸易协定和关税优惠协定的基础上，进一步实施比最惠国税率更加优惠的协定税率和特惠税率，促进与有关国家和地区的贸易合作，以实现互利共赢，共同发展。

目前，与我国缔约含有关税优惠条款的区域性贸易协定的国家和地区有：

《中国－东盟自由贸易协定》（包括东盟十国）、《中国－智利自由贸易协定》、《中国－巴基斯坦自由贸易协定》、《中国－新西兰贸易协定》、《亚太贸易协定》（包括韩国、印度、斯里兰卡、孟加拉国和老挝）、《中国－新加坡自由贸易协定》（新加坡同时是东盟成员）。对原产于中国香港和澳门的产品实施零关税。

（3）特惠税率。特惠税率适用原产于与我国签订含有特殊关税优惠条款的贸易协定的国家和地区的进口货物。例如2019年我国将继续对41个最不发达国家的部分商品实行特惠税率，其中绝大多数商品实施零税率，并且税目范围涵盖了我国自上述国家进口的绝大多数商品。

（4）普通税率。普通税率适用原产地不明的货物。上述国家和地区之外的国家和地区的进口货物以及原产地不明的进口货物。

（5）关税配额税率。根据我国加入世贸组织议定书的规定，我国可继续对少数产品实行关税配额管理，配额内进口的执行配额税率，超过配额进口的执行最惠国税率。

（6）暂定税率。每年国家可以根据我国经济贸易政策的需要制定关税暂定税率，即在海关进出口税则规定的进口税率的基础上，对部分进口货物年度内暂时执行的关税税率。这种暂定税率一般按年度制定，并且随时可以根据需要恢复按法定税率征税。

2. 出口关税税率。

（1）普通税率。自2019年1月1日起我国调整部分进出口关税。将对原产于中国香港、澳门的货物全面实施零关税。对化肥、磷灰石、铁矿砂、矿渣、煤焦油、木浆等94项商品不再征收出口关税。

（2）暂定关税。每年国家可以根据我国经济贸易政策的需要制定关税暂定税率，即在海关进出口税则规定的出口税率的基础上，对部分出口货物实施年度内的关税税率。这种暂定税率一般按年度制定，并且随时可以根据需要恢复按法定税率征税。

3. 特别关税。特别关税是指为了应对个别国家对我国出口货物的歧视，任何国家或者地区如果对原产于我国的货物征收歧视性关税或者给予其他歧视性待遇的，海关可以对原产于该国或者地区的进口货物征收特别关税。特别关税包括报复性关税、反倾销税与反补贴税、保障性关税。

（1）报复性关税。任何国家或者地区对其进口的原产于我国的货物征收歧视性关税或者给予其他歧视性待遇的，我国对原产于该国家或者地区的进口货物征收报复性关税。

（2）反倾销税与反补贴税。为保护我国产业，根据《中华人民共和国反倾销条例》和《中华人民共和国反补贴条例》规定，进口产品经初裁确定倾销或者补贴成立，并由此对国内产业造成损害的，可以采取临时反倾销或反补贴措施，实施期限为自决定公告规定实施之日起，不超过4个月。采取临时反补贴措施在特殊情形下，可以延长至9个月。经终裁确定倾销或者补贴成立，并由此对国内产业造成损害的，可以征收反倾销税和反补贴税，征收期限一般不超过5

年,但经复审确定终止征收反倾销税或反补贴税,有可能导致倾销或补贴以及损害的继续或再度发生,征收期限可以适当延长。反倾销税和反补贴税的纳税人为倾销或补贴产品的进口经营者。

(3)保障性关税。当某类商品进口量剧增,对我国相关产业带来巨大威胁或损害时,按照WTO有关规则,可以启动一般保障措施,即在与有实质利益的国家和地区进行磋商后,在一定时期内提高该项商品的进口关税或采取数量限制措施,以保护国内产业不受损害。根据《中华人民共和国保障措施条例》规定,有明确证据表明进口产品数量增加,在不采取临时保障措施将对国内产业造成难以补救的损害的紧急情况下,可以作出初裁决定,并采取临时保障措施。临时保障措施采取提高关税的形式。终裁决定确定进口产品数量增加,并由此对国内产业造成损害的,可以采取保障措施。保障措施可以采取提高关税、数量限制等形式,针对正在进口的产品实施,不区分产品来源国家和地区。

(三) 关税运用

进出口货物应适用海关接受该货物申报进口或者出口之日实施的税率。

进口货物到达前,经海关核准先行申报的,应适用装载该货物的运输工具申报进境之日实施的税率。

进口转关运输货物,应适用指运地海关接受该货物申报进口之日实施的税率。

货物运抵指运地前,经海关核准先行申报的,应适用装载此货物的运输工具抵达指运地之日实施的税率。

出口转关运输货物,应适用启运地海关接受该货物申报出口之日实施的税率。

经海关批准,实行集中申报的进出口货物,应适用每次货物进出口时海关接受该货物申报之日实施的税率征税。

因超过规定期限未申报而由海关依法变卖的货物,其税款计征应适用装载该货物的运输工具申报进境之日实施的税率。

因纳税人违反规定需要追征税款的进出口货物,应适用违法规定的行为发生之日实施的税率;行为发生之日不能确定的,适用海关发现该行为之日实施的税率。

已申报进境并放行的保税货物、减免税货物、租赁货物或已申报进出境并放行的暂时进出境货物,有下列行为之一需要缴纳税款的:

(1)保税货物经批准不复运出境的;
(2)保税仓储货物转入国内市场销售的;
(3)减免税货物经批准转让或移作他用的;
(4)可暂不缴纳税款的暂时进出境货物,经批准不复运出境或进境的;
(5)租赁进口货物,分期缴纳税款的。

补征和退还进出口货物关税,应该按照前述规定确定适用的税率。

二、关税的计算

(一) 进口关税应按税额的计算

应纳税进口关税 = 进口货物完税价格 × 进口关税税额

关税完税价格,就是进出口货物应当缴纳关税的价值,或者说是对进出口货物计征应交税款时所使用的价格,也有称为海关价格的。对于关税完税价格的审定,修改后的《中华人民共和国海关法》规定为,进出口货物的完税价格,由海关以该货物的成交价格为基础审查确定。进口货物的完税价格包括以下几项:

(1) 货物的货价;
(2) 运抵输入地点起卸前的运输及其相关费用;
(3) 保险费。

在进口货物的成交价格中应当包括下列费用,如果未包括的,则应计入完税价格。

①进口人为在国内生产、制造、出版、发行或使用该项货物而向国外支付的软件费;
②该项货物成交过程中,进口人向采购代理人支付的购货佣金;
③货物运抵中华人民共和国关境内输入地点起卸前的包装费、运费和其他劳务费用;
④保险费。

运往境外加工的货物:出境时已向海关报明,并在海关规定期限内复运进境的,以加工后货物进境时的到岸价格与原出境货物价格的差额作为完税价格。

运往境外修理的机械器具、运输工具或者其他货物:出境时已向海关报明并在海关规定期限内复运进境的,以经海关审定的修理费和料件费作为完税价格。

租借和租赁进口货物:以海关审查确定的货物租金作为完税价格。

留购的进口货样、展览品和广告陈列品:以留购价格作为完税价格。

(二) 出口关税应纳税额的计算

应纳出口关税 = 出口货物完税价格 × 出口关税税率

出口货物的完税价格,由海关以该货物向境外销售的成交价格为基础审查确定,并应包括货物运至我国境内输出地点装卸前的运输及其相关费用、保险费,但其中包含的出口关税税额,应当扣除。出口货物成交价格是指该货物出口销售到我国境外时买方向卖方实付或应付的价格。出口货物成交价格中含有支付给境外的佣金的,如果单独列明,应予扣除。基本的换算公式为:

出口货物完税价格 = 离岸价格 × 外汇汇率 ÷ (1 + 出口关税税率)

三、关税会计处理

(一) 进口关税会计处理

对进口关税,会计上在"应交税费"科目下设置"应交进口关税"明细科目进行核算。企业计算应缴纳的进口关税时,借记"商品采购"科目,贷记"应交税费——应交进口关税"科目;实际缴纳进口关税时,借记"应交税费——应交进口关税"科目,贷记"银行存款"科目。

1. 自营进口贸易。

【例12-1】某企业从国外进口某货物,国外进价(FOB)USD20 000,支付国外运费USD3 000,保险费USD1 000,结算支付当日假定外汇牌价1∶7.10,该进口货物的关税税率为30%,增值税税率为13%。

关税完税价格 = (20 000 + 3 000 + 1 000) × 7.10 = 170 400(元)

应纳关税税额 = 170 400 × 30% = 51 120(元)

借:商品采购——进口商品采购　　　　　　　　　51 120
　　贷:应交税费——应交进口关税　　　　　　　　　51 120

2. 代理进口贸易。

代理进口的关税计征为受托单位代扣代缴,仍用〖例12-1〗的数据,其会计处理如下。

借:应收账款　　　　　　　　　　　　　　　　　51 120
　　贷:应交税费——应交进口关税　　　　　　　　　51 120

进口货物的到岸价格经海关审查未能确定的,海关依次以下列价格为基础估定完税价格:

(1) 相同或类似货物成交价格法。即以与被估的进口货物同时或大约同时(在海关接受申报进口之日的前后各45天以内)进口的相同或类似货物的成交价格为基础,估定完税价格。

(2) 倒扣价格法。即以被估的进口货物、相同或类似进口货物在境内销售的价格为基础估定完税价格。

(3) 计算价格法。

完税价格 = 原材料价值和装配等加工费 + 一般利润和费用 + 起卸前运输及相关费用、保险费

(4) 其他合理方法。使用其他合理方法时,应当根据《中华人民共和国海关审定进出口货物完税价格办法》规定的估价原则,以在境内获得的数据资料为基础估定完税价格。

(二) 出口关税会计处理

对出口关税,会计上在"应交税费"科目下设置"应交出口关税"明细科

目进行核算。企业计算应缴纳的出口关税时，借记"税金及附加"科目，贷记"应交税费——应交出口关税"科目；实际缴纳出口关税时，借记"应交税费——应交出口关税"科目，贷记"银行存款"科目。

1. 自营出口贸易。

【例12-2】某企业出口磷50吨，离岸价格1 000美元/吨，当日外汇牌价7.20元/美元，该出口货物适用的出口税率为20%，该公司应纳关税为：

出口关税税额 = $(50 \times 1\,000 \times 7.20) \div (1 + 20\%) \times 20\% = 60\,000$（元）

借：税金及附加——应交出口关税　　　　　　　60 000
　　贷：应交税费——应交出口关税　　　　　　　　　60 000

2. 代理出口贸易。

因出口关税由受托企业为委托企业代扣代缴，仍用〖例12-2〗的相关数据，其会计处理如下。

借：应收账款——××企业　　　　　　　　　　60 000
　　贷：应交税费——应交出口关税　　　　　　　　　60 000

四、海关代征增值税、消费税会计处理

根据国际惯例，进口货物征收关税后，可以视为未征收国内税的产品，因此进口货物进口后还应缴纳国内税。凡进口增值税、消费税的应税产品，除国家另有规定外，均应征收进口环节增值税和消费税。对进口产品征收进口环节增值税、消费税，是在增值税、消费税一般规定上制定的专项税收规定，主要是为了调节国内外产品税收负担的差异，使之公平竞争。

我国对进口产品征收增值税和消费税，目前是由财政部、国家税务总局和海关总署制定政策规定，由国家税务总局委托海关在进口环节代征。进口增值税、消费税应在货物实际进境时，即在纳税人按进出口货物通关规定向海关申报后，海关放行前一次性缴纳。其纳税环节为报关进口时，纳税地点为报关进口地海关。

征收进口环节增值税、消费税的产品，一般必须具备两个条件：一是属于增值税和消费税税目、税率表所规定的征收范围；二是必须已报关进口。只要是报关进口的应税产品，不论是国外产品还是我国已出口转销国内的产品，不论是进口者自行采购还是国外赠送的产品，不论是进口者自用还是作为贸易或其他用途的产品，纳税人在进口产品缴纳关税的同时，均应按照我国税法规定缴纳应税产品的进口环节增值税、消费税。进口增值税和消费税的税目、税率及会计处理均与国内增值税、消费税相同。

（一）增值税应纳税额的会计处理

1. 进口一般应税货物。

组成计税价格 = 到岸价格 + 进口关税税额

应纳税额 = 组成计税价格 × 增值税税率

【例 12-3】某进出口公司本月进口化工材料一批，到岸价格 150 000 美元。海关征收关税税率假定为 20%，增值税税率为 13%，假定进关日即为结算日，当天汇率为 1∶7.20，全部款项由银行存款支付。

到岸价格 = 150 000 × 7.20 = 1 080 000（元）
关税 = 150 000 × 7.20 × 20% = 216 000（元）
材料购入价格 = 1 080 000 + 216 000 = 1 296 000（元）
应纳增值税 = (1 080 000 + 216 000) × 13% = 168 480（元）
会计处理如下。

(1) 计提关税时：

借：商品采购——进口——化工材料　　　　　　　　216 000
　　贷：应交税费——应交进口关税　　　　　　　　　　216 000

(2) 支付进口货款和税金时：

借：商品采购——进口——化工材料　　　　　　　1 080 000
　　应交税费——应交进口关税　　　　　　　　　　　216 000
　　　　　　——应交增值税（进项税额）　　　　　　168 480
　　贷：银行存款　　　　　　　　　　　　　　　　1 464 480

2. 进口应税消费品应纳增值税税额。

组成计税价格 = 到岸价格 + 进口关税税额 + 消费税税额
应纳税额 = 组成计税价格 × 增值税税率

【例 12-4】某进口公司进口橡胶轮胎，到岸价格 50 000 美元，关税税率假定为 30%，消费税税率 10%，增值税税率 13%。海关填发税款缴纳证之日国家外汇牌价 1∶7.00。

到岸价格 = 50 000 × 7.00 = 350 000（元）
关税 = 50 000 × 7.00 × 30% = 105 000（元）
商品购入价格 = 350 000 + 105 000 = 455 000（元）
应纳消费税 = (350 000 + 105 000) ÷ (1 - 10%) × 10% = 50 555.56（元）
应纳增值税 = (350 000 + 105 000 + 50 555.56) × 13% = 65 072.22（元）
会计处理如下。

(1) 计提关税时：

借：商品采购——进口——橡胶轮胎　　　　　　　　105 000
　　贷：应交税费——应交进口关税　　　　　　　　　　105 000

(2) 计提消费税时：

借：商品采购——进口——橡胶轮胎　　　　　　　 50 555.56
　　贷：应交税费——应交消费税　　　　　　　　　　 50 555.56

(3) 支付进口货款和税金时：

借：商品采购——进口——橡胶轮胎　　　　　　　　350 000
　　应交税费——应交进口关税　　　　　　　　　　　105 000

——应交消费税	50 555.56
——应交增值税（进项税额）	65 072.22
贷：银行存款	570 627.78

（二）消费税应纳税额的会计处理

1. 从价定率的应税消费品。

组成计税价格 =（关税完税价格 + 关税）÷（1 − 消费税税率）

应纳税额 = 组成计税价格 × 消费税税率

【例 12 − 5】 某进出口公司×月从国外进口成套化妆品一批，到岸价格 84 000 美元。海关征收关税税率假定为 20%，消费税税率为 30%，假定进关日即为结算日，当天汇率为 1∶7.00。

该公司向海关缴纳消费税计算如下。

组成计税价格 =（84 000 × 7.00 + 84 000 × 7.00 × 20%）÷（1 − 30%）
　　　　　　 =（588 000 + 117 600）÷ 70% = 1 008 000（元）

应纳税额 = 1 008 000 × 30% = 302 400（元）

会计处理如下。

借：商品采购——进口——化妆品　　　　302 400
　　贷：银行存款　　　　　　　　　　　　　　302 400

2. 从量定额的应税消费品。

从量定额消费税税额 = 应税进口消费品数量 × 消费税税率

【例 12 − 6】 某进出口公司从国外进口柴油一批，在报关进口时海关核定的进口征税数量为 15 000 吨，消费品柴油计量单位的换算标准 1 吨 = 1 178 升，每升柴油的征税额假定为 0.1 元。

应纳税额 = 15 000 × 1 178 × 0.1 = 1 767 000（元）

会计处理如下。

借：商品采购——进口——柴油　　　　1 767 000
　　贷：银行存款　　　　　　　　　　　　　　1 767 000

五、关税及代征税的征收

进出口货物的纳税义务人，应当自海关填发税款缴款书之日起 15 日内，向指定银行缴纳税款。如关税缴纳期限的最后一日是周末或法定节假日，则关税缴纳期限顺延至周末或法定节假日过后的第一个工作日。逾期缴纳的，除依法追缴外，自关税缴纳期限届满之次日起至缴清税款之日止，按日加收滞纳税款万分之五的滞纳金，周末或法定节假日不予扣除。进出口货物完税后，如发现少征或者漏征税款，海关自缴纳税款或者货物放行之日起 1 年内，向纳税义务人或者他们的代理人补征。因纳税义务人或者他们的代理人违反规定而造成少征或漏征的，海关在 3 年内可以追征。

纳税义务人对海关确定的征税、减税、补税或者退税等有异议时，可以向海关书面申请复议，但同时应当在规定期限内按照海关核定的税额缴纳税款。纳税义务人应自海关填发税款缴款书之日起 30 日内，向原征税海关的上一级海关书面申请复议，逾期申请复议的，海关不予受理。海关应当自收到复议申请之日起 60 日内做出复议决定，并以复议决定书的形式正式答复纳税义务人；纳税义务人对海关复议决定仍然不服的，可在收到复议决定期之日起 15 日内，向人民法院起诉。

第二节 出口退免税的政策规定

出口退税是对报关出口货物国内应征间接税予以免除，或对出口货物在国内生产和流通环节已征间接税予以抵扣或退还。间接税是按照商品和劳务计算征收的，这些税种虽然由纳税人负责缴纳，但最终是由商品和劳务的购买者即消费者承担。我国的增值税和消费税都属于间接税。出口退税是国际上通行的税收和贸易惯例，也是世贸组织允许的促进出口措施。1994 年开始施行的《中华人民共和国增值税暂行条例》《中华人民共和国消费税暂行条例》中明确规定，对出口货物实行增值税零税率，并免征消费税，使出口商品以不含税的价格进入国际市场。出口退税之所以被普遍接受而不被视为补贴，主要是基于以下原因：

第一，从税收法理分析，间接税属于转嫁税，虽对生产和流通企业征收，但实际上最终由消费者负担。按照间接税属地性原则，各国消费者只负担本国间接税，没有负担其他国家间接税的义务。对进口国而言，进口货物在进口国境内消费，其间接税应由进口国最终消费者负担，进口国要对进口货物依照本国税法征收间接税。同样，对出口国而言，由于出口货物是在国外消费，应将出口货物在国内生产和流通环节所交纳的间接税予以退还。出口国对出口货物实行出口退税，可以避免双重课税，符合当代税收的公平原则和中性原则。

第二，从发展涉外贸易来看，不同国家的货物要在国际市场上公平竞争，必然要求税负平等；而各国税制的不同必然造成货物含税成本相差较大。只有实行出口退税，才能使出口货物以不含税价格进入国际市场，公平参与竞争。

一、出口退税税种和退税率

1. 出口退税税种。我国出口货物退税的税种包括增值税和消费税。
2. 增值税退税率。1994 年中国政府进行了大规模的税制改革，确立了增值税的主体地位，并依照国际惯例确定对出口的产品实行零税率政策，根据 1993 年增值税暂行条例，出口货物适用的退税率为 17% 和 13%，对于符合规定的出口商品应全部退掉 17% 的增值税，实际调整后的平均退税率为 16.63%。

1994 年我国进行税制改革以来，中国出口退税政策历经多次调整：

（1）1995～1996年，出口退税率大幅下调。

出口的快速增长以及出口骗税现象的大量存在使得中央财政的退税压力不断加大，并导致年出口退税额超过了中央政府的年初预算。从1995年国家对出口退税政策进行了较大的调整。到了1996年，出口退税率从之前的13%和17%下调到"3、6、9"（即按不同产品分层次退税，最高退税率9%，最低退税率3%，平均退税率从17%左右下调至8.29%）。

（2）1997～2003年，亚洲金融危机引致的出口退税率上调从国内方面的因素来看，1997年国内有效需求不足的现象开始显现，1998年我国又发生了罕见洪涝灾害的侵袭，致使国内经济在这段时间内一直处于低迷状态。为避免经济的大起大落，有必要寻找扩大国外需求的途径。这样提高出口退税率以鼓励出口便提上了日程。从国际方面因素来看，1997年爆发的亚洲金融危机使得我国出口贸易面临着空前的困难。在这种情况下上调出口退税率，改变原本扭曲的出口退税局面，就成为可采取的重要手段之一。从1998年1月1日起为促进出口进行了第二次调整，提高了部分出口产品退税率至5%、13%、15%、17%四档，此后，涉外出口连续3年大幅度、超计划增长带来了财政拖欠退税款的问题。

（3）2004～2007年，出口退税率的结构性调整，降低出口退税率。

从国内形势来看，随着涉外出口快速增长，出口欠退税问题越来越严重，给经济社会发展带来明显的负面影响。巨额的欠退税压力，迫使国家下调出口退税率，将出口退税由原来的中央财政支付改为中央与地方共同支付，以缓解中央政府的财政压力。

新政策从2004年1月1日起适当调低出口退税率，平均出口退税率下调2.95%，出口退税率调整为5%、8%、11%、13%和17%五档。但此次出口退税调整走的是一条新思路，其实际表现在对不同的出口产品实行不同的出口退税率。而后至今进行了多次的调整，每次调整基本上都是2004年政策的延续，主要是对高耗能、高污染的产品等取消或降低出口退税率，而对高技术含量的信息出口业则提高退税率。

2005年，分期分批调低和取消了部分"高耗能、高污染、资源性"产品的出口退税率，同时提高有利于国家发展的重大技术装备、IT产品、生物医药产品的出口退税率。

自2007年7月1日起再一次调整出口退税率，共涉及2 831项商品，经过此次调整，退税率变成5%、9%、11%、13%和17%五档。

（4）2008～2010年，金融危机导致的上调出口退税率。

2008年受美国金融危机的影响，中国政府再次对出口退税进行调整，总体上上调出口退税率。

2008年8月1日退税政策调整后，部分纺织品及服装的退税率由之前的11%提高到13%；部分竹制品的出口退税率提高到11%。随后为了刺激出口，又先后5次上调了部分商品的出口退税。

2008年11月1日又进行了调整：一是适当提高纺织品等劳动密集型商品出

口退税率;二是提高高技术含量、高附加值商品的出口退税率,出口退税率分为 5%、9%、11%、13%、14%、17%五档。

2009年4月1日将纺织品和服装的出口退税率提高至16%,部分商品的出口退税率提高到13%。

2009年6月1日提高部分机电和钢铁制品以及玉米淀粉和酒精的出口退税率。

2010年随着经济的好转,中国政府对部分产品的出口退税率进行回调。自2010年7月15日起,取消部分商品出口退税。

(5) 2011年至今。

自2015年4月1日起,降低部分商品出口退税率;提高部分高附加值产品、玉米加工产品、纺织品服装的出口退税率;取消含硼钢的出口退税。

自2019年4月1日起,为配合增值税税率调整,原征税率和退税率均为16%的出口货物服务,退税率调整为13%;原征税率和退税率均为10%的出口货物服务,退税率调整为9%。也就是说现行增值税出口退税率为13%、10%、9%、6%和0,共五档。

3. 消费税退税率。虽然增值税出口退税率几经调整,但消费税出口退税率却始终执行一个标准。计算出口货物应退(免)消费税税款的税率或单位税额,依《中华人民共和国消费税暂行条例》所附的消费税税目(税额)表执行。也就是说出口货物应退(免)消费税的税率或单位税额,是随着其征税税率或单位税额的改变而作相应调整的。除国家规定出口不予退(免)税的货物外,流通型涉外企业实行"征多少退多少",生产型涉外企业实行"全额免税"。对没有或不能对不同税率的出口货物分开核算和申报的,无法分清适用退税率的,一律从低适用退税率计算退税。

4. 出口不予退税的货物。企业出口《财政部、国家税务总局关于调整出口货物退税率的通知》及其他有关文件规定的不予退税的货物,应分别按下列公式计算销项税额。

(1) 一般纳税人出口不予退税的货物。

$$销项税额 = \frac{出口货物离岸价格 \times 外汇人民币牌价}{1 + 法定增值税税率} \times 法定增值税税率$$

(2) 小规模纳税人出口不予退税的货物。

$$应纳税额 = (出口货物离岸价格 \times 外汇人民币牌价) \div (1 + 征收率) \times 征收率$$

二、出口退(免)税的企业范围

下列企业出口属于增值税、消费税征收范围货物可办理出口退(免)税,除另有规定外,给予免税并退税:

1. 有出口经营权的内(外)资生产企业自营出口或委托涉外企业代理出口的自产货物;

2. 有出口经营权的涉外企业收购后直接出口或委托其他涉外企业代理出口的货物；

3. 生产企业（无进出口权）委托涉外企业代理出口的自产货物；

4. 保税区内企业从区外有进出口权的企业购进直接出口或加工后再出口的货物；

5. 特定企业（不限于是否有出口经营权）出口的货物。

修订后的《中华人民共和国对外贸易法》对进出口经营权由审批制改为登记制，从事涉外经营活动的法人、其他组织和个人，均可按照法定程序取得进出口经营资格。但按照国家税务总局有关规定，个人须注册登记为个体工商户、个人独资企业或合伙企业，方可申请出口退（免）税。

三、出口退（免）税的货物范围

在我国享受出口退（免）税的货物以海关报关出口的增值税、消费税应税货物为主要对象，对一些非海关报关出口的特定货物也实行退（免）税。

1. 一般退（免）税货物范围。对出口的凡属于已征或应征增值税、消费税的货物，除国家明确规定不予退（免）税的货物和出口企业从小规模纳税人购进并持普通发票的部分货物外，都属于出口货物退（免）税的货物范围。享受一般退（免）税的出口货物应具备以下四个条件：一是必须是增值税、消费税征税范围的货物；二是必须是报关离境的货物；三是必须是财务上做销售处理的货物；四是必须是出口收汇并已核销的货物。此外，若为生产企业出口或代理出口，享受退（免）税政策的货物还必须是自产货物或视同自产货物的外购货物。

2. 特准退（免）税货物范围。虽然不具备一般退（免）税货物的四个条件，但由于其销售环节、消费环节、结算办法等特殊性，国家特准退还或免征增值税、消费税的货物。目前主要有：对外承包工程公司运出境外用于对外承包项目的货物；对外承接修理修配业务的企业用于对外修理修配的货物；外轮供应公司、远洋运输供应公司销售给外轮、远洋国轮而收取外汇的货物；利用国际金融组织或外国政府贷款采取国际招标方式由国内企业中标销售的机电产品；企业在国内采购并运往境外作为在国外投资的货物；对境外带料加工装配业务使用的出境设备、原材料和散件；外国驻华使（领）馆及其人员在华购买的物品和劳务；保税区内企业从区外有进出口经营权的企业购进的货物，保税区内企业将这部分货物出口或加工后再出口的货物；保税区外的出口企业委托保税区内仓储企业仓储并代理报关离境的货物；销往出口加工区的货物；出口的旧设备等。

3. 出口免税货物的范围。出口免税货物是指按税法规定实行免税不退税办法的出口货物。主要有：来料加工复出口货物；小规模纳税人出口货物；避孕套药品和用具、古旧图书；花生果仁、油画、雕饰板、邮票、印花税票等。

出口享受免征增值税的货物，其耗用的原材料、零部件等支付的进项税额，包括准予抵扣的运输费用所含的进项税额，不能从内销货物的销项税额中抵扣，应计入产品成本处理。

4. 不予退（免）税的货物范围。税法列明的不能享受出口退（免）税政策的出口货物目前主要有：原油、木材、纸浆、山羊绒、鳗鱼苗、稀土金属矿、磷矿石、天然石墨等货物。

四、关检融合统一申报业务准备

根据《全国通关一体化关检业务全面融合框架方案》有关要求，"单一窗口"标准版自 2018 年 8 月 1 日起实施统一报关单申报。

"单一窗口"标准版门户网站为：https://www.singlewindow.cn。

1. 用户（注册）管理。

"单一窗口"标准版用户注册。

（1）创建用户名/密码。

（2）企业/操作员基本资料、手机号码等。

（3）获取保存企业已备案好的资质信息。

（4）绑定 IC 卡信息。

2. 企业资质备案。

完成报关单位及人员备案。

（1）登录"单一窗口"标准版。

（2）进入企业资质备案子系统。

（3）新企业一次申请、同时备案。

（4）单一资质企业进行资质的补录。

3. 办理卡介质。

办理新报关单所需的卡介质。

（1）新报关单所需的卡介质。

（2）电子口岸卡介质类型：IC 卡/Ikey。

（3）查询办理渠道 www.chinaport.gov.cn。

第三节　出口退免税业务处理

一、流通型企业出口退税会计处理

（一）出口退税需提供的凭证

流通型企业（即通常的涉外公司，下同）申报出口退税时，除提供出口货物报关单（出口退税专用）、出口收汇核销单（出口退税专用）的核心凭证或远期收汇证明以外，还需提供以下退税单证资料：

1. 增值税专用发票（抵扣联）；
2. 出口货物专用发票；
3. 出口货物销售明细账；
4. 出口退税货物进货凭证申报明细表；
5. 出口为消费税的货物，提供消费税税收（出口货物专用）缴款书；
6. 出口退税申报明细表；
7. 出口退税汇总申报表；
8. 主管出口退税的税务机关要求附送或提供的其他退税凭证资料。

此外，如果企业有委托代理出口业务的，还需要提供"代理出口货物证明"，如果企业有进料加工复出口业务的，还需要提供"进料加工贸易申请表"及有关单证。特别需要注意的是，涉外企业购进货物后，无论是内销还是出口，须将所取得的增值税专用发票在30天内向税务机关办理认证手续。凡未在规定的认证期限内办理认证手续的增值税专用发票，不予抵扣或退税。

（二）会计科目设置

按规定计算的应收出口退税，借记"应收出口退税（增值税）"科目，贷记"应交税费——应交增值税（出口退税）"科目；计算的不予退回的税款，借记"主营业务成本"科目，贷记"应交税费——应交增值税（进项税额转出）"科目。收到退回的税款，借记"银行存款"科目，贷记"应收出口退税（增值税）"科目。

（三）一般易出口退税会计处理

1. 从一般纳税人购进货物出口退税的会计处理。涉外企业出口货物增值税应退税额，应依据购进出口货物增值税专用发票上所注明的进项税额和出口货物适用出口退税率计算。

应退税额 = 购进出口货物增值税专用发票上注明的金额 × 退税率

或 = 出口货物数量 × 加权平均进货单价退税率

不得退税税额 = 购进出口货物增值税专用发票上注明的金额 × （征税率 − 退税率）

或 = 出口货物数量 × 加权平均进货单价（征税率 − 退税率）

【例12-7】某外贸公司购进一批货物出口并取得增值税专用发票，发票注明的货物金额为700 000元，进口税额91 000元。该批货物出口后，企业收齐单证申报出口退税，适用出口退税率为11%。

（1）应退增值税的申报。

企业按规定计算申报的应退增值税，会计处理如下。

应退增值税税额 = 700 000 × 11% = 77 000（元）

借：应收出口退税（增值税）　　　　　　　　　　　　　　　　77 000
　　　贷：应交税费——应交增值税（出口退税）　　　　　　　77 000

(2) 征退税差处理。

企业按规定计算出口货物征退税差，计入出口销售成本，编制如下会计分录。

应计入成本的征退税差＝700 000×(13%－11%)＝14 000（元）

借：主营业务成本——出口货物　　　　　　　　　　　　　　14 000
　　　贷：应交税费——应交增值税（进项税额转出）　　　　　14 000

(3) 收到退税款。

企业实际收到退税款77 000元，会计处理如下。

借：银行存款　　　　　　　　　　　　　　　　　　　　　　77 000
　　　贷：应收出口退税（增值税）　　　　　　　　　　　　　77 000

(4) 出口退关。

对已办理退税申报的出口货物发生退关或退货的，出口企业应按规定到主管税务机关申报办理《出口商品退运已补税证明》，按实际已退增值税税额补交税款。该批出口货物发生退关，企业按实际已退增值税额补交税款77 000元，编制如下会计分录。

借：应交税费——应交增值税（出口退税）　　　　　　　　　77 000
　　　贷：银行存款　　　　　　　　　　　　　　　　　　　　77 000

同时，应将原计入成本的出口货物征退税差部分从成本中转出，编制如下会计分录。

借：应交税费——应交增值税（进项税额转出）　　　　　　　14 000
　　　贷：主营业务成本——出口货物　　　　　　　　　　　　14 000

如尚未申报退税的出口货物发生退关或退货，不需补交税款，也不进行会计处理。

(5) 实退与原申报退税数相差的处理。

假定该涉外企业出口货物后，向税务机关申报出口退税104 000元，并已做相关会计处理。经税务机关审核，申报时适用退税率不符（或者因不可弥补缺失单证及其他原因造成无法退税），实际准予退税93 600元，与原申报退税数相差10 400元。企业应编制如下会计分录。

借：主营业务成本——出口货物　　　　　　　　　　　　　　10 400
　　　贷：应收出口退税（增值税）　　　　　　　　　　　　　10 400

(6) 丧失退税机会的处理。

一般未按规定退税期限申报，又未补办延期申请的情况下，丧失退税机会，可将未退的增值税税款转入主营业务成本，借记"主营业务成本"科目，贷记"应交税费——应交增值税（进项税额转出）"科目。

2. 从小规模纳税人购进货物出口退税的会计处理。

(1) 涉外企业从小规模纳税人购进持普通发票特准退税的出口货物，也实行销售出口货物的收入免税并退还出口货物增值税税额的办法。由于普通发票上

所列的销售额中包含了应纳增值税税额,因此应先换算成不含税价格,再据以计算应退税额,其计算公式为:

应退税额 = 普通发票所列销售额 ÷ (1 + 征收率) × 3%

(2) 涉外企业从小规模纳税人购进并取得税务机关代开的增值税专用发票的出口货物,应退税额计算公式为:

应退税额 = 增值税专用发票注明的销售金额 × 3%

【例 12 - 8】某抽纱进口公司购入抽纱一批,取得普通发票,发票注明金额 26 500 元。该批货物出口后,申报退税额为:

应退税额 = 26 500 ÷ (1 + 3%) × 3% = 771.84 (元)

申报退税:

借:应收出口退税(增值税)　　　　　　　　　771.84
　　贷:应交税费——应交增值税(出口退税)　　771.84

收到退税款时:

借:银行存款　　　　　　　　　　　　　　　　771.84
　　贷:应收出口退税(增值税)　　　　　　　　771.84

3. 委托加工出口货物增值税应退税额的计算。涉外企业委托生产企业加工收回后报关出口的货物,按购进国内原辅材料的增值税专用发票上注明的进项金额,依原辅材料的退税率计算原辅材料应退税额。支付的加工费,按受托方开具的增值税专用发票上注明的加工费金额,依照出口货物的退税率,计算加工费的应退税额。

4. 出口应税消费品应退消费税税额的计算。涉外企业收购应税消费品出口,除退还其已纳增值税外,还应退还其已纳的消费税。消费税的应退税额分别依据该货物消费税的征税办法确定,计算公式分别为:

实行从价定率征收办法的:

应退税额 = 购进出口货物的进货金额 × 消费税税率

实行从量定额征收办法的:

应退税额 = 出口数量 × 单位税额

涉外企业委托加工收回的应税消费品出口,其应退消费税税额也按上述公式计算。自营出口货物的涉外企业,在货物报关出口后申报退税时,按申请退税的金额,借记"应收出口退税(消费税)"科目,贷记"主营业务成本"科目。

(四) 加工贸易出口退税计算方法

1. 进料加工出口退税。进料加工出口货物的退税办法与一般贸易出口货物的退税办法基本上是一致的,但由于进料加工出口货物在料件的进口环节存在着不同程度的减免税,在计算进料加工出口退税时,必须对已实行减免税的进口料件进行进项扣除,以使出口货物的退税款与国内实际征收的税款保持一致,避免出现多退税的情况。

(1) 进口料件采取作价销售方式。在进料加工贸易方式下,涉外企业将减税或免税进口的料件转售给其他企业加工生产出口货物时,应给生产企业开具增值税专用发票,并按增值税专用发票上注明的金额,填具《进料加工贸易申请表》,报经主管其出口退税的税务机关同意并签章后,报送主管征税的税务机关。征税税务机关据此按规定税率计算销售料件的增值税应交税款并在增值税专用发票上注明,但注明的应交税款不计征入库,而是由主管退税的税务机关在出口企业办理出口退税时在当期应退税额中抵扣。对有些货物增值税征、退税率不一致的,实际应抵扣额按进料加工出口退税率计算扣除。这种方式下应退税额的具体计算方法是:

应退税额 = 出口货物应退税额 − 销售进口料件应抵扣税额

其中,

销售进口材料应抵扣税额 = 销售进口料件金额 × 进口加工复出口货物退税 − 海关已对进口料件实际征收的增值税税额

对进料加工方式下进口料件取得的海关征收增值税完税凭证,出口企业不得交去征税的税务机关作为计算当期进项税额的依据,而是应交主管出口退税的税务机关作为计算退税的依据。

(2) 进口料件采取委托加工方式。在进料加工贸易方式下,涉外企业采取委托加工方式收回出口的货物,其购进内原辅材料的应退税额,按购进时取得的增值税专用发票上注明的进项金额,依原辅材料适用的退税率计算;其支付加工费的应退税额,按受托方开具的增值税专用发票上注明的加工费金额依进料加工出口货物适用的退税率计算。其进口料件实征的进口环节增值税,凭海关完税凭证计算应退税额,具体计算方法如下:

应退税额 = 购进原辅材料增值税专用发票上注明的进项税额 × 原辅材料退税率 + 增值税专用发票注明的加工费金额 × 进料加工出口退税率 + 海关已对进口材料实征增值税税款

2. 来料加工出口退税。按照现行政策规定,来料加工(来件装配)进口的原材料、半成品、零部件、元器材,免征进口环节增值税和消费税;来料加工(来件装配)出口的货物免征增值税消费税。加工出口企业取得的工缴费收入免征增值税、消费税;来料加工(来件装配)出口货物所耗用的国内原材料的已征税款不予退税,也不得抵扣,应计入生产成本。

企业以来料加工(来件装配)贸易方式免税进口的原材料、半成品、零部件、元器材,凭海关核签的来料加工进口料件报关单和来料加工登记手册向主管其出口退税的税务机关办理《来料加工贸易免税证明》,持此证明向主管其征税的税务机关申报办理免征其加工或委托加工货物工缴费的增值税、消费税。企业在来料加工(来件装配)的货物全部出口后,必须及时凭来料加工出口货物报关单和海关已核销的来料加工登记手册、收汇凭证向主管其出口退税的税务机关办理核销手续。逾期未核销的,主管其出口退税的税务机关将会同海关及主管征税的税务机关对其进行补税和处罚。

二、生产企业出口退（免）税会计处理

（一）生产企业出口退（免）税程序

生产企业在货物出口并按会计准则的规定在财务上做销售后，先向主管征税机关的征税部门或岗位（以下简称征税部门）办理增值税纳税和免、抵税申报，并于每月1～15日（逢节假日顺延）向主管征税机关的退税部门或岗位（以下简称退税部门）办理退税申报。

1. 办理增值税纳税及免、抵税申报。生产企业向征税部门办理增值税纳税及免、抵税申报时，应提供以下资料：

（1）《增值税纳税申报表》及其规定的附表。
（2）退税部门确认的上期《生产企业出口货物免、抵、退税申报汇总表》。
（3）税务机关要求的其他资料。

2. 办理"免、抵、退"税申报。生产企业向退税部门办理"免、抵、退"税申报时，除提供出口货物报关单（出口退税专用）、出口收汇核销单（出口退税专用）的核心凭证或远期收汇证明以外，还需提供以下退税单证资料：

（1）《生产企业出口货物免、抵、退税申报汇总表》。
（2）《生产企业出口货物免、抵、退税申报明细表》。
（3）经征税部门审核签章的当期《增值税纳税申报表》。
（4）有进料加工出口业务的还应填报：
① 《生产企业进料加工登记申报表》。
② 《生产企业进料加工进口料件申报明细表》。
③ 《生产企业进料加工海关登记手册核销申请表》。
④ 《生产企业进料加工贸易免税证明》。
（5）如有委托代理出口业务的，还需提供"代理出口货物证明"。

3. 中标的机电产品。生产企业中标销售的机电产品申报"免、抵、退"税时，除提供上述申报表外，应提供以下资料：

（1）招标单位所在地主管税务机关签发的《中标证明通知书》。
（2）由中国招标公司或其他国内招标组织签发的中标证明（正本）。
（3）中标人与中国招标公司或其他招标组织签订的供货合同（协议）。
（4）中标人按照标书规定及供货合同向用户发货的发货单。
（5）销售中标机电产品的普通发票或外销发票。
（6）中标机电产品用户收货清单。
（7）国外企业中标再分包给国内生产企业供应的机电产品，还应该提供与中标人签署的分包合同（协议）。

（二）生产企业增值税出口退（免）税计算方法

按照国家税务总局出口退税最新规定的要求，生产企业自营或委托涉外企业

代理出口（以下简称出口）自产货物，除另有规定外，增值税一律实行免、抵、退税管理办法。增值税小规模纳税人出口自产货物实行免征增值税办法，相关进项税额不予退还或抵扣。生产企业出口自产的属于应征消费税的产品，实行免征消费税办法。

"免"税，是指对生产企业出口的自产货物，免征本企业生产销售环节增值税。

"抵"税，是指生产企业出口自产货物所耗用的原材料、零部件、燃料、动力等所含应予退还的进项税额，抵顶内销货物的应纳税额。

"退"税，是指生产企业出口的自产货物在当月内应抵顶的进项税额大于应纳税额时，对未抵顶完的部分予以退税。

1. 一般贸易出口退（免）税计算方法。

（1）基本思路。

①先将因为退税率低于征税率而不得在当期抵扣或退税的进项税额从全部进项税额中剔除，此部分增值税税额只能包含于出口货物的成本之中。

②计算内销货物的销项税额，但对出口货物的销售额不计算销项税额（因为出口货物适用零税率，所以没有销项税额），并以剔除后的当期进项税额去抵扣内销货物的销项税额，如果抵扣完的，则不予退税并可能还要交税；只有在出现进项税额未抵扣完的情形下，才准予退税。

③在实际计算退税额时，应先算出一个参照数（出口货物外销额×退税率），然后将未抵扣完的进项税额与此参照数相比较，最后，以相对较小的数额为退税额。

（2）此方法的具体计算步骤和公式，要区分是否有免税购进原材料两种情况而定。

第一种情况，企业当期无购进免税原材料：

①计算出口货物当期不予免征和抵扣的税额（A）。

A = 当期出口货物离岸价 × 外汇人民币牌价 × (出口货物征税率 – 出口货物退税率)

如征税率等于退税率的，则 A = 0。

②计算当期应纳税额或当期期末留抵税额（B）。

B = 当期内销货物的销项税额 – [当期进项税额 – 当期不予免或抵的税额(A)] – 上期留抵税额

如 B > 0，则不退税；如 B < 0，B 的绝对值就是"当期期末留抵税额"，可以退税。

③计算当期免抵退税额（C）。

C = 出口货物离岸价 × 外汇人民币牌价 × 出口货物退税率

请注意："当期免抵退税额"就是当期免抵税额和退税额的加总额。

④计算当期应退税额和免抵税额。

如当期免抵税额(B) ≤ 当期免抵退税额(C)，则当期应退税额(D) = 当期期末留抵税额(B)

当期免抵税额(E) = 当期免抵税额(C) - 当期应退税额(D)

如当期期末留抵税额(B) > 当期免退税额(C)，则当期应退税额(D) = 当期免抵税额(C)；当期免抵税额 = 0

第二种情况，企业当期有购进免税原材料，要注意两个"抵减额"：

①计算当期不得免税和抵扣税额的"抵减额（A）"。

A = 免税购进原材料价格 × (出口货物征税率 - 出口货物退税率)

②计算当期不予免征和抵扣的税额（B）。

B = 出口货物离岸价 × 外汇人民币牌价 × (出口货物征税率 - 出口货物退税率) - 不得免征或抵扣税额的抵减额(A)

如征税率等于退税率，则 B = 0。

③计算当期应纳税额或当期期末留抵税额（C）。

C = 当期内销货物 - (当期进项税额 - 当期不予抵扣或退税的税额 B) - 上期留抵税额

④计算免抵退税额的抵减额（A′）。

A′ = 免税购进原材料价格 × 出口货物退税率

免税购进原材料包括从国内购进免税原材料和进料加工免税进口料件，进料加工免税进口料件的价格 = 货物到岸价 + 海关实征关税 + 消费税

计算当期免抵退税额(D) = 出口货物离岸价 × 外汇人民币牌价 × 出口货物退税率 - 免抵退税额的抵减额(A′)

当期应退税额和免抵税额的计算：

如当期期末留抵税额(C) ≤ 当期免抵退税额(D)，则当期应退税额(E) = 当期期末留抵税额(C)

当期免抵税额(F) = 当期免抵退税额(D) - 当期应退税额(E)

如当期期末留抵税额(C) > 当期免抵退税额(D)，则当期应退税额(E) = 当期免抵退税额(D)；当期免抵税额 = 0

2. 加工贸易出口退（免）税。

（1）进料加工出口退（免）税。

生产企业以进料加工贸易方式进口料件加工后出口的，其进口料件应当先依据海关核准的《进料加工登记手册》填具"进料加工贸易申请表"，报经主管其出口退税的税务机关同意盖章后，将此申请表送主管其征税的税务机关，准许其在计征加工成品的增值税时，对这部分进口料件按规定的征税率计算税款予以抵扣。货物出口后，比照一般贸易方式出口货物实行"免、抵、退"税办法，主管其出口退税的税务机关在计算其免抵退税额时，对这部分进口料件按规定的退税率计算税额并予以扣减。

（2）来料加工出口退（免）税。

生产企业来料加工（来件装配）出口退（免）税政策规定与流通企业基本相同，即一般贸易进口的原材料、半成品、零部件、元器材，免征进口环节增值税和消费税；来料加工（来件装配）出口的货物免征增值税、消费税，加

工出口企业取得的工缴费收入免征增值税、消费税;来料加工(来件装配)出口货物所耗用的国内原材料的已征税款不予退税,也不得抵扣,应计入生产成本。

3. 生产企业出口自产的属于应征消费税的产品,实行免征消费税办法,分别按不同的征收方法就销售收入或销售数量免税。

4. 生产企业外购产品出口。

(1) 生产企业出口的以下产品,可视同自产产品准予按原免抵退税政策执行。

①外购的与本企业所生产的产品名称、性能相同,且使用本企业注册商标的产品。

②外购的与本企业所生产的产品配套出口的产品。

③收购经主管出口退税的税务机关认可的集团公司(或总厂)成员企业(或分厂)的产品。

④委托加工收回的产品。

(2) 从2004年7月起,经商财政部同意国家税务总局批准,对部分试点列名生产企业外购出口的产品准予按免抵退税政策执行,并且根据管理上的需要,在各地上报的基础上不定期地调整列名生产企业名单。

(三) 生产企业增值税出口退(免)税会计处理

根据按规定计算的当期应予抵扣的税额,借记"应交税费——应交增值税(出口抵减内销产品应纳税额)"科目,贷记"应交税费——应交增值税(出口退税)"科目;因应抵扣的税额大于应纳税额而未全部抵扣,按规定应予退回的税款,借记"应收出口退税(增值税)"科目,贷记"应交税费——应交增值税(出口退税)"科目;按规定计算的当期出口货物不予免征、抵扣和退税的税额,计入出口货物成本,借记"主营业务成本"科目,贷记"应交税费——应交增值税(进项税额转出)"科目,收到退回的税款,借记"银行存款"科目,贷记"应收出口退税(增值税)"科目。

在出口企业的经营中,销售上既有内销又有出口;耗料上既有国内采购又有进料加工;出口种类上既有实行退税品种又有出口征税品种;出口退税率上既有全额退税又有差额退税,由于上述各种情况都有不同的政策规定,尤其是企业上述情形同时存在时,会计处理相对就复杂了一些。企业申报出口退税后,月末一般会出现下述三种情况:

(1) 出口应退税额全部抵减内销应纳税额后,当月仍需缴纳增值税;

(2) 当月有退税申报额,无免抵税额;

(3) 当月既有退税申报额,也有免抵税额。

【例12-9】某出口生产企业20×6年7~9月资料见表12-1,该企业适用17%征税率和13%的退税,假定7月没有上期留抵税额。

表 12-1   单位：万元

项目		7月	8月	9月
进项税额	上期留抵税额	0		
	本期增加	150	160	110
内销	销售额	800	400	500
	销项税额	136	68	85
外销	准予退税的出口额	700	500	700
	不予退税的出口额	117	35.1	
	进口料件金额	300	0	200

（1）出口应退税额全部抵减内销应纳税额后，7月当月仍需缴纳增值税，见表12-2。

表 12-2   单位：万元

月份	计算项目	计算公式	计算结果	会计处理
7	不得免征和抵扣税额抵减额	300×(17%-13%)	12	
	不得免征和抵扣税额	700×(17%-13%)-12	16	√
	不予退税的出口额计提销项税额	117÷(1+17%)×17%	17	√
	准予抵扣的进项税额	150-16	134	
	应纳税额	(136+17)-134	19	√
	免抵扣退税额抵减额	300×13%	39	
	免征抵税额	700×13%-39	52	
	应退税额		0	
	免抵税额	52-0	52	√
	期末留抵税额		0	

不予抵扣税额转入出口成本。
借：主营业务成本——自营出口销售成本　　　　　　　160 000
　　贷：应交税费——应交增值税（进项税额转出）　　　　160 000
出口货物按规定应计提销项税额。
借：应收外汇账款　　　　　　　　　　　　　　　　1 170 000
　　贷：主营业务收入——自营出口销售收入　　　　　1 000 000
　　　　应交税费——应交增值税（销项税额）　　　　　170 000
出口产品当月应予抵扣的税款。
借：应交税费——应交增值税（出口内销产品应纳税额）　52 000

  贷：应交税费——应交增值税（出口退税）   520 000
月度终了结转本月未交增值税。
借：应交税费——应交增值税（转出未交增值税） 190 000
  贷：应交税费——未交增值税   190 000

  需要注意的是，"免、抵、退"是在税务机关的两个部门进行的，进项税额认证和抵顶内销应纳增值税是在征税部门，而应免抵增值税或退税是在退税部门进行的，当企业经计算出口应退税额全部抵减内销应纳税额后，当月仍需缴纳增值税时，仍然要对"免抵税额"向退税部门进行申报并进行会计处理，否则，会因漏申报而丧失"免、抵"机会。

  (2) 8月当月有退税申报额，无免抵税额，见表12-3。

表12-3   单位：万元

月份	计算项目	计算公式	计算结果	会计处理
8	不得免征和抵扣税额抵减额			
	不得免征和抵扣税额	500 × (17% - 13%)	20	√
	不予退税的出口额计提销项税额	35.1 ÷ (1 + 17%) × 17%	140	√
	准予抵扣的进项税额	160 - 20	5.1	√
	应纳税额	(68 + 5.1) - 140	-66.9	
	免抵扣退税额抵减额			
	免征抵税额	500 × 13%	65	
	应退税额	|-66.9| > 65	65	
	免抵税额	65 - 65	0	√
	期末留抵税额		66	

  经计算，8月末当期待抵增值税（进项税额余额）669 000元，大于免抵退税净额650 000元。因此，当期应退税额为650 000元，期末留抵税额为669 000元。
  会计处理如下。
  不予抵扣税额转入出口成本。
借：主营业务成本——自营出口销售成本   200 000
  贷：应交税费——应交增值税（进项税额转出） 200 000
出口货物按规定应计提销项税额。
借：应收外汇账款   351 000
  贷：主营业务收入——自营出口销售收入   300 000
    应交税费——应交增值税（销项税额）   51 000

  需要注意的是，征税部门审定的《增值税纳税申报表》中的"期末留抵税额"，是要向退税部门申报"应退税额"的充要条件，"应退税额"必须是有本期的"期末留抵税额"大于或等于准备申报的退税额时，申报退税才能成立。并且按规定，应在下月初（一般在15日之前）计提并申报。

(3) 9月当月既有退税申报额，也有免抵税额，见表12-4。

表12-4   单位：万元

月份	计算项目	计算公式	计算结果	会计处理
9	上期留抵税额		66.9	
	计提并申报退税		65	√
	不得免征和抵扣税额抵减额	200×(17%－13%)	8	
	不得免征和抵扣税额	700×(17%－13%)－8	20	√
	准予抵扣的进项税额	(66.9－65)＋110－20	91.9	
	应纳税额	85－91.9	－6.9	
	免抵扣退税额抵减额	200×13%	26	
	免征抵税额	700×13%－26	65	
	应退税额	｜－6.9｜＜65	6.9	√
	免抵税额	65－6.9	58.1	√

计提上期的出口产品退税并申报。

借：应收出口退税（增值税）　　　　　　　　　　　650 000
　　贷：应交税费——应交增值税（出口退税）　　　　　650 000

不予抵扣税额转入出口成本。

借：主营业务成本——自营出口销售成本　　　　　　200 000
　　贷：应交税费——应交增值税（进项税额转出）　　　200 000

出口产品当月应予抵扣的税款。

借：应交税费——应交增值税（出口抵减内销产品应纳税额）
　　　　　　　　　　　　　　　　　　　　　　　　581 000
　　贷：应交税费——应交增值税（出口退税）　　　　　581 000

10月初的会计核算。

借：应收出口退税（增值税）　　　　　　　　　　　69 000
　　贷：应交税费——应交增值税（出口退税）　　　　　69 000

或者9月的出口产品当月应予抵扣的税款与10月的申报退税在10月初编制复合分录。

借：应交税费——应交增值税（出口抵减内销产品应纳税额）
　　　　　　　　　　　　　　　　　　　　　　　　581 000
　　　应收出口退税（增值税）　　　　　　　　　　　69 000
　　贷：应交税费——应交增值税（出口退税）　　　　　650 000

（四）生产企业消费税出口退（免）税会计处理

对消费税出口退税，会计上在"应收账款"下设置"应收出口退税（消费税）"明细科目进行核算。

1. 没有进出口经营资格的生产企业委托涉外企业代理出口货物,应在计算消费税时,按应交消费税,借记"应收出口退税(消费税)"科目,贷记"应交税费——应交消费税"科目。实际收到退回的税金,借记"银行存款"科目,贷记"应收出口退税消费税"科目。发生退关或退货而补交已退的消费税,作相反会计分录。

2. 有进出口经营资格的生产企业直接出口或通过涉外企业出口的货物,按规定直接予以免征消费税,会计上不作核算。

三、小规模纳税人出口免税

小规模纳税人自营和委托出口的货物,免征增值税、消费税,其进项税额不予抵扣或退税。自2008年1月1日起,小规模纳税人自营或委托出口的货物应按照以下规定向税务机关进行免税或免税核销申报。

(一) 出口货物免税认定

小规模纳税人应在规定期限内填写《出口货物退(免)税认定表》并持有关资料到主管税务机关办理出口货物免税认定。

已办理涉外经营者备案登记的小规模纳税人办理出口货物免税认定的期限是办理涉外经营者备案登记之日起30日内。应申报以下资料:

(1) 税务登记证(由税务机关查验)。

(2) 加盖备案登记专用章的《涉外经营者备案登记表》。

(3) 中华人民共和国海关进出口货物收发货人报关注册登记证书。

未办理涉外经营者备案登记委托出口货物的小规模纳税人办理出口货物免税认定的期限是首份代理出口协议签订之日起30日内。应申报以下资料:

(1) 税务登记证(由税务机关查验)。

(2) 代理出口协议。

(二) 出口货物增值税的"免税"

1. 小规模纳税人自营或委托出口货物后,须在次月向主管税务机关办理增值税纳税申报时,提供《小规模纳税人出口货物免税申报表》及电子申报数据。

主管税务机关受理纳税申报时,应对《免税申报表》"出口货物免税销售额(人民币)"合计数与同期《增值税纳税申报表》(适用于小规模纳税人)中"出口货物免税销售额"进行核对。经核对相符后,在《免税申报表》(第一联)签章并交小规模纳税人。如核对不符,或者《增值税纳税申报表》中申报了出口货物免税销售额而未报送《免税申报表》,主管税务机关应将申报资料退回小规模纳税人,由其补正后重新申报。

2. 小规模纳税人应按月将收齐有关出口凭证的出口货物,填写《小规模纳税人出口货物免税核销申报汇总表》《小规模纳税人出口货物免税核销申报明细表》，并于货物报关出口之日（以出口货物报关单上注明的出口日期为准）次月起 4 个月内的各申报期内（申报期为每月 1～15 日），持下列资料到主管税务机关（负责出口退税业务的部门或岗位）按月办理出口货物免税核销申报，并同时报送出口货物免税核销电子申报数据。

（1）出口发票；

（2）小规模纳税人自营出口货物应提供的其他资料：①出口货物报关单（出口退税专用）；②出口收汇核销单（出口退税专用）。

申报时出口货物尚未收汇的，可在货物报关出口之日起 210 日内提供出口收汇核销单（出口退税专用）。在试行申报出口货物退（免）税免予提供纸质出口收汇核销单的地区，对实行"出口收汇核销网上报审系统"的小规模纳税人，可以比照相关规定执行，申报出口货物免税时免予提供纸质出口收汇核销单，税务机关以出口收汇核销单电子数据审核出口货物免税；属于远期收汇的，应按照现行出口退税规定提供远期结汇证明。

（3）小规模纳税人委托出口货物应提供的其他资料：①代理出口货物证明；②代理出口协议；③出口货物报关单（出口退税专用）或其复印件；④出口收汇核销单（出口退税专用）或其复印件。出口收汇核销单（出口退税专用）提供要求与上述小规模纳税人自营出口货物提供要求相同。

（4）主管税务机关要求提供的其他资料。

（三）出口货物应征收的增值税、消费税

小规模纳税人出口下列货物，除另有规定外，应征收增值税。下列货物为应税消费品的，若小规模纳税人为生产企业，还应征收消费税。

（1）国家规定不予退（免）增值税、消费税的货物；

（2）未进行免税申报的货物；

（3）未在规定期限内办理免税核销申报的货物；

（4）虽已办理免税核销申报，但未按规定向税务机关提供有关凭证的货物；

（5）经主管税务机关审核不批准免税核销的出口货物；

（6）未在规定期限内申报开具《代理出口货物证明》的货物。

上述小规模纳税人出口货物应征税额按以下方法确定：

1. 增值税应征税额的计算公式。

增值税应征税额 =（出口货物离岸价 × 外汇人民币牌价）÷（1 + 征收率）× 征收率

2. 消费税应征税额的计算公式。

（1）实行从量定额征税办法的出口应税消费品。

消费税应征税额 = 出口应税消费品数量 × 消费税单位税额

（2）实行从价定率征税办法的出口应税消费品。

$$消费税应征税率 = \frac{出口应税消费品离岸价 \times 外汇人民币牌价}{1 + 增值税征税率} \times 消费税适用税率$$

(3) 实行从量定额与从价定率相结合征税办法的出口应税消费品。

消费税应征税额 = 出口应税消费品数量 × 消费税单位税额 + [（出口消费品离岸价 × 外汇人民币牌价）÷（1 + 增值税征收率）] × 消费税适用税率

上述出口货物的离岸价及出口数量以出口发票上的离岸价或出口数量为准委托代理出口的，出口发票可以是委托方开具的或受托方开具的，若出口价格以其他价格条件成交的，应扣除按会计准则规定允许冲减出口销售收入的运费、保险费、佣金等。若出口发票不能真实反映离岸价或出口数量，小规模纳税人应当按照离岸价或真实出口数量申报，税务机关有权按照《中华人民共和国税收征收管理法》《中华人民共和国增值税暂行条例》《中华人民共和国消费税暂行条例》等有关规定予以核定。

四、旧设备出口退税

（一）出口自用旧设备

纳税人出口的自用旧设备，根据以下公式计算其应退税额：

应退税额 = 增值税专用发票所列明的金额（不含税额）× 设备折余价值 ÷ 设备原值 × 适用退税率

设备折余价值 = 设备原值 − 已提折旧

纳税人出口的自用旧设备，须按照有关税收法律法规规定向主管税务机关备案的折旧年限计算提取折旧，并计算设备折余价值。主管税务机关接到企业出口自用旧设备的退税申报后，须填写《旧设备折旧情况确认表》交由负责企业所得税管理的税务机关核实无误后办理退税。

增值税一般纳税人和非增值税纳税人出口自用旧设备后，应填写《出口旧设备退（免）税申报表》，并持下列资料，向其主管税务机关申请退税。

（1）出口货物报关单（出口退税专用）或代理出口货物证明；
（2）购买设备的增值税专用发票；
（3）主管税务机关出具的《旧设备折旧情况确认表》；
（4）主管税务机关要求提供的其他资料。

纳税人以一般贸易方式出口旧设备的，除上述资料外，还须提供出口收汇核销单。

纳税人出口的自用旧设备，凡购进时未取得增值税专用发票但其他单证齐全的，实行出口环节免税不退税的办法。

（二）出口外购旧设备

纳税人出口的外购旧设备，实行出口环节免税不退税的办法。企业出口外购旧设备后，须在规定的出口退（免）税申报期限内填写《出口旧设备退（免）税申报表》，并持出口货物报关单（出口退税专用）、购买设备的普通发票或进口完税凭证及主管税务机关要求提供的其他资料向主管税务机关申报免税。

(三) 小规模纳税人出口旧设备

小规模纳税人出口的自用旧设备和外购旧设备,实行出口环节免税不退税的办法。

五、其他贸易形式出口退税

(一) 对外援助货物出口退税

从税务角度分析,我国对外援助货物出口有两种形式:一是一般物资援助项下出口货物;二是企业利用中国政府援外优惠贷款和合资合作项目基金方式的出口货物。

对一般物资援助项下出口货物,在执行任务后与政府商务主管部门办理结算,结算方式包括:实报实销结算制和承包结算制。一般物资援助项下出口货物不予退税。实行实报实销结算制的,只对承办企业取得的手续费收入征收增值税;实行承包结算制的,对承包企业按"对内总承包价"征收增值税。

我国企业利用中国政府援外优惠贷款和援外合资合作项目基金在受援国兴办合资企业或合资合作项目,因项目投资带动国内设备物资出口的货物,以及利用中国政府援外优惠贷款向受援国提供我国生产的成套设备和机电产品出口的货物,比照一般贸易出口办理出口退税。企业向主管其出口退税的税务机关申报办理退税时,应提供以下凭证:商务主管部门批准使用援外优惠贷款或援外合资合作项目基金的批文(援外任务书)复印件;与中国进出口银行签订的援外优惠贷款协议复印件,或与商务主管部门签订的援外合资合作项目基金借款合同复印件,购进出口货物的增值税专用发票(抵扣联),出口货物报关单(出口退税联),出口发票。

(二) 易货贸易出口退税

易货贸易协议(合同)项下的出口销售在核算上与一般贸易出口销售相同,只是易货贸易一般收不到外汇。易货贸易出口货物的退税,也比照一般贸易出口货物办理,只是不需要提供收汇核销单。

(三) 补偿贸易出口退税

补偿贸易协议(合同)项下,机器设备或先进技术的外商提供方和出口直接产品或间接产品的中国返销方是买和卖的关系。补偿贸易协议(合同)项下的出口货物,在生产环节照章征收增值税、消费税,货物补偿报关出口后办理退税。

（四）边境小额贸易出口退税

边境小额贸易是指我国边境地区经批准获得边境小额贸易经营资格的企业，通过国家指定的陆地边境口岸与毗邻国家边境地区的企业或其他贸易机构之间的贸易活动。对边境小额贸易出口货物，凡海关作为报关出口，并符合退税范围和手续的，可比照一般贸易出口货物予以退税。从 2004 年 10 月 1 日起，对云南边境小额贸易出口货物以人民币银行转账方式结算的出口退税试点工作，其退税额按 100% 退付，对以现金方式结算的，其退税额按 40% 退付。

（五）运往境外作为出口投资的货物出口退税

国内企业在国内购买运往境外作为对境外投资的货物，视同出口货物予以退税。企业在所购用于对国外投资货物报关出口后，持商务部及授权单位批准其在国外投资的文件复印件、在国外开办企业的注册登记副本和有关合同副本及其他凭证，向主管其出口退税的税务机关申报办理退税。应退税额按用于国外投资货物购进的增值税专用发票所列购进金额和适用退税率计算。

（六）带料境外加工贸易出口退税

带料境外加工贸易是指我国企业以现有技术、设备投资为主，在境外以加工装配的方式，带动和扩大国内设备、技术、原材料出口的国际经贸合作方式。从事境外带料加工贸易业务的企业经批准作为实物性投资的出境设备、原材料和散件，准予办理出口退税。具体办法如下：

1. 生产型企业向境外投资的原材料、散件等生产用材料，如果是自产的，比照一般贸易或加工贸易出口货物，实行"免、抵、退"税办法；如果是外购的，按以下公式计算应退税额：

$$应退税额 = 增值税专用发票上列明的金额 \times 适用退税率$$

2. 生产型企业向境外投资的自用二手设备（属固定资产的），如果是 1994 年 1 月 1 日以后购进的，应退税额按以下公式计算：

$$应退税额 = 增值税专用发票上列明的金额 \times \frac{设备折余价值}{设备原值} \times 适用退税率$$

其中，设备折余价值 = 设备原值 − 设备已提折旧，设备原值和设备已提折旧均按会计核算数据确定。

如果二手设备是 1994 年 1 月 1 日以前购进的，应退税额按以下公式计算：

$$应退税额 = \frac{购货发票列明的金额}{1 + 扣除率} \times \frac{设备折余价值}{设备原值} \times 适用退税率$$

其中，购货发票指企业购买设备时取得的普通销货发票，扣除率指购货时新税制实施之前原增值税货物的征税率。

生产型企业向境外投资的外购二手设备，凭取得的外购二手设备的普通发票或增值税专用发票上列明的金额，计算二手设备的应退税额。

3. 流通型企业向境外投资的设备、器材、原材料、散件等实物,比照一般贸易出口货物按以下公式计算应退税额:

应退税额=增值税专用发票上列明的金额×适用退税率

(七) 运往保税区货物退税

保税区全称加工贸易保税区,是指一个国家划出一定范围,在海关监管之下,对为制造出口货物而进口的原材料、零部件以及在区内储存、加工、装配后需复出境的货物,准予暂缓办理纳税手续。进入保税区货物属海关保税货物,自进口之日起至全部出口之日止,受海关监管。

按现行政策规定,非保税区货物出口到保税区的,不予办理退税,非保税区企业在销售货物时应按规定缴纳增值税、消费税。

保税区内企业从区外有进出口经营资格的企业购进货物,保税区内企业将这部分货物出口或加工出口后,凭有关凭证申报办理退税。保税区外的出口企业将出口货物销售给国外客户,并将货物存放在保税区内,由仓储企业代理报关离境的出口货物,保税区外的出口企业可凭该批出口货物的增值税专用发票、运往保税区的出口货物报关单、仓储企业提供的仓储凭证以及出口备案清单、结汇水单等凭证,向税务机关申报办理退税。

(八) 出口加工区退税

出口加工区是指经国务院批准,由海关监管的特殊封闭区域。对出口加工区外企业运入出口加工区的货物视同出口,由海关办理出口报关手续并签发报关单(出口退税联),区外企业凭报关单(出口退税联)及有关凭证,向税务机关申报办理出口退税。对出口加工区内加工、生产的产品和应税劳务免征增值税、消费税。对出口加工区内企业出口到境外的货物,不予办理退税。

(九) 存入监管仓库货物退税

对存入出口监管仓库的货物,在货物实际离境出口后,出境地海关予以签发报关单(出口退税联)并作出口统计。报关出口但实际不离境的,不予办理出口退税,海关不得签发报关单(出口退税联)。

以转关运输方式存入监管仓库的货物,启运地海关不予签发报关单(出口退税联),出境地海关在验收确认货物入库后,按境内存入保税仓库货物作单项统计。待货物实际离境后,方可由启运地海关签发报关单(出口退税联)供出口企业办理出口退税,并作出口统计。

(十) 出口样品、展品退税

出口企业报关出口的样品、展品如最终在境外销售,出口企业可凭出口样品、展品的出口货物报关单(出口退税联)、收汇水单等有关凭证申报退税。

【本章重要概念】

出口退税税种和退税率、出口退（免）税的货物范围、出口退税流程、出口退税会计处理

【复习思考题】

1. 目前我国进口税则设有几种税率？
2. 进口货物完税价格包括哪些项目？
3. 出口退（免）税企业的范围有哪些？

【练习题】

一、单项选择题

1. 某抽纱进出口公司购入抽纱一批，取得普通发票，发票注明金额153 000元，该批货物出口后，申报退税额为（　　）元。
   A. 159 000　　　　B. 9 540　　　　C. 150 000　　　　D. 9 000

2. 生产企业出口货物在办理免（抵）退税时，因应抵扣的税额大于应纳税额而未全部抵扣，按规定应予退回的税款，会计处理应是（　　）。
   A. 借：应交税费——应交增值税（出口抵减内销产品应纳税额）
       贷：应交税费——应交增值税（出口退税）
   B. 借：其他应收款——应收出口退税（增值税）
       贷：应交税费——应交增值税（出口退税）
   C. 借：主营业务成本
       贷：应交税费——应交增值税（进项税额转出）
   D. 借：银行存款
       贷：其他应收款——应收出口退税（增值税）

3. 小规模纳税人出口不予退税的货物增值税的计算为（　　）。
   A. 应纳税额 =（出口货物离岸价格×外汇人民币牌价）÷（1 + 征收率）× 征收率
   B. 不得退税税额 = 购进出口货物增值税专用发票上注明的金额×（征税率 – 退税率）
   C. 不得退税税额 = 出口货物数量×加权平均进货单价×（征税率 – 退税率）
   D. 应退税额 = 出口货物数量×加权平均进货单价×退税率

4. 某电器生产企业自营出口自产货物，20×9年10月末计算出的期末留抵税额为6万元，当期免抵退税额为15万元，则当期免抵税额为（　　）万元。
   A. 0　　　　　　B. 6　　　　　　C. 9　　　　　　D. 15

5. 凡从小规模纳税人购进税务机关代开的增值税专用发票的出口货物，其计算退税的公式为（　　）。
   A. 应退税额 = 增值税发票上注册的金额×6% 或 5%
   B. 应退税额 = 增值税发票上注册的金额÷（1 + 征收率）×6% 或 5%
   C. 应退税额 = 增值税发票上注册的金额÷（1 + 13%）×6% 或 5%

D. 应退税额＝增值税发票上注册的金额÷(1＋13%)×13%

6. 有出口经营权的生产型企业自营出口或生产企业委托涉外企业代理出口自产的应税消费品，其运用的退（免）税政策是（　　）。

    A. 出口免税并退税　　　　　　　　B. 出口免税但不退税

    C. 出口不免税也不退税　　　　　　D. 出口退税但不免税

7. 当企业改进其进出口经营范围时，必须在工商管理部门批准变更之日起（　　）天内，持变更登记有关证明文件及原退税登记证等有关资料去税务机关办理退税变更登记。

    A. 20　　　　　　B. 60　　　　　　C. 30　　　　　　D. 180

二、多项选择题

1. 进口关税税率包括（　　）。

    A. 最惠国税率　　B. 暂定税率　　C. 协定税率　　D. 特惠税率

    E. 普通税率　　　F. 配额税率

2. 特别关税包括（　　）。

    A. 报复性关税　　B. 反倾销税　　C. 反补贴税　　D. 保障性关税

3. 我国出口货物退税的税种包括（　　）。

    A. 增值税　　　　B. 营业税　　　C. 消费税　　　D. 关税

4. 可以退税的出口货物一般应具备的条件（　　）。

    A. 必须是属于增值税、消费税征税范围的货物

    B. 必须是报关离境的货物

    C. 必须是财务上作销售处理的货物

    D. 必须是收汇并已核销的货物

5. 比照一般贸易出口办理退税的有（　　）。

    A. 利用中国政府的援外优惠贷款和合资合作项目基金方式下的出口货物

    B. 境外带料加工贸易方式下的货物

    C. 出口加工区内企业出口到境外的货物

    D. 边境小额贸易出口货物

6. 特准退税的货物范围（　　）。

    A. 对外承包工程公司将货物运出境外用于对外承包工程的货物

    B. 对外承接修理修配业务的企业的货物

    C. 企业在国内采购货物并运往境外作为在国外投资的货物

    D. 境外带料加工装配业务所使用出境设备、原材料、散件

    E. 出口企业从小规模纳税人购进的工艺品、草柳竹藤制品等货物

三、判断题

1. 我国出口货物退、免税的税种包括关税、增值税和消费税。（　　）

2. 在来料加工出口中，货物所耗用的国内原材料的已征税款再办理相关手续后准予退税。（　　）

3. 出口的货物如属税法规定免征增值税的，不予出口退税，其耗用的原材料、零部件等支付的进项税额，包括准予抵扣的运输费用所含的进项税额，不能从内销货物的销项税额中抵扣，应计入产品成本。（　　）

4. 生产企业出口自产的属于征消费税的产品，免征消费税。（　　）

5. 对于进料加工方式下进口料件取得的海关征收增值税完税凭证，出口企业应交主管征税的税务机关作为计算当期进项税额的依据，之后再交主管出口退税的税务机关作为计算退

税的依据。　　　　　　　　　　　　　　　　　　　　　　　　　　　　（　　）

6. 涉外企业购进货物后，无论是内销还是出口，须将所取得的增值税专用发票在规定的认证期限内到税务机关办理认证手续。凡未在规定的认证期限内办理认证手续的增值税专用发票，不予抵扣或退税。　　　　　　　　　　　　　　　　　　　　　　　　（　　）

四、业务题

甲涉外企业外购一批货物出口并取得增值税专用发票，发票注明的金额为 350 000 元，进项税额 45 500 元。该批货物出口后，企业收齐单证申报出口退税，适用出口退税率为 10%。

要求：编制相关会计分录。

第十三章　涉外所得税会计核算

【章首导言】

《企业会计准则第 18 号——所得税》规定以暂时性差异取代时间性差异，明确要求涉外企业在进行所得税核算时放弃应付税款法、递延法以及利润表债务法，采用资产负债表债务法。

新准则采用资产负债表债务法会对企业的财务报表数据产生影响，特别是新准则要求确认由于暂时性差异而产生的递延所得税资产或递延所得税负债，当税率发生变化时还要对已确认的递延所得税资产或递延所得税负债进行重新计量，这将影响利润表中的所得税费用并最终影响企业的净利润。

【学习目标】

1. 了解所得税会计特点及核算的一般程序；
2. 掌握应纳税暂时性差异及可抵扣暂时性差异的产生；
3. 掌握资产的计税基础和负债的计税基础；
4. 了解递延所得税的确认、计量及会计处理；
5. 了解国际税收及征收管理。

第一节　所得税会计概述

一、所得税会计的特点

所得税会计是从资产负债表出发，通过比较资产负债表上列示的资产、负债，按照企业会计准则规定确定的账面价值与按照税法规定确定的计税基础对于两者之间的差异分别应纳税暂时性差异与可抵扣暂时性差异，确认相关的递延所得税负债与递延所得税资产，并在此基础上确定每一期间利润表中的所得税费用。企业会计准则规定，企业应采用资产负债表债务法核算所得税。

新旧所得税会计准则的主要差异表现在以下几个方面：

（1）计税基础不同。新准则将会计收益与应税所得之间的差异分为永久性差异与暂时性差异（旧制度分为永久性差异与时间性差异），并将暂时性差异对企业的影响分为递延所得税资产和递延所得税负债分别加以处理。

（2）所得税会计核算方法不同。新准则要求采用资产负债表债务法核算所得税（旧制度采用应付税款法和纳税影响会计法），将暂时性差异分为应纳税暂时性差异和可抵扣暂时性差异，并根据所存在的应纳税暂时性差异确认递延所得税负债，根据所存在的可抵扣暂时性差异确认递延所得税资产。

（3）对本期亏损处理不同。旧准则规定，对于可结转后期尚可抵扣的亏损在亏损弥补当期不确认所得税利益；新准则规定，对于能够结转后期的尚可抵扣的亏损，应当以尚可抵扣亏损的未来利润为限当期确认为递延所得税资产。

（4）减值确认与计量不同。新准则规定企业应在资产负债表日对递延所得税资产的账面价值进行复核，如果未来期间很可能无法获得足够的应纳税所得额用以抵扣递延所得税资产利益，应当减记递延所得税资产的账面价值。如果在可能获得足够的应纳税所得额时，减记的金额应当转回。

递延所得税资产和递延所得税负债的确认体现了交易或事项发生以后，对未来期间计税的影响，即会增加未来期间的应交所得税或减少未来期间应交所得税的情况，在所得税会计核算方面贯彻了资产、负债等基本会计要素的界定。例如，从资产负债表角度考虑，一项资产的账面价值小于其计税基础的，两者之间的差额对未来期间计税产生影响。假定一项资产的账面价值为200万元，其计税基础为260万元，根据资产、负债的账面价值与计税基础的经济含义分析，表明该项资产于未来期间产生的经济利益流入200万元低于按照税法规定允许税前扣除的金额260万元，产生可抵减未来期间应纳税所得额的因素，减少未来期间以应交所得税的方式流出企业的经济利益，从其产生时点看，对企业是经济利益流入的概念，应确认为递延所得税资产；反之，一项资产的账面价值大于其计税基础的，如一项资产的账面价值为200万元，计税基础为150万元，两者之间的差额将会于未来期间产生应税金额50万元，增加未来期间的应纳税所得额及应交所得税，对企业形成经济利益流出的义务，应确认为递延所得税负债。

二、所得税会计核算的一般程序

采用资产负债表债务法核算所得税的情况下，企业一般应于每一资产负债表日进行所得税核算。发生特殊交易或事项时，如企业合并，在确认因交易或事项产生的资产负债时即应确认相关的所得税影响。企业进行所得税核算一般应遵循以下程序：

（1）按照相关企业会计准则规定，确认资产负债表中除递延所得税资产和递延所得税负债以外的其他资产和负债项目的账面价值，是指企业按照相关会计准则的规定进行核算后在资产负债表中列示的金额。例如，企业持有的应收账款账面余额为2 000万元，企业对该应收账款计提了100万元的坏账准备，其账面价值为1 900万元，即为该应收账款在资产负债表中的列示金额。

（2）按照企业会计准则中对于资产和负债计税基础的确定方法，以适用的税收法规为基础，确定资产负债表中有关资产、负债项目的计税基础。

（3）比较资产、负债的账面价值与其计税基础，对于两者之间存在差异的，分析其性质，除企业会计准则中规定的特殊情况外，分别应纳税暂时性差异与可抵扣暂时性差异，确定该资产负债表日与应纳税暂时性差异及可抵扣暂时性差异相关的递延所得税负债和递延所得税资产的应有余额，并将该金额与期初递延所得税负债和递延所得税资产的余额相比，确定当期应予进一步确认的递延所得税负债和递延所得税资产的金额或应予转销的金额，作为构成利润表中所得税费用的递延所得税。

（4）确定利润表中的所得税费用。利润表中的所得税费用包括当期所得税和递延所得税两个组成部分，其中，当期所得税是指当期发生的交易或事项按照适用的税法规定计算确定的当期应交所得税；递延所得税是当期确认的递延所得税资产和递延所得税负债金额或予以转销的金额的综合结果。

按照适用的税法规定计算确定当期应纳税所得额，将应纳税所得额与适用的所得税税率计算的结果确认为当期应交所得税（即当期所得税），同时结合当期确认的递延所得税资产和递延所得税负债（即递延所得税），作为利润表中应予确认的所得税费用。

第二节 资产、负债计税基础和暂时性差异

一、资产的计税基础

资产的计税基础，是指企业收回资产账面价值的过程中，计算应纳税所得额时按照税法规定可以从应税经济利益中抵扣的金额，即某一项资产在未来期间计税时可以税前扣除的金额。从税收角度考虑，资产的计税基础是假定企业按照税法规定进行核算所提供的资产负债表中资产的应有金额。

资产在初始确认时，其计税基础一般为取得成本。从所得税角度考虑，某一单项资产产生的所得是指该项资产产生的未来经济利益流入扣除其取得成本之后的金额。一般情况下，税法认定的资产取得成本为购入时实际支付的金额。在资产持续持有的过程中，可在未来期间税前扣除的金额是指资产的取得成本减去以前期间按照税法规定已经税前扣除的金额后的余额。如固定资产和无形资产等长期资产在某一资产负债表日的计税基础，是指其成本扣除按照税法规定已在以前期间税前扣除的累计折旧额或累计摊销额后的金额。

资产账面价值大于其计税基础时，产生应纳税暂时性差异，即在确定未来收回资产或清偿负债期间的应纳税所得额时，将导致应税金额的暂时性差异。一项

资产的账面价值代表的是企业在持续使用及最终出售该项资产时会取得的经济利益的总额，而计税基础代表的是一项资产在未来期间可税前扣除的总金额。资产的账面价值大于其计税基础，该项资产未来期间产生的经济利益不能全部税前抵扣，两者之间的差额需要交税，产生应纳税暂时性差异。例如，一项无形资产账面价值为 200 万元，意味着企业从该项无形资产的持续使用及最终处置中可以取得 200 万元的经济利益流入，计税基础如果是 150 万元，意味着企业可以从未来流入的经济利益中抵扣的金额为 150 万元，两者之间的差额会造成未来期间应纳税所得额和应交所得税的增加。因该差异会造成流出企业经济利益的增加，相应地，在其产生当期应确认相关的递延所得税负债。

资产账面价值小于计税基础时，产生可抵扣暂时性差异，即在确定未来期间收回资产或清偿负债期间的应纳税所得额时，将导致产生可抵扣金额的暂时性差异。从经济含义来看，资产在未来期间产生的经济利益少，按照税法规定允许税前扣除的金额多，则企业在未来期间可以减少应纳税所得额并减少应交所得税。例如，一项资产的账面价值为 200 万元，计税基础为 260 万元，则企业在未来期间就该项资产可以在其自身取得经济利益的基础上多扣除 60 万元，从整体上来看，未来期间应纳税所得额会减少，应交所得税也会减少，形成可抵扣暂时性差异，符合有关确认条件时，应确认相关的递延所得税资产。

企业应当按照适用的税收法规规定计算确定资产的计税基础。现就有关资产项目计税基础的确定举例说明如下：

1. 固定资产。以各种方式取得的固定资产，初始确认时入账价值基本上是被税法认可的，即取得时其入账价值一般等于计税基础。

固定资产在持有期间进行后续计量时，会计上的基本计量模式是"成本——累计折旧——固定资产减值准备"。会计与税收处理的差异主要来自折旧方法、折旧年限的不同以及固定资产减值准备的提取。

（1）折旧方法、折旧年限不同产生的差异。企业会计准则规定，企业可以根据与固定资产有关利益的预期实现方式合理选择折旧方法，如可以按直线法计提折旧，也可以按照双倍余额递减法、年数总和法等计提折旧，前提是有关的方法能够反映固定资产为企业带来经济利益的实现方式。税法一般会规定固定资产的折旧方法，除某些按照规定可以加速折旧的情况外，基本上可以税前扣除的是按照直线法计提的折旧。

另外，税法还会规定每一类固定资产的折旧年限，而会计处理时按照企业会计准则规定折旧年限是由企业按照固定资产能够为企业带来经济利益的期限估计确定的。因折旧年限不同，也会产生固定资产账面价值与计税基础之间的差异。

（2）因计提固定资产减值准备产生的差异。持有固定资产期间内，在对固定资产计提了减值准备以后，因所计提资产减值准备在发生实质性损失前不允许税前扣除，其账面价值下降，但计税基础不会随资产减值准备的提取而发生变化，也会造成其账面价值与计税基础的差异。

【例 13-1】 企业于 2×17 年 12 月 20 日取得某项环保用固定资产,原价为 300 万元,使用年限为 10 年,会计上采用直线法计提折旧,净残值为零。假定税法规定类似环保用固定资产采用加速折旧法计提的折旧可于税前扣除,该企业在计税时采用双倍余额递减法计提折旧,净残值为零。

2×19 年 12 月 31 日,该项固定资产的可收回金额为 220 万元。

2×19 年 12 月 31 日,该项固定资产的账面价值 = 300 - 30 × 2 - 20 = 220(万元)

该项固定资产的计税基础 = 300 - 300 × 20% - 240 × 20% = 192(万元)

该项固定资产账面价值 220 万元与其计税基础 192 万元之间产生的差额 28 万元,意味着企业将于未来期间增加应纳税所得额和应交所得税,属于应纳暂时性差异,应确认相应的递延所得税负债。

2. 无形资产。除内部研究开发形成的无形资产以外,以其他方式取得的无形资产,初始确认时按照会计准则规定确定的入账价值与税法规定的计税成本之间一般不存在差异。

(1) 内部研究开发形成的无形资产,其成本为开发阶段符合资本化条件以后至达到预定用途前发生的支出,除此之外,研究开发过程中发生的其他支出应予费用化计入损益;税法规定,自行开发的无形资产,以开发过程中资产符合资本化条件后至达到预定用途前发生的支出为计税基础。另外,对于研究开发费用的加计扣除,税法中规定企业为开发新技术、新产品、新工艺发生的研究开发费用,未形成无形资产计入当期损益的,在按照规定据实扣除的基础上,按照研究开发费用的 50% 加计扣除;形成无形资产的,按照无形资产成本的 150% 摊销。

对于内部研究开发形成的无形资产,一般情况下初始确认时按照会计准则规定确定的成本与其计税基础应当是相同的。对于享受税收优惠的研究开发支出,在形成无形资产时,按照会计准则规定确定的成本为研究开发过程中符合资本化条件后至达到预定用途前发生的支出,而因税法规定按照无形资产成本的 150% 摊销,则其计税基础应在会计入账价值的基础上加价 50%,因而产生账面价值与计税基础在初始确认时的差异,但如该无形资产的确认不是产生于企业合并交易,同时在确认时既不影响会计利润也不影响应纳税所得额,则按照所得税会计准则的规定,不确认有关暂时性差异的所得税影响。

(2) 无形资产在后续计量时,会计与税收的差异主要产生于对无形资产是否需要摊销及无形资产减值准备的提取。

企业会计准则规定对于无形资产应根据其使用寿命情况,区分为使用寿命有限的无形资产与使用寿命不确定的无形资产。对于使用寿命不确定的无形资产,不要求摊销但在持有期间每年应进行减值测试。税法规定,企业取得的无形资产成本应在一定期限内摊销,合同、法律未明确规定摊销期限的,应按不少于 10 年的期限摊销。对于使用寿命不确定的无形资产,在持有期间,因摊销规定的不同,会造成其账面价值与计税基础的差异。

在对无形资产计提减值准备的情况下,因所计提的减值准备不允许税前扣除，也会造成其账面价值与计税基础的差异。

【例13-2】A企业2×18年发生研究开发支出计1 000万元，其中研发阶段支出200万元，开发阶段符合资本化条件前发生的支出为200万元，符合资本化条件后发生的支出为600万元。税法规定企业的研究开发支出形成费用的，可按50%加计扣除，形成资产的，可按150%摊销。该企业开发形成的无形资产在当期期末已达到预定用途。

A企业当期发生的研究开发支出中，按照会计准则规定应予费用化的金额为400万元，形成无形资产的成本为600万元，即期末所形成无形资产的账面价值为600万元。

假定A企业该项无形资产会计准则扣除法都规定按10年期限采用直线法摊销。2×19年12月31日，该项无形资产的账面价值=600-60=540（万元）；该项无形资产的计税基础=600×150%-60×150%=810（万元）。

该项无形资产的账面价值540万元与其计税基础810万元之间的差额270万元将于未来期间抵减企业的应纳税所得额，减少未来期间应交所得税的义务，属于可抵扣暂时性差异，符合确认条件时应确认相关的递延所得税资产。

【例13-3】甲企业于2×18年1月1日取得某项无形资产，取得成本为600万元，企业根据各方面情况判断，无法合理预计其为企业带来未来经济利益的期限，将其视为使用寿命不确定的无形资产。2×18年12月31日，对该项无形资产进行减值测试表明未发生减值。甲企业在计税时，对该项无形资产按照10年的期间摊销，有关金额允许税前扣除。

会计上将该项无形资产作为使用寿命不确定的无形资产，在未发生减值的情况下，其于2×18年12月31日的账面价值为取得成本600万元。

该项无形资产在2×18年12月31日的计税基础为540万元（600-60）。

该项无形资产的账面价值600万元与其计税基础540万元之间的差额60万元将计入未来期间的应纳税所得额，产生未来期间企业以应交所得税方式流出经济利益的增加，属于应纳税暂时性差异，其所得税影响应确认为递延所得税负债。

3. 以公允价值计量且其变动计入当期损益的金融资产。按照《企业会计准则第22号——金融工具确认和计量》的规定，对于以公允价值计量且其变动计入当期损益的金融资产，其于某一会计期末的账面价值为公允价值，如果税法规定按照企业会计准则确认的公允价值变动损益在计税时不予考虑，即有关金融资产在某一会计期末的计税基础为其取得成本，会造成该类金融资产账面价值与其计税基础之间的差异。

【例13-4】2×19年10月20日，A公司自公开市场取得一项权益性投资，支付价款800万元，作为交易性金融资产核算。2×19年12月31日，该项权益性投资的市价为880万元。

税法规定对于交易性金融资产，持有期间公允价值的变动不计入应纳税所得额。出售时，一并计算应计入应纳税所得额的金额。

企业会计准则规定对于交易性金融资产,在持有期间每个会计期末应以公允价值计量,公允价值相对于账面价值的变动计入利润表。该项交易性金融资产的期末市价为880万元,其按照企业会计准则规定进行核算在2×19年12月31日的账面价值应为880万元。

因按照税法规定交易性金融资产在持有期间的公允价值变动不计入应纳税所得额,其计税基础在2×19年12月31日应维持原取得成本不变,即其计税基础为800万元。

该交易性金融资产的账面价值880万元与其计税基础800万元之间产生了80万元的暂时性差异,该暂时性差异在未来期间转回时会增加未来期间的应纳税所得额,导致企业应交所得税的增加,为应纳税暂时性差异,应确认相关的递延所得税负债。

4. 其他资产。因企业会计准则规定与税法规定不同,企业持有的其他资产,可能造成其账面价值与计税基础之间存在差异。

(1) 投资性房地产。对于采用公允价值模式进行后续计量的投资性房地产,其期末账面价值为公允价值,而如果税法规定不认可该类资产在持有期间因公允价值变动产生的利得或损失,则其计税基础应以取得时支付的历史成本为基础计算确定,从而会造成账面价值与计税基础之间的差异。

【例13-5】A公司于2×19年1月1日签订租赁合同,将其某自用房屋建筑物转为对外出租,该房屋建筑物的成本为300万元,预计使用年限为20年。转为投资性房地产之前,已使用4年,A公司按照直线法计提折旧,预计净残值为0。转为投资性房地产核算后,因能够持续可靠地取得该投资性房地产的公允价值,A公司选择采用公允价值对该投资性房地产进行后续计量。假定对该房屋建筑物,税法规定的折旧方法、折旧年限及净残值与会计规定相同。同时,假定税法规定资产在持有期间公允价值的变动不计入应纳税所得额,待处置时一并计算确定应计入应纳税所得额的金额。该项投资性房地产在2×19年12月31日的公允价值为360万元。

A公司选择对该项投资性房地产采用公允价值进行后续计量,其在2×19年12月31日的账面价值为其公允价值360万元。

因税法规定资产在持有期间公允价值的变动不计入应纳税所得额,则其计税基础应为按照取得成本扣除按照税法规定允许税前扣除的折旧额后的金额,即该项投资性房地产在2×19年12月31日的计税基础225万元(300-300÷20×5)。

该项投资性房地产的账面价值360万元与其计税基础225万元之间产生了135万元的暂时性差异,因其会增加企业在未来期间的应纳税所得额和应交所得税,为应纳税暂时性差异,应确认与其相关的递延所得税负债。

(2) 其他计提了资产减值准备的各项资产。有关资产计提了减值准备以后,其账面价值会随之下降,而按照税法规定资产的减值在转化为实质性损失之前,不允许税前扣除,即其计税基础不会因减值准备的提取而发生变化,从而造成资产的账面价值与其计税基础之间的差异。

【例13-6】B公司2×19年购入原材料成本为2 000万元，因部分生产线停工，当年未领用任何原材料，2×19年资产负债表日考虑到该原材料的市价及用其生产产成品的市价情况，估计该原材料的可变现净值为1 600万元。假定企业该原材料期初余额为零。

该项原材料因期末可变现净值低于其成本，应计提存货跌价准备，其金额为400万元（2 000 - 1 600），计提存货跌价准备后，该项原材料的账面价值为1 600万元。

因计算缴纳所得税时，按照企业会计准则规定计提的资产减值准备不允许税前扣除，该项原材料的计税基础不会因存货跌价准备的提取而发生变化，即其计税基础应维持原取得成本2 000万元不变。

该存货的账面价值1 600万元与其计税基础2 000万元之间产生了400万元的暂时性差异，其含义为，如果存货价值量的下跌在未来期间实现时，会减少企业在未来期间的应纳税所得额和应交所得税，属于可抵扣暂时性差异，符合确认条件时，应确认与其相关的递延所得税资产。

【例13-7】C公司2×19年12月31日应收账款余额为3 000万元，该公司期末对应收账款计提了300万元的坏账准备。按照税法规定，计提的坏账准备不允许税前扣除。假定该企业期初应收账款及坏账准备的余额均为零。

该项应收账款在2×19年资产负债表的账面价值为2 700万元（3 000 - 300）。其计税基础为账面价值3 000万元，该计税基础与其账面价值2 700万元之间产生的300万元暂时性差异，会减少未来期间的应纳税所得额和应交所得税，为可抵扣暂时性差异，符合确认条件时，应确认相关的递延所得税资产。

二、负债的计税基础

负债的计税基础，是指负债的账面价值减去未来期间计算应纳税所得额时按照税法规定可予抵扣的金额。

负债的账面价值大于其计税基础时，产生可抵扣暂时性差异，负债产生的暂时性差异实质上是税法规定就该项负债可以在未来期间税前扣除的金额。一项负债的账面价值大于其计税基础，意味着未来期间按照税法规定构成负债的全部或部分金额可以从未来应税经济利益中扣除，减少未来期间的应纳税所得额和应交所得税。例如，企业因预计将发生的产品保修费用确认预计负债200万元，但如果税法规定有关费用在实际发生前不允许扣除，其计税基础为零，企业确认预计负债的当期相关费用不允许税前扣除，但在以后期间费用实际发生时允许税前扣除使得未来期间的应纳税所得额和应交所得税降低，产生可抵扣暂时性差异，符合确认条件的，应确认相关的递延所得税资产。

负债的账面价值小于其计税基础时，产生应纳税暂时性差异。一项负债的账面价值为企业预计在未来期间清偿该项负债时的经济利益流出，而其计税基础代表的是账面价值在扣除税法规定未来期间允许税前扣除的金额之后的差额。因负债的账面价值与其计税基础不同产生的暂时性差异实质上是税法规定就该项负债在未来期间可以税前扣除的金额。负债的账面价值小于其计税基础,则意味着就该项负债在未来期间可以税前抵扣的金额为负数,即应在未来期间应纳税所得额的基础上调增,增加应纳税所得额和应交所得税金额,产生应纳税暂时性差异,应确认相关的递延所得税负债。

一般情况下,负债的确认与偿还不会影响企业的损益,也不会影响其应纳税所得额,未来期间计算应纳税所得额时按照税法规定可予抵扣的金额为零,计税基础即为账面价值。如企业的短期借款、应付账款等。但是,某些情况下,负债的确认可能会影响企业的损益,进而影响不同期间的应纳税所得额,使得其计税基础与账面价值之间产生差额,如按照会计规定确认的某些预计负债。

现就有关负债计税基础的确定举例说明如下:

1. 企业因销售商品提供售后服务等原因确认的预计负债。按照《企业会计准则第13号——或有事项》的规定,企业应将预计提供售后服务发生的支出在销售当期确认为费用,同时确认预计负债。如果税法规定,有关的支出应于发生时税前扣除,由于该类事项产生的预计负债在期末的计税基础为其账面价值与未来期间可税前扣除的金额之间的差额,有关的支出实际发生时可全部税前扣除,其计税基础为零。

因其他事项确认的预计负债,应按照税法规定的计税原则确定其计税基础。某些情况下,因有些事项确认的预计负债,如果税法规定其支出无论是否实际发生均不允许税前扣除,即未来期间按照税法规定可予抵扣的金额为零,其账面价值与计税基础相同。

【例13-8】甲企业2×19年因销售产品承诺提供3年的保修服务,在当年度利润表中确认了200万元的销售费用,同时确认为预计负债,当年度未发生任何保修支出。假定按照税法规定,与产品售后服务相关的费用在实际发生时允许税前扣除。

该项预计负债在甲企业2×19年12月31日资产负债表中的账面价值为200万元。

因税法规定,与产品保修相关的费用在未来期间实际发生时才允许税前扣除,则该项负债的计税基础为账面价值扣除未来期间计算应纳税所得额时按照税法规定可予抵扣的金额,与该项负债相关的保修支出在未来期间实际发生时可予税前扣除,即未来期间计算应纳税所得额时按照税法规定可予抵扣的金额为200万元,该项负债的计税基础 = 200 - 200 = 0。

该项预计负债的账面价值200万元与其计税基础0之间形成暂时性差异200万元,该暂时性差异在未来期间转回时,会减少企业的应纳税所得额,使企业于未来期间以应交所得税的方式流出的经济利益减少,为可抵扣暂时性差异,在其产生期间,符合有关确认条件时,应确认相关的递延所得税资产。

2. 预收账款。企业在收到客户预付的款项时,因不符合收入确认条件,会计上将其确认为负债。税法中对于收入的确认原则一般与会计规定相同，即会计上确认收入时，计税时一般也不计入应纳税所得额，该部分经济利益在未来期间计税时可予税前扣除的金额为零，计税基础等于账面价值。

如果不符合企业会计准则规定的收入确认条件，但按照税法规定应计入当期应纳税所得额时，有关预收账款的计税基础为零，即因其产生时已经计算交纳所得税，未来期间可全额税前扣除，计税基础为账面价值减去在未来期间可全额税前扣除的金额，即其计税基础为零。

【例13-9】A公司于2×19年12月20日自客户收到一笔合同预付款，金额为1 000万元，因不符合收入确认条件，将其作为预收账款核算。假定按照适用税法规定，该项款项应计入应纳税所得额计算交纳所得税。

该预收账款在A公司2×19年12月31日资产负债表中的账面价值为1 000万元。

因按照税法规定，该项预收账款应计入当期应纳税所得额计算交纳所得税，与该项负债相关的经济利益已在当期计算交纳所得税，未来期间按照企业会计准则规定应确认收入时，不再计入应纳税所得额，即其应于未来期间计算应纳税所得额时税前扣除的金额为1 000万元，计税基础为账面价值1 000万元 - 未来期间计算应纳税所得额时按照税法规定可抵扣的金额1 000万元 = 0。

该项负债的账面价值1 000万元与其计税基础0之间产生的1 000万元暂时性差异，会减少企业于未来期间的应纳税所得额，使企业未来期间以应交所得税的方式流出的经济利益减少，为可抵扣暂时性差异，符合确认条件的情况下，应确认相关的递延所得税资产。

3. 应付职工薪酬。企业会计准则规定，企业为获得职工提供的服务所给予的各种形式的报酬以及其他相关支出均应作为企业的成本费用，在未来支付之前确认为负债。税法规定，企业支付给职工的工资薪酬性质的支出可税前列支，一般情况下，对于应付职工薪酬，其计税基础为账面价值减去在未来期间可予税前扣除的金额零之间的差额，即账面价值等于计税基础。

【例13-10】某企业2×19年12月计入成本费用的职工工资总额为1 600万元，至2×19年12月31日尚未支付，作为资产负债表中的应付职工薪酬进行核算。假定按照税法规定，当期计入成本费用的1 600万元工资支出可全额扣除。

企业会计准则规定，企业为获得职工提供的服务所给予的各种形式的报酬以及其他相关支出均应作为企业的成本费用，在未支付之前确认为负债。该项应付职工薪酬负债的账面价值为1 600万元。

企业实际发生的工资支出1 600万元按照税法规定允许税前扣除，并且在以后期间不能够在税前扣除，该项应付职工薪酬的计税基础 = 账面价值1 600万元 - 未来期间计算应纳税所得额时按照税法规定可抵扣的金额0 = 1 600（万元）。

该项负债的账面价值1 600万元与其计税基础1 600万元相同，不形成暂时性差异。

4. 其他负债。如企业应交的罚款和滞纳金等，在尚未支付前按照会计准则规定确认为费用，同时作为负债反映。税法规定，罚款和滞纳金不能税前扣除，其计税基础为账面价值减去未来期间计税时可予税前扣除的金额零之间的差额，即计税基础等于账面价值，不产生暂时性差异。

【例13-11】某公司2×19年12月因违反当地有关环保法规的规定，接到环保部门的处罚通知，要求其支付罚款200万元。税法规定，企业因违反国家有关法律法规支付的罚款和滞纳金，计算应纳税所得额时不允许税前扣除。至2×19年12月31日，该项罚款尚未支付。

对于该项罚款，该公司应计入2×19年利润表，同时确认为资产负债表中的负债。

因按照税法规定，企业违反国家有关法律法规规定支付的罚款和滞纳金不允许税前扣除，即该项负债在未来期间计税时按照税法规定准予税前扣除的金额为0，则其计税基础=账面价值200万元-未来期间计算应纳税所得额时按照税法规定可予抵扣的金额0=200（万元）。

该项负债的账面价值200万元与其计税基础200万元相同，不形成暂时性差异。

三、暂时性差异

暂时性差异，是指资产或负债的账面价值与其计税基础之间的差额。其中，账面价值是指按照企业会计准则规定确定的有关资产、负债在企业的资产负债表中应列示的金额。由于资产、负债的账面价值与其计税基础不同，产生了在未来收回资产或清偿负债的期间内，应纳税所得额增加或减少并导致未来期间应交所得税增加或减少的情况，形成企业的资产和负债。在这些暂时性差异发生的当期，符合确认条件的情况下应当确认相应的递延所得税负债或递延所得税资产。根据暂时性差异对未来期间应纳税所得额影响的不同，分为应纳税暂时性差异和可抵扣暂时性差异。

某些不符合资产、负债的确认条件，未作为财务会计报告中资产、负债列示的项目，如果按照税法规定可以确定其计税基础，该计税基础与其账面价值之间的差额也属于暂时性差异。

（一）应纳税暂时性差异

应纳税暂时性差异，是指在确定未来收回资产或清偿负债期间的应纳税所得额时，将导致产生应税金额的暂时性差异。该差异在未来期间转回时，会增加转回期间的应纳税所得额，即在未来期间不考虑该事项影响的应纳税所得额的基础上，由于该暂时性差异的转回，会进一步增加转回期间的应纳税所得额和应交所得税金额。在该暂时性差异产生当期，应当确认相关的递延所得税负债。

应纳税暂时性差异通常产生于以下情况：

1. 资产的账面价值大于其计税基础。一项资产的账面价值代表的是企业在持续使用及最终出售该项资产时会取得的经济利益的总额。而计税基础代表的是一项资产在未来期间可予税前扣除的总金额。资产的账面价值大于其计税基础，该项资产未来期间产生的经济利益不能全部税前抵扣，两者之间的差额需要交税，产生应纳税暂时性差异。

2. 负债的账面价值小于其计税基础。一项负债的账面价值为企业预计在未来期间清偿该项负债时的经济利益流出，而其计税基础代表的是账面价值在扣除税法规定未来期间允许税前扣除的金额之后的差额。因负债的账面价值与其计税基础不同产生的暂时性差异实质上是税法规定就该项负债在未来期间可以税前扣除的金额。负债的账面价值小于其计税基础，则意味着就该项负债在未来期间可以税前抵扣的金额为负数，即应在未来期间应纳税所得额的基础上调增，增加应纳税所得额和应交所得税金额，产生应纳税暂时性差异。

（二）可抵扣暂时性差异

可抵扣暂时性差异，是指在确定未来收回资产或清偿负债期间的应纳税所得额时，将导致产生可抵扣金额的暂时性差异。该差异在未来期间转回时会减少转回期间的应纳税所得额，减少未来期间的应交所得税。在该暂时性差异产生当期，应当确认相关的递延所得税资产。

可抵扣暂时性差异一般产生于以下情况：

1. 资产的账面价值小于其计税基础。从经济含义来看资产在未来期间产生的经济利益少，按照税法规定允许税前扣除的金额多，则企业在未来期间可以减少应纳税所得额并减少应交所得税，形成可抵扣暂时性差异。

2. 负债的账面价值大于其计税基础。负债产生的暂时性差异实质上是税法规定就该项负债可以在未来期间税前扣除的金额。一项负债的账面价值大于其计税基础，意味着未来期间按照税法规定构成负债的全部或部分金额可以自未来应税经济利益中扣除，减少未来期间的应纳税所得额和应交所得税，产生可抵扣暂时性差异。

对于按照税法规定可以结转以后年度的未弥补亏损及税款抵减，虽不是因资产、负债的账面价值与计税基础不同产生的，但本质上可抵扣亏损和税款抵减，与可抵扣暂时性差异具有相同的作用，均能够减少未来期间的应纳税所得额，进而减少未来期间的应交所得税，在会计处理上，视同可抵扣暂时性差异，符合条件的情况下应确认与其相关的递延所得税资产。

四、特殊项目产生的暂时性差异

1. 某些交易或事项发生以后，因为不符合资产、负债的确认条件而未体现为资产负债表中的资产或负债，但按照税法规定能够确定其计税基础的，其账面价值零与计税基础之间的差异也构成暂时性差异。

【例13-12】A公司在开始正常生产经营活动之前发生了500万元的筹建费用，该费用在发生时已计入当期损益，按照税法规定，企业在筹建期间发生的费用，允许在开始正常生产经营活动之后5年内分期计入应纳税所得额。

该项费用支出因按照企业会计准则规定在发生时已计入当期损益，不体现为资产负债表中的资产，即如果将其视为资产，其账面价值为0。

按照税法规定，该费用可以在2×19年开始正常的生产经营活动后分5年分期计入应纳税所得额，假定企业在2×19年开始正常生产经营活动，当期税前扣除了100万元，则与该笔费用相关，其于未来期间可税前扣除的金额为400万元，即其在2×19年12月31日的计税基础为400万元。

该项资产的账面价值0与其计税基础400万元之间产生了400万元的暂时性差异，该暂时性差异在未来期间可减少企业的应纳税所得额，为可抵扣暂时性差异，符合相关确认条件时，应确认相关的递延所得税资产。

2. 对于按照税法规定可以结转以后年度的未弥补亏损及税款抵减，虽不是因资产、负债的账面价值与计税基础不同产生的，但本质上可抵扣亏损，和税款抵减与可抵扣暂时性差异具有同样的作用，均能够减少未来期间的应纳税所得额，进而减少未来期间的应交所得税，在会计处理上，与可抵扣暂时性差异的处理相同，符合条件的情况下应确认与其相关的递延所得税资产。

【例13-13】甲公司于2×19年因政策性原因发生经营亏损2 000万元，按照税法规定，该亏损可用于抵减以后5个年度的应纳税所得额。该公司预计其于未来5年期间能够产生足够的应纳税所得额抵减该经营亏损。

该经营亏损虽不是因比较资产、负债的账面价值与其计税基础产生的，但从其性质上来看可以减少未来期间的应纳税所得额和应交所得税，属于可抵扣暂时性差异。在企业预计未来期间能够产生足够的应纳税所得额利用该可抵扣亏损时，应确认相关的递延所得税资产。

3. 企业合并中取得有关资产、负债产生的暂时性差异。因企业会计准则规定与税收法规规定不同，可能使得对于企业合并中取得资产、负债的入账价值与按照税法规定确定的计税基础不同。对于非同一控制下企业合并，购买方对于合并中取得的可辨认资产、负债按照企业会计准则规定应当按照其在购买日的公允价值确认，而如果该合并按照税法规定属于免税改组，即购买方在合并中取得的可辨认资产负债维持其原计税基础不变，则会产生因企业合并中取得可辨认资产、负债的公允价值与其计税基础不同，形成暂时性差异。

第三节 所得税费用的会计处理

一、所得税费用的确认与计量

利润表中应当单独列示所得税费用。所得税费用由两部分构成：一是按照税法规定计算的当期所得税费用（当期应交所得税）；二是按照税法规定计算的递延所得税费用，但不包括直接计入所有者权益项目的交易和事项以及企业合并的所得税影响。

企业在计算确定当期应交所得税以及递延所得税费用（或收益）以后，利润表中的所得税费用为两者之和。

本期所得税费用 = 本期应交所得税 +（期末递延所得税负债 − 期初递延所得税负债）−（期末递延所得税资产 − 期初递延所得税资产）

【例13 − 14】假定某进出口企业除以下资料外（见表13 − 1），其他资产、负债的账面价值与其计税基础不存在差异，且递延所得税资产和负债不存在期初余额，2×19年按照税法规定计算确定的应交所得税为500万元。

表13 − 1　　　　　　　2×19年12月31日资产负债表　　　　　　　单位：元

	项目	账面价值	计税基础	暂时性差异	
				应纳税暂时性差异	可抵扣暂时性差异
1	存货	9 000 000	9 300 000		300 000
2	无形资产	600 000		600 000	
3	预计负债	100 000			100 000
	合计			600 000	400 000

递延所得税资产 = 400 000 × 25% = 100 000（元）
递延所得税负债 = 600 000 × 25% = 150 000（元）
递延所得税费用 = 150 000 − 100 000 = 50 000（元）
所得税费用 = 5 000 000 + 50 000 = 5 050 000（元）

二、对弥补亏损的会计处理

新准则规定，资产负债表日，企业应当对递延所得税资产的账面价值进行复核。如果未来期间很可能无法获得足够的应纳税所得额用以抵扣递延所得税资产的利益，应当减记递延所得税资产的账面价值。也就是说，如果本期确认一项递延所得的资产，意味着在转销递延所得税资产的期间内将会产生本期所得税费用。如果在转销递延所得税资产的期间内，企业没有足够的应纳税所得额，则意味着不能转销这项所得税资产。

比如对弥补亏损的会计处理，我国现行税法允许企业亏损向后递延弥补5年，旧制度关于所得税处理规定中对可结转后期的尚可抵扣的亏损，在亏损弥补当期不确认所得税利益。而新准则要求企业对能够结转后期的尚可抵扣的亏损，应当以可能获得用于抵扣亏损的未来应纳税所得额为限，确认递延所得税资产。使用该方法，企业应当对5年内可抵扣暂时性差异是否能在以后经营期内的应纳税所得额中充分转回作出判断,如果不能,企业不应确认。

【例13-15】企业在2×16年至2×19年间每年应税收益分别为-1 000万元、400万元、200万元、500万元,所得税适用税率始终为25%,假设无其他暂时性差异。

2×16年会计处理为:
借:递延所得税资产　　　　　　　　　　　　　2 500 000
　　贷:所得税费用——递延所得税费用　　　　　　　　2 500 000

2×17年会计处理为:
借:所得税费用——递延所得税费用　　　　　　1 000 000
　　贷:递延所得税资产　　　　　　　　　　　　　　　1 000 000

2×18年会计处理为:
借:所得税费用——递延所得税费用　　　　　　　500 000
　　贷:递延所得税资产　　　　　　　　　　　　　　　　500 000

2×19年会计处理为:
借:所得税费用——递延所得税费用　　　　　　1 250 000
　　贷:递延所得税资产　　　　　　　　　　　　　　　1 000 000
　　　　应交税费——应交所得税　　　　　　　　　　　　250 000

2×16年的亏损应确认"所得税费用"贷方和"递延所得税资产"借方250万元,而2×17年、2×18年的盈利确认"所得税费用"借方和"递延所得税资产"贷方分别为100万元、50万元,由于在2×19年"所得税费用"金额累计大于"递延所得税资产"从而形成"应交税费——应交所得税"贷方25万元,因此"所得税费用"借方为125万元和"递延所得税资产"贷方为100万元。

三、递延所得税的特殊处理

某些情况下,递延所得税产生于直接计入所有者权益的交易或事项,或者产生于企业合并中因资产、负债的账面价值与其计税基础之间的差异。这类交易或事项中产生的递延所得税,不影响利润表中确认的所得税费用,其所得税影响应视情况分别确认。

(1)直接计入所有者权益的交易或事项产生的递延所得税。直接计入所有者权益的交易或事项的所得税影响,无论是对当期还是递延所得税的影响均应计入所有者权益。

(2)企业合并中产生的递延所得税。因会计准则规定与税法规定对企业合并类型的划分标准不同,某些情况下会造成合并中取得资产、负债的入账价值与其计税基础的差异。因企业合并产生的应纳税暂时性差异或可抵扣暂时性差异的影响,应在确认递延所得税负债或递延所得税资产的同时,相应调整合并中应予确认的商誉。

第四节　所得税科目设置及处理

一、递延所得税资产

(一) 会计科目

企业应设置"递延所得税资产"科目核算企业根据所得税准则确认的可抵扣暂时性差异产生的所得税资产。

根据税法规定可用以后年度税前利润弥补的亏损产生的所得税资产,也在本科目核算。

本科目应当按照可抵扣暂时性差异等项目进行明细核算。

本科目期末借方余额,反映企业已确认的递延所得税资产余额。

(二) 递延所得税资产主要账务处理

1. 企业在确认相关资产、负债时,根据所得税准则应予确认的递延所得税资产,借记本科目,贷记"所得税费用——递延所得税费用""资本公积——其他资本公积"等科目。

2. 资产负债表日,企业根据所得税准则应予确认的递延所得税资产大于本科目余额的,借记本科目,贷记"所得税费用——递延所得税费用""资本公积——其他资本公积"等科目。应予确认的递延所得税资产小于本科目余额的,做相反的会计分录。

3. 资产负债表日,预计未来期间很可能无法获得足够的应纳税所得额用以抵扣可抵扣暂时性差异的,按应减记的金额,借记"所得税费用——当期所得税费用""资本公积——其他资本公积"科目,贷记本科目。

二、递延所得税负债

(一) 会计科目

企业应设置"递延所得税负债"科目核算企业根据所得税准则确认的应纳税暂时性差异产生的所得税负债。

"递延所得税负债"科目应当按照应纳税暂时性差异项目进行明细核算。

"递延所得税负债"科目期末贷方余额,反映企业已确认的递延所得税负债余额。

(二) 递延所得税负债主要账务处理

1. 企业在确认相关资产、负债时,根据所得税准则应予确认的递延所得税负债,借记"所得税费用——递延所得税费用""资本公积——其他资本公积"

等科目，贷记"递延所得税负债"科目。

2. 资产负债表日，企业根据所得税准则应予确认的递延所得税负债大于"递延所得税负债"科目余额的，借记"所得税费用——递延所得税费用""资本公积——其他资本公积"等科目，贷记"递延所得税负债"科目。应予确认的递延所得税负债小于本科目余额的，做相反的会计分录。

三、所得税费用

（一）会计科目

企业应设置"所得税费用"科目核算企业根据所得税准则确认的应从当期利润总额扣除的所得税费用。

本科目应当按照"当期所得税费用""递延所得税费用"进行明细核算。

期末，应将本科目的余额转入"本年利润"科目，结转后本科目应无余额。

（二）所得税费用主要账务处理

1. 资产负债表日，企业按照税法计算确定的当期应交所得税金额，借记"所得税费用"科目（当期所得税费用），贷记"应交税费——应交所得税"科目。

2. 在确认相关资产、负债时，根据会计准则应予确认的递延所得税资产，借记"递延所得税资产"科目，贷记"所得税费用"科目（递延所得税费用）、"资本公积——其他资本公积"科目。应予确认的递延所得税负债，借记"所得税费用"科目（递延所得税费用）、"资本公积——其他资本公积"等科目，贷记"递延所得税负债"科目。

3. 资产负债表日，根据所得税准则应予确认的递延所得税资产大于"递延所得税资产"科目余额的差额，借记"递延所得税资产"科目，贷记"所得税费用"科目（递延所得税费用）、"资本公积——其他资本公积"等科目。应予确认的递延所得税资产小于本科目余额的差额，做相反的会计分录。

企业应予确认的递延所得税负债的变动，应当比照上述原则调整"递延所得税负债"科目及有关科目。

四、应交税费

（一）会计科目

企业应设置"应交税费——应交所得税"科目核算企业按照税法规定计算应缴纳的企业所得税。

（二）应交税费——应交所得税主要账务处理

1. 企业按照税法规定计算应交的所得税，借记"所得税费用"等科目，贷记"应交税费"科目（应交所得税）。

2. 缴纳的所得税，借记"应交税费"科目（应交所得税），贷记"银行存款"等科目。

五、本年利润

企业应设置"本年利润"科目核算企业当年实现的净利润（或发生的净亏损）。期末结转利润时，应将"主营业务收入""利息收入""手续费收入""保费收入""租赁收入""其他业务收入""营业外收入"等科目的期末余额分别转入本科目，借记"主营业务收入""利息收入""手续费收入""租赁收入""其他业务收入""营业外收入"等科目，贷记"本年利润"科目。

将"主营业务成本""利息支出""手续费支出""税金及附加""其他业务成本""销售费用""管理费用""财务费用""资产减值损失""营业外支出""所得税费用"等科目的期末余额分别转入"本年利润"科目，借记"本年利润"科目，贷记"主营业务成本""利息支出""手续费支出""税金及附加""其他业务成本""销售费用""管理费用""财务费用""资产减值损失""营业外支出""所得税费用"等科目。

将"公允价值变动损益""投资收益"科目的净收益，转入"本年利润"科目，借记"公允价值变动损益""投资收益"科目，贷记"本年利润"科目。如为净损失，做相反的会计分录。

年度终了，应将本年收入和支出相抵后结出的本年实现的净利润，转入"利润分配"科目，借记"本年利润"科目，贷记"利润分配——未分配利润"科目。如为净亏损，做相反的会计分录，结转后科目应无余额。

六、以前年度损益调整

（一）会计科目

企业应设置"以前年度损益调整"科目核算企业本年度发生的调整以前年度损益的事项以及本年度发现的重要前期差错更正涉及调整以前年度损益的事项。

企业在资产负债表日至财务报告批准报出日之间发生的需要调整报告年度损益的事项，也在"以前年度损益调整"科目核算。

（二）以前年度损益调整的主要账务处理

由于以前年度损益调整增加的所得税，借记"以前年度损益调整"科目，贷记"应交税费——应交所得税"科目；由于以前年度损益调整减少的所得税，借记"应交税费——应交所得税"科目，贷记"以前年度损益调整"科目。

第五节 特别纳税调整和征收管理

一、特别纳税调整

为防止避税行为,《企业所得税法》明确了转让定价的核心原则,即"独立交易原则";明确了企业及相关方提供资料的义务;增列了"成本分摊协议"条款。增加这些内容,进一步完善了转让定价和预约定价立法的内容,强化了纳税人及相关方在转让定价调查中的协力义务,对成本分摊协议的认可和规范有利于保护本国居民无形资产收益权,防止滥用成本分摊协议,乱摊成本费用,侵蚀税基。

根据《企业所得税法》有关特别纳税调整的规定,借鉴国际反避税经验,《企业所得税法实施条例》对关联交易中的关联方、关联业务的调整方法、独立交易原则、预约定价安排、提供资料义务、核定征收、防范受控外国企业避税、防范资本弱化、一般反避税条款,以及对补征税款加收利息等方面做了明确规定。

这些规定强化了反避税手段,有利于防范和制止避税行为,维护国家利益。特别强调,税务机关实施特别纳税调整后,除应补缴税款外,还需缴纳按税款所属期贷款利率计算的利息另加5个百分点的利息。对企业按照《企业所得税法实施条例》的规定提供有关资料的,可以免除5个百分点的加收利息,只按照税款所属纳税年度与补税期间同期的人民币贷款基准利率计算加收利息。

二、征收管理

(一) 汇总纳税具体办法

《企业所得税法》第五十条和第五十一条分别规定居民企业在中国境内设立不具有法人资格的营业机构,应当汇总纳税;非居民企业在中国境内设立两个或两个以上机构场所的,经税务机关审核批准,可以选择由其主要机构、场所汇总纳税。由此,可能出现地区间税源转移问题各界都非常关注。由于税源转移处理属于地方财政分配问题实施条例不宜规定得过细。实施条例施行后,将根据"统一计算、分级管理、就地预缴、汇总清算、财政分配"的原则,合理确定总分机构所在地的分享比例和办法,妥善解决实行企业所得税法后引起的税源转移问题处理好地区间利益关系。具体办法将由国务院财政、税务主管部门另行制定,报经国务院批准后实施。因此,实施条例中仅保留了原则性的表述。

(二) 法人母子公司不再合并纳税

新税法实施后,从规范税制来讲,作为独立法人的母子公司也应分别独立纳税。《企业所得税法》第五十二条规定,除国务院另有规定外,企业之间不得合并缴纳企业所得税。考虑到企业所得税法实行的是法人税制,企业集团内部的母子公司原则上应独立纳税,这样也有利于减缓地区间税源转移问题。

从1994年起,我国对经国务院批准成立的120家大型试点企业集团实行合并缴纳企业所得税政策。当初政策出发点是:在母子公司之间核算不真实、企业集团政企不分的情况下减轻企业负担,支持企业集团发展。除了120个大型企业集团外,铁道、金融、保险、电力、移动等实行国家汇总合并纳税政策。他们有的是一级法人,但在地方设立的大多数企业具有独立法人资格。

(三) 新老税收征管办法的差异

原外商投资企业法,简称外企法的税收征管是单独规定的。只有内资企业执行《企业所得税法实施条例》税收征管规定,新税法实施后,统一按税收征管法的规定执行。

汇算清缴期的差异。企业所得税年度终了后的汇算清缴期,老《条例》规定内资企业是4月30日,即四个月。老外企法规定外商投资企业是5月31日,即五个月。新税法实施后,内、外资企业都统一到5月31日。

财务会计报告的差异。过去外商投资企业必须附送财务会计报告,这次不管是内资企业还是外资企业,所有企业纳税人都要附送财务报告。新税法实施后,在给税务局报三个表(资产负债表、损益表、现金流量表)之外,现在要附送财务报告。

纳税地点报告的差异。纳税地点和过去也不一样,除了国家税收法律、行政法规另有规定外,居民企业以企业登记注册地为纳税地点;但登记注册地在境外的,以实际管理机构所在地为纳税地点。非居民企业取得《企业所得税法》第三条第二款规定的所得,以机构、场所所在地为纳税地点。非居民企业取得《企业所得税法》第三条第三款规定的所得,有代扣代缴的,以扣缴义务人所在地为纳税地点。

第六节 国际税收及征收管理

一、国际税收和税收管辖权

国际税收是指涉及两个或两个以上国家的政府,在对跨国纳税人行使各自的征税权利而形成的税收征纳关系中,发生的国家之间的税收分配关系。

税收管辖权是一国政府在税收事务上所拥有的基本权,表现为税收立法权和税收管理权,是各国税务当局行使征税权利的依据,它是国家主权的重要组成部分。

一个主权国家政治权力所能达到的范围，从地域概念讲，包括该国疆界内的全部空间；从人员概念讲，包括该国国内的所有公民和居民。与此相适应，一个国家的税收管辖权也可按照属地或属人两种不同的原则确立。

在国际税收中，纳税人通常分为两种类型：一是具有无限纳税义务的纳税人；二是具有有限纳税义务的纳税人。对于前者，不论是自然人还是法人，往往构成一国税收上的居民，对于其来源于世界范围内的所得都要向该国纳税。而后者，通常作为一国的非居民，仅对其来源于该国境内的所得向该国纳税。从税收管辖权的角度上说，对一国的居民行使居民管辖权，对该国的非居民行使地域管辖权，这已成为国际上的通行做法，并已成为各国涉外税制中的准则。

我国涉外所得税，就是根据我国具体情况，参照国际税收惯例，同时按照属人原则和属地原则确定税收管辖权的。

二、避免双重征税协定

（一）国际税收协定

国际税收协定是指两个或两个以上国家，为了协调、处理对纳税人征税方面的财权利益分配关系，签订的一种书面协议。

国际重复征税，是指两个或两个以上的国家，在同一期间内，对参与或被认为是参与国际经济活动的同一纳税人取得的同一笔所得征收同样或类似的税收。通过缔结国际税收协定，可以解决国际重复征税问题和国际偷税漏税问题，可避免国际的税收歧视。

（二）避免双重征税协定的作用

1. 避免和消除对跨国纳税人的重复征税。避免由于国际税收管辖权的重叠而形成的双重征税是国家间签订税收协定所要解决的核心问题。税收管辖权通常包括居民税收管辖权和所得来源地税收管辖权，世界上多数国家都是同时行使这两种税收管辖权，因而不可避免地造成对一个跨国纳税人所取得的同一项所得，其居民国和所得来源国均根据各自的国内税法进行征税，即重复征税的情况。为此，国家间通过签订避免双重征税协定，区分不同类型所得，全面协调国家间的税收管辖权，从而避免和消除双重征税，促进国际经济交流。

2. 防止跨国偷漏税。由于仅靠一国主管税务当局的力量难以对跨国纳税人实施有效监控，因此通过加强国与国之间的税务行政合作来防止跨国偷漏税是国家间税收协定所要解决的问题之一。在避免双重征税协定中，通常都列有"情报交换"条款，缔约国之间按照协定的规定相互提供税收情报已成为防止跨国偷漏税的有力手段。

3. 避免税收歧视。避免税收歧视，实行纳税无差别待遇，是处理国际税收关系的一项重要原则，也是谈判签订税收协定的目标之一。国家间在签订避免双重征税协定时通常都列有"无差别待遇"条款，以保证缔约国一方的纳税人在缔约国另一方应负担的纳税义务，不比缔约国另一方的纳税人在相同或类似的情况下所受到的纳税待遇不同或负担更重。

（三）避免国际重复征税采用的方法

1. 消除和缓和国际重复征税的一般方法。

（1）豁免法，又称免税法。指行使居民管辖权的国家，对本国居民取得来自国外的所得免予征税。

（2）扣除法。指一国政府为了免除国际重复征税，事先从本国纳税人来源于世界范围内的所得中，扣除该项所得负担的外国税额，就其余额征税的方法。

（3）抵免法，又称外国税收抵免。企业可以选择按国别（地区）分别计算（分国（地区）不分项），或者不按国别（地区）汇总计算（分国（地区）不分项）其来源于境外的应纳税所得额，并按照税法规定的税率，分别计算其可抵免境外所得税税额和抵免限额。上述方式一经选择，5年内不得改变。

（4）低税法。

2. 税收减让。税收饶让又称税收饶让抵免。指居民国政府对其居民在国外得到的所得税减免税部分，视同在外国交纳了税收，准予饶让抵免，不再按居民国税法规定补征税款。在中国和其他国家关于对所得避免双重征税和防止偷漏税的协定中规定的税收饶让，有的是单方面承担的，如中国和英国的协定；有的是双方都承担的，如中国和马来西亚的协定；有的未规定，如中国和美国的协定。

实际上，对于被投资国政府给予外国投资者的减免税，外国投资者未必最终就能够享受到。外国投资者在被投资国政府所得享受了减免税，是否要在其居民国政府纳税，这主要是看两国政府税收协定中是否有税收饶让的条款。

（四）国际避税地

一般来说，跨国纳税人认为，凡是能够为它提供税收上特别好处和财务上特别利益的国家和地区，就是国际避税地。

当今世界国际避税地可以分为三大类型：

（1）纯国际避税地。

①没有所得税或一般财产税的国家和地区：巴哈马、百慕大、开曼群岛、瑙鲁、瓦努阿图、特克斯和凯科斯、格陵兰、法罗群岛、新喀里多尼亚、索马里、圣皮埃尔岛、密光隆岛等。

②免征某些所得税或一般财产税的国家和地区：安圭拉岛、安提瓜岛、巴林、巴巴多斯、英属维尔京群岛、坎彭、塞浦路斯、直布罗陀、格恩西岛、以色列、牙买加、泽西岛、黎巴嫩、列支敦士登、中国澳门、摩纳哥、蒙塞拉特、荷属安的列斯群岛、圣赫勒拿岛、圣文森特岛、新加坡、斯匹次卑尔根群岛、瑞士等。

（2）完全放弃居民（公民）管辖权，只行使地域管辖权的国家和地区：阿根廷、埃塞俄比亚、哥斯达黎加、中国香港、利比里亚、马来西亚、巴拿马、委内瑞拉等。

（3）在按照各国通例制定税法的同时提供某些特殊优惠的国家和地区：卢森堡、荷兰、希腊、爱尔兰、英国、加拿大、菲律宾等。

三、境外投资所得税征收管理

（一）税法基本规定

根据《企业所得税法》及《企业所得税法实施条例》的有关规定，企业取得境外所得在计征企业所得税时抵免境外已纳或负担所得税额。即纳税人来源于中国境外的所得，应该依法在我国缴纳企业所得税，但已在境外缴纳的所得税税款在我国汇总缴纳所得税时从应纳税额中扣除额不能超过境外所得依照我国税法规定计算的应纳税额。也就是说，我国企业在境外的投资所得只有所在国征收的企业所得税税率低于我国税率时，才可能在我国补税。相等或高于我国税率时我国不再征收。企业取得来源于中国香港、澳门、台湾地区的应税所得，参照上述规定执行。

新的企业所得税法规定企业的统一税率为25%，在国际上处于偏低水平，低于实行企业所得税的国家和地区的平均税率28.6%，也低于我国周边18个国家和地区的平均税率26.7%。这意味着在多数情况下，中国到海外投资企业来源于境外所得，今后不必在国内补交企业所得税税款。

需要注意的是，企业对外投资期间，投资资产的成本在计算应纳税所得额时不得扣除；企业在汇总计算缴纳企业所得税时，其境外营业机构的亏损不得抵减境内营业机构的盈利。

（二）境外所得税税额和抵免限额的确定

按照企业所得税法及其实施条例、税收协定等的规定，企业应准确计算下列当期与抵免境外所得税有关的项目后，确定当期实际可抵免分国（地区）别的境外所得税税额和抵免限额；境内所得的应纳税所得额和分国（地区）别的境外所得的纳税所得额；分国（地区）别的可抵免境外所得税税额；分国（地区）别的境外所得税的抵免限额。

企业不能准确计算上述项目实际可抵免分国（地区）别的境外所得税税额的，在相应国家（地区）缴纳的税收均不得在该企业当期应纳税额中抵免，也不得结转以后年度抵免。

1. 境外应纳税所得额的确定。企业应就其按照《企业所得税法实施条例》第七条规定确定的中国境外所得（境外税前所得），按以下规定计算《企业所得税法实施条例》第七十八条规定的境外应纳税所得额：

（1）居民企业在境外投资设立不具有独立纳税地位的分支机构其来源于境

外的所得,以境外收入总额扣除与取得境外收入有关的各项合理支出后的余额为应纳税所得额。各项收入、支出按企业所得税法及实施条例的有关规定确定。

居民企业在境外设立不具有独立纳税地位的分支机构取得的各项境外所得,无论是否汇回中国境内,均应计入该企业所属纳税年度的境外应纳税所得额。

(2)居民企业应就其来源于境外的股息、红利等权益性投资收益,以及利息、租金、特许权使用费、转让财产等收入,扣除按照企业所得税法及实施条例等规定计算的与取得该项收入有关的各项合理支出后的余额为应纳税所得额,来源于境外的股息、红利等权益性投资收益,应按被投资方作出利润分配决定的日期确认收入实现;来源于境外的利息、租金、特许权使用费、转让财产等收入,应按有关合同约定应付交易对价款的日期确认收入实现。

(3)非居民企业在境内设立机构、场所的,应就其发生在境外但与境内所设机构、场所有实际联系的各项应税所得比照上述第(2)项的规定计算相应的应纳税所得额。

(4)在计算境外应纳税所得额时企业为取得境内、境外所得而在境内境外发生的共同支出,与取得境外应税所得有关的、合理的部分,应在境内、境外(分国(地区)别)应税所得之间,按照合理比例进行分摊后扣除。

(5)在汇总计算境外应纳税所得额时,企业在境外同一国家(地区)设立不具有独立纳税地位的分支机构,按照企业所得税法及实施条例的有关规定计算的亏损,不得抵减其境内或他国(地区)的应纳税所得额但可以用同一国家(地区)其他项目或以后年度的所得按规定弥补。

2. 可抵免境外所得税税额的确定。可抵免境外所得税税额是指企业来源于中国境外的所得依照中国境外税收法及相关规定应当缴纳并已实际缴纳的企业所得税性质的税款。但不包括:

(1)按照境外所得税法律及相关规定属于错缴或错征的境外所得税税款;

(2)按照税收协定规定不应征收的境外所得税税款;

(3)因少缴或迟缴境外所得税而追加的利息滞纳金或罚款;

(4)境外所得税纳税人或者其利害关系人从境外征税主体得到实际返还或补偿的境外所得税税款;

(5)按照我国企业所得税法及其实施条例规定,已经免征我国企业所得税的境外所得负担的境外所得税税款;

(6)按照国务院财政、税务主管部门有关规定已经从企业境外应纳税所得额中扣除的境外所得税税款。

(三)税收抵免时境外所得间接负担的税额的计算

用境外所得间接负担的税额进行税收抵免时,其取得的境外投资收益实际间接负担的税额,是指根据直接或者间接持股方式合计持股20%以上(含20%)的规定层级的外国企业股份,由此应分得的股息、红利等权益性投资收益中,从最低一层外国企业起逐层计算的属于由上一层企业负担的税额,其计算公式如下:

本层企业所纳税额属于由一家上一层企业负担的税额=(本层企业就利润和投资收益所实际缴纳的税额+符合规定的由本层企业间接负担的税额)×本层企业向一家上一层企业分配的股息(红利)÷本层企业所得税税后利润额

由居民企业直接或者间接持有20%以上股份的外国企业限于符合以下持股方式的三层外国企业:

第一层:单一居民企业直接持有20%以上股份的外国企业;

第二层:单一第一层外国企业直接持有20%以上股份,且由单一居民企业直接持有或通过一个或多个符合规定持股条件的外国企业间接持有总和达到20%以上股份的外国企业;

第三层:单一第二层外国企业直接持有20%以上股份,且由单一居民企业直接持有或通过一个或多个符合规定持股条件的外国企业间接持有总和达到20%以上股份的外国企业。

(四) 分国(地区)别境外税额的抵免限额的计算

企业应按照企业所得税法及其实施条例的有关规定分国(地区)别计算境外税额的抵免限额。

某国所得税抵免限额=中国境内、境外所得依照企业所得税法和实施条例的规定计算的应纳税总额×来源于某国(地区)的应纳税所得额÷中国境内、外应纳税所得总额

【例13-16】 某进出口公司 2×19 年度境内所得额300万元,来自某国的税后利润160万元(折合人民币),境外所得已在该国按20%所得税税率纳税。

来自某国的所得额 $=160 \div (1-20\%) = 20$(万元)

在某国已纳税额 $=200 \times 20\% = 40$(万元)

境外所得扣除限额 $=(300+200) \times 25\% \times [200 \div (300+200)] = 50$(万元)

企业抵免境外所得税额后实际应纳所得税额的计算公式为:

应纳所得税额=企业境内、境外所得应纳税总额-企业所得税减免、抵免优惠税额-已预缴所得税-境外所得扣除限额

【例13-17】 假定《例13-16》中某进出口公司在年中已预缴所得税40万元,则年终汇算清缴时应交所得税为:

应交所得税=全年应纳税额-已预缴所得-境外所得扣除限额 $=(300+200) \times 25\% - 40 - 50 = 35$(万元)

企业按照企业所得税法及其实施条例的有关规定计算的当期境内、境外应纳税所得总额小于零的应以零计算当期境内、境外应纳税所得总额,其当期境外所得税的抵免限额也为零。

在计算实际应抵免的境外已缴纳和间接负担的所得税税额时,企业在境外一国(地区)当年缴纳和间接负担的符合规定的所得税税额低于所计算的该国

（地区）抵免限额的，应以该项税额作为境外所得税抵免额从企业应纳税总额中据实抵免；超过抵免限额的，当年应以抵免限额作为境外所得税抵免额进行抵免，超过抵免限额的余额允许从次年起在连续5个纳税年度内，用每年度抵免限额抵免当年应抵税额后的余额进行抵补。

（五）对境外所得已纳税额抵免的简易计算

居民企业从与我国政府订立税收协定（或安排）的国家（地区）取得的所得，按照该国（地区）税收法律享受了免税或减税待遇，且该免税或减税的数额按照税收协定规定应视同已缴税额在中国的应纳税额中抵免的，该免税或减税数额可作为企业实际缴纳的境外所得税额用于办理税收抵免。

1. 企业从境外取得营业利润所得以及符合境外税额间接抵免条件的股息所得，虽有所得来源国（地区）政府机关核发的具有纳税性质的凭证或证明，但因客观原因无法真实准确地确认应当缴纳并已经实际缴纳的境外所得税税额的，除就该所得直接缴纳及间接负担的税额在所得来源国（地区）的实际有效税率低于我国企业所得税法第四条第一款规定税率50%以上的外，可按境外应纳税所得额的12.5%作为抵免限额，企业按该国（地区）税务机关或政府机关核发具有纳税性质凭证或证明的金额，其不超过抵免限额的部分准予抵免；超过的部分不得抵免。

2. 企业从境外取得营业利润所得以及符合境外税额间接抵免条件的股息所得，凡就该所得缴纳及间接负担的税额在所得来源国（地区）的法定税率且其实际有效税率明显高于我国的，可直接以按规定计算的境外应纳税所得额和我国企业所得税法规定的税率计算的抵免限额作为可抵免的已在境外实际缴纳的企业所得税税额。

根据《财政部、国家税务总局关于企业境外所得税收抵免有关问题的通知》中的附件《税率明显高于我国的境外所得来源国（地区）名单》规定，法定税率明显高于我国的境外所得来源国（地区）的仅有美国、阿根廷、布隆迪、喀麦隆、古巴、法国、日本、摩洛哥、巴基斯坦、赞比亚、科威特、孟加拉国、叙利亚、约旦、老挝。

四、预提所得税征收管理

预提所得税是跨国收益的来源地政府依据来源地优先征税原则对该跨国收益征收的企业所得税，属于国际税收范围。按照国际通行做法来源国对汇出境外的利润有优先征税权，一般征收预提所得税的税率多在10%以上，如越南、泰国税率为10%，美国、匈牙利、菲律宾、哥伦比亚的税率分别为30%、20%、15%、7%。我国在改革开放初期，为吸引外资，原税法规定，对汇出境外的利润暂免征收预提所得税。新的税法规定从2008年1月1日起，开始征收预提所得税。

(一) 预提税的概念

预提税是预提所得税的简称,是指源泉扣缴的所得税,这不是一个税种,而是世界上对这种源泉扣缴的所得税的习惯叫法。

新税法规定:从 2008 年 1 月 1 日起外商投资企业的税后利润汇出境外和外国公司(企业)在中国境内未设立机构场所的,或者虽设立机构、场所但取得的所得与其所设机构场所没有实际联系的,应当就其来源于中国境内的所得缴纳企业所得税按规定的税率征收预提所得税。

中国政府同某些国家和地区签订有关协议规定减免的,按照税收协定执行,并按照新税法采取"管理地点"方式判定,如果外商投资企业的投资主体是在英属维尔京群岛、开曼群岛等注册的公司,预提所得税税率为 20%;如果外商投资企业的投资主体是在美国、欧洲、日本、澳大利亚等注册的公司,预提所得税税率减按 10%;如果外商投资企业的投资主体是在中国香港、新加坡、瑞士、爱尔兰、毛里求斯注册的公司,可享受 5% 股息预提税的优惠政策。

(二) 预提税的纳税义务人和扣缴义务人

依照我国企业所得税法第十九条规定缴纳的所得税,以实际受益人为纳税义务人,以支付人为扣缴义务人,税款由支付人在每次支付的款额中扣缴。扣缴义务人每次所扣的税款应当于 5 日内缴入国库并向当地税务机关报送扣缴所得税报告表。

(三) 预提税的课税对象

从税法的规定可以看出,预提税的课税对象主要包括五类:股息(利润)、利息、租金、特许权使用费和其他所得。税法中又具体界定了它们的内容和征税依据。

1. 股息(利润)是指根据投资比例、股权、股份或者其他非债权关系分享利润的权利取得的所得。

2. 利息是指外国企业在中国境内未设立机构、场所而从中国境内取得的存款利息垫付款或延期付款利息。

3. 租金则分融资租赁和经营租赁两种情况。融资租赁的租金指外商以租赁方式提供给我国公司企业设备、物件所取得所得中扣除设备价款后的部分;经营租赁的租金则包括承租方支付的包装费、运输费、保险费、资料费等费用。

4. 特许权使用费是指外国企业在中国未设立机构、场所而提供的在中国境内使用的专利权、专有技术商标权、著作权等所取得的使用费。

(1) 外商提供专利权、专有技术所得包括其收取的使用费金额,包括与其有关的图纸资料费、技术服务费和人员培训费以及其他相关费用。

(2) 外商提供的计算机软件(包括系统软件和应用软件),凡计算机软件部分作为专利权、版权转让的或对转让计算机软件的使用范围等规定有限制性条款的,其收取的使用费应缴纳预提税。

5. 其他所得主要是指财产转让收益等包括在中国境内的房屋、建筑物及其设施、土地使用权等财产的转让。

(1) 外商转让股权所得超出其出资的,应对该超出的部分征收预提税。

(2) 外商转让财产(包括有形财产、土地使用权等)所取得的所得超出其原值部分应依法缴纳预提税的预提税额的计算公式:

预提税额 = 收入金额 × 税率

支付单位代扣代缴所得税额 = 支付金额 × 税率

(四) 预提税的免税、减税对下列所得,免征、减征所得税

1. 外国投资者从外商投资企业取得的利润免征所得税;
2. 国际金融组织贷款给中国政府和中国国家银行的利息所得,免征所得税;
3. 外国银行按照优惠利率贷款给中国国家银行的利息所得,免征所得税;
4. 为科学研究、开发能源、发展交通事业、农林牧业生产以及开发重要技术提供专有技术所取得的特许权使用费,经国务院税务主管部门批准,可以减按10%的税率征收所得税,其中技术先进或者条件优惠的,可以免征所得税。

除上述规定以外,需要给予所得税减征、免征的,由国务院规定。

实践中对预提税的减免优惠较多主要包括税法规定的普遍适用的减免双边协定中规定的减免、区域性的减免以及地方政府规定的减免。对于这些不同种类的减免,有不同的条件和手续要求,代扣代缴企业应分别情况审查其减征、免征手续是否完备,适用税率是否正确。

尤其值得注意的是,税法规定与我国政府同有关国家签订的避免双重征税的税收协定有时会出现冲突,当存在这种情况时,应以正式生效的协定约定为准,并遵照执行。

【本章重要概念】

企业所得税、应纳税暂时性差异、可抵扣暂时性差异、资产计税基础、负债计税基础、境外所得应纳税额、特别纳税调整、国际税收管理

【复习思考题】

1. 简述企业所得税会计核算的一般程序。
2. 简述应纳税暂时性差异和可抵扣暂时性差异产生的情况。
3. 如何确定资产的计税基础和负债的计税基础?
4. 企业所得税中对于来源于境外所得的应纳税额扣除是如何制定的。
5. 简述特别纳税调整和国际税收管理。

【练习题】

一、单项选择题

1. 甲公司2×17年末"递延所得税负债"科目的贷方余额为90万元（均为固定资产后续计量对所得税的影响），适用的所得税税率为18%。2×18年初适用所得税税率改为25%。2×18年末固定资产的账面价值为6 000万元，计税基础为5 800万元，2×18年确认销售商品提供售后服务的预计负债100万元，年末预计负债的账面价值为100万元，计税基础为0。甲公司预计会持续盈利，各年能够获得足够的应纳税所得额用来抵扣可抵扣暂时性差异。则甲公司2×18年末确认递延所得税时应做的会计分录为（　　）。

  A. 借：递延所得税负债　　　　　　　　57
    贷：所得税费用　　　　　　　　　　　　　　57
  B. 借：递延所得税负债　　　　　　　　54
     递延所得税资产　　　　　　　　33
    贷：所得税费用　　　　　　　　　　　　　　87
  C. 借：递延所得税负债　　　　　　　　40
     递延所得税资产　　　　　　　　25
    贷：所得税费用　　　　　　　　　　　　　　65
  D. 借：所得税费用　　　　　　　　　　33
     递延所得税资产　　　　　　　　33
    贷：递延所得税负债　　　　　　　　　　　　66

2. 某企业2×20年实现税前利润400万元，本年发生应纳税暂时性差异16万元。若公司采用资产负债表债务法对所得税业务进行核算，所得税税率为25%（假定以前年度的所得税税率也为25%），则2×20年净利润为（　　）万元。

  A. 300　　　　　　B. 249.52　　　　　　C. 273.28　　　　　　D. 260.08

3. 下列项目中，产生应纳税暂时性差异的是（　　）。

 Ⅰ. 对存货计提跌价准备
 Ⅱ. 税法折旧大于会计折旧形成的差额部分
 Ⅲ. 对固定资产，企业根据期末公允价值大于账面价值的部分进行了调整
 Ⅳ. 对无形资产，企业根据期末可收回金额小于账面价值计提减值准备的部分
 Ⅴ. 对投资性房地产，企业根据期末公允价值大于账面价值的部分进行了调整

  A. Ⅰ、Ⅱ、Ⅲ　　　　　　　　　　　　B. Ⅰ、Ⅲ、Ⅳ
  C. Ⅱ、Ⅲ、Ⅴ　　　　　　　　　　　　D. Ⅲ、Ⅳ、Ⅴ
  E. Ⅰ、Ⅱ、Ⅲ、Ⅴ

4. 甲公司2×18年发生广告费1 000万元，至年末已全额支付给广告公司。税法规定，企业发生的广告费、业务宣传费不超过当年销售收入15%的部分允许税前扣除，超过部分允许结转以后年度税前扣除。甲公司2×18年实现销售收入5 000万元。下列关于甲公司的处理，不正确的是（　　）。

  A. 可以将广告费视为资产，其计税基础为250万元
  B. 确认可抵扣暂时性差异，金额为250万元
  C. 确认应纳税暂时性差异，金额为250万元

二、多项选择题

1. 应纳税暂时性差异通常产生于（　　）情况。
   A. 资产的账面价值大于其计税基础
   B. 负债的账面价值小于其计税基础
   C. 资产的账面价值小于其计税基础
   D. 负债的账面价值大于其计税基础

2. 可抵扣暂时性差异一般产生于（　　）情况。
   A. 资产的账面价值大于其计税基础
   B. 负债的账面价值大于其计税基础
   C. 资产的账面价值小于其计税基础
   D. 负债的账面价值小于其计税基础

3. 下列关于利润分配账务处理的说法中，正确的有（　　）。
   A. 企业宣告分配现金股利时，应借记"利润分配"科目，贷记"应付股利"科目
   B. 企业宣告分配股票股利时，应借记"利润分配"科目，贷记"股本""资本公积"科目
   C. 企业用盈余公积弥补亏损时，应借记"盈余公积"科目，贷记"本年利润"科目
   D. 企业实际支付现金股利时，应借记"应付股利"科目，贷记"银行存款"科目
   E. 外资企业提取职工奖励和福利基金时，应借记"管理费用"科目，贷记"应付职工薪酬"科目

4. 下列项目中，不会产生可抵扣暂时性差异的有（　　）。
   A. 企业发生的可用于抵减以后年度应纳税所得额的亏损额
   B. 会计计提的折旧大于税法规定的折旧
   C. 会计计提的折旧小于税法规定的折旧
   D. 交易性金融资产（股票）的公允价值上升

三、判断题

1. 资产的计税基础，是指企业收回资产账面价值的过程中，计算应纳税所得额时按照税法规定可以从应税经济利益中抵扣的金额，即某一项资产在未来期间计税时可以税前扣除的金额。（　　）

2. 所得税会计是从资产负债表出发，通过比较资产负债表上列示的资产、负债按照税法规定确定的账面价值与按照企业会计准则规定确定的计税基础对于两者之间的差异分为应纳税暂时性差异与可抵扣暂时性差异。（　　）

3. 国际重复征税，是指两个或两个以上的国家，在同一期间内，对参与或被认为是参与国际经济活动的同一纳税人取得的同一笔所得征收同样或类似的税收。（　　）

4. 负债的账面价值小于其计税基础时，产生可抵扣暂时性差异。（　　）

四、业务题

A 企业于 2×18 年末以 300 万元购入一项生产用固定资产，按照该项固定资产的预计使用情况，A 企业在会计核算时估计其使用寿命为 10 年，计税时，按照适用税法规定，其折旧年限为 20 年。假定会计与税收均按直线法计列折旧，净残值均为零。2×19 年该项固定资产按照 12 个月计提折旧。

假定本例中固定资产未发生减值，确定该项固定资产在 2×19 年 12 月 31 日的账面价值及计税基础。

要求：进行相应的会计处理。

第十四章 涉外商务会计报告编制

【章首导言】
　　现代企业所有权和经营权的分离，使得多数企业利益相关者不能直接接触企业的经营活动，或不能直接要求企业提供具体的财务信息，只能通过企业对外提供的财务报表了解企业的财务状况和经营成果。财务报表主要由资产负债表、利润表、现金流量表、所有者权益变动表以及附注构成，要明白企业的账，了解企业的财务状况，就需要有资产负债表；要知道企业赚了多少钱，也就是企业的经营成果，就需要掌握利润表；想了解企业一个会计期间所有者权益变动情况，就需要所有者权益变动表；想知道期初和期末企业现金的变动原因，就需要运用现金流量表。

【学习目标】
1. 了解财务报告分类、报表种类及列报要求；
2. 掌握资产负债表、利润表、现金流量表的编制；
3. 理解所有者权益变动表和报表附注的内容。

第一节　财务报告概述

　　财务报告是企业经营信息的重要载体。它是企业对外提供的反映企业某一特定日期财务状况和某一会计期间经营成果、现金流量等信息的文件。财务报告包括财务报表和其他应当在财务报告中披露的相关信息和资料。其中，财务报表作为财务报告的核心内容，主要由资产负债表、利润表、现金流量表、所有者权益（或股东权益）增减变动表及其附注构成。
　　除财务报表外，财务报告还可以根据有关法律法规的规定和外部使用者的需求而确定具体应披露的内容，如企业可以在财务报告中披露其承担的社会责任、可持续发展能力等信息。

一、财务报告的分类

　　按照财务报表编报期间的不同，可以分为年度财务报告、半年度财务报告、季度财务报告等。一般来讲，年度财务报告内容比较完整，涉及资产负债表、利润表、现金流量表、所有者权益（或股东权益）增减变动表和附注等多类财务信息，而半年度财务报告、季度财务报告等中期财务报告则一般只披露资产负债表、利润表、现金流量表和附注。与年度财务报表相比，中期财务报表中的附注披露可适当简略，但中期资产负债表、利润表和现金流量表也应当是完整报表。

按照财务报表编报主体的不同，可以分为个别财务报表和合并财务报表。个别财务报表主要以单个企业或核算单位为会计主体对其账簿记录进行加工而编制的财务报表；而合并财务报表是以母公司和子公司组成的企业集团为会计主体，根据母公司和所属子公司的个别财务报表通过抵销调整事项编制的财务报表。可见，个别财务报表是编制合并财务报表的基础和前提。

二、财务报表列报的基本要求

财务报表是财务报告的重要组成部分，其列报质量直接关系到报表使用者对财务信息的理解和使用，因此需要特别注意财务报表的列报。在实际工作中，财务报表的列报应注意以下事项：

1. 企业应当根据实际发生的交易和事项，遵循相关准则和制度的规定进行确认和计量，并在此基础上编制财务报表。

2. 财务报表一般以持续经营为假设前提进行列报，如果企业经营出现了非持续经营，应当采用其他基础编制财务报表。

3. 在实际工作中，为了满足不同报表使用者的需求，对部分报表项目有时需要进行合并或分项列报，这时应当充分依据重要性这一原则来判断，如资产负债表中的"存货"项目就是根据"库存商品""原材料"等项目进行合并列报，而多数企业同时又对"库存商品"等重要项目进行单独列报。

4. 为满足可比性这一会计信息质量要求，财务报表项目的列报应当在各个会计期间保持一致，不得随意变更，而且至少应当提供所有列报项目上一可比会计期间的比较数据，以及与理解当期财务报表相关的说明，但另有规定的除外。

5. 财务报表中资产和负债、收入和费用不能相互抵销，应当以总额列报，但法律法规或相关制度另有规定的除外。需要注意的是，资产项目按扣除减值准备后的净额列报以及营业外收入、支出等非日常经营活动产生的损益，以收入扣减相关费用后的净额列示都不属于抵销。

6. 企业应当在财务报表的显著位置披露以下事项：编报企业的名称；资产负债表日或者报表涵盖的会计期间；货币名称和单位；如果属于合并财务报表的，应当予以标明。

第二节 资产负债表

资产负债表是反映企业在某一特定日期财务状况的会计报表。资产负债表可以反映某一特定日期企业拥有或控制的资源及分布情况，以及这些资源的来源及流向。

一、资产负债表的结构

我国的资产负债表采用账户式结构，通常分为左右两边，左边列示企业资产项目，并依流动性强弱依次列示，反映企业资源的分布情况；右边列示企业全部负债和所有者权益，可以认为是企业资源的来源及流向，其中负债项目也依流动性强弱依次排列。

资产负债表遵循了"资产＝负债＋所有者权益"这一会计恒等式，资产负债表左边的资产总计项目金额和右边的负债与所有者权益之和的总计项目金额应当相等。

（一）资产项目

在资产负债表中，资产应当按照流动资产和非流动资产两大类分别列示资产，满足下列条件之一的，应当归类为流动资产：

1. 预计在一个正常营业周期中变现、出售或耗用。如存货、应收账款等资产。
2. 主要为交易目的而持有。如交易性金融资产。
3. 预计在资产负债表日起一年内（含一年）变现。
4. 自资产负债表日起一年内，交换其他资产或清偿负债的能力不受限制的现金或现金等价物。

流动资产以外的其他资产应当归类为非流动资产。

（二）负债项目

在资产负债表中，负债应当按照流动负债和非流动负债在资产负债表中进行列示。流动负债的判断标准与流动资产的判断标准相类似。满足下列条件之一的，应当归类为流动资产：

1. 预计在一个正常营业周期中清偿。
2. 主要为交易目的而持有。
3. 自资产负债表日起一年内到期应予以清偿。
4. 企业无权自主地将清偿推迟至资产负债表日后一年以上。

流动负债以外的其他负债项目归类为非流动负债。需要注意的是，应付账款、其他应付款等部分负债项目作为企业正常营业周期中使用的营运资金的一部分，有时在资产负债表日后超过一年才到期清偿，但是它们仍应划分为流动负债。

（三）所有者权益项目

在资产负债表中，按照净资产的不同来源和特定用途，所有者权益一般分为实收资本（或股本）、资本公积、盈余公积、未分配利润等项目分别列示。

二、资产负债表的列报

（一）列报格式

资产负债表正表的列报格式一般有两种：报告式资产负债表和账户式资产负债表。

报告式资产负债表是上下结构，上半部列示资产，下半部列示负债和所有者权益。具体排列形式又有两种：一是按"资产＝负债＋所有者权益"的原理排列；二是按"资产－负债＝所有者权益"的原理排列。

账户式资产负债表是左右结构，左边列示资产，右边列示负债和所有者权益。根据财务报表列报准则的规定，资产负债表采用账户式的格式，即左侧列报资产方，一般按资产的流动性大小排列；右侧列报负债方和所有者权益方，一般按要求清偿时间的先后顺序排列。账户式资产负债表中资产各项目的合计等于负债和所有者权益各项目的合计，即资产负债表左方和右方平衡。因此，通过账户式资产负债表，可以反映资产、负债、所有者权益之间的内在关系，即"资产＝负债＋所有者权益"。

（二）列报要求

根据财务报表列报准则的规定，企业需要提供比较资产负债表，以便报表使用者通过比较不同时点资产负债表的数据，掌握企业财务状况的变动情况及发展趋势，所以，资产负债表还就各项目再分为"年初余额"和"期末余额"两栏分别填列。资产负债表的具体格式参见《〈企业会计准则第30号——财务报表列报〉应用指南》。

在填列资产负债表的期末余额时，一般有以下几种方法进行填列：

1. 根据总账科目的余额填列。如"交易性金融资产""工程物资""固定资产清理""长期待摊费用""递延所得税资产""短期借款""交易性金融负债""应付票据""应付职工薪酬""应交税费""应付利息""应付股利""其他应付款""专项应付款""预计负债""递延所得税负债""实收资本（或股本）""资本公积""库存股""盈余公积"等项目，应根据有关总账科目的余额进行填列。

2. 根据几个总账科目的余额计算填列。如"货币资金"项目，应根据"现金""银行存款""其他货币资金"三个总账科目余额合计填列。

3. 根据有关明细账科目的余额计算填列。如"应付账款"项目，需要根据"应付账款"和"预付账款"两个科目所属的相关明细科目的期末贷方余额计算填列；"应收账款"项目，需要根据"应收账款"和"预收账款"两个科目所属的相关明细科目的期末借方余额计算填列。

4. 根据总账科目和明细账科目的余额分析计算填列。如"长期借款"项目，需根据"长期借款"总账科目余额扣除"长期借款"科目所属的明细科目中将在资产负债表日起一年内到期，且企业不能自主地将清偿义务展期的长期借款后的金额计算填列；"长期应付款"项目，应根据"长期应付款"总账科目余额减去"未实现融资费用"总账科目余额，再减去所属相关明细账中将于一年内（含一年）到期的金额填列。

5. 根据有关项目余额减去其备抵科目余额后的净额填列。如"可供出售金融资产""持有至到期投资""长期股权投资""在建工程""商誉"等项目，应根据相关科目的期末余额扣减相应的减值准备进行填列；"固定资产""无形资产""投资性房地产""生产性生物资产""油气资产"项目，应根据相关科目的期末余额扣减相关的累计折旧（或摊销折耗），再扣减相应的减值准备进行填列。

6. 综合运用上述填列方法分析填列。如"存货"项目，应根据"材料采购""原材料""发出商品""库存商品""周转材料""委托加工物资""生产成本""受托代销商品"等科目的期末余额合计，减去"受托代销商品款""存货跌价准备"科目期末余额后的金额填列，材料采用计划成本核算，以及库存商品采用计划成本核算或售价核算的企业，还应按加或减材料成本差异、商品进销差价后的金额填列。

"期初余额"栏通常根据上年末有关项目的期末余额填列，且与上年末资产负债表期末余额栏相一致。如果发生会计政策变更、前期差错更正，应当对"年初余额"栏中的有关项目进行相应调整后填列。

三、资产负债表编制示例

【例14-1】ABC涉外公司2×18年12月31日资产负债表（年初余额略）及2×19年12月31日的科目余额表分别见表14-1和表14-2。

假设ABC涉外公司2×18年度除计提固定资产减值准备导致固定资产账面价值与其计税基础存在可抵扣暂时性差异外，其他资产和负债项目的账面价值均等于其计税基础。假定ABC公司未来很可能获得足够的应纳税所得额用来抵扣可抵扣暂时性差异，适用的所得税税率为25%。

表 14-1　　　　　　　　　　　　　　资产负债表

会企 01 表

编制单位：ABC 涉外公司　　　　　2×18 年 12 月 31 日　　　　　　　　　　单位：元

资产	期末余额	年初余额	负债和所有者权益（或股东权益）	期末余额	年初余额
流动资产：			流动负债：		
货币资金	14 063 000		短期借款	3 000 000	
交易性金融资产	150 000		交易性金融负债	0	
衍生金融资产	0		衍生金融负债	0	
应收票据	2 460 000		应付票据	2 000 000	
应收账款	2 991 000		应付账款	9 538 000	
应收款项融资	0		预收款项	0	
预付款项	1 000 000		合同负债	0	
其他应收款	50 000		应付职工薪酬	1 100 000	
存货	25 800 000		应交税费	366 000	
合同资产	0		其他应付款	510 000	
持有待售资产	0		持有待售负债	0	
一年内到期的非流动资产	0		一年内到期的非流动负债	10 000 000	
其他流动资产	1 000 000		其他流动负债	0	
流动资产合计	47 514 000		流动负债合计	26 514 000	
非流动资产：			非流动负债：		
债权投资	0		长期借款	6 000 000	
其他债权投资	0		应付债券	0	
长期应收款	0		其中：优先股	0	
长期股权投资	2 500 000		永续债	0	
其他权益工具投资	0		租赁负债	0	
投资性房地产	0		长期应付款	0	
固定资产	11 000 000		预计负债	0	
在建工程	15 000 000		递延收益	0	
工程物资	0		递延所得税负债	0	
生产性生物资产	0		其他非流动负债	0	
油气资产	0		非流动负债合计	6 000 000	
使用权资产	0		负债合计	32 514 000	
无形资产	6 000 000		所有者权益（或股东权益）：		
开发支出	0		实收资本（或股本）	50 000 000	

续表

资产	期末余额	年初余额	负债和所有者权益（或股东权益）	期末余额	年初余额
商誉	0		其他权益工具	0	
长期待摊费用	0		其中：优先股	0	
递延所得税资产	0		永续债	0	
其他非流动资产	2 000 000		资本公积	0	
非流动资产合计	36 500 000		减：库存股	0	
			其他综合收益	0	
			专项储备	0	
			盈余公积	1 000 000	
			未分配利润	500 000	
			所有者权益（或股东权益）合计	51 500 000	
资产总计	84 014 000		负债和所有者（股东）权益总计	84 014 000	

表 14-2　　　　　　　　　　　　　科目余额表　　　　　　　　　　　　单位：元

科目名称	借方余额	科目名称	贷方余额
库存现金	20 000	短期借款	500 000
银行存款	8 058 310	应付票据	1 000 000
其他货币资金	73 000	应付账款	9 538 000
交易性金融资产	0	其他应付款	500 000
应收票据	660 000	应付职工薪酬	1 800 000
应收账款	6 000 000	应交税费	2 267 310
坏账准备	-18 000	应付利息	0
预付款项	1 000 000	应付股利	322 158.5
其他应收款	50 000	一年内到期的长期负债	0
材料采购	0	长期借款	11 600 000
原材料	0	股本	50 000 000
周转材料	0	盈余公积	1 247 704
库存商品	24 847 000	利润分配（未分配利润）	2 180 137.5
材料成本差异	0		
其他流动资产	1 000 000		
长期股权投资	2 500 000		

续表

科目名称	借方余额	科目名称	贷方余额
固定资产	24 010 000		
累计折旧	-1 700 000		
固定资产减值准备	-300 000		
工程物资	3 000 000		
在建工程	4 280 000		
无形资产	6 000 000		
累计摊销	-600 000		
递延所得税资产	75 000		
其他非流动资产	2 000 000		
合计	80 955 310	合计	80 955 310

根据上述资料,编制 ABC 涉外公司 2×19 年 12 月 31 日的资产负债表,见表 14-3。

表 14-3 资产负债表

会企 01 表

编制单位:ABC 涉外公司　　　　　　　　　2×19 年 12 月 31 日　　　　　　　　单位:元

资产	期末余额	年初余额	负债和所有者权益（或股东权益）	期末余额	年初余额
流动资产:			流动负债:		
货币资金	8 151 310	14 063 000	短期借款	500 000	3 000 000
交易性金融资产	0	150 000	交易性金融负债	0	0
衍生金融资产	0	0	衍生金融负债	0	0
应收票据	660 000	2 460 000	应付票据	1 000 000	2 000 000
应收账款	5 982 000	2 991 000	应付账款	9 538 000	9 538 000
应收款项融资	0	0	预收款项		0
预付款项	1 000 000	1 000 000	合同负债		0
其他应收款	50 000	50 000	应付职工薪酬	1 800 000	1 100 000
存货	24 847 000	25 800 000	应交税费	2 267 310	366 000
合同资产	0	0	其他应付款	822 158.5	510 000
持有待售资产	0	0	持有待售负债	0	0
一年内到期的非流动资产	0	0	一年内到期的非流动负债	0	10 000 000
其他流动资产	1 000 000	1 000 000	其他流动负债	0	0

续表

资产	期末余额	年初余额	负债和所有者权益（或股东权益）	期末余额	年初余额
流动资产合计	41 690 310	47 514 000	流动负债合计	15 927 468.5	26 514 000
非流动资产：			非流动负债：		
债权投资	0	0	长期借款	11 600 000	6 000 000
其他债权投资	0	0	应付债券	0	0
长期应收款	0	0	其中：优先股	0	0
长期股权投资	2 500 000	2 500 000	永续债	0	0
其他权益工具投资	0	0	租赁负债	0	0
投资性房地产	0	0	长期应付款	0	0
固定资产	22 010 000	11 000 000	预计负债	0	0
在建工程	4 280 000	15 000 000	递延收益	0	0
工程物资	3 000 000	0	递延所得税负债	0	0
生产性生物资产	0	0	其他非流动负债	0	0
油气资产	0	0	非流动负债合计	11 600 000	6 000 000
使用权资产	0	0	负债合计	27 527 468.5	32 514 000
无形资产	5 400 000	6 000 000	所有者权益（或股东权益）：		
开发支出	0	0	实收资本（或股本）	50 000 000	50 000 000
商誉	0	0	其他权益工具	0	0
长期待摊费用	0	0	其中：优先股	0	0
递延所得税资产	75 000	0	永续债	0	0
其他非流动资产	2 000 000	2 000 000	资本公积	0	0
非流动资产合计	39 265 000	36 500 000	减：库存股	0	0
			其他综合收益	0	0
			专项储备	0	0
			盈余公积	1 247 704	1 000 000
			未分配利润	2 180 137.5	500 000
			所有者权益（或股东权益）合计	53 427 841.5	51 500 000
资产总计	80 955 310	84 014 000	负债和所有者（股东）权益总计	80 955 310	84 014 000

第三节 利润表

利润表是反映企业在一定会计期间经营成果的会计报表，利润表的列报必须充分反映企业经营业绩的主要来源和构成，有助于信息使用者判断净利润的质量及其风险，有助于使用者预测净利润的持续性，从而作出正确的决策。

一、利润表的结构

利润表的结构一般有两种：单步式利润表和多步式利润表。单步式利润表是将当期所有收入列在一起，然后将所有费用列在一起，两者相减得出当期净损益。多步式利润表是通过对当期的收入、费用、支出项目按性质加以归类，按利润形成的主要环节列示一些中间性利润指标，分步计算当期净损益。我国企业应当采用多步式利润表的结构，主要通过以下步骤列示利润的计算过程。

1. 以营业收入（包括主营业务收入和其他业务收入）为基础，减去营业成本（包括主营业务成本和其他业务成本）、税金及附加、销售费用、管理费用、财务费用、资产减值损失，加上公允价值变动收益（减去公允价值变动损失）和投资收益（减去投资损失），计算出营业利润；

2. 以营业利润为基础，加上营业外收入，减去营业外支出，计算出利润总额；

3. 以利润总额为基础，减去所得税费用，计算出净利润（或净亏损）。

另外，对普通股或潜在普通股已公开交易的企业，以及正处于公开发行普通股或潜在普通股过程中的企业，还应当在利润表中列示每股收益信息。

二、利润表的列报

由于提供比较利润表的需要，利润表的栏目通常分为"本期金额"和"上期金额"两栏。"本期金额"栏根据"营业收入""营业成本""税金及附加""销售费用""管理费用""财务费用""资产减值损失""公允价值变动收益""营业外收入""营业外支出""所得税费用"等损益类科目的实际发生额分析填列。其中，"营业利润""利润总额""净利润"项目根据利润表中相关项目计算填列。

利润表中的"上期金额"栏应根据上年该期利润表"本期金额"栏内所列数字填列。如果上年该期利润表规定的各个项目的名称和内容同本期不相一致，应对上年该期利润表各项目的名称和数字按本期的规定进行调整，填入"上期金额"栏。

三、利润表编制示例

【例14-2】ABC涉外公司2×19年度有关损益类科目本年累计发生净额如表14-4所示。

表14-4 公司损益类科目2×19年度累计发生净额　　　　　单位：元

科目名称	借方发生额	贷方发生额
主营业务收入		12 500 000
主营业务成本	7 500 000	
税金及附加	20 000	
销售费用	200 000	
管理费用	1 571 000	
研发费用	0	
财务费用	415 000	
资产减值损失	309 000	
信用减值损失	0	
公允价值变动收益	0	
投资收益	0	315 000
资产处置收益	0	
其他收益	0	
营业外收入	0	500 000
营业外支出	197 000	
所得税费用	853 000	

根据上述资料，编制ABC涉外公司2×19年度利润表，如表14-5所示。

表14-5　　　　　　　　　　　　　　　　　　　　　　　　　单位：元

项目	本期金额	上期金额（略）
一、营业收入	12 500 000	
减：营业成本	7 500 000	
税金及附加	20 000	
销售费用	200 000	
管理费用	1 571 000	
研发费用	0	
财务费用	415 000	
其中：利息费用	（略）	

续表

项目	本期金额	上期金额（略）
利息收入	（略）	
资产减值损失	309 000	
信用减值损失	0	
加：公允价值变动收益（损失以"－"号填列）	0	
净敞口套期收益（损失以"－"号填列）	0	
投资收益（损失以"－"号填列）	315 000	
其中：对联营企业和合营企业的投资收益	0	
资产处置收益（损失以"－"号填列）	0	
其他收益	0	
二、营业利润（亏损以"－"号填列）	2 800 000	
加：营业外收入	500 000	
减：营业外支出	197 000	
三、利润总额（亏损以"－"号填列）	3 103 000	
减：所得税费用	853 000	
四、净利润（亏损以"－"号填列）	2 250 000	
（一）持续经营净利润（损失以"－"号填列）	（略）	
（二）终止经营净利润（损失以"－"号填列）	（略）	
五、其他综合收益的税后净额	（略）	
（一）以后不能重分类进损益的其他综合收益	（略）	
1. 重新计量设定收益计划净负债或净资产的变动	（略）	
2. 权益法下在被投资单位不能重分类进损益的其他综合收益中享有的份额	（略）	
……	（略）	
（二）以后将重分类进损益的其他综合收益	（略）	
1. 权益法下在被投资单位以后将重分类进损益的其他综合收益中享有的份额	（略）	
2. 其他债权投资公允价值变动损益	（略）	
3. 金融资产重分类转入损益的累计利得或损失	（略）	
4. 现金流量套期损益的有效部分	（略）	
5. 外币财务报表折算差额	（略）	
……	（略）	
六、综合收益总额	（略）	
七、每股收益	（略）	
（一）基本每股收益	（略）	
（二）稀释每股收益	（略）	

第四节　现金流量表

现金流是企业发展的血液，企业的现金流转情况在很大程度上影响着企业的生存和发展。现金流量表作为一张重要的财务报表，受到信息使用者的密切关注。

现金流量表，是反映企业一定会计期间现金和现金等价物流入和流出的报表。现金流量表为财务报表使用者提供企业一定会计期间内现金和现金等价物流入和流出的信息，以便于财务报表使用者了解和评价企业获取现金和现金等价物的能力，并据以预测企业未来现金流量。现金流量表以现金及现金等价物为基础进行编制，将权责发生制下的盈利信息调整为收付实现制下的现金流量信息，便于信息使用者了解企业净利润的质量。现金流量表划分为经营活动、投资活动和筹资活动进行列示。其中，现金，是指企业现金以及可以随时用于支付的存款。不能随时用于支付的存款不属于现金。现金等价物，是指企业持有的期限短、流动性强、易于转换为已知金额现金、价值变动风险很小的投资。"期限短"一般是指从购买日起3个月内到期。现金等价物通常包括3个月内到期的短期债券投资。权益性投资变现的金额通常不确定，因而不属于现金等价物。

一、现金流量的分类

现金流量指企业现金和现金等价物的流入和流出。根据企业业务活动的性质和现金流量的来源，将企业一定期间产生的现金流量分为三类：经营活动现金流量、投资活动现金流量和筹资活动现金流量。

（一）经营活动产生的现金流量

经营活动是指企业投资活动和筹资活动以外的所有交易和事项，主要包括销售商品、提供劳务、购买商品、接受劳务、收到税费返还、支付税费等。通过经营活动产生的现金流量，可以反映企业经营活动对现金流入、流出的影响程度。

（二）投资活动产生的现金流量

投资活动是指企业长期资产的构建和不包括在现金等价物范围内的投资及其处置活动。这里所讲的投资活动，既包括实物资产投资，也包括非实物资产投资。投资活动产生的现金流量可以反映企业投资活动对企业现金流入、流出的影响程度。

（三）筹资活动产生的现金流量

筹资活动是指导致企业资本及债务规模和构成发生变化的活动。筹资活动包括发行股票、接受投资、取得借款、偿还债务、分派现金股利等。筹资活动产生的现金流量可以反映企业筹资活动对企业现金流入、流出的影响程度。

对企业日常活动之外特殊的、未特别指明的现金流量,应按照现金流量的分类方法和重要性原则归并到相关类别中,对重要的现金流量项目还应当单独反映。如对自然灾害损失和保险索赔,如果能够确指属于流动资产损失,应当列入经营活动产生的现金流量;属于固定资产损失,应当列入投资活动产生的现金流量。如果不能确指,则可以列入经营活动产生的现金流量。

二、现金流量表的列报

编制现金流量表时,列报经营活动现金流量的方法有直接法和间接法两种。

直接法,是按现金收入和现金支出的主要类别直接列示企业经营活动产生的现金流量。如销售商品、提供劳务收到的现金;购买商品、接受劳务支付的现金等就是按现金收入和支出的类别直接反映的。需要注意的是,现金流量一般按照流入或流出的总额列报,但代客户收取或支付的现金,以及周转快、金额大、期限短这种项目的现金流入或流出可以按净额列报。直接法一般以利润表中的营业收入为起算点,调节与经营活动有关项目的增减变动,然后计算出经营活动产生的现金流量。

间接法,是指以净利润为起算点,调整不涉及现金的收入、费用、营业外收支等有关项目,剔除投资活动、筹资活动对现金流量的影响,据此计算出经营活动产生的现金流量。将净利润调节为经营活动现金流量,实际上就是按权责发生制原则确定的净利润调整为收付实现制下的现金净流入,并剔除投资活动和筹资活动对现金流量的影响。

三、现金流量表的编制

现金流量表的项目主要有:经营活动产生的现金流量、投资活动产生的现金流量、筹资活动产生的现金流量、汇率变动对现金及现金等价物的影响、现金及现金等价物净增加额、期末现金及现金等价物余额等项目。

(一)经营活动产生的现金流量

1. 销售商品、提供劳务收到的现金。该项目反映企业销售商品、提供劳务实际收到的现金(包括销售收入和应向购买者收取的增值税销项税额),具体包括:本期销售商品、提供劳务收到的现金,以及前期销售商品、提供劳务本期收到的现金和本期预收的款项、减去本期销售本期退回的商品和前期销售本期退回的商品支付的现金。企业销售材料和代购代销业务收到的现金,也在本项目反映。本项目可以依据"库存现金""银行存款""应收票据""应收账款""预收账款""主营业务收入""其他业务收入"科目的记录分析填列。

根据相关账户的记录，可以参考以下公式计算该项目的金额。

销售商品、提供劳务实际收到的现金＝本期销售商品、提供劳务收到的现金＋本期收到前期的应收款项和应收票据＋当期预收的账款－本期销售本期退回的商品支付的现金－前期销售本期退回的商品支付的现金＋本期收回前期核销的坏账损失

2. 收到的税费返还。该项目反映企业收到返还的各种税费，比如收到的增值税、营业税、所得税、消费税、关税和教育费附加返还等。本项目可以根据"库存现金""银行存款""税金及附加""营业外收入"等科目的记录分析填列。

3. 收到的其他与经营活动有关的现金。该项目反映企业除上述各项目外，收到的其他与经营活动有关的现金，如罚款、经营租赁固定资产收到的现金、流动资产损失中由个人赔偿的现金、除税费返还外的其他政府补助收入等。如果某项"其他与经营活动有关的现金"金额较大，还应该单独列示。该项目可以依据"库存现金""银行存款""管理费用""营业费用"等科目的记录分析填列。

4. 购买商品、接受劳务支付的现金。该项目反映企业购买材料、商品、接受劳务实际支付的现金（包括支付的货款以及与货款一并支付的增值税进项税额），具体包括：本期购买商品、接受劳务支付的现金，以及本期支付前期购买商品、接受劳务的未付款项和本期预付款项，减去本期发生的购货退回收到的现金。需要注意的是，为购置存货而发生的借款利息资本化部分不应在此项目反映，而应在"分配股利、利润或偿付利息支付的现金"项目中反映；企业代购代销业务支付的现金也在该项目反映。本项目可以依据"库存现金""银行存款""应付票据""应付账款""预付账款""主营业务成本""其他业务成本"等科目的记录分析填列。

5. 支付给职工以及为职工支付的现金。该项目反映企业实际支付给职工的现金以及为职工支付的现金，包括本期实际给予职工的各种形式的报酬以及其他相关支出，如支付给职工的工资、奖金、各种津贴和补贴等。需要注意的是，企业代扣代缴的个人所得税在本项目反映，但支付给在建工程人员以及离退休人员的工资不在该项目反映。而分别在"购建固定资产、无形资产和其他长期资产所支付的现金"和"支付的其他与经营活动有关的现金"项目中反映。本项目可以依据"库存现金""银行存款""应付职工薪酬"等科目的记录分析填列。

6. 支付的各项税费。该项目反映企业按规定支付的各项税费，包括本期发生并支付的税费，以及本期支付以前各期发生的税费和预交的税金，如支付的增值税、营业税、消费税、所得税、教育费附加、印花税、房产税、土地增值税、车船税等。需要注意的是，该项目不包括本期退回的增值税、所得税以及计入固定资产价值实际支付的耕地占用税。该项目可以根据"应交税费""库存现金""银行存款"等科目分析填列。

7. 支付的其他与经营活动有关的现金。该项目反映企业除上述各项目外支付的其他与经营活动有关的现金，具体包括罚款、差旅费、业务招待费、保险费、经营租赁支付的现金等。如果其他与经营活动有关的现金流出金额较大，应单列项目反映。本项目可以根据"库存现金""银行存款""管理费用""营业外支出"等有关科目的记录分析填列。

（二）投资活动产生的现金流量

1. 收回投资收到的现金。该项目反映企业出售、转让或到期收回除现金等价物以外的交易性金融资产、债权投资、其他权益工具投资、长期股权投资等而收到的现金。需要注意的是，债权性投资收回的本金在本项目中反映，但债权性投资收回的利息不在本项目中反映。而在"取得投资收益收到的现金"项目中反映；处置子公司及其他营业单位收到的现金净额也不在本项目反映，而应单设科目反映。本项目可以依据"库存现金""银行存款""交易性金融资产""债权投资""其他权益工具投资"以及"长期股权投资"等科目的记录分析填列。

2. 取得投资收益收到的现金。该项目反映企业应对其他企业进行权益工具、债务工具和权益投资而分得的现金股利和利息等。股票股利由于股不产生现金流量，不在本项目中反映。本项目可以根据"库存现金""银行存款""应收股利""应收利息""投资收益"等科目的记录分析填列。

3. 处置固定资产、无形资产和其他长期资产收回的现金净额。该项目反映企业出售固定资产、无形资产和其他长期资产所取得的现金（包括因资产损毁收到的保险赔偿款），减去为处置这些资产而支付的有关费用后的净额。如处置固定资产、无形资产和其他长期资产所收回的现金净额为负数，则应在"支付的其他与投资活动有关的现金"项目中反映。本项目可以根据"库存现金""银行存款"以及"固定资产清理"等科目的记录分析填列。

4. 处置子公司及其他营业单位收到的现金净额。该项目反映企业处置子公司及其他营业单位所取得的现金减去子公司或其他营业单位持有的现金和现金等价物以及相关处置费用后的净额，处置子公司及其他营业单位收到的现金净额如为负数，则应在"支付其他与投资活动有关的现金"项目中反映。本项目可以根据"库存现金""银行存款"以及"长期股权投资"等有关科目的记录分析填列。

5. 收到的其他与投资活动有关的现金。该项目反映企业除上述各项目外，收到的其他与投资活动有关的现金。如果其他与投资活动有关的现金流入金额较大，还应单列项目反映。本项目可以根据"库存现金""银行存款"以及"长期股权投资"等有关科目的记录分析填列。

6. 购建固定资产、无形资产和其他长期资产支付的现金。该项目反映企业购买、建造固定资产，取得无形资产和其他长期资产实际支付的现金，具体包括购买机器设备所支付的现金、建造工程支付的现金、支付在建工程人员的工资等现金支出。需要注意的是，为购建固定资产、无形资产和其他长期资产而发生的借款利息资本化部分，以及融资租入固定资产所支付的租赁费不在本项目反映。而应分别在"分配股利、利润或偿付利息支付的现金"以及"支付的其他与筹资活动有关的现金"项目中反映。该项目可以根据"库存现金""银行存款""固定资产""在建工程""工程物资""无形资产"等科目的记录分析填列。

7. 投资支付的现金。该项目反映企业进行权益性投资和债券性投资所支付的现金，具体包括企业取得的除现金等价物以外的交易性金融资产、债权投资、其他权益工具投资等投资而支付的现金，以及支付的佣金、手续费等交易费用。需要注意的是，企业购买股票和债权时，实际支付的价款中包含的已宣告但尚未领取的现金股利，或已到付息期但尚未领取的债券利息，应在"支付的其他与投资活动有关的现金"项目中反映；收回购买股票和债券时支付的已宣告但尚未领取的现金股利或已到付息期但尚未领取的债券利息，应在"收到的其他与投资活动有关的现金"项目中反映。本项目可以根据"库存现金""银行存款""交易性金融资产""债权投资""其他权益工具投资""投资性房地产""长期股权投资"等科目的记录分析填列。

8. 取得子公司及其他营业单位支付的现金净额。该项目反映企业应取得子公司及其他营业单位在支付对价中以现金支付的部分，减去子公司或其他营业单位持有的现金和现金等价物后的净额。如果支付对价中以现金支付的部分减去子公司或其他营业单位持有的现金或现金等价物后的净额为负数，应在"收到其他与投资活动有关的现金"项目中反映。本项目可以依据有关科目的记录分析填列。

9. 支付的其他与投资活动有关的现金。该项目反映企业除上述各项目以外支付的其他与投资活动有关的现金。如果其他投资活动有关的现金流出金额较大，还应单列项目反映。本项目可以根据有关科目的记录分析填列。

（三）筹资活动产生的现金流量

1. 吸收投资收到的现金。该项目反映企业以发行股票、债券等方式筹集资金实际收到的款项净额（即发行收入减去支付的佣金等发行费用后的净额）。需要注意的是，以发行股票等方式筹集资金而由企业直接支付的审计、咨询等费用等支出，不在本项目中反映，而应在"支付的其他与筹资活动有关的现金"项目中反映。本项目可以根据"库存现金""银行存款""实收资本（或股本）"以及"资本公积"等科目的记录分析填列。

2. 取得借款收到的现金。该项目反映企业举借各种短期、长期借款而收到的现金，以及发行债券实际收到的款项净额（即发行收入减去直接支付的佣金等发行费用后的净额）。本项目可以根据"库存现金""银行存款""短期借款""长期借款""交易性金融负债"以及"应付债券"等科目的记录分析填列。

3. 收到的其他与筹资活动有关的现金。该项目反映企业除上述各项目以外，收到的其他与筹资活动有关的现金。如果其他与筹资活动有关的现金流入金额较大，还应单列项目反映。本项目可根据有关科目的记录分析填列。

4. 偿还债务所支付的现金。该项目反映企业以现金偿还债务的本金，具体包括：归还金融企业的借款本金、偿付企业到期的债券本金等。需要注意的是，企业偿还的借款利息或债券利息在"分配股利、利润或偿付利息所支付的现金"项目中反映。本项目可以根据"库存现金""银行存款""短期借款""长期借款""交易性金融负债"以及"应付债券"等科目的记录分析填列。

5. 分配股利、利润或偿付利息支付的现金。该项目反映企业实际支付的现金股利、支付给其他投资单位的利润或用现金支付的借款利息、债券利息等。需要注意的是，不同用途借款支付的利息均在本项目中反映，本项目可以根据"银行存款""应付股利""应付利息""利润分配""财务费用""在建工程""制造费用"以及"研发支出"等科目的记录分析填列。

6. 支付的其他与筹资活动有关的现金。该项目反映企业除上述各项目之外支付的其他与筹资活动有关的现金，具体包括为发行股票、债券而由企业直接支付的审计、咨询等费用、以分期付款方式购建固定资产、无形资产等各期支付的现金以及融资租赁各期支付的租赁费等。如果其他与筹资活动有关的现金流出金额较大，还应单列项目反映。本项目可以根据"库存现金""银行存款""长期应付款"以及"营业外支出"等有关科目的记录分析填列。

（四）汇率变动对现金及现金等价物的影响

按照企业会计准则规定，企业外币现金流量及境外子公司的现金流量折算成人民币时，应当采用现金流量发生日的即期汇率或者即期汇率的近似汇率，而现金流量表"现金及现金等价物净增加额"项目中外币现金净增加额是按资产负债表日的即期汇率折算的。这两者的差额即构成了汇率变动对现金及现金等价物的影响。

在编制现金流量表时，可以逐笔计算外币业务发生的汇率变动对现金的影响，也可以将现金流量表补充资料中"现金及现金等价物净增加额"的金额与现金流量表中"经营活动产生的现金流量金额""投资活动产生的现金流量金额"以及"筹资活动产生的现金流量金额"三项金额之和比较，其差额即"汇率变动对现金及现金等价物的影响"需要列示的金额。

四、现金流量表补充资料的编制

现金流量表采用直接法反映经营活动产生的现金流量，同时，在附注中企业还需要按照间接法将净利润调节为经营活动现金流量，不涉及现金收支的重大投资和筹资活动以及现金及现金等价物净变动情况等信息。

(一) 将净利润调整为经营活动现金流量

将净利润调整为经营活动现金流量时,需要对四大类项目进行调整:实际没有收到现金的收益、实际没有支付现金的费用、不属于经营活动的损益以及经营性应收应付项目的增减变动。下面将重要项目分别予以阐述。

1. 资产减值准备。该项目包括坏账准备、存货跌价准备、投资性房地产减值准备、长期股权投资减值准备、债权投资减值准备、固定资产减值准备、在建工程减值准备、工程物资减值准备、生物资产减值准备、无形资产减值准备、商誉减值准备等,反映企业本期实际计提的各项资产减值准备。由于该项目属于净利润的扣减项目但没有发生现金流出,所以在将净利润调节为经营活动现金流量时需要加回。本项目可根据"信用减值损失""资产减值损失"科目的记录分析填列。

2. 固定资产折旧、油气资产折耗、生产性生物资产折旧。该项目在计算净利润时从中扣除,但没有发生现金流出,因此在将净利润调节为经营活动现金流量时,需要予以加回。本项目可根据"累计折旧""累计折耗""生产性生物资产折旧"科目的贷方发生额分析填列。

3. 无形资产摊销和长期待摊费用摊销。该项目在计算净利润时已从中扣除,但没有发生现金流出,因此在将净利润调节为经营活动现金流量时,需要予以加回。本项目可根据"累计摊销""长期待摊费用"科目的贷方发生额分析填列。

4. 处置固定资产、无形资产和其他长期资产的损失(收益以"-"号填列)。该项目属于投资活动产生的损益,不属于经营活动产生的损益,因此在将净利润调节为经营活动现金流量时,需要予以剔除。本项目可根据"资产处置损益""营业外收入""营业外支出"等科目所属有关明细科目的记录分析填列。

5. 固定资产报废损失(收益以"-"号填列)。该项目属于投资活动产生的损益,不属于经营活动产生的损益,因此在将净利润调节为经营活动现金流量时,需要予以剔除。本项目可根据"资产处置损益""营业外支出""营业外收入"等科目所属有关明细科目的记录分析填列。

6. 公允价值变动损失(收益以"-"号填列)。公允价值变动损失反映企业交易性金融资产、交易性金融负债或采用公允价值模式计量的投资性房地产等公允价值变动形成的净损失。该项目通常与企业的投资活动或筹资活动有关,并不影响企业当期经营活动的现金流量,因此在将净利润调节为经营活动现金流量时,需要予以剔除。本项目可以根据"公允价值变动损益"科目的发生额分析填列。

7. 财务费用(收益以"-"号填列)。该项目反映企业本期实际发生的属于投资活动或筹资活动的财务费用,由于这部分财务费用不属于经营活动,因此在将净利润调节为经营活动现金流量时将其加回。本项目可根据"财务费用"科目的本期借方发生额分析填列。

8. 投资损失（收益以"－"号填列）。该项目属于投资活动产生的损益，不属于经营活动产生的损益，因此在将净利润调节为经营活动现金流量时需要予以剔除。本项目可根据利润表中"投资收益"项目的数字填列。

9. 递延所得税资产减少（增加以"－"号填列）。递延所得税资产减少使计入所得税费用的金额大于当期应交的所得税金额，其差额没有发生现金流出但在计算净利润时已经扣除，因此在将净利润调节为经营活动现金流量时应当加回。相反，如果递延所得税资产增加使计入所得税费用的金额小于当期应交的所得税金额，两者之间的差额并没有发生现金流入，但在计算净利润时已经包括在内，在将净利润调节为经营活动现金流量时应当扣除。本项目可以根据资产负债表"递延所得税资产"项目期初期末余额分析填列。

10. 递延所得税负债增加（减少以"－"号填列）。递延所得税负债增加使计入所得税费用的金额大于当期应交的所得税金额，其差额没有发生现金流出，但在计算净利润时已经扣除，因此在将净利润调节为经营活动现金流量时应当加回。相反，如果递延所得税负债减少使计入当期所得税费用的金额小于当期应交的所得税金额，其差额并没有发生现金流入，但在计算净利润时已经包括在内，在将净利润调节为经营活动现金流量时应当扣除。本项目可以根据资产负债表"递延所得税负债"项目期初、期末余额分析填列。

11. 存货的减少（增加以"－"号填列）。期末存货比期初存货减少表示本期生产经营过程耗用的存货有一部分是期初的存货，耗用这部分存货并没有引起现金的实际流出，但在计算净利润时已经扣除，因此在将净利润调节为经营活动现金流量时应当加回。相反，如果期末存货比期初存货增加，说明当期购入的存货除耗用外还剩余了一部分，这部分存货也发生了现金流出，但在计算净利润时没有包括在内，因此在将净利润调节为经营活动现金流量时，需要扣除。需要注意的是，存货的增减变化过程涉及的应付项目变化不在本项目反映，而在"经营性应付项目的增加（减：减少）"中考虑；另外，如果存货的增减变化过程属于投资活动（如在建工程领用存货），应当将这一因素剔除。本项目可根据资产负债表中"存货"项目的期初数、期末数之间的差额填列。

12. 经营性应收项目的减少（增加以"－"号填列）。该项目包括应收票据、应收账款、预付账款、长期应收款和其他应收款中与经营活动有关的部分，以及应收的增值税销项税额等。经营性应收项目期末余额小于经营性应收项目期初余额表示本期收回的现金大于利润表中所确认的销售收入，因此在将净利润调节为经营活动现金流量时，需要加回。相反，如果经营性应收项目期末余额大于经营性应收项目期初余额，说明本期销售收入中有一部分没有收回现金，但是，在计算净利润时这部分销售收入已包括在内，因此在将净利润调节为经营活动现金流量时需要扣除。本项目应当根据"应收票据""应收账款""预付账款""长期应收款"和"其他应收款"等有关科目的期初、期末余额分析填列。

13. 经营性应付项目的增加（减少以"－"号填列）。经营性应付项目包括应付票据、应付账款和其他应付款等中与经营活动有关的部分，以及应付的增值税进项税额等。经营性应付项目期末余额大于经营性应付项目期初余额，表示本期购入的存货中有一部分没有支付现金，但在计算净利润时却通过销售成本包括在内，因此在将净利润调节为经营活动现金流量时需要加回。相反，如果经营性应付项目期末余额小于经营性应付项目期初余额，表示本期支付的现金大于利润表中所确认的销售成本，在将净利润调节为经营活动产生的现金流量时需要扣除。本项目应当根据"应付票据""应付账款""预收账款""应付职工薪酬""应交税费""应付利息""长期应付款"和"其他应付款"等有关科目的期初、期末余额分析填列。

（二）不涉及现金收支的重大投资和筹资活动

该项目反映企业在一定期间内影响资产或负债但不形成该期现金收支的所有投资和筹资活动的信息。这些投资和筹资活动对以后各期的现金流量有重大影响，因此应单列项目在补充资料中单独列示。该项目主要包括以下情况：

1. 债务转为资本，反映企业本期转为资本的债务金额；
2. 一年内到期的可转换公司债券，反映企业一年内到期的可转换公司债券的本息；
3. 融资租入固定资产，反映企业本期融资租入的固定资产。

五、现金流量表的编制程序

在具体编制现金流量表时，企业可以依据业务量的大小以及复杂程度，采用工作底稿法、T型账户法或者根据有关科目记录分析填列。下面重点介绍工作底稿法和T型账户法的工作程序。

（一）工作底稿法

采用工作底稿法编制现金流量表，是以工作底稿为手段，以资产负债表和利润表数据为基础，结合有关科目的记录，对每一项目进行分析并编制调整分录，从而编制现金流量表。工作底稿法的程序是：

1. 将资产负债表的期初数和期末数过入工作底稿的期初数栏和期末数栏。
2. 对当期业务进行分析并编制调整分录。编制调整分录时，要以利润表项目为基础从"营业收入"开始，结合资产负债表项目进行逐一分析。在调整分录中，有关现金和现金等价物的事项，并不直接借记或贷记现金，而是分别记入"经营活动产生的现金流量""投资活动产生的现金流量""筹资活动产生的现金流量"有关项目。借记表示现金流入，贷记表示现金流出。
3. 将调整分录过入工作底稿中的相应部分。

4. 核对调整分录,借方、贷方合计数均已经相等,资产负债表项目期初数加减调整分录中的借贷金额以后,应等于期末数。

5. 根据工作底稿中的现金流量表项目部分编制正式的现金流量表。

（二）T型账户法

采用T型账户法编制现金流量表,是以T型账户为手段,以资产负债表和利润表数据为基础,结合有关科目的记录,对每一项目进行分析并编制调整分录,从而编制现金流量表。T型账户法的程序是:

1. 为所有的非现金项目（包括资产负债表项目和利润表项目）分别开设T型账户,并将各自的期末期初变动数过入各相关账户。如果项目的期末数大于期初数,则将差额过入和项目余额相同的方向;反之,过入相反的方向。

2. 开设一个大的"现金及现金等价物"T型账户,每边分为经营活动、投资活动和筹资活动三个部分,左边记现金流入,右边记现金流出。与其他账户一样,过入期末期初变动数。

3. 以利润表项目为基础,结合资产负债表分析每一个非现金项目的增减变动,并据此编制调整分录。

4. 将调整分录过入各T型账户并核对,该账户借贷相抵后的余额与原先过入的期末期初变动数应当一致。

5. 根据大的"现金及现金等价物"T型账户编制正式的现金流量表。

分析填列法：分析填列法是直接根据资产负债表、利润表和有关科目明细账的记录,分析计算出现金流量表各项目的金额,并据以编制现金流量表的一种方式。

六、现金流量表编制示例

【例14-3】沿用〖例14-1〗和〖例14-2〗的资料,ABC涉外公司其他相关资料如下：

(1) 2×19年度利润表有关项目的明细资料如下：

①管理费用的组成：职工薪酬171 000元,无形资产摊销600 000元,折旧费200 000元,支付其他费用600 000元。

②财务费用的组成：计提借款利息115 000元,支付应收票据（银行承兑汇票）贴现利息300 000元。

③资产减值损失的组成：信用减值损失9 000元,计提固定资产减值准备300 000元。上年年末坏账准备余额为9 000元。

④投资收益的组成：收到股息收入300 000元,与本金一起收回的交易性股票投资收益5 000元,自公允价值变动损益结转投资收益10 000元。

⑤营业外收入的组成：处置固定资产净收益500 000元（其所处置固定资产原价为4 000 000元,累计折旧为1 500 000元。收到处置收入3 000 000元）。假

定不考虑与固定资产处置有关的税费。

⑥营业外支出的组成：报废固定资产净损失 197 000 元（其所报废固定资产原价为 2 000 000 元。累计折旧为 1 800 000 元，支付清理费用 5 000 元，收到残值收入 8 000 元）。

⑦所得税费用的组成：当期所得税费用 928 000 元，递延所得税收益 75 000 元。

除上述项目外，利润表中的销售费用 200 000 元至期末已经支付。

（2）资产负债表有关项目的明细资料如下：

①本期收回交易性股票投资本金 150 000 元、公允价值变动 10 000 元，同时实现投资收益 5 000 元。

②存货中生产成本、制造费用的组成：职工薪酬 3 249 000 元，折旧费 800 000 元。

③应交税费的组成：本期增值税进项税额 424 660 元，增值税销项税额 2 125 000 元，已交增值税 1 000 000 元；应交所得税期末余额为 200 970 元，应交所得税期初余额为 0；应交税费期末数中应由在建工程负担的部分为 1 000 000 元。

④应付职工薪酬的期初数无应付在建工程人员的部分，本期支付在建工程人员职工薪酬 2 000 000 元。应付职工薪酬的期末数中应付在建工程人员的部分为 280 000 元。

⑤应付利息均为短期借款利息，其中本期计提利息 115 000 元，支付利息 125 000 元。

⑥本期用现金购买固定资产 1 010 000 元，购买工程物资 3 000 000 元。

⑦本期用现金偿还短期借款 2 500 000 元，偿还一年内到期的长期借款 10 000 000 元；借入长期借款 5 600 000 元。

根据以上资料，采用分析填列的方法，编制 ABC 涉外公司 2×19 年度的现金流量表。

（1）ABC 涉外公司 2×19 年度现金流量表各项目金额分析确定如下：

①销售商品、提供劳务收到的现金

= 主营业务收入 + 应交税费（应交增值税——销项税额）+（应收账款年初余额 − 应收账款期末余额）+（应收票据年初余额 − 应收票据期末余额）− 当期计提的坏账准备 − 票据贴现的利息

= 12 500 000 + 2 125 000 +（2 991 000 − 5 982 000）+（2 460 000 − 660 000）− 9 000 − 300 000

= 13 125 000（元）

②购买商品、接受劳务支付的现金

= 主营业务成本 + 应交税费（应交增值税——进项税额）−（存货年初余额 − 存货期末余额）+（应付账款年初余额 − 应付账款期末余额）+（应付票据年初余额 − 应付票据期末余额）+（预付账款期末余额 − 预付账款年初余额）− 当期列入生产成本、制造费用的职工薪酬 − 当期列入生产成本、制造费用的折旧费和固定资

产修理费

= 7 500 000 + 424 660 − (25 800 000 − 24 847 000) + (9 538 000 − 9 538 000) + (2 000 000 − 1 000 000) + (1 000 000 − 1 000 000) − 3 249 000 − 800 000 = 3 922 660（元）

③支付给职工以及为职工支付的现金

=生产成本、制造费用、管理费用、职工薪酬+（应付职工薪酬年初余额−应付职工薪酬期末余额）−[应付职工薪酬（在建工程）年初余额−应付职工薪酬（在建工程）期末余额]

= 3 249 000 + 171 000 + (1 100 000 − 1 800 000) − (0 − 280 000)

= 3 000 000（元）

④支付的各项税费

=当期所得税费用+税金及附加+应交税费（应交增值税——已交税金）−（应交所得税期末余额−应交所得税期初余额）

= 928 000 + 20 000 + 1 000 000 − (200 970 − 0) = 1 747 030（元）

⑤支付其他与经营活动有关的现金=其他管理费用+销售费用

= 600 000 + 200 000

= 800 000（元）

⑥收回投资收到的现金

=交易性金融资产贷方发生额+与交易性金融资产一起收回的投资收益

= 160 000 + 5 000

= 165 000（元）

⑦取得投资收益所收到的现金=收到的股息收入

= 300 000（元）

⑧处置固定资产收回的现金净额

= 3 000 000 + (8 000 − 5 000)

= 3 003 000（元）

⑨购建固定资产支付的现金

=用现金购买的固定资产、工程物资+支付给在建工程人员的薪酬

= 1 010 000 + 3 000 000 + 2 000 000

= 6 010 000（元）

⑩取得借款所收到的现金= 5 600 000（元）

⑪偿还债务支付的现金

= 2 500 000 + 10 000 000

= 12 500 000（元）

⑫偿还利息支付的现金= 125 000（元）

（2）将净利润调节为经营活动现金流量各项目计算分析如下：

①资产减值准备= 9 000 + 300 000 = 309 000（元）

②固定资产折旧= 200 000 + 800 000 = 1 000 000（元）

③无形资产摊销 = 600 000（元）
④处置固定资产、无形资产和其他长期资产的损失(减:收益) = -500 000（元）
⑤固定资产报废损失 = 197 000（元）
⑥财务费用 = 115 000（元）
⑦投资损失(减:收益) = -315 000（元）
⑧递延所得税资产减少 = 0 - 75 000 = -75 000（元）
⑨存货的减少 = 25 800 000 - 24 847 000 = 953 000（元）
⑩经营性应收项目的减少
= (2 460 000 - 660 000) + (2 991 000 + 9 000 - 5 982 000 - 18 000)
= -1 200 000（元）
⑪经营性应付项目的增加
= (1 000 000 - 2 000 000) + (1 000 000 - 1 000 000) + [(1 800 000 - 280 000) - 1 100 000] + [(2 267 310 - 1 000 000) - 366 000]
= 321 310（元）

（3）根据上述数据，编制现金流量表（见表14-6）及其补充资料（见表14-7）。

表14-6　　　　　　　　　　　　　现金流量表

会企03表

编制单位：ABC公司　　　　　　　2×19年度　　　　　　　　　单位：元

项目	本期金额	上期金额（略）
一、经营活动产生的现金流量：		
销售商品、提供劳务收到的现金	13 125 000	
收到的税费返还	0	
收到的其他与经营活动有关的现金	0	
经营活动现金流入小计	13 125 000	
购买商品、接受劳务支付的现金	3 922 660	
支付给职工以及为职工支付的现金	3 000 000	
支付的各项税费	1 747 030	
支付的其他与经营活动有关的现金	800 000	
经营活动现金流出小计	9 469 690	
经营活动产生的现金流量净额	3 655 310	
二、投资活动产生的现金流量：		
收回投资所收到的现金	165 000	
取得投资收益所收到的现金	300 000	
处置固定资产、无形资产和其他长期资产收回的现金净额	3 003 000	

续表

项目	本期金额	上期金额（略）
处置子公司及其他营业单位收到的现金净额	0	
收到的其他与投资活动有关的现金	0	
投资活动现金流入小计	3 468 000	
购建固定资产、无形资产和其他长期资产支付的现金	6 010 000	
投资所支付的现金	0	
取得子公司及其他营业单位支付的现金净额	0	
支付其他与投资活动有关的现金	0	
投资活动现金流出小计	6 010 000	
投资活动产生的现金流量净额	−2 542 000	
三、筹资活动产生的现金流量：		
吸收投资所收到的现金	0	
取得借款收到的现金	5 600 000	
收到其他与筹资活动有关的现金	0	
筹资活动现金流入小计	5 600 000	
偿还债务支付的现金	0	
分配股利、利润或偿付利息支付的现金	0	
支付其他与筹资活动有关的现金	0	
筹资活动现金流出小计	0	
筹资活动产生的现金流量净额	5 600 000	
四、汇率变动对现金及现金等价物的影响	0	
五、现金及现金等价物净增加额	6 713 310	
加：期初现金及现金等价物余额	略	
六、期末现金及现金等价物余额	略	

表14−7　　　　　　　　现金流量表附注　　　　　　　　　　单位：元

补充资料	本期金额	上期金额
1. 将净利润调节为经营活动现金流量：		
净利润	2 250 000	
加：资产减值准备	309 000	
固定资产折旧、油气资产折耗、生产性生物资产折旧	1 000 000	
无形资产摊销	600 000	

续表

补充资料	本期金额	上期金额
长期待摊费用摊销	0	
处置固定资产、无形资产和其他长期资产的损失（收益以"-"号填列）	-500 000	
固定资产报废损失（收益以"-"号填列）	197 000	
公允价值变动损失（收益以"-"号填列）	0	
财务费用（收益以"-"号填列）	115 000	
投资损失（收益以"-"号填列）	-315 000	
递延所得税资产减少（增加以"-"号填列）	-25 000	
递延所得税负债增加（减少以"-"号填列）	0	
存货的减少（增加以"-"号填列）	953 000	
经营性应收项目的减少（增加以"-"号填列）	-1 200 000	
经营性应付项目的增加（减少以"-"号填列）	321 310	
其他	0	
经营活动产生的现金流量净额	3 655 310	
2. 不涉及现金收支的重大投资和筹资活动：		
债务转为资本	0	
一年内到期的可转换公司债券	0	
融资租入固定资产	0	
3. 现金及现金等价物净变动情况：		
现金的期末余额	8 151 310	
减：现金的期初余额	14 063 000	
加：现金等价物的期末余额	0	
减：现金等价物的期初余额	0	
现金及现金等价物净增加额	-5 911 690	

第五节 所有者权益变动表

所有者权益变动表是反映构成所有者权益各组成部分当期增减变动情况的报表。所有者权益变动表应当全面反映一个企业一定时期所有者权益变动情况，不仅包括所有者权益总量的增减变动，也包括所有者权益增减变动的重要结构性信息，让报表使用者准确理解所有者权益增减变动的根源。在所有者权益变动表中，净利润和直接计入所有者权益的利得和损失均单列项目反映，体现了企业综合收益的构成。

一、所有者权益变动表的列报

（一）所有者权益变动表的列报格式

1. 以矩阵形式列报。为了清楚地表明构成所有者权益各组成部分当期增减变动情况，所有者权益变动表应以矩阵形式列示。这样既可以列示导致所有者权益变动的交易或事项，又可以按照所有者权益各组成部分（包括实收资本、资本公积、盈余公积、未分配利润和库存股）及其总额列示交易或事项对所有者权益的影响。

2. 列示所有者权益变动的比较信息。所有者权益变动表还应就各项目再分为"本期金额"和"上期金额"两栏分别填列。

（二）所有者权益变动表的列报方法

1. 所有者权益变动表"本年金额"栏各项目的列报说明。

（1）"上年年末余额"项目，反映企业上年资产负债表中实收资本（或股本）、资本公积、盈余公积、未分配利润的年末余额。

（2）"会计政策变更"和"前期差错更正"项目，分别反映企业采用追溯调整法处理的会计政策变更的累积影响金额和采用追溯重述法处理的会计差错更正的累积影响金额。

为了体现会计政策变更和前期差错更正的影响，企业应当在上期期末所有者权益余额的基础上进行调整得出本期期初所有者权益，根据"盈余公积""利润分配""以前年度损益调整"等科目的发生额分析填列。

（3）"本年增减变动额"项目。

①"净利润"项目，反映企业当年实现的净利润（或净亏损）金额，并对应列在"未分配利润"栏。

②"直接计入所有者权益的利得和损失"项目，反映企业当年直接计入所有者权益的利得和损失金额。其中：

"可供出售金融资产公允价值变动净额"项目，反映企业持有的可供出售金融资产当年公允价值变动的金额，并对应列在"资本公积"栏。

"权益法下被投资单位其他所有者权益变动的影响"项目，反映企业对按照权益法核算的长期股权投资，在被投资单位除当年实现的净损益以外其他所有者权益当年变动中应享有的份额，并对应列在"资本公积"栏。

"与计入所有者权益项目相关的所得税影响"项目，反映企业根据《企业会计准则第18号——所得税》规定应计入所有者权益项目的当年所得税影响金额，并对应列在"资本公积"栏。

③"所有者投入和减少资本"项目，反映企业当年所有者投入的资本和减少的资本。其中：

"所有者投入资本"项目，反映企业接受投资者投入形成的实收资本（或股本）和资本溢价或股本溢价，并对应列在"实收资本"和"资本公积"栏。

"股份支付计入所有者权益的金额"项目，反映企业处于等待期中的权益结算的股份支付当年计入资本公积的金额，并对应列在"资本公积"栏。

④"利润分配"下各项目，反映企业当年对利润分配的金额。其中：

"提取盈余公积"项目，反映企业按照规定提取的盈余公积，对应列在"盈余公积"栏。

"对所有者（或股东）的分配"项目，反映对所有者（或股东）分配的利润（或股利）金额，对应列在"未分配利润"栏。

⑤"所有者权益内部结转"下各项目，反映所有者权益各组成部分之间的内部结转。其中：

"资本公积转增资本（或股本）"项目。反映企业以资本公积转增资本或股本的金额。

"盈余公积转增资本（或股本）"项目，反映企业以盈余公积转增资本或股本的金额。

"盈余公积弥补亏损"项目，反映企业以盈余公积弥补亏损的金额。

2. 所有者权益变动表"上年金额"栏各项目的列报方法。所有者权益变动表"上年金额"栏内各项数字，应根据上年度所有者权益变动表"本年金额"栏内所列数字填列。如果上年度所有者权益变动表规定的各个项目的名称和内容同本年度不相一致，应对上年度所有者权益变动表各项目的名称和数字按本年度的规定进行调整，填入所有者权益变动表"上年金额"栏内。

3. "本年金额"栏的列报方法。所有者权益变动表"本年金额"栏内各项数字一般应根据"实收资本（或股本）""资本公积""盈余公积""利润分配""库存股""以前年度损益调整"等科目的发生额分析填列。

企业净利润及其分配情况作为所有者权益变动的组成部分，不需要单独设置利润分配表列示。

二、所有者权益变动表编制示例

【例14-4】沿用〖例14-1〗、〖例14-2〗和〖例14-3〗的资料，ABC涉外公司其他相关资料为：提取盈余公积247 704元，向投资者分配现金股利322 158.5元。

根据上述资料，ABC涉外公司编制2×19年度的所有者权益变动表。如表14-8所示。

表 14-8　ABC 涉外公司 2×19 年度所有者权益变动表

单位：元

项目	本年金额									上年金额								
	实收资本（或股本）	其他权益工具			资本公积	减：库存股	其他综合收益	盈余公积	未分配利润	所有者权益合计	实收资本（或股本）	其他权益工具			资本公积	减：库存股	其他综合收益	盈余公积	未分配利润	所有者权益合计
		优先股	永续债	其他								优先股	永续债	其他						
一、上年年末余额	50 000 000							1 000 000	500 000	51 500 000										
加：会计政策变更																				
前期差错更正																				
其他																				
二、本年年初余额	50 000 000							1 000 000	500 000	51 500 000										
三、本年增减变动金额（减少以"-"号填列）									2 250 000	2 250 000										
（一）综合收益总额																				
（二）所有者投入和减少资本																				
1. 所有者投入的普通股																				
2. 其他权益工具持有者投入资本																				
3. 股份支付计入所有者权益的金额																				

续表

项目	本年金额									上年金额								
	实收资本（或股本）	其他权益工具			资本公积	减：库存股	其他综合收益	盈余公积	未分配利润	所有者权益合计	实收资本（或股本）	其他权益工具			资本公积	减：库存股	其他综合收益	盈余公积	未分配利润	所有者权益合计
		优先股	永续债	其他								优先股	永续债	其他						
4. 其他																				
（三）提取盈余公积								247 704	−247 704	0										
1. 提取盈余公积																				
2. 对所有者（股东）的分配									−322 158.5	−322 158.5										
3. 其他																				
（四）所有者权益内部结转																				
1. 资本公积转增资本（或股本）																				
2. 盈余公积转增资本（或股本）																				
3. 盈余公积弥补亏损																				
4. 其他																				
四、本年年末余额	50 000 000	0	0	0	0	0	0	1 247 704	2 180 137.5	53 427 841.5										

第六节　报表附注

报表附注是对资产负债表、利润表、现金流量表和所有者权益变动表等报表中列示项目的文字描述或明细资料，以及对未能在这些报表中列示项目的说明。如果没有报表附注的解释和说明，财务报表就难以发挥应有的效用。因此，报表附注与资产负债表、利润表、现金流量表、所有者权益变动表等报表具有同等的重要性，是财务报表的重要组成部分。

一、报表附注的披露

为了让报表使用者更好地利用财务报表信息，报表附注的披露应做好以下几点。

1. 定量信息与定性信息相结合，从量和质两个角度对企业经济事项进行充分反映，从而满足信息使用者的决策需求。

2. 系统合理地排列和分类，有顺序地披露信息。由于附注的内容繁多，因此更应按逻辑顺序排列，分类披露，条理清晰，具有一定的组织结构，以便于使用者理解和掌握，也更好地实现财务报表的可比性。

3. 与报表项目相互参照，以有助于使用者联系相关联的信息，从整体上更好地理解财务报表。

二、报表附注披露的内容

报表附注应当按照以下顺序披露有关内容。

（一）企业基本情况

企业基本情况应包括企业注册地、组织形式和总部地址；企业业务性质和主要经营活动；母公司以及集团最终母公司的名称；财务报告的批准报出者和财务报告批准报出日。

（二）财务报表编制基础

企业应当说明财务报表所遵循的有关规章制度以及公司管理层对公司持续经营能力评估后认为公司是否存在可能导致持续经营产生重大疑虑的事项或情况，财务报表是否按照持续经营假设为基础编制。

（三）遵循企业会计准则的声明

企业应当声明编制的财务报表符合企业会计准则要求，真实、完整地反映了企业的财务状况、经营成果和现金流量等有关信息，以此明确企业编制财务报表所依据的制度基础。

如果企业编制的财务报表只是部分地遵循了企业会计准则,附注中不得做出符合会计准则的表述。

(四)重要会计政策和会计估计

企业应当披露采用的重要会计政策和会计估计,不重要的会计政策和会计估计可以不披露。

1. 重要会计政策的披露。企业在发生某项经济业务时,必须从允许的会计处理方法中选择适合本企业特点的会计政策。不同会计处理方法的选择,可能极大地影响企业的财务状况和经营成果,因此,有必要对所采用的会计政策加以披露。需要注意的是,说明会计政策时需要披露下列两项内容:

(1) 财务报表项目的计量基础。会计计量属性包括历史成本、重置成本、可变现净值、现值和公允价值,这直接显著影响报表使用者的分析。

(2) 会计政策的确定依据,主要是指企业在运用会计政策过程中所作的对报表中确认的项目金额最具影响的判断。

2. 重要会计估计的披露。企业应当披露会计估计中所采用的关键假设和不确定因素的确定依据,这些关键假设和不确定因素在下一会计期间内很可能导致对资产、负债账面价值进行重大调整。强调这一披露要求,有助于提高财务报表的可理解性。

(五)会计政策和会计估计变更以及差错更正的说明

企业应当按照《企业会计准则第28号——会计政策、会计估计变更和差错更正》及其应用指南的规定,披露会计政策和会计估计变更以及差错更正的有关情况。

(六)报表重要项目的说明

企业应当采用文字和数字描述相结合的方式,尽可能以列表形式披露报表重要项目的构成或当期增减变动情况。报表重要项目的明细金额合计,应当与报表项目金额相衔接。在披露顺序上,应当按照资产负债表、利润表、现金流量表、所有者权益变动表及其项目列示的顺序进行披露。

(七)分部报告

如果企业存在多种经营或跨地区经营的,还应当按照企业会计准则规定披露分部信息。

(八)关联方披露

根据企业会计准则规定,报表附注还应披露所有关联方关系及交易的相关信息。

（九）其他需要说明的重要事项

该项披露内容主要包括或有事项、承诺事项、资产负债表日后事项等。

【本章重要概念】

资产负债表、利润表、现金流量表、所有者权益变动表

【复习思考题】

1. 财务报表有哪些种类，财务报表的分类有哪些，财务报表列报有哪些基本要求？
2. 我国账户式结构的资产负债表是如何遵循"资产＝负债＋所有者权益"这一会计恒等式的，资产、负债以及所有者权益在列报时有哪些具体要求？
3. 利润表的结构有哪两种，我国企业目前采用的是哪种结构？请说明利润表的计算过程。
4. 现金流量表的直接法与间接法有何区别，现金流量一般如何进行分类？
5. 请熟悉所有者权益变动表的矩阵列报格式，并与资产负债表、利润表和现金流量表进行比较。所有者权益变动表的列报方式是怎样的？
6. 在做好报表附注的披露时应注意哪些方面，附注披露的内容有哪些？

【练习题】

一、单项选择题

1. 属于资产负债表的流动资产项目的会计科目是（　　）。
   A. 应收票据　　　　　　　　　　B. 应交税费
   C. 实收资本　　　　　　　　　　D. 固定资产
2. 利润表是（　　）。
   A. 反映企业在某一特定日期财务状况的会计报表
   B. 反映企业在一定会计期间经营成果的会计报表
   C. 反映企业在一定会计期间现金和现金等价物流入和流出的报表
   D. 反映构成所有者权益各组成部分当期增减变动情况的报表
3. 关于资产负债表的格式，下列说法不正确的是（　　）。
   A. 资产负债表主要有账户式和报告式
   B. 我国的资产负债表采用报告式
   C. 账户式资产负债表分为左右两方。左方为资产，右方为负债和所有者权益
   D. 负债和所有者权益按照求偿权的先后顺序排列

二、多项选择题

1. 下列各项中，属于现金流量表中投资活动产生的现金流量的有（　　）。
   A. 分配股利、利润或偿付利息支付的现金
   B. 购建固定资产、无形资产和其他长期资产支付的现金
   C. 处置子公司及其他营业单位收到的现金净额
   D. 购买商品、接受劳务收到的现金

2. 利润表的特点有（　　）。
A. 根据相关账户的本期发生额编制　　B. 根据相关账户的期末余额编制
C. 属于静态报表　　D. 属于动态报表
3. 编制资产负债表时，需要根据有关总账科目期末余额分析、计算填列的项目有（　　）。
A. 货币资金　　B. 预付款项　　C. 存货　　D. 短期借款

三、判断题

1. 资产负债表中"货币资金"项目，应根据"银行存款""其他货币资金"科目期末余额的合计数填列。（　　）
2. 营业利润减去管理费用、销售费用、财务费用和所得税费用后得到净利润。（　　）
3. 季度、月度财务会计报告通常仅指财务报表，至少应该包括资产负债表、利润表和现金流量表。（　　）

主要参考文献

［1］李凤亭，余恕莲．对外经贸会计实务［M］．北京：中国商务出版社，2010.

［2］中国注册会计师协会．会计［M］．北京：中国财政经济出版社，2019.

［3］中华人民共和国财政部．企业会计准则［M］．北京：经济科学出版社，2019.

［4］中华人民共和国财政部．企业会计准则应用指南［M］．上海：立信会计出版社，2019.

［5］吴百福，徐小薇，等．进出口贸易实务教程［M］．上海：上海人民出版社，2007.

［6］徐盛华，郑明贵．进出口贸易实务操作指南［M］．北京：清华大学出版社，2007.

［7］尤璞，杨宏华，等．进出口贸易实务［M］．上海：上海财经大学出版社，2015.

［8］李平，刘帆．外经贸企业会计实务［M］．大连：东北财经大学出版社，2017.

［9］王竹泉，等．高级财务会计［M］．北京：机械工业出版社，2009.

［10］卢进勇．国际经济合作［M］．北京：对外经济贸易大学出版社，2006.

［11］"关务通·加贸系列"编委会．加工贸易典型案例启示录［M］．北京：中国海关出版社，2014.